中国阐释学的兴起

孙麾 陈开举 主编

社会科学文献出版社
SOCIAL SCIENCES ACADEMIC PRESS (CHINA)

编者前言

　　中国学者在哲学阐释学上是应该有所作为的。阐释学作为一门学问诞生于西方，但西方阐释学如今饱受后现代主义沧海横流的冲刷，特别是文艺学向度的阐释理论几无确定性可言，竟以制造误读并为之辩护为己任。阐释真若如此，变成意识流中的无根浮萍，阐释学便无可成立了。捍卫阐释学之为学问，需要哲学阐释学对基础理论研究的坚持，这个工作中国学者应该有勇气承担起来。

　　哲学阐释学，中国学者应该有自己的主张。中国的古典传统虽无系统的阐释学理论体系，却有丰富的阐释思想和阐释实践。从中国的经学传统出发，可以找到一系列独具特色的阐释语言和阐释方法。在中国当代的阐释实践中，特别是在对马克思主义的中国化阐释中，我们也的确形成了一套当代中国自己的阐释理解、阐释要求和阐释规范。更重要的是由语言所决定的思维方式的异质性，注定了中国的阐释思想与西方的阐释理论必有不同。遗憾的是，这些无比丰富的阐释实践和巨大的理论可能性，尚未获得思想和体系的独立。

　　创建中国阐释学学派，对于阐释学，对于中国学术，都是一项开创性的事业。对阐释学而言，这将是一次崭新的重塑与捍卫；对中国学术而言，其将是全新的创制，而非任何意义上的恢复或重建。要形成中国阐释学学派，需要优秀的中国学者汇聚起来，围绕问题交流、讨论、碰撞，形成学术共同体。而中国阐释学学派要真想有所作为，则首先必须厘清哲学阐释学的基本概念、基本范畴和基本问题，这既涉及西方阐释学的核心概念，如 Auslegen、Hermeneutik 与 interpretation，也包括中国语言的表达，如"阐"、"诠"和"解"的确切含义等。基础的清晰是一个学科体系之所以可能的前提。

张江教授 2014 年提出了"强制阐释理论",开启了由阐释学的文艺批判到哲学建构的路径。在一系列理论探讨和思想准备之后,他于 2017 年提出了"公共阐释理论",确立了其阐释学的哲学转向。张江教授通过"阐""诠"辨、"理""性"辨、"解""释"辨等议题,辨析了"阐""诠""解"的概念内涵,最终以"阐释学"作为其标识性概念,开创了阐释学的中国学派。在近三年的研究中,随着张江教授思想的深入发展,其相继提出了"阐释逻辑论"和"阐释的正态分布理论",以及正在研究中的阐释的心理机制,为进一步深化公共阐释理论构建了更加完善的理论支撑。

本书所荟萃的成果都来自我们组织的专题小型学术研讨会,包括"公共阐释:中国阐释学的理论建构"(2017 年 8 月 5 日,广州)、"阐释的澄明"(2017 年 10 月 28 日,天津)、"阐释的公共性"(2018 年 3 月 28 日,南京)、"政治哲学视域中的公共理性"(2018 年 8 月 28 日,北京)、"中国阐释学建构:路径与方法"(2018 年 12 月 17～18 日,三亚)、"阐释的公共性本质"(2019 年 4 月 13 日,上海)、"中国阐释学的建构及其可能途径"(2019 年 9 月 6 日,北京)、"阐释的限度"(2019 年 12 月 1～2 日,三亚)、"当代阐释学高端论坛·上海"(2019 年 12 月 11 日,上海)。

公共阐释论纲[*]

张 江

    20 世纪 30 年代以来，由海德格尔、伽达默尔，以至德里达、罗蒂等重要学者所开创和发展的当代阐释学理论，深度继承和张扬了叔本华、尼采、柏格森等人生命与意志哲学的遗产，且以狄尔泰、布拉德雷的精神体验、情感意志说为根据，引导 20 世纪西方主流阐释学，构建起以反理性、反基础、反逻各斯中心主义为总基调，以非理性、非实证、非确定性为总目标的理论话语，使作为精神和人文科学基本呈现方式的阐释及其研究走上一条极端相对主义和虚无主义的道路。同时，我们也看到，在半个多世纪的淘洗与磨砺中，长期流行并占据前沿地位的哲学及本体论阐释学，其基础日渐瓦解，漏洞与裂痕百出。诸多有关阐释的元理论问题，亟须予以澄明、修正和发展。本文提起的讨论是：从阐释发生及效果的意义上说，阐释本身是公共行为还是私人行为；对一切文本，包括对历史及实践文本在内的阐释，是否可为任意阐释而无须公共认证；公共阐释的定义与内涵如何界定，其历史谱系与理论依据何在；无公共效果的私人阐释是否可能。讨论的目的是：建立当代中国的"公共阐释"理论。

<small>* "公共阐释"是一个新的概念，是在反思和批判强制阐释过程中提炼和标识的。提出这一命题，旨在为建构当代中国阐释学基本框架确立一个核心范畴。强制阐释概念提出以后，学界进行了广泛讨论，提出了许多好的意见和建议，对本文作者深入思考当代中国阐释学元问题具有重要的启发意义。公共阐释论就是对这些问题的进一步延伸，期望学界以此为题继续讨论和批评，在阐释学领域做出中国表达。</small>

一 阐释的公共性

阐释本身是一种公共行为。阐释的生成和存在，是人类相互理解与交流的需要。阐释是在文本和话语不能被理解和交流时而居间说话的。阐释意义上的"理解"是指，通过解释和说明，构建以他人为对象而展开的理性活动；阐释意义上的"交流"是指，通过对话和倾听，在自我与他人之间开辟可共享的精神场域，阐释由此而实现价值。准此，当人们面对充满疏异性的文本企图获得理解时，确当的阐释能够给予清晰且有说服力的解释和说明，文本意义得到正确判断和理解，阐释获取合法身份。在理解和交流过程中，理解的主体、被理解的对象，以及阐释者的存在，构成一个相互融合的多方共同体，多元丰富的公共理性活动由此而展开，阐释成为中心和枢纽。

在阐释学意义上，公共理性的基本蕴涵有以下四点。

第一，公共理性呈现人类理性的主体要素，是个体理性的共识重叠与规范集合，是阐释及接受群体展开理解和表达的基本场域。在理性的主导下，主体间的理解与对话成为可能，阐释因此而发生作用，承载并实现理解和对话的公共职能。离开公共理性的约束与规范，全部理解和阐释都将失去可能。阐释的公共性决定于人类理性的公共性。

第二，公共理性的目标，是认知的真理性与阐释的确定性。理性的本来目的是于不确定性中追索和把握确定性。公共理性的构成及放大必须以确定性认知为核心。公共理性判断不保证真理，但可在理性与实践的框架下修正和推进认知的确定性。在公共理性的共同体之中及相同语境下，体现公共理性规则的阐释，可视为确定性阐释，并可最大限度地为多种话语共同体所理解和接受。

第三，公共理性的运行范式，由人类基本认知规范给定。由同一语言组合而成的共同体，遵照基本语言规范运行思维并实现表达。公共理性认证确定语境下多元语义的确定性，宽容同一语义的多元理解。公共理性规范的阐释，符合基本逻辑要义，其推理和判断与普遍理性规则一致。

第四，公共理性的同一理解，符合随机过程的大数定律，是可重复并被检验的。阐释的公共性体现为共享性。此共享性不仅是共时的，即为同语境下的阐释与接受者所共有；并且是历时的，即为不同语境下的阐释与接受者所共有。符合公共理性要义的阐释，可以为多数人所接受并反复经验，同时可以为历时系统下多数人所共识。对包括历史和实践对象在内的文本生产和存疑的非确定性理解与阐释，终究要为随机过程的大数定律及以公共理性为基础的公共阐释所确证和检验。

二　公共阐释的定义与特征

公共阐释的内涵是，阐释者以普遍的历史前提为基点，以文本为意义对象，视公共理性生产为有边界约束且可公度的有效阐释。这里的"普遍的历史前提"是指，阐释的规范先于阐释而养成，阐释的起点由传统和认知的前见所决定；"以文本为意义对象"是指，承认文本的自在意义，文本及其意义是阐释的确定标的；"公共理性"是指，人类共同的理性规范及基本逻辑程序；"有边界约束"是指，文本阐释意义为确当域内的有限多元；"可公度的"是指，阐释结果可能生产具有广泛共识的公共理解；"有效阐释"是指，具有相对确定意义，且为理解共同体所认可和接受，为深度反思和构建开拓广阔空间的确当阐释。

从以上定义看，公共阐释具有以下六个特征。

第一，公共阐释是理性阐释。阐释是理性行为。无论何种阐释均以理性为根据。阐释的生成、接受、流传，均以理性为主导。非理性精神行为可以参与阐释过程，精神性体验与情感意志是阐释生成的必要因素，但必须经由理性逻辑的选择、提纯、建构、表达而进入阐释。这是一切阐释之所以可能的必备前提和实现要件。公共阐释无论出自何人，无论以何人为代表，其生成、接受和流传，均为理性行为，是人类共通性认知的逻辑呈现。

第二，公共阐释是澄明性阐释。公共阐释将公众难以理解和接受的晦暗文本，尤其是区别于文学的历史文本，加以观照、解释、说明，使文本向公众敞开，渐次释放文本的自在性，即作者形诸文本、使文本得以存在的基本意图及其可能的意义。阐释的澄明是澄明阐释的前提。意在澄明的阐释，是置入公共意义领域，为公众所理解的阐释。

第三，公共阐释是公度性阐释。阐释的公度性是指，阐释与对象、对象与接受、接受与接受之间是可共通的。阐释的公度性立足于公共理性建构的公共视域。认证公共视域的存在及其对阐释传播的作用和意义，是阐释得以公度的基础。公共视域是民族共同体基于历史传统和存在诉求的基本共识，是公共意见的协同与提升。阐释的公度性是有效阐释的前提。

第四，公共阐释是建构性阐释。公共阐释是阐释者对公众理解及视域展开修正、统合与引申的阐释。其要义不仅在寻求阐释的最大公度，而且重在于最大公度中提升公共理性，扩大公共视域。公共阐释超越并升华个体理解与视域，申明和构建公共理解，界定和扩大公共视域。这是公共阐释的教化与实践意义。

第五，公共阐释是超越性阐释。公共阐释超越于个体阐释。个体阐释是公共阐释的原生态和原动力。个体阐释最大限度地融合于公共理性和公共视域，在公共理性和公共视域的规约中，实现对自身的扬弃和超越，升华为公共阐释。未被接受的个体阐释的效果历史有两个方向：因为公共理解与视域的扩大提升，未被理解的个体阐释被理解和接受，并因此而上升为公共阐释；个体阐释终究未被公共理性和视域所接受，最终沦为私人阐释而被淘汰。

第六，公共阐释是反思性阐释。公共阐释与文本对话交流，在交流中求证文本意义，达成理解与融合。公共阐释不是纯粹的自我伸张，不以己意强制对象，而是在交流中不断省思和修正自身，构成新的阐释共同体。公共阐释与个体阐释对话交流，在个体阐释的质询中反思自身，校准和增补自身，实现个体阐释的公共性转换，生成新的公共阐释。

三　文献准备与批判

公共阐释是一个新的复合概念。在目前的历史视野内，尚未发现有关"公共阐释"概念的自觉建构。但是，经过系统总结和梳理，马克思关于人的本质的理论，海德格尔关于存在与时间的学说，伽达默尔关于世界和言说的观点，费什关于阐释群体的设计等，从正反两个方面为公共阐释的形成与贯彻提供了文献参考与准备。公共阐释是一个自备广阔理论空间的基础性概念。

人是社会的人。人的本质在于其社会关系的公共性。这是马克思对人的本质的透彻理解与定义。"人的本质不是单个人所固有的抽象物，在其现实性上，它是一切社会关系的总和。"① 由此可以论证，任何理解与阐释，最终归约、受制于人的公共性与社会性。"不管个人在主观上怎样超脱各种关系，他在社会意义上总是这些关系的产物。"② 由此可以论证，阐释的意义与价值，无论阐释者的企图如何任意与神秘，其真理性标准最终由客观的社会关系所决定。阐释的公共性由此而具有基础意义。海德格尔将传统的认识论阐释学改造为本体论阐释学，但其存在论本质无可避免地规定了阐释的公共存在。"此在的存在是共同存在"③，"此在之独在也是在世界中共在"④，"即使它以为无需乎他人，或者当真离群索居，它也是以共在的方式存在"⑤。由此，对此在的"自我识知"只能"以源始地有所领会的共在为基础"。在这种领会中"已经有对他人的领会"，证明了理解和阐释不可消解的公共性。此在的理解和阐释的出发点及落脚点都是公共性的共在。"每一言说都是向他人和同他人的言说"，因而在他，"言说在本质上就是共享（Mitteilung）"⑥，这明确无误地表达了海德格尔对言说的公共性意义的分析和判断。伽达默尔的"世界"观表达了与海德格尔相同的"共享"意向。"世界这样就构成一块公共的基地，谁也未曾踏上过它，但谁都认可它，这种公共基地把所有相互说话的人都联结在一起。"⑦ 所谓这个"世界"，作为"公共的基地"，也被伽达默尔

---

① 马克思：《关于费尔巴哈的提纲》，《马克思恩格斯文集》第 1 卷，人民出版社，2009，第 501 页。
② 马克思：《资本论》第 1 卷第 1 版序言，《马克思恩格斯文集》第 5 卷，人民出版社，2009，第 10 页。
③ 海德格尔：《存在与时间》（中文修订第二版），陈嘉映译，商务印书馆，2016，第 178 页。
④ 海德格尔：《存在与时间》（中文修订第二版），第 174 页。
⑤ 海德格尔：《存在与时间》（中文修订第二版），第 177 页。
⑥ 海德格尔：《时间概念史导论》，欧东明译，商务印书馆，2014，第 410 页。
⑦ 伽达默尔：《诠释学Ⅰ：真理与方法》，洪汉鼎译，商务印书馆，2010，第 628 页。

称为"共同体"。在这个共同体中言说或对话，只要是成功的，其"谈话伙伴都处于事物的真理之下，从而彼此结合成为一个新的共同体（Gemeinsamkeit）"。[①] 对话的各方，遵循着语言以及围绕着语言所带出的存在，一起进入这一共同体，并在这个共同体中，成为不再固执己见的新人。此类思想和言论，对伽达默尔本人所倡导和坚持的无定解阐释而言，无疑是一种自我反省与批判。接受美学坚决拒斥共同阐释的可能性，主张读者面对文本可以给出无限不同且相互抵触的解读。文本中没有确定性，文本中的一切都依靠读者的任意构建。费什就是此学派的核心人物。但费什同时主张："我们所能进行的思维行为是由我们已经牢固养成的规范和习惯所制约的"，"只有置身于它们之中，我们方能觅到一条路径，以便获得由它们所确立起来的为公众普遍认可的而且合乎习惯的意义"，"解释策略的根源并不在我们本身，而是存在于一个适合于公众的理解系统中"。[②] 阐释活动的主体不是单独的人，而是"集体意义上的人"，是一个深深植入公共理解系统的"阐释群体"，是这个群体而不是个人制约着文本意义的生成。接受美学在理论逻辑上的自相矛盾，由此可见一斑。

四 个体阐释的公共约束

私人性的个体阐释是能在的。其基本含义是，以直接体验的本己感悟，生成仁留于个体想象之内，且不为他人理解和接受的阐释。此类阐释的结果无非两种：为语言共同体和更广大公众所理解和接受，个体阐释上升为公共阐释；反之，则流落于私人阐释，最终被淹没和淘汰。可以确定，阐释的公共性本身，隐含了公共场域中各类阐释的多元共存。在公共阐释被承认及流行以前，有创造性意义的个体阐释是公共阐释的原生动力。但是，个体阐释绝非私人的。个体阐释的理解与接受为公共理性所约束，且此约束为刚性约束。作为理解的个体，当然可以对文本做个性理

---

① 伽达默尔：《诠释学 I：真理与方法》，洪汉鼎译，商务印书馆，2010，第534页。
② 费什：《这堂课有没有文本?》，《读者反应批评：理论与实践》，文楚安译，中国社会科学出版社，1998，第57页。

解，亦可以做个性阐释，但其结果不为他人理解并接受，尤其不能为个体当下所在的阐释共同体理解和接受，所谓个性理解只能沦为私人理解。以此为基础所建立的私人阐释也失去可能，毫无公共留存意义。无社会和群体阐释责任的任意个体，可以生成本己的个体阐释，不刻画任何公共痕迹。但是，备有公共性责任的阐释者必须作为于公共阐释，并以其公共效果进入历史。

个体阐释的公共约束表述如下。

第一，人类的共在决定个体阐释的公共基础。人类共在于世界而存在。私人的此在相对于共在、依存于共在，离开共在，此在不在。由此在构成的共在，不仅建立于确定的物质和经济关系基础之上，而且集合于确定的心理、文化与精神关系之上。任何私人的存在都将被共在所约束。任何私人的体认与诉求都将被纳入共在的识知系统，经过无穷的排列组合，成就甚至与缔造者原初创意完全不同的公共话语。此在的共在基础，无论看起来如何遥远，归根到底决定着思想的创造和理解。个体阐释并非仅仅生成于完全私人的阐释。

第二，集体经验构造个体阐释的原初形态。公共经验与记忆，是阐释的必要准备。各民族为生存和繁衍而奋斗的历程，决定其文化心理与态度，在民族意识的形成与发展中，发挥不为意识所把握的起始性作用，决定阐释的原初形态与基调。非自觉的、无意识的前见，即阐释者识知框架中的文化、历史与多种社会规范的集合，并非私人构造，以此为起点的阐释期待，集中展现个体阐释的公共基础。

第三，语言的公共性确立个体阐释的开放意义。语言是公共思维活动的存在方式。生活共同体就是语言共同体。语言的规则必须统一，为语言共同体所遵守。没有规则的语言不成其为语言。语言是交流的。不能交流的音响和符号不是语言。以交流为目的的语言，必须为常人所理解。只有"公共语言"，没有"私人语言"。所谓"私人语言"，已经被历史和实践所否证。阐释是语言的阐释。有效的理解和阐释，以公共语言为载体和内容。阐释的合法性，以词语和规则的确定性为前提。文本的确定语境规定了阐释的确定维度，为语言共同体所接受。

第四，阐释生成的确定语境要求个体阐释是可共享的阐释。阐释的目的是交流。交流的前提是理解，尤其是交流主体间的共享理解。在确定语境下，阐释不是任意的。无论对象词语包含多少衍生意义，必须确定语境规制语义的有限性。共同语境下的历史主体理解的历史性，不能脱离自在话语的本来意义。同一主体的不同理解，是不同语境下的不同，如此理解不被共享，则应归属私人理解而失去阐释意义。

目 录
CONTENTS
中国阐释学的兴起

三 学科对话与公共阐释

四 中国阐释学建构：路径与方法

一

阐释的公共性

公共理性与阐释活动的规范性本质

◎ 韩东晖*

　　"阐释"作为阐释学的研究对象，虽然是 19 世纪后期逐渐蔚为大观的研究领域，但作为人类语言活动和思想活动所特有的方式方法，却渗透在各个文化领域之中。阐释促成理解，而理解总是阐释。因此当理解的本质、特征、条件和限制成为哲学阐释学的主要研究对象时，阐释本身就具有了存在论地位。然而，在创制者权威被弱化的同时，理解和阐释仍然面临相对主义和怀疑论的威胁与侵蚀，始终处在主观主义与客观主义、"文本单独支配意义与读者自由赋予意义"① 的张力当中。单一文本与多重语境、复合视域与多元意义之间的复杂关系，促使我们深入思考把握意义的语言实践能力（理解）和把握内容特别是概念内容的语言实践活动（阐释）。

　　在这一反思过程中，作为与哲学阐释学不同的考察进路，阐释的公共性和规范性被提上议事日程，并与经过哲学阐释学批判的理性观念结合在一起。概括地说，我们力图阐明的观点是：公共阐释是公共理性的一种规范性活动，公共理性为其敞开空间，规范性是阐释活动的本质。这里对公共性的强调，部分源于哲学阐释学对理性概念和启蒙规划的深刻批判，这一批判关闭了纯粹理性和绝对理性法庭的大门，使公共理性成为建设性的解决方案。于是，一方面，公共理性是启蒙规划的真正灵魂，在当代经过

＊ 韩东晖，中国人民大学哲学院教授，博士生导师。

① Robert Brandom, *Tales of the Mighty Dead*: *Historical Essays in the Metaphysics of Intentionality*, Cambridge, London: Harvard University Press, 2002, p.92.

罗尔斯和哈贝马斯等思想家的努力而发展为社会政治理论的核心议题之一。另一方面，公共理性又成为阐释活动的动力，使阐释活动，特别是公共性的阐释，要在公共理性的基础上化解抽象知识与具体知识的张力，超越绝对主义和相对主义的二分法，打破作者与文本的二元性，在公共理性的理由空间中思考阐释活动的规范性本质。公共性和规范性为公共阐释奠基。

一 公共理性是启蒙规划的真正灵魂

公共理性，霍布斯视之为主权者的理性，卢梭视之为法律，在17世纪的一般语境中则与"国家理由"是同义词，后者被用来表达"统治者或政府行为的纯粹政治根据"。[①] 但只有康德论启蒙时才真正赋予了公共理性以现代的意涵，这就是启蒙在于理性的公共运用的自由。20世纪下半叶，哈贝马斯和罗尔斯从不同路径出发，发挥了康德的理性的公共运用思想。哈贝马斯强调，康德所说的公共性是唯一能够保障政治与道德同一性的原则，公共性既是法律秩序原则，又是启蒙方法，而公开运用自己理性的自由，又是公共性原则的前提。[②] 通过对黑格尔和马克思关于公共性的辩证法的讨论，哈贝马斯开启了公共领域的理性论辩。罗尔斯设想的是在一个良序的多元民主社会中，自由平等的理性公民，在社会的背景文化或市民社会的文化中的理性运用之外，在公共政治论坛当中履行其公民之为公民的责任，运用公共理性这种共享的理性活动形式，决定宪法基本要素和基本正义问题，为政治的合法性做出彼此可以接受的辩护，以实现社会公平合作的理想。这种公共理性的观念是协商民主政治的核心要素之一。[③] 可以说，康德、哈贝马斯和罗尔斯阐发了公共理性观的三种主要形态。

通常说理性是启蒙的精神，但在康德看来，敢于运用自己的理性才是

---

① John Simpson and Edmund Weiner, eds., *Oxford English Dictionary*, "*Reason*, No. 1," Oxford: Oxford University Press, 1989. 关于公共理性在历史上的表述，参见劳伦斯·索罗姆《建构一种公共理性的理想》，谭安奎编《公共理性》，浙江大学出版社，2011。

② 哈贝马斯：《公共领域的结构转型》，曹卫东等译，学林出版社，1999，第121~124页。

③ John Rawls, *Political Liberalism*, expanded edition, New York: Columbia University Press, 2005, p. 448.

启蒙的格言，理性的公共运用才是启蒙的特征。因为这种公共性一方面保证了启蒙在主题、议题、对象和结果上的普遍性：每一个有勇气使用自身理性的人，都可以针对一切事物，面向全体公众，而得到普遍启蒙。另一方面，又限定了理性运用的条件，并将其上升到义务的规范性层次：公民有义务以学者的方式运用理性，必须排除基于教派、阶层、私利和意见的立场，同时与私下运用相区分，不受自身职位的限制。更进一步说，理性运用的公共性与理性自身的批判性是一体两面的。理性的自身批判是启蒙更深层、更持久的特征，能够时时警惕将理性自身绝对化、工具化的倾向，但也往往成为启蒙的批评者的盲区。在《纯粹理性批判》中，康德将纯粹理性的批判视为纯粹理性一切争辩的真正法庭；在《判断力批判》中，康德将理性的自身批判称为"真正的启蒙"。[①]

有些批评者将启蒙的特点归结为两点：实证主义的独断论和把理性降格为工具理性，这在政治上会导致一种唯科学主义的集权统治，服务于任何非理性目的。他们攻击启蒙的傲慢、虚伪和自欺，认为启蒙的理性不过是权力的另一种样式，指责启蒙用新的神话代替了旧的神话。这种批判实际上是把启蒙与其敌人混为一谈，用启蒙运动尚未实现的目标来批判业已实现的状态。[②]

这不仅没有真正理解启蒙的价值，反而延宕了启蒙在新阶段的探索和自身批判。启蒙的当代规划应当举起公共理性的大旗，不断应对来自各个方面的挑战。例如，在西方国家现代多元民主社会背景下，不同种族、民族、阶层、社群的公民对公共事务的论辩该如何进行？作为公共理性的指南并维系社会稳定的重叠共识如何达成？

近年来在西方发达国家发生的政治危机，让人们开始关注一类重大问题——"后真相"。这个 2004 年才出现的新词成为 2016 年《牛津英语词典》年度词语，使用率呈爆炸性增长，它被定义为"诉诸情感及个人信

---

① 康德：《纯粹理性批判（第 2 版）》，李秋零主编《康德著作全集》第 3 卷，中国人民大学出版社，2004，第 482 页；康德：《判断力批判》，李秋零主编《康德著作全集》第 5 卷，中国人民大学出版社，2007，第 306～307 页。

② 参见艾伦·伍德《哲学：启蒙的辩护，启蒙的批判》，C. P. 拉格兰、萨拉·海特编《哲学是什么?》，韩东晖译，人民出版社，2014，第 106～117 页。伍德针对的是霍克海默、阿多诺以及福柯的观点。

念，较陈述客观事实更能影响舆论的情况"。这个词似乎也成为定义这个时代的词语之一，事实和客观性似乎在节节败退。不期而至的"另类事实"更是篡改了事实的定义和来源，

仅仅凭借没有辩护的断言，就将信念提升到真理的位置上，真理和真相反而混杂于虚假和喧嚣之中，以至于产生了"真实的虚假"这种充满讽刺的抗议口号，令人对权力与谎言的公然结盟颇感无奈。与此同时，群体思维塑造了人们看待周围世界的方式——"你为什么不接受你所信任的人的判断"成为意见的判准和从众心理的安慰，恰恰与公共理性的运用形成了冲突，导致社会的道义计分原则濒临瓦解。这一现象无论在社会认识论层面还是政治哲学层面，既威胁着对事实、共识和不成文的规则的阐释，也威胁着对信任、尊重与政治原则的理解，而事实与信任的崩溃将破坏"民主的柔性护栏"，最终导致民主基础的坍塌。

上述问题看上去发生在社会政治领域，但实际上既涉及社会认知的乱象，也体现启蒙规划的不充分。这也使我们意识到理性的运用与阐释的活动息息相关，公共理性的发扬得益于哲学阐释学对理性观念的批判和改造，也为公共性阐释的出场提供了支持。

二 哲学阐释学与公共理性的互鉴

理性是复杂而多义的哲学概念。作为人类特有的精神活动，理性侧重于运用概念、使用语言的推理能力和活动，特别体现为予求理由、追溯原因、考量动机、提供根据和划定界限等活动。在规范性层面上，理性活动的根本特征是对合乎理性、合理性、可理解性、合法则性等规范性质的来源探究与实践运用，用康德哲学的术语说，就是理性的自身反思、自身批判和自身立法，这种自反性的活动是人最为独特的地方。

理性对自身的反思和"立法"，因视角不同、取向各异，出现了不同的理性观。举其大要，可分三类。第一类是形而上学的超越性的理性观，理性以源于语法的概念思辨为论辩方式，或强调价值无涉、无立场无偏见，或思辨地构造一套价值体系，仿佛"天不变道亦不变"，赋予理性以绝对权威地位。第二类拒斥超越性理性观、强调理性的有限性，或者以感

觉材料、知觉经验的基础地位防止理性僭越出经验的界限，或者强调理性的演化特性，历史传统和社会本能的支配地位，拒绝理性无所不能的宏大叙事，或者从个体的实际性或生存性视角出发，以"此在"为中心，认为与理性相比，情绪、激情才是此在的源始存在方式。第三类侧重于从公共性、实践性和规范性的视角来理解理性，强调基于历史性的文化和社会性的实践而凸显的规范性维度，这就是说，人之所以是理性的动物，同时也是政治的、社会的动物，正是缘于人类生活和概念活动的规范性特征——"我们是受理由约束的，是服从于更好的理由所具有的特殊力量的人。这种力量就是一种规范性力量，一种理性的'应当'。理性之为理性，就在于受这些规范所约束或辖制，在于服从于理由的权威。"① 简言之，人不是未经教化、脱离规范且沉湎于个别性的动物，而是能够运用公共理性、通过规范性而获得自由的行动者——人是规范性的动物。在这种意义上我们甚至可以回答康德"关于应用我们的理性的最高准则的科学"的问题：人是什么。② 也就是说，"我能够知道什么、我应当做什么、我可以希望什么"这三个分属于形而上学、道德和宗教的问题，就其涉及"能够、应当和可以"这三个规范性的和模态的语汇与能力而言，需要在规范性上把握这三个方面。③ 而"人是什么"的问题，就不仅仅涉及作为"世界知识"的实用人类学，归根结底要回答规范性的本质问题。

在文章中，我们重点关注第三类阐释视角和理性观念，但并不排斥前两类，它们都是理由的逻辑空间中的组成部分，而我们的目的是寻求更好的理由，在予求理由的语言活动中做出承诺、遵守规则、承担责任。在走

---

① Robert Brandom, *Making It Explicit*: *Reasoning*, *Representing*, *and Discursive Commitment*, Cambridge, Mass. : Harvard University Press, 1998, p. 5. 英文中的 reason 作为哲学概念，大致有两种主要含义：一是推理能力和活动，通常被译为"理性"；二是一个或多个理由、原因、动机、根据。原因和理由是推理的前提或依据，是理性活动链条中必不可少的部分；理性的活动也离不开理由空间。因此，理性、推理和理由，这三者的共同作用便是公共理性观念的语义基础。

② 康德：《逻辑学》，李秋零主编《康德著作全集》第 9 卷，中国人民大学出版社，2013，第 23 ~ 24 页。

③ 塞拉斯既深刻又晦涩地认为模态语言是转置了的规范语言，这一思想在布兰顿的意用分析（meaning-useanalysis）中得以深化。参见 Wilfred Sellars, " Inference and Meaning" (1953), reprinted in Kevin Scharp and Robert Brandom, eds. , *In the Space of Reasons*, Cambridge, Mass. : Harvard University Press, 2007, p. 21。

向公共理性的观念中，哲学阐释学发挥了重要作用。哲学阐释学对理性的批判是对理性的丰富和扩展，实际上是理性自身批判的一部分，例如关注历史理性、消解权威与理性之间的互斥、提出正确地使用理性的方法等。但是阐释学面临的最大难题，就是既要限制纯粹理性过度膨胀的特权，同时又不陷入相对主义的沼泽。这需要我们能够把握语境、事实、规则、视角等问题上的阐释学处境，走出视角主义（或译透视主义）的困境。尼采提出视角主义，深刻揭示了这一困境："反对实证主义，它总是停留在现象上，认为'只有事实'；而我会说：不对，恰恰没有事实，而只有阐释。我们不能确定任何'自在的'事实……只要'认识'一词竟是有意义的，则世界就是可认识的；但世界是可以不同地解说的，它没有什么隐含的意义，而是具有无数的意义，此即'透视主义'。我们的需要就是解释世界的需要：我们的欲望及其赞成和反对。每一种欲望都是一种支配欲，都有自己的透视角度，都想把自己的透视角度当作规范强加给其他欲望。"[1] 在这里，尼采用多种阐释取代事实，用不同解说取代认识，用各种视角取代隐含意义，把支配欲望装扮为规范，其最终结果就是极端形式的虚无主义："一切信仰，一切持以为真，都必然是错误的：因为压根儿就没有一个真实的世界。也就是说，这是一个透视主义的假象……"[2] 要从理论上打破视角主义的困境并不容易，但我们认为基于公共理性的公共性阐释活动是一条希望之路。这种公共阐释建立在哲学阐释学与理性自身批判的互鉴之上，渗透在公共理性各个层次的运用之中。

借用美国哲学家卡普托的形象比喻，阐释不是我们和实在之间的一堵墙，而是墙上的一扇窗。[3] 从事阐释活动的人，总是处在特定的历史、文化和社会条件中，因此总是处于特定语境之中，从事着各种类型的语言游戏，在遵守规则的同时修改规则、新立规则。而语境的类型是多样的，有历时的、共时的，也有学科的、职业的、修辞；语境的范围也大小不一，大到思想的全部物质条件、文化状况，小到个体的学术背景。因此阐释活动的语境化和再语境化是不可避免的，这也是阐释活动的生命力来源

---

① 尼采：《权力意志》，孙周兴译，商务印书馆，2007，第362页。
② 尼采：《权力意志》，第404页。
③ John D. Caputo, *Truth: Philosophy in Transit*, London: Penguin Books, 2013, p. 217.

之一。与此同时，观察渗透着理论，事实与阐释也具有交互性。阐释活动否认纯粹事实，因为纯粹事实意味着没有语境的事实，没有语境或对语境不敏感的事实只是事实的逻辑空间中的真命题，是真理的一个子集，例如以数学方式表达的真理。更为广阔的空间中的事实总是可修正的，可以再语境化、再描述、再诠释，只要我们有更好的理由。但更好的理由并不等于私人化的借口和过于狭隘的视角。可以说，阐释总是意味着特定视角的活动，并在活动中促成了视域的融合或视角的互照。视角是通往实在的入口，既表明人类有限性的特定大小，也是促成理解、赋予意义的通道。虽然我们说趣味无争辩，但视角实际上有优劣对错之分，有充分狭隘之别。视角并不只是束缚我们，而且能够开放我们；我们常说的个人视角实际上是单一视角，重要却不独一。可以说，阐释活动作为基于生活形式的语言游戏，从一开始就不是私人性的，而是始终具有公共性，既促成公共理性的成长，也受到公共理性的约束。与此同时，在阐释活动中，不存在超语言游戏的元语言、超历史时空的元叙事，没有跨历史的无所不包的游戏、规则或故事，没有理性的最高法庭，只有在多样化生活形式中的多样化的好理由。① 哲学阐释学对绝对理性的批判与建设性的公共理性在当代思想中的进一步发育殊途同归。例如，在罗尔斯那里，他强调合乎理性与合理性的区分，但不落入理性主义；尊重公民的有限经验，但不陷入经验主义；承认判断责任，但不陷入怀疑主义；进而以"公共理性"概念取代被形而上学化的"绝对理性"，用代表公共理性的最高法庭取代纯粹理性的最高法庭，把理性的运用限制于两个方面。一是所有理性的一般特征，如推理和证据的规则；二是一般共享的信念、常识性推理和无争议的科学方法。

三 公共阐释的公共性与规范性

公共阐释的基础是公共理性的活动，因此其公共性得以敞开，其规范性得以阐明。公共阐释之所以具有公共性，一个重要的方面是公共阐释应

---

① John D. Caputo, *Truth: Philosophy in Transit*, p. 222.

当具有的清晰的表达形式、真正的认知意义和自身反思的理解价值；公共阐释之所以具有规范性，一个重要的原因是公共阐释乃是理由的逻辑空间中的实践活动。在这里我们并不具体涉及公共阐释的内容与方法，[①] 而是试图探索其理论的哲学基础。在关于规范性的讨论上，美国哲学家罗伯特·布兰顿的观点既继承了康德、塞拉斯思想的深刻性，又极富原创性，堪称最具希望的规范性理论。[②]

（一）公共阐释的认知意义

当代哲学有一个明显的特征，就是努力超越理论上各种僵硬的二分法，如主观主义与客观主义、绝对主义与相对主义、抽象知识与具体知识等。超越的路径或者是综合并克服对立双方，或者是另辟蹊径，别开生面。无论何种超越，均涉及对哲学方法和知识本性的重新定向。那么，公共阐释的提出，在认知层面上，要在公共理性的基础上思考抽象知识与具体知识的关系，努力超越绝对主义和相对主义，就是一项极其复杂的工作。

布兰顿认为，哲学作为宽泛意义上的认知活动，其目标和主题是理解，而非知识。唯有人能够运用概念去理解、推论，成为理由的制造者和接受者，真理的探寻者和发言人。[③] 这源于康德的洞见，即将我们视为概念的制售者，由判断和行动也就是我们的理论活动和实践活动构成。我们不仅仅受到因果性力量的制约、事实的约束，更活动在规范性的领域，而规范性就是自由之所在。由此观之，真正具有认知意义的是把隐含的规范转变为公共的、清晰的表达，表达之为表达就在于清晰阐释，清晰阐释在

---

① 参见张江《公共阐释论纲》，《学术研究》2017 年第 6 期。
② 布兰顿的《清晰阐释》（*Making It Explicit*，1994）、《清楚说理》（*Articulating Reasons*，2000）、《晤对先哲》（*Tales of the Mighty Dead*，2002）、《言行之际》（*Between Saying and Doing*，2008）等著作中，围绕规范性这一核心思路，提出了深刻的规范性理论。概言之，他认为哲学的主题是一切装扮之下的规范性和一切形式当中的推理。哲学的任务是表达性的、阐释性的。所以以设计和制造专门的表达工具，并且通过使用来打磨和塑造它们，这就是各种哲学子领域从业者的工作。在最一般的水平上，推理上的联系通过条件句而得到清晰阐释，它们的规范性力量通过义务论词汇而得到清晰阐释。
③ 参见布兰顿《理由、表达与哲学事业》，C. P. 拉格兰、萨拉·海特编《哲学是什么？》，第 79 ~ 80 页。

根本意义上就是使表达具有命题性内容（即断言、判断或信念的内容），并成为予求理由游戏中的基本步骤。[1] 概念的作用，是针对在实践中正确的形式的或实质的推理，阐明隐含其中的概念性内容和规范性承诺。用赖尔关于实际操作能力和命题知识的区分来表达，[2] 就是把隐含的"知道如何做"的经验编码为"知道如此说"的清晰表达，把实践能力付诸理论表述，依据规则或原则，说出孰是孰非。[3] 在布兰顿的推理主义语言学和规范语用学基础上，公共阐释能够确立自己的一项基本任务，就是把有待阐释的文本中隐含的内容和承诺通过命题和推理的形式清晰化，把作者文本创作活动中的实践能力和道义原则阐释为具有公共性的表达，使之成为得以不断阐释、意义日新的文本。在这一过程中，作者意图与文本语境的张力，在实践能力与其清晰表达、关于创制的行动之知与关于表达的命题之知的关联中得到重新编码和阐发。恰如其分的阐释必定比牵强附会的阐释包含更有效的概念运用、实质推理和语用承诺；入木三分的阐释必定比肤浅平庸的阐释包含更充分的概念创造、理路铺展和道义价值。因此公共阐释不是个人的抒情，不是私人化的宣泄，不是没有对错高下之分的众声喧哗。我们一方面可以拒斥绝对主义的信念，不承认存在或必定存在某种永恒的、无历史的模式或框架，这可让我们借以最终确定理性、知识、真理、实在、善或正义的本性，因为这种信念既没有理解语言和概念的本性，也没有理解人类实践活动及其理论表达之间的关系。[4] 另一方面，我们也不赞成强版本的相对主义，尽管我们的核心概念一定有赖于特定的概念结构、理论框架、科学范式、生活方式或社会文化来理解和阐释，但这种理解和阐释并不在理性的概念和推理活动之外，并不能脱离公共理性的对话、协商乃至裁决的轨道。在一定程度上，把相对性强化为不可通约

---

① Robert Brandom, *Making It Explicit*: *Reasoning*, *Representing*, *and Discursive Commitment*, p. 14.

② Gilbert Ryle, "Knowing How and Knowing That: The Presidential Address," *Proceedings of the Aristotelian Society*, vol. 46, No. 9, 1945, pp. 1 – 16.

③ Robert Brandom, *Making It Explicit*: *Reasoning*, *Representing*, *and Discursive Commitment*, p. 43.

④ 这里关于绝对主义的表述，援引了伯恩斯坦关于客观主义的概括。参见 R. Bernstein, *Beyond Objectivism and Relativism*: *Science*, *Hermeneutics*, and Praxis, Philadelphia: University of Pennsylvania Press, 1983, p. 8。

性、"怎么都行"的相对主义立场，仍未摆脱绝对主义思维方式的窠臼。

在抽象知识与具体知识的区分上，一旦我们理解了概念的判断和推理功能，理解了概念活动的规范性地位，就不会建立起二者的二元对立。实际上，不少学者关注此问题，并做了有效的处理。在这里，我们选取两个范例，即美国人类学家格尔茨的文化阐释理论（浓描理论）与钱锺书先生的会通观。格尔茨通过对地方性知识的"浓描"，处理抽象知识与具体知识、近经验与远经验之间的关系，捕捉普遍性与特殊性之间的微妙关系。格尔茨形象地说："谜团般的密林里，挤满了急切的阐释者。"① 这些阐释者却往往在过度阐释与不足阐释这两极之间徘徊。前一极强解事物之意蕴至超越理性所容许的范围，后一极对事物之意蕴的理解流于粗疏、不合理性的要求。其原因则在于各种二元对立的理论误区：通论与个案、法则与事例、普遍与特殊、知道如此说和知道如何做、概略鸟瞰和直接观察、周边世界和整个世界，以及"解释"和"理解"、"知"和"识"通常被对立起来，成为元哲学分析的最终选择。这个选择一旦做出便胶柱鼓瑟，成为理性的致命伤。② 要走出这种二元对立，格尔茨希望人类学家在两种描述之间穿行，一种是愈益精细的观察，另一种是日趋凝炼、抽象的性质界定，其要旨在于融会二者，使之展现为真确可信且有血有肉的生活形式图景。这种浓描理论提示我们在文化研究与文化批评中，采取"往复"与"会通"的辩证运动策略。"往复"一词直接取自格尔茨，其本义是船只做Z字形航行，实则是在不同层次的实践类型之间无往不复：往复于律师看事情的方式以及人类学家看事情的方式之间；往复于现代西方的成见与古代中东和亚洲的成见之间；往复于"法律作为一组规范性观念的结构"与"法律作为一组决策过程"之间；往复于流行的感受与稍纵即逝的案例之间；往复于"作为自治系统的法律传统"与"作为竞争性意识形态的法律传统"之间；最后，还往复于地方知识所生产出的狭隘想象与襟怀四海的恢宏想象之间。③

---

① Clifford Geertz, *Local Knowledge*: *Further Essays in Interpretive Anthropology*, 3rded., New-York: Basic Books, 2000, p. 21.

② Clifford Geertz, *Local Knowledge*: *Further Essays in Interpretive Anthropology*, p. x.

③ Clifford Geertz, *Local Knowledge*: *Further Essays in Interpretive Anthropology*, p. 15.

"会通"则是对钱锺书先生的文学批评方法的一种总结。钱锺书先生"非作调人，稍通骑驿"，"辨察而不拘泥，会通而不混淆"，[1] 充分揭示文化现象、思想观念中的家族相似，从而在表象的丰富性和理解的共同性之间实现文本阐释和文化理解的循环——"积小以明大，而又举大以贯小；推本以至末，而又探本以穷末；交互往复，庶几乎义解圆足而免于偏枯，所谓'阐释之循环'者是矣"；[2] 通过连类、比事、俪偶、参印、参观、合观、互印、旁通连类、捉置一处、相互发明或"相说以解"，以求得文化间的同异、正反和"不隔"，"以反求覆"而不落入语言间的不可译性和范式间的不可通约性。反过来讲，会通不等于混淆，更要避免穿凿附会。针对学风道统之间穿凿附会的过度诠释现象，钱锺书认为："一家学术开宗明义以前，每有暗与其理合，隐导其说先者，特散钱未串，引弓不满，乏条贯统纪耳。群言歧出，彼此是非，各挟争心而执己见，然亦每有事理同，思路同，所见遂复不期而同者，又未必出于蹈迹承响也。若疑似而不可遽必，毋宁观其会通，识章水之交贡水，不径为之谱牒，强瓜皮以搭李皮。"[3] 因此，学说有相契合之表述而未必有相受授之事实，归趣偶同亦不可谓渊源所自。

（二）公共阐释的规范性功能

前面我们已经简略讨论了公共阐释的规范性维度，这就是阐释活动使我们从自然的逻辑空间进入理由的逻辑空间。"自然的逻辑空间"是麦克道尔根据塞拉斯的"理由空间"概念仿制的，即自然科学在其中起作用的逻辑空间，构成自然的逻辑空间的关系在种类上都不同于那些构成理由的逻辑空间的规范性关系。[4] 布兰顿对此做出概括："作为自然的存在物，我们按照法则行动；作为理性的存在物，我们按照我们关于法则的观念行动。"[5] 人是自然界的产物，和其他动物一样具有感觉，和其

① 钱锺书：《谈艺录》，三联书店，2001，第1、64页。
② 钱锺书：《管锥编》第1册，中华书局，1979，第171页。
③ 钱锺书：《管锥编》第2册，中华书局，1979，第440页。
④ John Henry McDowell, *Mind and World*, Cambridge, Mass.：Harvard University Press, 1996, pp. xiv - xv.
⑤ Robert Brandom, *Making It Explicit*：*Reasoning*, *Representing*, *and Discursive Commitment*, p. 30.

他动物不一样的是人拥有智能，这种智能体现在人的态度和行为上所展示出的一种可理解的内容。我们在理由之网中把握这种内容，在推理中清晰地说出这种内容。在这种意义上，理解即阐释的能力，就是对理由的把握，对理论与实践推理的正误标准的掌握。所以人才用"合乎理性"来规范、引导和矫正人的行为，在理由空间中生活、行动并拥有我们的存在。

在理由空间中，我们运用概念，遵守规则，做出判断和推理。在予求理由的游戏中，通过推理主义语言学和规范性语用学揭示如何清晰阐释我们的言语行为。推理主义的推理并不是形式化的演绎推理，而是有正误之分的实质推理。在推论主义中，每一个断言既是一个推理的结论，也用作另一个推理的前提；既为下一步的推理做出承诺，也为下一步的推理提供资格。因此其既提供理由，也作为理由进入予求理由的活动，在理由空间中编织出大大小小、相互纠缠的理由之网。我们的言语行为、阐释活动就是在理由之网中的实践，恰当的语用学理论能够为推论主义语义理论奠基，这种语用学理论就是规范性语用学。我们的言语行为嵌入实践活动中，语义内容嵌入语用语境中，推论主义语义学同样也嵌入规范性语用学中。规范性语用学将社会性、历史性与推理性结合在一起，深入阐发了源于维特根斯坦的三个主题：坚持语言和意向性的规范性特征；根据实践而不是完全根据规则来理解这些规范的语用学承诺；承认这些规范的特征本质上是社会性的。[①]

由此观之，我们的理解和阐释活动与意义密切相关，意义来自推理性的清晰阐释。这就是为什么意义不能在头脑中寻找，而要在公共场域中寻找的原因。对文本意义的阐释活动总是公共阐释，其断言的语义内容是概念性、推理性的，其语用背景是规范性、实践性的，阐释的效果在共同体内存在着语言的道义计分，阐释的结果在理由空间中具有各种地位，发挥着各种推论作用。阐释的规范性使之具有真正的公共性。公共性与规范性的实质性结合，使公共阐释在历史文本的钩沉、理论经典的阐释、公共议

---

① Robert Brandom, *Making It Explicit*: *Reasoning*, *Representing*, *and Discursive Commitment*, p. 55.

题的论辩以及公共政策的协商等活动中，既以自然的逻辑空间为条件，辨明事实、浓描事实，尊重科学在描述和说明世界的维度中的基础性地位；又以理由的逻辑空间为舞台，展开辩护性、推论性的理性活动，将公共理性讲道理、讲真话的精神和力量充分展示出来。① 例如，在公共阐释中，历史性和当代性不再是非此即彼的对立，也不是混同难辨的同一，亦有可能避免好古成癖和以今释古这两种时代误置的危险。又如，在理论论争和政治协商问题上，公共阐释把效果历史意识的视域融合观推进到价值与文化的重叠共识观，而重叠共识的构建与公共理性的运用密不可分，公共理性的运用与启蒙规划的重启也是一体两面的。②

最后也是最重要的一点在于，公共阐释的规范性也体现在其德性价值上，如同传统知识论（知识是得到辩护的真信念）的规范性特征。在近几十年来流行的德性知识论中，认知辩护以道德辩护为模型，道德辩护也强调认知义务。③ 更为根本的原因亦如布兰顿所指出的，康德式的规范性转向，是将笛卡尔将自身作为思想的存在物的存在论划界，转换为将自身作为责任的中心点的道义论划界。④ 这种转换不能从通常认为的"限制知识而为信仰留地盘"来理解，其核心特征是将理论理性和实践理性均纳入规范性的轨道。不仅我们的道德动机和行为与义务和责任相关，我们的判断和行为本质上也包含承诺——承诺事物是怎样的或应当是怎样的。判断和行为可根据其对错、正误、成败来评价，因此我们也就在规范性的根本意义上为我们的信念和行为而负责任。公共阐释也负有这种道义责任，具有义务论的维度，需要为其自身做出辩护，需要对理性和真理负责。与德性伦理学、德性知识论相仿，阐释学也可以尝试探讨德性阐释学的建设，而这种德性阐释学也将促进规范性理论的发展。

---

① 将科学实在论和推理主义结合起来的思路，源于塞拉斯在《经验主义与心灵哲学》中阐发的观点。参见 Wilfred Sellars, *Empiricism and the Philosophy of Mind*, Cambridge, Mass.: Harvard University Press, 1997, §36, §41。

② 参见韩东晖《重叠共识、公共理性与启蒙规划》，《中共浙江省委党校学报》2016 年第 1 期。

③ Abrol Fairweather and Linda Zagzebski, eds., *Virtue Epistemology: Essayson Epistemic Virtueand Responsibility*, New York: Oxford University Press, 2001, p.4.

④ Robert Brandom, *Tales of the Mighty Dead: Historical Essays in the Metaphysics of Intentionality*, p.21.

结 语

在《什么是普遍语用学》一文中，哈贝马斯主张，普遍语用学的任务是确定并重构可能理解的普遍条件。[①] 这一考察将实在的领域分为四类：作为外部自然的世界、作为社会的"我们的世界"、内在自然的"我的世界"和语言。指涉四类实在领域的四种模式是：客观性、规范性、主观性和交互主体性。这些模式所隐含的断言的有效性要求分别对应真、正确、真诚和可理解性四种类型。[②] 这一清晰而深刻的洞见，一方面确立了以交互主体性为预设的语言成为理解和阐释的媒介；另一方面，又将表征事实、建立合法人际关系和揭示言说者的主观性等言语行为纳入广义的规范性领域当中，实际上明确了三个领域、三种类型阐释活动的有效性要求，从而也明确了有效阐释的公共性，剔除了隐秘的私人性。

然而在我们当下的生活世界里，公共性、规范性在许多方面遭遇被祛魅的境况，"后真相""另类事实"侵蚀着公共领域的意义表达。在这种情况下，我们怎样为公共领域建立稳固的基础？有学者指出，公共理性是获得规范性力量的唯一源头，是祛魅之后仍然存在的每一个个体的理性。[③] 虽然人类行为往往建立在主观的认识和意见之上，往往出于分散的知识和信息，从而出现偏执而不包容、狭隘而不开放的独断理解和封闭阐释，但是，这也凸显运用公共理性、倡导公共阐释的重要性，彰显塑造重叠共识、培育公共意识的必要性。哈贝马斯也强调，理性的公共运用的进程是规范性陈述所能诉诸的最后法庭。[④] 我们可以说，公共阐释恰恰是公共理

---

① Jürgen Habermas, "What Is Universal Pragmatics?", in *Communication and the Evolution of Society*, Boston: Beacon Press, 1979, p. 1.

② Jürgen Habermas, "What Is Universal Pragmatics?" p. 68. 参见 Cristina Lafont, *The Linguistic Turnin Hermeneutic Philosophy*, Cambridge, Mass.: MIT, 1999, p. 216. 该书对哈贝马斯的分类表述有调整。

③ 参见大卫·高希尔《公共理性》，谭安奎编《公共理性》，第 67 页。

④ Jürgen Habermas, *Inclusion of the Other: Studies in Political Theory*, Hoboken: John Wiley & Sons, 2015, p. 65.

性的重要表现形式，公共理性呼唤着公共阐释发挥切实的效用，让有效的阐释以公共性和规范性为基础，理由得以阐明，意义得以深刻呈现，重叠共识与多元文化共生，文化自信与兼容并蓄同行。

公共理性与公共阐释的有效性

◎ 傅永军　杨东东*

张江教授在《公共阐释论纲》一文中提出要建立当代中国的"公共阐释"理论，"公共阐释"自然成为建构中的当代中国阐释学基本框架中的一个核心范畴。在张江教授看来，所谓"公共阐释"概念，可以描述为"阐释者以普遍的历史前提为基点，以文本为意义对象，以公共理性生产有边界约束，且可公度的有效阐释"[1]。若将这一理解与西方诠释学传统做一比对，可以发现"公共阐释"理论的独特之处就在于它是建立在理性认证基础上的可公度性的阐释。这即是说，它所要解决的不是"理解得以发生的条件"[2] 这样一个问题，而是"具有广泛共识的公共理解"何以可能的问题。"公共阐释"理论在此处预设了一个阐释共同体的存在，并希望以公共理性保障有效的阐释共识的达成。在实现这一目标之前，如下两个问题必须优先得到解决：第一，既然公共阐释要求的是一种共识性理解，那么这种理解的有效性该如何判定？这就要求必须明确公共阐释的有效性判准。第二，如张江教授所言，有效阐释必须以"公共理性"作为保障，那么又该如何理解公共理性的概念，它在何种意义上保证了有效阐释的实现？这是公共阐释得以立基的根本性问题。笔者认为，唯有解决了这两个问题，"公共阐释"的内涵才能得到进一步的规范与澄清，并对公共阐释

---

　　* 傅永军，山东大学中国诠释学研究中心暨哲学与社会发展学院教授；杨东东，中共山东省委党校马克思主义学院副教授。

① 张江：《公共阐释论纲》，《学术研究》2017 年第 6 期。

② 参见［德］伽达默尔《诠释学Ⅰ：真理与方法》，洪汉鼎译，商务印书馆，2007，第 402 页。

理论建构中应当遵行的一种形式化原则做出初步的探讨。

一 公共阐释的有效性判准疏义

关于公共阐释的有效性判准问题，可以从张江教授对"有效阐释"的解释中推出。他认为，"'有效阐释'是指，具有相对确定意义，且为理解共同体所认可和接受，为深度反思和构建开拓广阔空间的确当阐释"[①]。从这个概念中可以析取出有效阐释的两个具体要求，第一是"具有相对确定意义"。虽然张江教授对"相对确定"的说法没有给出严格界定，但他明确提出，"文本的确定语境规定了阐释的确定维度"，"共同语境下的历史主体，理解的历史性，不能脱离自在话语的本来意义"[②]。这句引文认为文本具有一种自在的、实在的意义，该意义不会因所处之阐释情境的变化而改变，相反，它构成了牵制所有可能阐释的中心含义。事实上，唯有如此，才可能满足张江教授为公共阐释设定的"为不同语境下的阐释和接受者所共有"[③]的阐释目标。这意味着，对于文本的"相对确定意义"，此处做了较为严格的要求，阐释共同体必须以寻找文本的真实内涵为己任，这就是文本蕴含的自在意义。有效阐释的第二个要求是"为理解共同体认可和接受"。换言之，针对文本——该文本可以做广义理解，不仅指任何由书写固定下来的话语，亦可以指事件、行为、信仰和各类社会性存在（比如制度、组织等）——展开的阐释要获得有效性，必须向阐释共同体开放且得到认同。需要说明的是，这种阐释共同体并不受某个具体时空场域限制，因为公共阐释的共识要求面对的是不同语境下的、历时性的阐释者和接受者，是一个无限开放的"理想共同体"。而且，至关重要的一点是，张江教授将这种共识性要求建立在公共理性的引导之上，认为通过在公共场域中展开的沟通对话，扬弃个人在理性使用中的局限性，具有共享意义和可公度性的阐释才得以形成。此时，张江教授将公共理性理解为"个体

[①] 张江：《公共阐释论纲》，《学术研究》2017 年第 6 期。
[②] 张江：《公共阐释论纲》，《学术研究》2017 年第 6 期。
[③] 张江：《公共阐释论纲》，《学术研究》2017 年第 6 期。

理性的共识重叠与规范集合，是阐释及接受群体展开理解和表达的基本场域"①。如此一来，借助对"有效阐释"概念之两重要求的分析，可以引申出公共阐释的有效性判准，即真实性和合理性。其中，真实性意味着对文本的确定含义——文本的自在意义——的发掘，而合理性则强调阐释结果必须来自理性指引下的阐释共同体的一致认同。

然而，在有关诠释学和公共理性问题的讨论中可以发现，利用公共理性对文本进行意义阐释，从阐释者的角度说，合理性要求容易满足，真实性要求却难以实现。正如张江教授所言，阐释者只要接受"公共理性的约束与规范"，其阐释"符合基本逻辑要义，其推理和判断与普遍理性规则一致"②，就可以达成符合理性的阐释。然而，这对于真实性要求而言则不然。无论是理性多元主义事实（the fact of reasonable pluralism）的存在，还是阐释过程必须受制于前理解结构，都制约着这一最终目标的实现。理性多元主义事实描述的是现代公共理性与公共阐释的有效性民主社会的一种状况，是指民众在自由制度框架下自主运用理性能力形成的多种价值观并存的状况。这些价值观念可以表现为宗教、哲学、道德学说等不同形式，其形成过程皆借助于理性引导，因而展现为一系列各不相同的完备性学说。因此，这种理性多元主义在性质上与一般多元主义有根本不同：后者形成的多元化学说和观点并不排除是狭隘的自我利益或者共同体利益妥协和计算的结果，或者"仅仅是民族从一种有限立场来看待政治世界的可以理解的倾向"；而理性多元主义则诉诸"自由制度框架内自由实践理性作用的结果"③。由此一来，任何经由理性洗礼的完备性学说都有其存在的正当性，但"这些学说中的任何一种都不能得到公民的普遍认肯。任何人也不应期待在可预见的将来，它们中的某一种学说或者某些其他合乎理性的学说，将会得到全体公民或几乎所有公民的认肯"④。此外，这种理性多元主义并不只存在于某一个时代或者场域，它作为民主社会的一个永久特征，具有可持存性的特点。如此一来，回到有关公共阐释的真实性要求，

---

① 张江：《公共阐释论纲》，《学术研究》2017 年第 6 期。
② 张江：《公共阐释论纲》，《学术研究》2017 年第 6 期。
③ 〔美〕约翰·罗尔斯：《政治自由主义》，万俊人译，译林出版社，2000，第 37~38 页。
④ 〔美〕约翰·罗尔斯：《政治自由主义》，万俊人译，译林出版社，2000，导论，第 4 页。

| 中国阐释学的兴起 |

便会发现其与理性多元主义事实的不相容。当持守着不同完备性学说的阐释共同体针对文本进行理性诠读时，由于其所处之立场完全不同，如何判定乃至寻求为不同阐释共同体所认可的真实阐释就变得十分困难。伽达默尔哲学诠释学有关前理解结构的分析，更是从根本上否定了阐释的真实性得以可能的基础。众所周知，伽达默尔哲学诠释学所要处理的核心问题是"理解怎样得以可能？"它要考察在理解过程中"是什么东西截止我们的愿望和行动与我们一起发生"①。这后一句话便意味着，理解行为并不是完全遵照阐释者表面上的意愿进行，也就是说，它总是受到先在条件的约束，而这一条件就是伽达默尔所讲的"前理解"，或者"前见""前见解"。如他所言："一切诠释学条件中最首要的条件总是前理解……正是这种前理解规定了什么可以作为统一的意义被实现，并从而规定了对完全性的前把握的应用。"② 伽达默尔认为这种"前理解"的具体表现形式可以是阐释者所沿袭的传统，或者某种权威力量等。关于这一点，张江教授在论文中亦有提及，他指出公共阐释应当以普遍的历史前提为基点，"阐释的起点由传统和认知的前见所决定"③。这些前见从一开始便影响着阐释者的意义理解趋向，从某种意义上讲，已经预先实施了对可能理解的筹划。因此，任何理解行为都是基于阐释者的前理解而展开的一种具有"偏见"的行为。事实上，联系上文有关理性多元主义的分析，便可以将各种完备性理论理解为阐释者所占有的理解前结构。这样接下来的问题便十分相似了，因为不同的阐释者总是处在各自相异的历史传统中，其承袭之观念千差万别，所以就公共阐释而言，要从众多阐释版本中择选和认定何者更具真实性，将是一项几乎不可能完成的任务。更何况，根据伽达默尔的诠释逻辑，即便通过返回作品的原意而寻求确定性解释亦是难以实现的，因为任何阐释者都不可能完全摆脱自己的前理解而投入作者的生存情境中。换言之，"占据解释者意识的前见（Vorurteile）和前见解（Vormeinungen），并不是

---

① 〔德〕伽达默尔："第 2 版序言（1965 年）"，《诠释学 II：真理与方法》，洪汉鼎译，商务印书馆，2007，第 531～532 页。
② 参见〔德〕伽达默尔《诠释学 I：真理与方法》，洪汉鼎译，商务印书馆，2007，第 400～401 页。
③ 张江：《公共阐释论纲》，《学术研究》2017 年第 6 期。

解释者自身可以自由支配的"①。前理解构成了阐释行为得以可能的条件，与此同时也阻止了阐释者回到原初意义的可能性。由此一来，无论是理性多元主义事实的存在，还是有关前理解结构的阐释经验，都表明将阐释的有效性与一种实体主义的完备性学说、文本的原意以及阐释者的确定性诠释等联系在一起，会面对富有挑战性的理论难题。

在笔者看来，之所以会出现这类难题，原因在于它依然是从阐释者的独白角度做出的判断。张江教授的论文虽多次提及建立在对话基础上的公共阐释，但这种阐释最终指向一个确定的实在意义，因而排除了真正的基于理由交换和自由沟通而达致共识的可能——所有对话都成为被实在意义牵引的展示性行为。而且，若就此深究，亦可发现在阐释的真实性和合理性之间寻求融贯是十分困难的事情。真实阐释唯有借助合理阐释才能获得其有效性，然而，诠释学经验和理性主义事实的存在却表明，合理阐释并不保证唯一解释的出现，更何况是真实阐释。就此而言，哲学诠释学是将阐释看作对话，而"真正的谈话是建基于承认我们自己的可错性，承认我们自己是有限和历史的生物，因而我们绝没有黑格尔意义上的绝对知识。我们具有的知识类似于苏格拉底的知识：一种我们认自身无知并因而对他人观点可能真理进行开放的知识"②。有鉴于此，作为对话过程的阐释必然表现为一个"加强对方论证和自我检讨的过程"③，而一种真正的公共阐释，其有效性应该在阐释者与接受者的对话中、在阐释共同体的沟通中互动完成，它展示为基于可错性之上的对更好理由因而也是更好理解的共同追求。

二　有效的公共阐释：基于公共理性的程序使用

据上文分析可推知，一种有效的公共阐释应当同时获得阐释者和接受者双重视角的认可，必须变寻找真实意义为寻找共同认可的合理性意

---

① 参见〔德〕伽达默尔《诠释学I：真理与方法》，洪汉鼎译，商务印书馆，2007，第402页。
② 〔美〕乔治娅·沃恩克：《伽达默尔——诠释学、传统与真理》，洪汉鼎译，商务印书馆，2009，第122页。
③ 参见陈荣华《高达美诠释学：〈真理与方法〉导读》，台北：三民书局，2011，第214页。

义。这就要在文本意义生成所关涉的对话中探求。此时，罗尔斯有关公共理性有效使用的"相互性判准"可以提供一些借鉴。该判准以如下方式得到描述："惟有当我们真诚地相信，我们为我们的政治行动……提供的理由较为充足，且当我们同样合理地认为，其他公民亦会同样合理地接受这些理由，我们对政治权力的行使才属恰当。"① 笔者认为，从这段引文中可以分离并演绎出两个基本的有效性要求，即"充分的"和"理性的"（reasonable），作为公共阐释的有效标准。其中，"充分性"条件要求，阐释行为所给出的文本意义必须合乎理性地得出，即阐释者必须能够理性证成自己的意义诠释；而"理性的"条件则要求，所给出的有关文本的意义诠释能够为诠释对话参与者合理地接受，而当对话一方怀疑或拒绝有关文本意义的诠释时，也应当理性地给出自己的理由。换言之，阐释者必须以理性理由来说服对方，从而实现从个人阐释到公共阐释的转换。

于是，"相互性判准"为公共阐释提供了新的有效性标准。其显而易见的优势在于，它赋予阐释者和接受者以合作的契机。这种合作不是指阐释共同体为达成某种既定目标而展开的相互妥协，相反，它更加强调为实现相互理解而进行的理由交换。阐释者与接受者在完全开放的对话环境里，通过理性论辩参与到文本意义的生成和认定之中，从某种意义上讲，这也是一种视域融合和新视域生成的过程。张江教授所言"为理解共同体所认可和接受"的要求只有在这一层面才能得到完全澄清。同样重要的一点是，由于罗尔斯将"相互性判准"视作公共理性的有效使用标准，它在一定程度上便为公共阐释提供了理性支持。

然而，必须指出的是，上文对罗尔斯"有效性判准"向公共阐释理论的移置其实潜存着一种跳跃，因为罗尔斯是在政治论辩中使用这一标准的，而且他为这一论辩设定了非常有限的范围，即它仅使用于宪法根本和基本正义问题。同理，公共理性亦是公民为了解决有关宪法根本和基本正义问题而诉诸的一种理性。现在，将如此局限的"有效性判准"和"公共理性"用在颇具普遍性的公共阐释中，跨度不可谓不大。因此，我们必须

① 〔美〕罗尔斯：《万民法》，张晓辉等译，吉林人民出版社，2001，第148页。

详细说明，这样一种公共理性的理念和标准何以能够完成这一跳跃，在这个过程中它们是否需要经过某种修正。关于这一点，可以从哈贝马斯与罗尔斯的争论中得到一些启示。而关于公共阐释中公共理性及其有效性标准的具体作用方式，亦会借此得到更进一步的澄清。

罗尔斯与哈贝马斯争论的一个核心问题是，公共理性的作用方式应当是实质的还是程序的。两者的区分可以借助哈贝马斯在《论理性的公用》中的说法来阐明。他指出，程序主义"仅仅关注理性公共运用过程的程序方面，并根据其法律制度化的观念来阐明法律系统。它可以使更多的问题处于开放之中，因为它更多地是依赖于一个合理的意见和意志形成过程。罗尔斯对此则有不同的理解：哲学可以优先建构一个公正而可以达成共识的社会观念，而公民则把这一观念当作平台，来判断现存的制度和政策"①。虽然罗尔斯认同在公共理性使用过程中应当遵循某些探究指南（guidelines of inquiry），针对宪法根本和基本正义问题借助某些推理原则达成共识，但其基础在于某些业已被建构起来的实质性观念——关于这一点，只要考察一下罗尔斯是如何在多元社会中寻求公共认可的政治正义观念便十分清楚了。如前所述，现代社会最典型的特征之一是理性多元主义，任何一种完备性学说都不可能在这个时代获得所有人的认可，因而"不适合于作为立宪政体公共理性与公共阐释的有效性的政治观念"②。即便如此，罗尔斯依然认为，这些完备性学说只是作为一种综合学说从属于"非政治领域"，它的存在并不妨碍公民在"政治领域"中确认那些为每位公民都认可的实质性价值观念，亦即基本的正义原则，而只要通过诉诸公民自身的理智能力和道德能力，这些政治正义原则和观念就可以被预先确立下来。它们最终构成了公共理性的基本内容。如果说在这个过程中需要理性证成和论辩，由此说明这些正义原则和观念是基于公共视角的理性共识，并得到各种不同完备性学说的认肯的话，那么这些论辩就是在如下意义上讲的："理性的公民彼此考虑到了合理性的全备性学说，而这些学说

① 〔德〕哈贝马斯：《论理性的公用》，哈贝马斯：《包容他者》，曹卫东译，上海人民出版社，2002，第84～85页。
② 〔美〕约翰·罗尔斯：《政治自由主义》，万俊人译，译林出版社，2000，第143页。

认可了他们的政治概念。"① 换言之，公共论辩发生在每一位公民都从"你和我"的立场出发反思这些政治正义原则如何嵌入各种完备性学说而与其保持一致，或者至少是保持互不冲突，当各类完备性学说都能够承认这些政治正义观念时，便可以说后者是基于"公共视角"而达成的重叠共识。至此，那些最初源自公民道德能力的正义观念由于"共同视角"的介入而具有了公共性特征。事实上，当罗尔斯谈及公共理性使用的"相互性判准"，并将"我们同样合理地认为，其他公民亦会同样合理地接受这些理由"② 作为其条件之一时，依据的便是这一分析。

而在哈贝马斯看来，这些所谓论辩程序的存在并不能掩盖罗尔斯公共理性中深植的实质主义特征，而罗尔斯也承认自己在很大程度上将公共理性做了实质使用。就这一点而言，如果我们"跃回"张江教授有关公共阐释中公共理性的使用方案便会发现，其与罗尔斯的观点有相近之处，尤其是张江教授认为，公共理性其实是"个体理性的共识重叠和规范集合，是阐释及接受群体展开理解和表达的基本场域"③，此处的公共理性便是作为实质理性而发挥作用，而作用方式同样要借助"重叠共识"。因此，如果罗尔斯能够自圆其说地证成这种方案，倒可为公共阐释理论提供一些论证支持。

然而，问题恰恰就在于，哈贝马斯认为，罗尔斯对公共理性，包括其"相互性判准"的理解存在着一系列麻烦。这一方面是指他要承受过重的论证负担——罗尔斯对公民具有的理智能力和道德能力的承认，其实是基于自由主义对人的判断和预设，是指处于原初状态的人在无知之幕中展示出的一种基础性能力，而这显然不是自明的，必须有更基础性的论证。哈贝马斯因此指出："罗尔斯如果换一种方式来展开他的道德视角……从程序主义的角度，对实践理性的程序概念加以阐明，他就可以避免由于提出原初状态的设计而遇到的麻烦。"④ 另一方面，罗尔斯可能遭遇的挑战在于

---

① 〔德〕哈贝马斯：《"理性"与"真理"或世界观的道德》，哈贝马斯：《包容他者》，曹卫东译，上海人民出版社，2002，第106页。

② 〔美〕罗尔斯：《万民法》，张晓辉等译，吉林人民出版社，2001，第148页。

③ 张江：《公共阐释论纲》，《学术研究》2017年第6期。

④ 〔德〕哈贝马斯：《论理性的公用》，哈贝马斯：《包容他者》，曹卫东译，上海人民出版社，2002，第68页。

他对"公共视角"的误判。换言之，在哈贝马斯看来，罗尔斯基于公共理性对政治正义原则的证明并不是真正理由交换的结果，它依然是从独白视角出发而形成的并不彻底的共识。其原因在于，"这里所说的'公共的'和'共有的'具有某种误导成分。'重叠共识'是大家一起进行自我监控的结果，而监控的内容在于有关意见与自己的世界观是否吻合。要想取得'重叠共识'，每个人都必须接受同样的概念，而且运用的是各自的非公共理由，同时还要对其他所有人持肯定立场"①。虽然公民在政治领域能够达成对正义原则的"共识"，但这不过是说，每个人都以自己的方式、从自己的完备性学说出发对他人亦承认的政治正义表达自己的认同即可。在这个过程中，根本不存在不同视角的交流和沟通。每一个公民对政治正义表示认同的理由和推理过程是不同的，并且，由于无法进入对方的视野，他们也根本无从知晓他人的认同逻辑。这就是哈贝马斯所说的，"重叠共识"其实不过是建立在非公共理由的基础之上。于是，罗尔斯所谓公共理性就不是真正意义上的对理性的公共使用，而所谓"相互性判准"，亦根本不是理由交换和沟通意义上的"相互性"。更何况，在罗尔斯的公共论证中，其实还隐藏着另外一个成问题的预设，那就是"政治领域"和"非政治领域"之间的划分。事实上，在日常行为中，人们很难严格界定哪些问题属于政治领域并由此开启自己的公民身份，而哪些又是处于完备性学说适用的范围内。

由是观之，罗尔斯对公共理性的使用方式和理解方式存在某些偏差，至少并非如他所言，是对理性的公共使用。而哈贝马斯理论的优越之处也由此得以凸显。在他看来，"哲学应当仅限于澄清道德视角和民主程序，仅限于分析理性话语和协商的前提条件。在这种角色中，哲学不必采用一种建构性的方法，而只要采用一种重构性的方法。此时此地必须寻找到的实质性答案，被哲学交给了参与者，他们或多或少已经受到了启蒙，可以通过自身的努力来做出这样的解答"②。无论是针对政治正义的问题，还是

---

① 〔德〕哈贝马斯：《"理性"与"真理"或世界观的道德》，哈贝马斯：《包容他者》，曹卫东译，上海人民出版社，2002，第107页。

② 〔德〕哈贝马斯：《论理性的公用》，哈贝马斯：《包容他者》，曹卫东译，上海人民出版社，2002，第85页。

更大范围内的问题，只要放在理性论辩的程序框架中，对论证过程加以规范，便可以保证结论的合理性。就内在的论证过程而言，不需要给出任何作为基础的实质性预设。当然，必须指出的是，对于程序本身的设定来说，哈贝马斯承认一些基于直觉观念的道德前提存在的必要性，譬如，阐释者和接受者必须视对方为平等的交流主体，任何人都可以自由进入和退出商谈程序，对自己的观点有举证责任等。事实上，当我们设定公共理性使用的相互性判准时，已内在地认同了这些道德前提①。唯有如此，哈贝马斯认为，论辩者才可能真正摆脱外在观察者的视角，以参与者的身份进入理由的提供和交换过程中，理性的公共使用才能做到名副其实。与之相应，在笔者看来，哈贝马斯程序理性的优越之处还在于，它可以突破罗尔斯在"政治领域"和"非政治领域"之间的区分，使公共理性的应用范围更为普泛化。任何出现在公共领域之中的论题，都可借助公共理性加以讨论。只要想一想哈贝马斯对早期文学公共领域中公共理性使用的分析，便十分清楚了。作为本文主题的"公共阐释"问题也理所当然地被涵盖其中。同时，前文提到的那个"跳跃"，公共理性从有关宪法根本和政治正义问题到更为普泛的公共阐释问题的跳跃，亦在对公共理性范畴的澄清中得到解决。

从上述一系列论证出发，我们便可以得到关于有效公共阐释之理性基础的认定：公共理性必须以程序主义的方式发挥作用。唯有如此，才能够真正实现阐释行为中的互动沟通，建立起共同的阐释视界，在视域融合中达成共识。同样，作为公共理性使用标准的"相互性判准"，在此基础上也得到进一步确认。事实上，当笔者在前文中将"理性的"标准做出如下表述——"所给出的有关文本的意义诠释能够为诠释对话参与者合理地接受，而当对话一方怀疑或拒绝有关文本意义的诠释时，也应当理性地给出自己的理由"——时，已经在程序主义的意义上实现了对罗尔斯"相互性判准"的更新。

---

① 正是由于这样一些道德前提的存在，罗尔斯认为，哈贝马斯的公共理性并不完全是程序性的，它同样依赖于一些实质性内容。事实上，"哈贝马斯认识到了他的观点是实质性的，他只是说他的观点比我的观点更适度一些而已"（参见〔美〕约翰·罗尔斯《政治自由主义》，万俊人译，译林出版社，2000，第453页）。在这个问题上，笔者认为，哈贝马斯设立的这些实质性条件，是论辩程序能够顺利进行的最基本保证，而这完全不同于罗尔斯在政治正义论辩中关于正义原则等的实质性预设。

由此一来，"相互性判准"就可以视作检视阐释有效性的形式标准，它必然会同时规范阐释者和接受者两层关系，而公共理性的作用亦主要表现为对程序的设置，以便让阐释活动参与者在自由对话中达成共识。其中，从阐释者角度看，"相互性判准"要求阐释的正当性必须为接受者的理性所认同，阐释的有效性表现在，其应当被接受者和阐释者所共同接受的理由所证成。因此，从阐释者立场看，在阐释过程中应用公共理性主要不是为了证成意义阐释的真实性，而是提出让参与阐释对话的另一方接受意义阐释的有说服力的理由，为阐释有效性提供根据或者基础。而从接受者立场说，"相互性判准"接受者必须理性地参与意义阐释过程，遵行公共理性所提出的有关阐释对话的论辩义务，也就是说，在涉及公共阐释的接受与拒绝时，必须放弃自己的形上哲学—宗教立场，将自己的行为纳入公共理性的论辩规范之中，成为一种公共理性行动，因此在接受和拒绝发生时，当理解出现歧义时，有义务向对话一方或者提出质疑者解释自己接受和拒绝的理由。这种义务是道德义务，而非法律和政治义务。若诉诸法条和政治权威，就会违背自由论辩之理性天条。

三　阐释有效性之于公共阐释的建构意义

笔者的分析表明，一种真正有效的阐释理论，必须基于公共理性的程序使用，以"相互性判准"作为证成其合理性的形式标准。由此，公共阐释的目标就不是造就一种对文本意义的真实阐释，而是在阐释共同体中通过理性论辩达成相互理解，使得对文本意义的阐释表现出合理的可接受性。这种将真实性要求从有效性标准中分离出来的做法，非但不会影响公共阐释得以可能的根基，反而为其提供了适应于多元社会情境的建构方案。唯有如此，公共阐释才能够如张江教授所言，公共理性与公共阐释的有效性成为具有合理的可公度性、反思性和建构性的阐释模式。

在张江教授看来，公共阐释的可公度性是指"阐释与对象、对象与接受、接受与接受之间，是可共通的"①。阐释共同体能够就阐释对象的意义

---

① 张江：《公共阐释论纲》，《学术研究》2017 年第 6 期。

　　　　　　　　　　　　　　　| 中国阐释学的兴起 |

解读形成有效共识。而其得以可能的首要原因就在于，公共阐释中作为公共理性使用之有效性标准的"相互性判准"真正实现了与公共性的有效连接。不可否认的是，公共性在很大程度上都与政治领域相关联——以哈贝马斯为例，他的公共性往往是在下述意义上得到理解的："对所有公民无障碍的开放性、公众在公共领域内对公共权力和公共事务的批判性，以及遵循自由、民主、正义原则进行理性商讨所达成的可以促使独立参与者在非强制状态下采取集体行动的共识。"① 然而，正如哈贝马斯的考察起点是文学公共领域一样，政治领域并非公共性的唯一展示场域，而只是哈贝马斯更为关注的场域。因而，一种具有公开性、批判性和理性化特征的公共性概念与公共阐释的交叠并非不可能。而当我们将"相互性判准"的两个基本条件作为公共阐释的有效性要求时，开放的、反思的理性视野便已经打开。可以说，正是这种开放性视角为所有意愿进入阐释共同体的个人提供了平等的对话机会。在由此形成的阐释空间中，每一位阐释者作为自主的理性主体就阐释对象充分表达个人的观点，提出接受或反驳理由，同时也承担着回应他人质疑的义务，由此达成理性共识。这种共识具有最广泛的认同基础，成为在所有参与者之间共同分享的、可公度的诠释结果。

此外，当阐释者和接受者就同一论题展开论辩时，对各种质疑和拒绝的理性回应意味着批判视角的介入。当然，细致讲来，这种批判性可以从两个角度进行理解。首先，这可以表现在对公共阐释中可能出现的外在强制力量——譬如权威——的反思。这是一种强的批判立场，其目标是塑造一个真正平等的对话环境，从而对阐释者和接受者的每一个阐释行为加以约束，要求其论辩过程必须是基于理由的沟通而非强力的压制。其次，这种批判性还可以做一种弱化使用，降低对所谓权威等强制力量的针对性，亦即在认可现有阐释参与者的理解立场的前提下，通过对理由的证明或者质疑来泯除成问题的阐释，达成合理共识。这两种方案其实正是哈贝马斯和伽达默尔争论的核心问题之一。不过，无论是强的版本还是弱的版本，都可以从中抽离出公共阐释的反思性特征，在阐释者和接受者就文本意

---

① 哈贝马斯对"公共性"概念的分析，具体可参见〔德〕哈贝马斯《公共领域的结构转型》，曹卫东等译，学林出版社，1999，以及《在事实与规范之间》，童世骏译，生活·读书·新知三联书店，2003，第 8 章。

展开的对话和交流中不断修正自我认知。

事实上，张江教授提到的公共阐释的建构性特征，也恰可以在上述意义上得到理解。在公共阐释中持续展开的反思性行为，意味着阐释共同体总会就文本意义形成更具合理性的认知，构建出新的理性共识。如果按照张江教授的归纳，公共阐释还有一种超越性，那么它显然与其建构特征是二而一的事情，任何建构都是在超越当下共识基础上的新理解。当然，对此需要特别指出的是，无论是公共阐释的建构性还是超越性，都不意味着它会因此沦为一种相对主义的且颇不稳定的阐释方案。实际情况恰好相反。公共阐释并不承认一切理由都是同等有效的理由，它时刻保持着对所有异议的开放，并认同基于更好理由达成的共识。所以，只要不是以传统的自然科学对绝对真理的追求作为标准，公共阐释就绝不该被判定为一种"什么都行"的相对主义。而十分清楚的是，从狄尔泰以来，阐释学的意旨之一就是构建与自然科学完全不同的精神科学的发展逻辑。实际上，由此出发，关于公共阐释不稳定性的怀疑便也不攻自破。当公共阐释对更好理由的追求总是建立在所有阐释者以平等身份展开理性对谈的基础之上时，由此形成的共识必然能够为最大多数可能参与者所共享，其稳定性也由此得到保证。

综上所述，笔者认为，当张江教授提出将"公共阐释"作为当代中国阐释学基本框架的核心范畴，并将其目标归结为"以公共理性产生有边界约束，且可公度的有效阐释"[①] 时，必须兼顾当代社会理性多元主义事实存在这一现状。因此，对于公共阐释而言，重要的不是寻求有关文本意义的真实阐释，而是通过相互理解达成一致，使得意义解读能够展示出令对话双方认同的合理性和可接受性。就此而言，作为公共理性有效使用标准的"相互性判准"可以发挥关键的范导作用。由于"相互性判准"将"充分性"与"理性的"视为有效阐释的基本准则，并由此将公共阐释的公共性与有效性统一了起来，其是在形式方面建立公共阐释理论的一种基础性建构原则。

---

① 张江：《公共阐释论纲》，《学术研究》2017 年第 6 期。

从哲学解释学的角度看公共阐释

◎ 何卫平*

不久前，中国社会科学院的张江教授在《学术研究》上发文，从解释学的角度谈到了一个重要问题，"公共阐释"①。它的提出旨在超越解释或阐释的个体化或私人性，反对强制阐释、过度诠释，具有鲜明的时代特色，富于探索精神和建设性，读后很能引起笔者的共鸣。的确，将这个概念引入解释学很有必要。因为反对强制阐释、过度诠释，承认阐释的公共性也应是解释学所要面对的问题之一，甚至涉及这个领域探讨的核心，尤其是在当代，它牵涉我们如何超越相对主义和虚无主义的大问题。如果说，一个多世纪以前，尼采预言了虚无主义的到来，那么如今我们已经实实在在感觉到了它的到来，而且是全面的、无孔不入的。当今以作者原意、文本的本义为皈依的解释学的实在论早已遭到了来自多方面的批判和质疑，尤其那种见物不见人的机械唯物主义的反映论再也找不到市场了，这虽说包含某种合理的进步，但未免又有走到另一个极端的趋势：向主观化方面发展。似乎我们仍在历史的迷雾中兜圈子——或者独断论，或者怀疑论。然而当代解释学既不能在客观主义中安身立命，也不能在相对主义中故步自封，而解决这一问题离不开对公共阐释以及与之相关的公共理性的探讨。

公共阐释之要义在于公共性而非私人性，它要解决的是理解的共识

---

* 何卫平，华中科技大学人文学院教授、博士生导师。

① 参见张江《公共阐释论纲》，《学术研究》2017 年第 6 期。

性、交互性、共享性，它应表现为一种理性的活动，而且是公共理性的活动，因为涉及公共领域空间，这里面有某种规范性可循。简单说来，公共阐释的问题可以归结为阐释的公共性问题，公共理性可以归结为理性的公共性的问题。我想，从这个方面入手能开拓解释学研究的空间，进而为实现解释的有效性做出贡献。从西方解释学史来看，大家都间接地触及这个问题。有"解释学之父"美誉的施莱尔马赫曾谈过理解与同一性和差异性的关系：如果人与人之间只有差异性而没有同一性，那就不可能有理解，即我不可能理解你，你也不能理解我；如果人与人之间只有同一性而没有差异性，那就不需要理解，即你不需要理解我，我也不需要理解你，因为各自只要理解自己就行了。恰恰是人与人之间既存在着同一性又存在着差异性，才有相互理解的需要和可能。① 其实这里面隐含解释学的阐释公共性之基础。另一位解释学大家狄尔泰则将人和人的世界看成一个整体联系的生命有机体来为理解和解释提供根本的前提和保证。当代的海德格尔在前期就已看到理解中包含"共在"与"沉沦"的因素，指出了人作为此在的实际性，也就是说，人总是已经被抛入世界中的存在，所以人的领会或理解虽然包含一种先行的筹划或意义的预期，进而体现出人是一种先行于自己的存在，但也不可能是随心所欲的，而是要受到自身被抛向的那个世界的制约。就这一点来看，人是"被动兼主动"的存在：总已被抛于世是被动的——对此他无法选择，而他先行于自己的存在的那种筹划和所突出的时间性的未来一维，进而体现出自身之能在也不是不受制约的，这种制约来自世内存在者，包括与之打交道的人和物。这让笔者联想到黑格尔的那句名言：自由并不等于任性。如果说此在的"被抛"构成海德格尔前后期思想的一个连接点，那么"转向"后的他更突出作为此在的人对存在本身的"倾听"，而此在的理解只是对存在之道的"应和"。

海德格尔的学生伽达默尔继承发扬了这一点，在《真理与方法》的第 2 版序言中，他就表达过这样一个意思："理解（Verstehen）从来就不是一种对于某个被给定的'对象'的主观行为，而是属于效果历史（Wirkungsge-

① 洪汉鼎主编《理解与解释——诠释学经典文选》，东方出版社，2001，第 71 页。

schichte），这就是说，理解是属于被理解东西的存在（Sein）。"① 他还说，哲学解释学关注的"问题不是我们做什么，也不是我们应当做什么，而是什么东西超越我们的愿望与行动与我们一起发生"②。这些观点基于现象学的立场，根据它，一切理解都是"自我的理解"，同时一切理解都是"事情的理解"，二者可以并行不悖。这里的"事情"与现象学的著名口号——"面对事情本身"——中的"事情"相关。另外，伽达默尔反复强调，理解乃是相互理解。而且他的解释学总体上追求的是共识性的理解。解释学的三个面相可以用三种"主义"来表征和描述：解释学的法西斯主义、解释学的无政府主义和解释学的民主主义。这三个主义对应三个政治学的术语。解释学的法西斯主义指的是强经就我，它与其说是解经，不如说是对经典的一种"强暴"，即一种自我意志的强加，这是典型的强制阐释；解释学的无政府主义，指的是"怎么都行"，想怎么解释就怎么解释，它最后无疑会堕入解释学的相对主义、虚无主义，这在激进的后现代主义的解释学中表现得比较突出；再就是解释学的民主主义，它强调的是，被理解对象和理解者在解释学身份上的平等，因而突出理解中的"倾听"与"对话"，力图在这个过程中去达到"视域融合"，这里的"融合"不是一方对另一方的"同化"，不是"吞并"对方。伽达默尔可视为解释学民主主义的典型代表，他的解释学实际上就是一种"对话哲学"，同时又旗帜鲜明地反对解释学的虚无主义③。尽管这里面的问题比较复杂，例如，人类普遍存在的"创造性的误读"以及法学和宗教领域中的"独断型解释"算不算解释学的法西斯主义等，这些都需要进一步的研究，但总的说来，文本解读中的强制阐释、过度诠释是我们要反对的。

无论海德格尔，还是伽达默尔都不能被简单归结为非理性主义者，认定他们走的是一条极端的相对主义和虚无主义的道路有失妥当④。海德格尔在弗莱堡早期就表明他的思想与非理性主义无关，伽达默尔的解释学更是如此。他们的思想含有为公共阐释、公共理性奠基的成分，尤其是伽达

---

① 伽达默尔：《诠释学Ⅱ：真理与方法》，洪汉鼎译，商务印书馆，2007，第535页。
② 伽达默尔：《诠释学Ⅱ：真理与方法》，洪汉鼎译，商务印书馆，2007，第531~532页。
③ 伽达默尔：《诠释学Ⅰ：真理与方法》，洪汉鼎译，商务印书馆，2007，第134页。
④ 参见张江《公共阐释论纲》，《学术研究》2017年第6期。

默尔会更直接一些。因为海德格尔提供的是一种本源意义上的解释学，和我们通常的文本没有直接关系，《存在与时间》当中基本没有提到文本，他严格地区分了存在论的层次和存在者的层次，主要建立的是存在论（生存论）这个层次上的解释学，因为我们在实际生活的存在中本身就包含着源始的领会（理解）。至于伽达默尔精神科学的解释学，主要涉及文本的理解和解释，它是立足于海德格尔提供的本源的解释学，因而可视为一种衍生的解释学。康德早就讲过，哲学就是要回到基础上去，不断查看它的基础牢不牢①。只不过不同的哲学家对基础有不同的理解。无论海德格尔还是伽达默尔都仍然是在做一种奠基的工作，尽管相对于海德格尔，伽达默尔更多关注的是人文科学或者精神科学领域里的理解和解释的问题。我们知道，伽达默尔的解释学有一个贯彻始终的方向，那就是将海德格尔的存在哲学与亚里士多德的实践哲学融为一体。在他的身上集中反映了自新康德主义之后在德国由海德格尔引发的三个重要的"复兴"：本体论的复兴、实践哲学的复兴和亚里士多德的复兴。它们之间有着内在的联系，就这种联系来看，伽达默尔身上体现出的是自亚里士多德以来的一种社群主义而非自由主义的传统，可以说，从亚里士多德、黑格尔到伽达默尔身上都体现着这一传统。由此出发，我们可以看到，伽达默尔的解释学实际上具有非常明显的公共阐释的内涵，而公共阐释的基础是公共理性，伽达默尔的思想拥有这方面丰富的资源，可以为我们构建解释学的公共阐释理论时所用，但尚需做深入的发掘工作。

毫无疑问，伽达默尔的解释学通向实践哲学，这种实践哲学的核心就是"实践智慧"。他所秉持的实践哲学和马克思没有直接关系，更多吸收的是古代亚里士多德那个意义上的实践哲学，因此，伽达默尔的解释学又可以被称为一种新亚里士多德主义——它是亚里士多德主义和解释学结合的产物。这一点与阿伦特不同，后者也是一个新亚里士多德主义者，但她是将亚里士多德主义同政治哲学相结合。不过，这种结合不是简单的拼凑，而是亚里士多德主义的升级版。如果说，在伦理学方面，有两个大走势：一个是亚里士多德主义的，另一个是康德主义的，那么伽达默尔更偏

---

① 康德：《未来形而上学导论》，庞景仁译，商务印书馆，1982，第4页。

向的是前者。不过，伽达默尔同样也受康德的影响。康德明确地指出，实践理性高于理论理性，但并不存在两个理性，而是只有一个理性，是同一种理性的两种不同的应用。伽达默尔接受这一点，不同的是"实践智慧"和"实践理性"在他那里是打通来使用的。这个可以引向解释学领域中公共理性部分。

严格来讲，在解释学上，伽达默尔秉持一种辩证的立场，那就是扬弃客观主义和相对主义，至于他是不是做得很好，是否将这个问题说清楚、讲透彻了，那是另外一回事。如果我们认真读一读《真理与方法》的第一部分，也就是谈艺术经验那个部分，便不难看到，他实际上既反对客观主义，也反对相对主义，他在这方面有着明确的表达，因此是不可能放弃理性的。在其晚年，他表示我们今天比以往任何时代都更需要理性，只不过不是工具理性，而是价值理性、社会理性。[①] 他所讲的"社会理性"应当包含公共理性。和一般知识论不同，解释学主要对应的是人文科学、人文精神和人文传统。伽达默尔的《真理与方法》一开始就提到人文主义的四个概念——教化、共通感、判断力、趣味，对此他自己并没有明确告知为什么，也没有交代为什么是这四个概念。我认为，这四个概念构成了他的整个哲学解释学的基点，而且它们的秩序是不能随便颠倒的，内里有一个逻辑关联，处于核心地位的是"教化"。对这个概念的理解不能限于通常的"教育"，它具有生存论 - 存在论的意义[②]，和海德格尔的"共在"有关，只是伽达默尔比海德格尔更多地突出了它积极、正面的意义。与海德格尔前期受克尔凯郭尔影响，过于强调孤独的"自我"的真实性不同，它对解释学具有重要的意义。其他三个概念由"教化"派生出来。[③] 这四个概念实际上已经包含了构成公共理性、公共阐释的基础，伽达默尔之所以用这些概念，实际上和他谈到的解释学是一种实践哲学不无关系。解释学是一种实践哲学的论断，这并非伽达默尔晚年才提出，实际上在其早期思

---

① 伽达默尔：《科学时代的理性》，薛华等译，国际文化出版公司，1988，第 61~76 页。
② 参见何卫平《理解之理解的向度——西方哲学解释学研究》，人民出版社，2016，第182~183 页。
③ 参见何卫平《理解之理解的向度——西方哲学解释学研究》，人民出版社，2016，第186~189 页。

想，例如在他由海德格尔指导之下完成的教学资格论文《柏拉图的辩证伦理学》中就已经涉及了，只是他晚年将其更加明确化了。

在伽达默尔那里，解释学作为一种实践哲学包含伦理学的因素（这个思想在施莱尔马赫那里就已经有了①）。这种伦理学更多是在亚里士多德那个意义上的，和社群主义的传统有关，它集中体现于这一点：个人幸福的实现只能通过城邦，也就是通过社会共同体。为达此目的人离不开交往、沟通和协调，所以在这个基础上产生了"逻各斯"（logos），它首先指语言。我们知道，海德格尔和伽达默尔都强调应该把"逻各斯"首先理解成"语言"，而不是"理性"。海德格尔在《存在论（实际性的解释学）》中已明确指出了这一点。② 伽达默尔与海德格尔一致，他首先强调的是人的共同体的存在，然后是逻各斯，而逻各斯首先指语言，然后才是理性。其实这两者是不可分的，语言首先发展出一种交往的理性，然后才是纯粹的理性、反思的理性，或者如我们后来所说的理论理性。

语言与理性同教化有关，而教化与共同体分不开。对于伽达默尔来说，教化乃是共同体的教化，而个人是谈不上教化的。共通感、判断力、趣味则是伴随着教化并在教化过程中发展起来的，所谓"人同此心，心同此理"。只要处于健全理智的情况下，大家对某种问题都会有一种大体相同或相近的感觉、判断、趣味，包括审美。此处的"共通感"很重要，这个"感"，让我们联想到日常语言中经常所说的是非感、历史感、民族感、音乐感、美感、崇高感之类，是长期教化的结果，它带有某种普遍性或普遍的认同，而所有这里谈到的"感"都同"共通感"相联系，它恰恰体现出人的一种社会性。

伽达默尔对教化的理解来自黑格尔的《精神现象学》，后者所谓的"教化"指的是将个体性上升到一种普遍性③，而且伽达默尔还专门提到了黑格尔关于"实践教化"与"理论教化"的联系与区分④，它们都与个体

---

① 参见 Schleiermacher, *Hermeneutics and Criticism*, translated and edited by Andrew Bowie, Cambridge University Press, 1998, p. 8.
② 海德格尔：《存在论（实际性的解释学）》（修订版），何卫平译，商务印书馆，2016，第28～29页。
③ 伽达默尔：《诠释学 I：真理与方法》，洪汉鼎译，商务印书馆，2007，第22～23页。
④ 伽达默尔：《诠释学 I：真理与方法》，洪汉鼎译，商务印书馆，2007，第24～25页。

性上升到普遍性有关，而这种普遍性又和"精神"相联系，精神具有普遍性、共通性（否则就不能称为精神）。在这个基础上才谈得上精神科学以及相应的解释学，解释或阐释的公共性应在这里找到它的根基。吴晓明教授在谈到公共阐释理论的基础时专门提到黑格尔，我觉得非常重要。黑格尔的确对伽达默尔有很大的影响，以至有西方学者称，伽达默尔就是一个没有绝对精神的黑格尔主义者。他的整个解释学理论强调黑格尔的客观精神，而非绝对精神（这显然也有狄尔泰的启发），这些都构成伽达默尔解释学理论中深层次的东西，它隶属于一种本体论的理解理论，而非认识论和方法论的。公共阐释理论可以从伽达默尔上述思想中获得丰富的资源，而这也从另一方面反映出，伽达默尔的哲学解释学本身就包含公共理性和公共阐释的诸多因素。众所周知，接受美学与哲学解释学之间存在着渊源关系，它的两个代表人物尧斯和伊瑟尔都是伽达默尔的学生。然而，接受美学并未能真正把握到哲学解释学的要旨，那就是超越客观主义与相对主义。接受美学从一个特有的角度很好地做到了前者，却未能很好地做到后者，所以它遭到伽达默尔批评是不足为奇的。按照伽达默尔的理论，接受美学所谓"一千个读者就有一千个哈姆雷特"的著名说法若不加限定，完全有可能朝主观主义、相对主义乃至虚无主义方向去延伸，不能与过度诠释、强制阐释划清界限，对此伽达默尔不以为然。总的来看，接受美学是不成功的，因为它的理论本身有问题。

理解当然离不开主体的参与，正是在这个意义上，无论海德格尔还是伽达默尔都说，一切理解都是"自我的理解"。海德格尔很早就揭示了理解的先结构，海德格尔所说的理解的"先结构"、解释的"作为结构"以及"解释学处境"（包括"先有"、"先见"和"先把握"）属于同义词或者近义词，而伽达默尔更多用到的是"前判断"或"前见"，它们在理解中发挥作用。然而，理解离不开主体的参与——主要指先理解的参与——并不意味着理解可以由主体来决定。正是在这个意义，伽达默尔又说，一切理解都是"事情的理解"[①]。

这样，在面对文本或传承物（流传物）时，就有一个理解和解释的标

---

① 伽达默尔：《诠释学Ⅱ：真理与方法》，洪汉鼎译，商务印书馆，2007，第74、79、383页。

准或公度性的问题。前面提到，伽达默尔强调理解和解释追求的目标是达成共识。虽然讲得有点绝对，但不可否认，人类交往、沟通在大多数情况下都是为了理解对方并取得共识或意见的一致。另外，人文科学跟自然科学不同，自然科学的标准往往是刚性的，而人文科学的标准往往是柔性的，但绝非没有。深入研究伽达默尔的解释学，你会发现，它并不是没有标准的，只是这种标准不是绝对的，它具有更大的开放性、不确定性，这个不确定性并不意味着你可以随意解释。而且他区分了前理解中的合理的先见与非合理的先见，合理与非合理的先见最终要由"事情本身"来决定。这个"事情本身"是必须承认的，尽管它并不是我们能够明确达到的。每个人都有自己的解释，但解释和那个事情本身的关系，有点类似于经济学中的价格与价值的关系，价格始终围绕着价值上下波动，这个波动不可能偏离得过远，它最终还是要被这个事情本身拉回来，它们之间保持着一种张力，受制于一种辩证法的力量，或内在的规范，也许人文科学中解释的有效性、合法性更多体现在这里。

这就不奇怪为什么伽达默尔在步他的老师海德格尔的后尘，在将解释学与现象学统一起来的同时，又将辩证法纳入进来，从而超越了海德格尔在这个方面的暧昧性和排斥性。伽达默尔在《真理与方法》中暗示了这一点：辩证法有生存论的根据。人作为有死的存在者不同于神，他受自身时间性 - 历史性的限制，因而对世界的理解只能是在过程中实现的[①]，而不能像神那样一蹴而就，只能不断地从片面到全面、从个别到整体的发展过程中去接近事情本身，这是人不同于神的根本之处，辩证法是人的宿命。而人的理解活动不是孤立的，它是在共同体中进行、在对话中实现的，这本身就是一个辩证的过程。公共理性和公共阐释也是在这个过程得到发展的，其中包括理解的公度性。辩证法体现为一种理性，而且是一种公共的理性，它是可以被传达的。

19 世纪西方人开始从认识论这个角度去探讨精神科学和自然科学的区别，然后慢慢地由精神科学的认识论发展出精神科学的解释学，狄尔泰一生的学术发展就是这一过程的缩影。他最初是一个地地道道的新康德主义

---

① 伽达默尔：《诠释学 I：真理与方法》，洪汉鼎译，商务印书馆，2007，第 564 ~ 578 页。

者，他追问精神科学何以可能是个认识论的问题，但这个问题逐渐地演变成作为精神科学方法论的解释学的问题，在他最后一部未完成的著作《精神科学中历史世界的建构》里，这一点就被凸显出来了。与前期的《精神科学导论》不同，在这里精神科学的认识论不仅最后让位于精神科学的解释学，而且他的一个重要突破在于立足于人的生命和历史性来谈论这个问题，从而构成了向海德格尔、伽达默尔的本体论解释学的过渡。这就使得狄尔泰晚年这部最重要的著作具有了某种双重性：不仅是认识论—方法论的，也是生命本体论的。①

然而，到了海德格尔那里，理解和解释不再被看作人的认识活动，而是一种生存在世的方式或样式，相应地，解释学不再被看作认识论和方法论，而是本体论。海德格尔关注的重心不是文本，而是存在，这样在后来的法国的保罗·利科眼里，他的存在之路走了一条"捷径"，而不是通过文本和语义学的反思的迂回道路②，人文科学或精神科学没有成为他探讨的对象。伽达默尔与海德格尔多少有些不同，他的《真理与方法》注意到人文科学或精神科学，甚至在某种意义上可以说已经开始走向这条"迂回之路"了③，然而他过于受海德格尔本体论思想的影响，在"真理"与"方法"之间划了一条鸿沟，以至于半途而废，所以在他那里，解释学的本体论、认识论和方法论没有真正统一起来，哈贝马斯和利科不满于这一点，并开始予以突破。主要是在利科那里已显示出这一点：如果在解释学领域中忽视认识论和方法论，我们就不可能真正在认识的规范性和反对强制阐释、过度诠释方面走很远。另外，伽达默尔的思想本身并不都是周延的，例如，他一方面强调理解的效果历史原则，另一方面又说，理解没有更好，只是不同④，这二者之间缺乏一种协调，以致给人留下他反相对主义不够彻底的印象。所有这一切给予我们这样的启发：需要将解释学置于本体论、认识论和方法论三者统一基础上才能有效地去探讨公共阐释和与

---

① 参见何卫平《理解之理解的向度——西方哲学解释学研究》，人民出版社，2016，第68~101页。
② 保罗·利科：《解释的冲突》，莫伟民译，商务印书馆，2008，第5~6、9页。
③ 保罗·利科：《诠释学与人文科学》，孔明安等译，中国人民大学出版社，2012，第20~21页。
④ 伽达默尔：《诠释学 I：真理与方法》，洪汉鼎译，商务印书馆，2007，第403页。

之相关的公共理性。

综上所述，我们大致从五个方面围绕公共阐释（包括公共理性）的基础问题进行了讨论，它们分别是：伽达默尔对实践哲学和实践智慧的强调，作为哲学解释学开端的人文主义四个概念，"自我的理解"和"事情的理解"的统一，解释学向辩证法的靠拢以及要在解释学的本体论、认识论和方法论的统一的基础上去探讨公共阐释。这五个方面表明，为了解决解释的强制性和过度性，公共阐释以及公共理性是解释学所需要的内容，而这些可以从伽达默尔那里找到思想的资源，其已涉及公共理性和公共阐释的因素，它超越纯个人的阐释，甚至可以说，强调共识性理解的哲学解释学包含为公共理性、公共阐释奠基的内容。值得注意的是，海德格尔的存在哲学与亚里士多德的实践哲学在伽达默尔那里被融为一体，构成了其整个哲学解释学的基础，在相当大的程度上，它抵制了理解的强制性和随意性，避免了解释学堕入相对主义、虚无主义的泥潭，尽管在论述上有不够完善、不够周全甚至矛盾的地方，但瑕不掩瑜，它仍对我们探讨公共阐释有着重要的启示。

公共理性与阐释的公共性问题

◎ 谭安奎*

在一些思想家看来，一步一步滑向相对主义和虚无主义的深渊，这是西方整个现代哲学和现代文明的内在困境与危机的核心表征[①]。这或许是一个过强的判断，而且它对现代性过于悲观的态度也存在争议。但是，20世纪30年代以来，西方主流的阐释学确实显露出明显的反基础、反理性特征，并由此呈现强烈的虚无主义和相对主义倾向，这一点是无可否认的。对情感、意志的彰显，以及对理性的贬低或不信任，使得文学和文论领域对客观性、确定性的探求几无容身之所。

张江教授以"强制阐释"来概括这一仍然处于活跃状态的西方阐释学传统，指责它"背离文本话语，消解文学指征，以前在立场和模式，对文本和文学作符合论者主观意图和结论的阐释"[②]。这种阐释之所以被认为是"强制的"，似乎主要是指它在没有充分依据（包括文本依据）的情况下，强行将文本的意义拉向某种立场或结论，从而以其主观性、任意性导致了对文本本来意义的扭曲。这种阐释或者直接征用文学之外的理论和概念框架，或者基于阐释者的主观预设，从结论、预设出发，偏离基本的逻辑规则，最终形成独断的、不可共享的结论。如果说"强制阐释"这一概念主

---

* 谭安奎，中山大学政务学院教授，中山大学中国公共管理研究中心研究员。

① 这种批评的典型代表，可参见〔美〕列奥·施特劳斯《现代性的三次浪潮》，载《苏格拉底问题与现代性》（增订本），刘小枫编，刘振、彭磊译，华夏出版社，2016，第32～46页。

② 张江：《强制阐释论》，《文学评论》2014年第6期。

要是否定性的、批判性的，张江教授在此基础上，还进一步尝试进行了正面的、建设性的理论努力。他试图基于"公共阐释"概念建构出一种代替性的阐释学方案。据此，对文本的阐释乃是一种公共行为、一种公共理性活动，它应该以公共的、可共享的乃至确定的结论为目标。

从对强制阐释的批判来看，要迈向公共阐释，似乎首先就意味着要重申阐释的理性基础，以及客观性或确定性的目标。其中特别值得注意的是，公共阐释理论把公共理性理念作为它的一个重要基础，甚至是一个对其起界定作用的概念。它强调，作为一种公共理性活动，阐释的公共性要由公共理性来保障。那么，公共阐释理论究竟是如何理解公共理性理念的，更进一步讲，公共理性理念本身应当如何理解，这对于公共阐释理论是否可取以及它的自我辩护空间而言都十分关键。在我看来，这个问题与围绕公共理性的核心争议恰恰高度相关，其中的要核又在于公共理性的认知与伦理这两个维度。一方面，公共阐释既然追求客观性或确定性，那就表明它具有强烈的认知主义色彩，相应地，它也就需要某种认识论层面的预先承诺。然而，公共理性的概念能否承载这种认识论的负担呢？另一方面，公共理性——尤其是就其当代成熟的观念形态而言——具有厚重的伦理内涵，那么，这种伦理上的考量对于公共阐释理论而言是否必要，以及如果确实必要的话，它在何种意义上是必要的呢？回答了这两个方面的问题，我们才能确定，公共理性是否足以支撑公共阐释所需要的公共性，我们甚至需要以此为前提才能明白，公共阐释的公共性本身意味着什么，它究竟提出了何种要求。而要回答这两个问题，我们需要以理解公共理性概念作为起点。

从理性的公共性到公共理性

当我们谈到"公共理性"这一概念时，我们自然会有一个疑问：它是否意味着还有一种与之对立的理性，即私人理性？

在西方哲学传统中，一个最古老的信念就是，人是理性的存在者，这是人区别于其他存在者的根本特征。但理性作为人的特征或能力究竟该如何理解，却存在分歧。我们通常把理性分为理论理性和实践理性，前者与认知联系在一起，而后者则与实践联系在一起。其实，人类生活还有一个审美的领域，我们如今很多时候甚至不将其与理性联系在一起了。哈贝马斯曾有一个判断：理性原本是统一的，它意味着在科学认知、道德实践甚至审美判断中能够给出人们可以共享的理由，而自康德开始，理性的统一性被分化成三个领域，他赋予它们各自不同的基础。① 从这个判断出发，我们至少可以得出两个结论：一是，在西方哲学传统尤其是古典哲学中，理性原本是统一的，认知与伦理并不割裂；二是，既然理性意味着可以给出"共享的"理由，而不是完全私人的理由，那么，我们可以说，理性本质上并不是也不可能是私人性的。理性当然是个体拥有和运用的一种能力，但它之所以被称为理性，恰恰在于它是面向其他人的，它能给出其他人也可以共享的理由。

这个判断看起来是不是太强了？为此，我们可以区分"共享的理由"的两种强弱不同的含义。第一种弱版本的共享理由是指，它"对每个人而言都是一条理由，但不是一条对所有人而言的理由"②。这种共享理由的典型代表是霍布斯。自我保存的愿望和对暴死的恐惧是霍布斯契约理论的基本出发点。人人都想保存自己的生命，这是他们据以行动的基本理由，因此这一点看似是他们的共性，但这种共性只是名义上的，而不是实质性的。因为 A 的生命肯定不是 B 的生命，因此，出于自我保全而行动，这条行动的理由实质上并不是共同的。但它在什么意义上仍然算是共享的理由呢？因为每一个人都知道，不仅他自己，而且每一个其他人，都会出于自我保全而行动，进而，每一个人都承认（或者应该承认），这一理由对每一个人来说都是合乎理性的。而且，这条理由对每一个人而言最后还指向同一个行动的目标：寻求和平。因此，共享的理由并不意味着每一个人都要接受同一条外在于他的理由，或者一定要按照实质性的共同理由去行动，它也可以限于这样一种情况：一个人拥有一条实质上与他人不同的理由，但他据此行动却是其他人也可以理解或接受的。第二种强版本的共享

---

① Jürgen Habermass, *Moral Consciousness and Communicative Action*, translated by Christian Lenhardt and Shierry Weber Nicholsen, Cambridge Mass.：The MIT Press, 1990, p. 2.

② Gerald J. Postema, "Public Practical Reason：An Archeology," *Social Philosophy and Policy*, Vol. 12（1995）, p. 451.

理由就不一样了，它是实质上为大家所共有的。换言之，"它因其是一条面向所有人的理由，从而是一条面向每一个人的理由"①。这条理由本身是公共的、无差别的，因此是每个人都应当接受的，或应当据之而行动的。

我们可以看到，即便是弱版本的共享理由，它也不代表人们可以毫无来由地分别持有各自的信念，甚或无理由地各行其是。相反，理由之为理由，而非无缘无故的信念、态度亦不是借口、托辞，恰在于它是其他人能够接受的或能够共享的。我们因此可以有一个一般性的结论，即"唯一可能的理由是我们能够共享的理由"②。既然理由是由理性来提供的，那么理性也就不可能是无来的情绪或者纯粹的迷信，不可能是纯粹只面向理性存在者本人的、私人性的力量。在这个意义上，理性本身就是公共的。

事实上，在公共理性的观念史上，确实有"私人理性"一说，而且这个说法正是在与"公共理性"对立的意义上被使用的。这方面的典型代表人物正是霍布斯。我们不妨引用他首次提出公共理性概念时的一段话：

> 我不知道有人曾看见过应符咒或应一人的呼求与祈祷而完成的任何奇异事物，会使得具有中等理智的人认为是超自然的事。现在的问题已经不是我们亲眼看到做成了的事情是不是奇迹，我们听到的或在书上看到的奇迹是否确有其事，而非口舌或笔墨之杜撰。问题在于，说得直白一点，这种记载究竟是真实的还是谎言。对于这个问题，我们不能每一个人都运用自己的私人理性或良心去判断，而要运用公共理性，也就是要运用上帝的最高代理人的理性去判断。③

他在这里提出公共理性的概念，直接针对的是事情的真伪，关乎认知之真假对错的问题。他的意思是，在这种问题上，判断的权利不能交给每

---

① Gerald J. Postema, "Public Practical Reason: An Archeology," *Social Philosophy and Policy*, Vol. 12 (1995), p. 452.
② Christine M. Korsgaard, "The Reasons We Can Share: An Attack on the Distinction between A-gent – relative and Agent – neutral Values," *Social Philosophy and Policy*, Vol. 10, No. 1 (1993), p. 51.
③ 〔英〕霍布斯：《利维坦》，黎思复、黎廷弼译，商务印书馆，1985，第354~355页。译文据英文版稍有改动，可参见 Thomas Hobbes, *Leviathan*, edited with an introduction by Michael Oakeshott, Oxford: Basil Blackwell, 1957, p. 292。

个普通的个人（臣民），而是要交给上帝的最高代理人（也就是主权者）。前者的理性被他称为私人理性，而后者的理性则是公共理性。问题是，作为霍布斯式契约的结果，一个自然人，或者一群自然人，就可以成为主权者，相应地，按照他的标准，此时这个主权者的判断便是公共理性的判断。而霍布斯并没有告诉我们，主权者作为自然人，他的理性（以及这种理性的运用过程）究竟与其他自然人（臣民）的理性有何不同。我们不妨回顾一下，霍布斯特别强调人与人在体力和智力方面的自然平等，但他没有为之提出任何实质性的规定或约束，而且，他的绝对主权理论似乎也意味着，他不可能事先对主权者的判断提出额外的规范。因此，主权者的理性之所以是公共理性，完全在于主权者作为主权者的身份，在于他是一个人为造就的、通过契约瞬间产生出来的公共人，因此，他的理性判断就具有定于一尊的正当性。就其判断本身来说，公共理性的主体即主权者"依然完全是以其自己的自然理性来工作的"①。他的判断是否为真，这其实不是问题所在，关键是要把判断定于一尊，由此便可以终止纷争、求得和平。而如前所述，个人的理性判断，即便是普通人的理性判断，也不是完全没有公共性。况且，主权者本身，以及在有争议的事情上服从主权者的判断，这本身就是霍布斯式契约的结果，且这种契约是每一个人在运用理性的基础上表达同意的过程。因此，在霍布斯那里，主权者的理性和判断就完全应当被理解为每一个人可以接受的信与不信、行动与否的理由了。在这个意义上，我们可以再次重申，理性本身是公共的。

同样，在洛克的认识论中，他也使用过"公共的理性光亮""公共理性底原则"这样的说法。② 他是在批判天赋观念论的语境下使用公共理性概念的。在他看来，有些观念是普通人也拥有的，但它们并不是天赋的，而是一些人曾经正确地运用其理性，从而发明出来的。所谓"正确地运用理性"，其实就是理性得到真正的运用而已，它的对立面是理性被蒙蔽、未得到运用的状态。因此，在洛克的意义上，如果理性能力真正得到了运用，便会体现公共理性之光，也就是说，理性本身是公共的，而不是私人的。

---

① Michael Ridge, "Hobbesian Public Reason," *Ethics*, Vol. 108, No. 3 (Apr., 1998), p. 559. 作者所说的自然理性，就是霍布斯所说的私人理性。
② 〔英〕洛克：《人类理解论》（上册），关文运译，商务印书馆，1959，第 51~52 页。

当然，在上述讨论尤其是在认识论的传统中，理性本身就是个体所拥有的、由个体去运用的一种能力。在严格的意义上，我们否定"私人理性"一说，主要是要强调，理性本身并不是私人性的，而是以公共性为其固有特征的。在这个基础上，我们才能理解公共理性理念最完备的阐述者罗尔斯的一个重要判断，即"公共的与非公共的这一区分不是公共的与私人的之间的区分。我不理会后者：不存在私人理性这种东西"①。他认为，有公共理性与非公共理性之分，后者是社会的，但肯定不是私人的。当然，罗尔斯的公共理性理念具有明确的政治伦理指向，但他否定私人理性，这一点却并不只是适用于他的理论，而是源于理性的一般特征。而且我们需要再次强调，否定私人理性概念，并不是否定个体是理性能力的拥有者及其运用的主体，相反，罗尔斯的公共理性也是作为个体的公民的理性。

　　现在回到本文开头提到的强制阐释与公共阐释问题。张江教授强调，"阐释的公共性决定于人类理性的公共性"②。然而，如果理性本身就是公共的，如果公共性是理性的固有特征，那么，我们即便要批评强制阐释、倡导公共阐释，似乎也只需要强调把阐释建立在理性的基础之上便足够了。也就是说，我们并不需要特别提出公共理性的概念，或者特别强调阐释是一种公共理性活动。进而，既然西方已有一个强大的理性主义传统，那么，要否弃所谓强制阐释，似乎只需要回归这一传统便足够了，因为这一传统本身就足以保证阐释的公共性。如此一来，公共阐释论的独特理论价值反倒成了疑问了，它可能被认为仅仅是对启蒙理性传统的重申而已。但张江教授恰恰认为，不仅20世纪30年代以来的主流阐释学引起了相对主义和虚无主义的风险，而且经过它们的冲击，"长期流行并占据前沿地位的哲学及本体论阐释学，其基础日渐瓦解，漏洞与裂痕百出"③，因此，公共阐释论具有重构阐释学元理论或基础理论的思想抱负。既然如此，作为起界定作用的基础概念，公共理性就不能只是用来标示传统理性概念所固有的公共性特征，它必须是理性的一种新形态、一种不同的理性概念，

---

① John Rawls, *Political Liberalism*, New York: Columbia University Press, 1993, p. 220.

② 张江：《公共阐释论纲》，《学术研究》2017年第6期。

③ 张江：《公共阐释论纲》，《学术研究》2017年第6期。

或者说，我们应该从重申理性的公共性转向强调真正的公共理性。事实上，在当代得到详细阐发的公共理性，与观念史上霍布斯、洛克等思想家们零星提及的公共理性概念不一样，它确实代表着一种新的理性形式。问题在于，这种新的公共理性概念能否承担起公共阐释论寻求确定性的重任呢？

公共理性理念中的认知、伦理与确定性问题

公共理性理念在当代的系统发展，确实是对启蒙理性的一种突破，它尤其体现为从主体性到主体间性的转变，试图从每一个人都能占据的立场（standpoint）或观点（point of view）出发，或者容纳每一个人的立场，从而提出真正可以为每一个人接受和共享的理由。这种意义上的公共理性，它是人或公民的一种理性能力（因此当然是个体理性），对这种理性能力的运用便是进行公共推理（public reasoning），从而试图达到所有人共享的公共理由（public reasons）。公共理性在哈贝马斯那里主要体现为关于狭义的道德尤其是法律、正义的商谈规范，而在罗尔斯那里，则更明确地着眼于处理社会基本结构的政治正义问题。[①]

这种公共理性理念确实具有显见的伦理色彩，但它似乎缺少必要的认知要素。如前所述，公共阐释要寻求确定性，因此它有强烈的认知主义色彩，也必然会有认识论的预先承诺，这似乎使公共理性为公共阐释成功奠基的前景显得有些黯淡了。在详细阐述公共理性理念的政治自由主义理论中，罗尔斯明确地强调避免声称真理，而且在更一般的意义上与任何特定的形而上学、认识论或宗教信条保持距离。哈贝马斯在这个问题上的立场相对温和，但他也强调区分有效性（validity）和真理，道德对话意在追求前者，而不是后者。不过他同时认为，"对于有效性的规范性论断与关于

---

① 哈贝马斯虽然仍然使用的是康德的"理性的公共运用"这一说法，但实质上已经实现了从理性的公共运用到公共理性的转变。当然，在公共理性理念的具体内涵上，他与罗尔斯仍然有实质分歧。关于从理性能力、公共推理与公共理由等多个维度出发对公共理性概念的阐述，以及对于从主体性理性向公共理性的转变所做的分析，可参见谭安奎《公共理性与民主理想》，生活·读书·新知三联书店，2016，第一章第一、三、四部分。

真理的论断相类似"①。公共理性理念的这种认识论上的自我限制，甚至引发了一个著名的批评，即这些理论试图"从争吵中作知识的撤退"。即便是放在自由主义的思想传统来看，它们也是既新颖且怪异的，因为通常的主张不过是个人所持有的真确信念不应当为政府所依赖，"此前从没有人建议政府应当对塑造了其政策和行动的观点（正义学说）的真确性不予关切，也从未有人论证说某些真理，虽然真确，却因为它们是不适于公共生活的知识类型而不应被考虑"②。

但这个批评对公共理性理念而言可能稍有夸大之嫌。对公共理性能力的运用就是要进行公共推理，而罗尔斯在探讨公共理性时曾明确说过，"所有的推理方式——无论是个人的、联合体的或政治的——都必须承认某些共同的要素：判断的概念、推导的原则、证据规则，以及许多其他的东西，要不然的话，它们就不是推理方式，而可能是修辞或劝服的手段。我们关注的是理性（reason），而不仅仅是话语（discourse）"③。公共理性并不是要完全排除所有的认知要素，包括一些基本的逻辑推导的规则，它虽然是一种新的理性形态，但仍然处于理性主义的传统之中，包括对其基本认知要素的坚持。事实上，即便公共理性主要专注的是公平、正义这样的道德议题，它也无法把自己与认知问题完全剥离开来。因为道德是实践的，是与行动联系在一起的，而理性的行动乃是基于理性信念之上的选择，进而，理性的信念本质上是一个认知现象，主要只能考虑认识上的因素。④ 所以，问题就不在于公共理性是否存在认知的维度，而在于为什么传统理性概念的认知之维还不够，从而需要一种新的理性形态，即公共理性。

这就涉及罗尔斯所说的理性的认知之维的限度问题。他用的是一个特

① Jürgen Habermass, *Moral Consciousness and Communicative Action*, translated by Christian Lenhardt and Shierry Weber Nicholsen, Cambridge Mass.: The MIT Press, 1990, p. 56.
② Joseph Raz, "Facing Diversity: The Case of Epistemic Abstinence," *Philosophy and Public Affairs*, Vol. 19, No. 1 (Winter 1990), p. 4.
③ John Rawls, *Political Liberalism*, New York: Columbia University Press, 1993, p. 220.
④ 对理性行动与理性信念、行动与认知之间关系的这种分析，可参见 Gerald Gaus, "The Rational, The Reasonable and Justification," *The Journal of Political Philosophy*, Vol. 3, No. 3 (1995), p. 237。

中国阐释学的兴起

别的短语，即"判断的负担"，它指的是主体价值观念的差异、经验的多样性、证据与概念的复杂性等因素。作为这些因素发挥作用的结果，"我们最重要的判断的得出受制于我们的条件，这些条件使得正直而又充分合乎情理的（reasonable）人们即便经过自由讨论，要运用他们的理性能力以达到同样的结论也变得极其不可能"①。换句话说，以为直接依赖启蒙理性的运用就能通向确定的结论或所谓真理，这可能是一种过度的雄心。当代学者将这种状况概括为"理性分歧"（rational disagreement），它的意思是指，"在具有至高重要性的问题上，理性不太可能把我们拉到一起，而是倾向于把我们驱散开来"②。理性分歧是一种多元主义的状况，但这种多元主义是个人充分运用理性之后的结果，而不是有待通过个人充分运用理性去加以克服的事态。若运用理性便能形成确定性和真理，那么，公共理性理念的提出便没有意义了。但这里有一个基本前提，即不否认传统的理性概念，尤其是其作为认知能力所包含的基本认知规则，因为问题不在于这些认知要素是错误的，而在于它们是不够的。正是在这个意义上，罗尔斯才说，公共理性包含着一些"知识和推理方式"，它们目前对公民们来说是"共同的和普遍可资利用的平实的真理"③，在这里，他甚至并不否认日常意义上的真理概念。相应地，公共理性理念之所以回避真理问题，尤其是避免把自己的结论奉为真理，主要的原因在于，由于判断的负担或理性分歧，同样相信理性和运用理性的人们，在真理观亦即何谓真理这个层面上也会形成争议（事实上，认识论层面上关于真理观的争议已然十分激烈）。公共理性理念试图回避这些认识论上的争论，以便在理性分歧的背景下寻求社会共识。

现在，让我们再次回到公共阐释的问题上来。张江教授提出，公共理性是指"人类共同的理性规范及基本逻辑程序"，进而，"公共理性的运行

---

① John Rawls, "The Domain of the Political and Overlapping Consensus," in *his Collected Papers*, ed. by Samuel Freeman, Cambridge, Mass.: Harvard University Press, 1999, p. 478.

② Charles Larmore, *The Morals of Modernity*, Cambridge: Cambridge University Press, 1996, p. 12.

③ John Rawls, *Justice as Fairness: A Restatement*, ed. by Erin Kelly, Cambridge, Mass.: Harvard University Press, 2001, p. 90.

范式，由人类基本的认知规范给定"①。由此看来，公共阐释论所依赖的公共理性概念，主要是作为认知能力的理性，没有迹象表明它超出了启蒙理性或主体性理性的范围。但我们前面已经分析表明，在事涉价值、伦理判断的领域，这样一种理性概念并不会导向为人们所共享的真理和确定性。那么，我们能够期待它在文学和文论领域实现这个意义上的公共性吗？事实上，正如论者自己所承认的，"文学是人类思想、情感、心理的曲折表达。文学更强调人的主观创造能力，而人的主观特性不可能用统一的方式预测和规定"②。文学不是政治，不是法律，也不是与之相关的公共伦理。鉴于理性分歧的背景，在这个更具主观性的领域，不同的文本阐释者即便都遵循人类普遍的认知规范，似乎也不可能就何谓真确的阐释达成一致。

前文所述的当代公共理性理念虽然避免使用真理的概念，但它之所以是"公共的"理性，除了传统的理性概念所具有的公共性特征和认知规范之外，更在于它强调通过公共推理，（努力）形成公共理由。强调公共推理，意在重塑推理程序；寻求公共理由，则是更实质的伦理目标。在这个意义上，公共理性首先就是一种推理规范，它"最好不是被视为公民之间的一种推理过程，而是给个体、制度和机构应如何就公共问题进行推理施加限制的一种范导性（regulative）原则"③。这种推理规范，虽然要接受传统理性概念中的认知要素的约束，但其特殊之处恰恰在于伦理之维。哈贝马斯把这种推理规范称为"普遍的角色互换"，或者是"真正的不偏不倚"，它是这样一种立场，"一个人能够从中把那些因其明显体现了一种对所有受影响者来说具有共同性的利益，从而可以指望获得普遍同意的那些法则一般化。正是这些法则才配获得主体间的承认。从而，判断的不偏不倚在如下原则中得到体现：它约束所有受影响者在平衡利益的过程中采用所有其他人的视角"④。在罗尔斯那里，公共理性的推理规范和公共理由则

---

① 张江：《公共阐释论纲》，《学术研究》2017 年第 6 期。

② 张江：《强制阐释论》，《文学评论》2014 年第 6 期。

③ Seyla Benhabib, "Toward a Deliberative Model of Democratic Legitimacy," in Fred D'Agostino and Gerald F. Gaus ed., *Public Reason*, Aldershot: Ashgate Publishing Company, 1998, p. 105.

④ Jürgen Habermass, *Moral Consciousness and Communicative Action*, translated by Christian Lenhardt and Shierry Weber Nicholsen, Cambridge, Mass.: The MIT Press, 1990, p. 65.

更密切地结合在一起，它们集中体现为相互性（reciprocity）的标准，而相互性的核心就在于，公民们要就政治权力的行使提出彼此都可以接受的理由。它意味着，"只有当我们真诚地相信我们为我们的政治行动所提出的理由……是充分的，而且我们也合乎情理地认为其他公民也可以合乎情理地接受那些理由，我们对政治权力的行使才是恰当的"①。问题在于，究竟如何推理、在什么约束条件下推理才算是真正的公共推理，从而才有望找到这样的公共理由呢？在罗尔斯那里，答案就是原初状态，尤其是其中的"无知之幕"，它们直接体现为契约的情境，但实质上就是公共推理的条件设置。

公共理性作为理性的一种新形态，相对于传统的理性概念而言，它的特色在伦理层面，并具体表现为推理的规范与推理的结果（即公共理由）。之所以如此，一个根本性的原因在于，它试图处理的是政治、法律上的公共伦理问题。它要寻求的是公共政治伦理的确定性，或者说得更温和一点，它是要在理性分歧的背景下寻求政治伦理问题上的共识。不过，这种意义上的确定性，或者共识，对于文论领域来说，似乎并不迫切，甚至也不必要。偏离文本依据的强制阐释固然是不可取的，但非要在对文学性文本的阐释方面寻求确定性或共识，也许会被认为是多此一举。当然，有一个重要的例外，公共阐释是澄明性阐释，"公共阐释将公众难以理解和接受的晦暗文本，尤其是区别于文学的历史文本，加以观照、解释、说明，使文本向公众敞开，渐次释放文本的自在性，即作者形诸文本、使文本得以存在的基本意图及其可能的意义。阐释的澄明是澄明阐释的前提；意在澄明的阐释，是置入公共意义领域，为公众所理解的阐释"②。这个例外之所以重要，是因为对于一个共同体来说，如何阐释一些重要的历史、政治文本，这确实是一项具有政治和公共伦理意义的工作，因此需要接受更强的公共理性约束。

---

① John Rawls, "The Idea of Public Reason Revisited," *The University of Chicago Law Review*, Vol. 64, No. 3 (Summer, 1997), p. 771. 另一个相似的表述可参见 John Rawls, *Political Liberalism*, p. 217。

② 张江：《公共阐释论纲》，《学术研究》2017 年第 6 期。

防止强制阐释的改头换面：公共阐释的真理观问题

历史、政治文本的阐释之所以需要接受更厚重的公共理性约束，主要是因为它们与我们对公共权力、政治法律制度之运作的理解、判断直接相关，而公共权力、法律乃是强制性的，因此公共理性理念基于民主和权力平等共享的原则，强调公民们要为之给出彼此都可以接受的理由。例如，在公共理性理念看来，当我们要对《共同纲领》或1954年《宪法》文本进行阐释的时候，我们面对的就是这样一种情景。

但这种情况并不适用于对文学文本的阐释。正因为如此，如果在阐释学的理论建构上，我们要提出比传统理性概念更强的认知标准，或者坚持用当代公共理性理念中更为厚重的伦理标准，就会产生一个风险：以认知客观性的名义，或者以公共的可接受性的名义，强行达到某种一致性或确定性。相对于公共阐释论所批判的那种强制阐释，这有可能是导向另一种形式的强制阐释。如果说前者是阐释者凭借个人的主观任意性，严重偏离或扭曲了文本的含义，而后者则是刻意寻求确定性或唯一真确的（true）阐释；前者意味着完全否弃真理与确定性的目标，后者则意味着强行树立确定性的标准。换言之，强制阐释刚从前门被赶走，又改头换面从后门进来了。前一种强制阐释固然糟糕，但这种新的可能的强制阐释也会遇到许多问题，尤其是，既然各种不同的阐释都已经满足了基本的认知标准（也许还有必要的道德标准），那么，我们到底要依据何种标准认定一种阐释可以算作是真确的阐释？也就是说，我们会陷入一个认识论威权主义的困境："谁知道谁知道呢（Who will know the knowers）？"[1] 这就好比，在一些民主的倡导者们看来，即便专家、权威是重要的，但我们在政治事务上如何识别专家或权威则是一个问题。如果我们以某种方式确定某种阐释是真确的，那可能不过是一种认知霸权的体现。如果我们此时仍然用公共理性之名，那也只能是霍布斯式的，因为在霍布斯那里，主权者的理性被称为

---

[1] David Estlund, "Making Truth Safe for Democracy," in *The Idea of Democracy*, ed. by David Copp, Jean Hampton, and John E. Roemer, Cambridge: Cambridge University Press, 1993, pp. 84 – 85.

公共理性，但我们看不出它在认知或伦理上相对于其他人的理性有什么优势，它的优势地位其实只不过源于强力。相应地，一旦我们以这种霸权的方式确定了某种阐释为真确的阐释，其他阐释者就只能接受这种阐释，唯有如此，他们的阐释才会被认为是合乎理性的。此时，每一个其他的阐释者都类似于霍布斯理论中的臣民，"她只有通过使她的行动顺从或努力顺从仲裁者的判断才能正确地展现她的理性"①。

当然，这不是公共阐释论者的本来意图。但要正视这种理论风险，就需要我们对确定性、客观性这样的标准有一些反思。或者说，我们需要对真理观有一些反思。传统的哲学和认识论持有一种实在论的真理观，它意味着一种极强的客观性，即认知要与外在的客观实在相符合，如此才算是真理。哲学家杜威曾对此表达不满："实在的对象固定不变，高高在上，好像是任何观光的心灵都可以瞻仰的帝王一样。结果就不可避免地产生了一种旁观者式的认识论。"② 杜威倡导的是介入的、实践的认识论，这种替代方案是否合理姑且不论，但他对实在论的真理观的批评，对于与人的理性、意志、情感等因素密切联系的传统实践哲学所涵盖的领域如伦理学、政治学来说，是特别值得肯定的。至于更能体现人类主观创造性和个性的文学和文论领域，这种批评就更能引起共鸣了。

相对于传统的实在论的真理观，反基础主义的代表人物之一罗蒂强调，"由于真理是语句的性质，由于语句的存在依赖于语汇，由于语汇是人类所创造的，所以真理也是人类所造"③，但他并不拒绝使用真理的概念，甚至包括"客观真理"这一具有明显实在论倾向的概念。不过，他用"客观真理"这一术语所表达的实际含义却比实在论要弱得多，即"我们当前有关如何说明发生的事物的最佳观念之谓"④。对此，我们可以理解成，所谓真理，并不是所有对所发生的事物进行说明的观念中最佳的那一个，而是"当前"的观念中最佳的那一个，也就是我们目前所拥有的、面

---

① 大卫·高希尔：《公共理性》，陈肖生译，载谭安奎编《公共理性》，浙江大学出版社，2011，第52页。
② 〔美〕约翰·杜威：《确定性的寻求》，傅统先译，上海人民出版社，2005，第16页。
③ 〔美〕理查德·罗蒂：《偶然、反讽与团结》，徐文瑞译，商务印书馆，2003，第34页。
④ 〔美〕理查德·罗蒂：《哲学和自然之镜》，李幼蒸译，商务印书馆，2003，第359页。

对的那些观念中最好的那一个。经过这种解释，它就与诺齐克对认知理性的如下观点相一致了："如果某个与 h 不兼容的替代性陈述较之 h 有着更高的可信值，那么不要相信 h。"[1] 考虑到目前可接触到的观念或陈述总是有限的，我们当然有理由接受其中可信度最高的主张，虽然这种主张并不一定是所有可能的主张中最好的，也不一定与所谓客观实在相符合，然而，所谓现有主张中"最好的"或"最可信的"，也需要有关于"好"或"可信"的基本标准。此时，认识论上的融贯论似乎是一个无法回避的约束。融贯论是一种与基础主义相对立的知识论，它强调，认知辩护取决于一组信念或一个信念系统的融贯性，而不是取决于一个信念与某个基本信念或实在之间的关系。如果我们面对一种符合基本的理性认知规范、逻辑上自洽、对事物的解释说明方面相互支持的信念系统，我们至少是没有理由拒斥它的。

就文学文本的阐释而言，强调文本依据当然是首要的。但困难在于，所谓文本依据本身就是阐释的对象，因为文本阐释不同于文本考证，它试图揭示的是语言所要传递的意义。至于阐释中所涉及的作者的意图，除了文本本身的依据及其阐释之外，阐释者发挥能动性的空间有可能要更大一些。此时，一种阐释是否恰当，若以融贯论的标准来看，它应该体现为两个方面。一是这种阐释自身具有内在的融贯性，不存在严重的或无法克服的自相矛盾；二是当我们用这种阐释反观文本本身的时候，文本本身仍然能呈现为一个融贯的整体，而不是被肢解的碎片。如果一种阐释能够做到这两点，它应该可以被视为一种合理的阐释。

然而，如果单看融贯论的标准，它本身就遭遇到两个相互关联的重要批评：一是面对各自融贯但互不相容的信念系统，融贯论并没有告诉我们该怎么办；二是我们似乎没有办法阻止人们形成融贯的、自我封闭的信念系统。[2] 我们进一步强调"现有的最佳信念"这个条件，恰恰就是要对未来的信念选项保持开放。因为现有的"最佳"，完全可能遭遇将来的"更佳"。值得肯定的是，公共阐释论者虽然强调理性、确定性，但也给这种

---

[1] Robert Nozick, *The Nature of Rationality*, Princeton: Princeton University Press, 1995, p. 85.
[2] 对这两种批评的分析，可参见徐向东《怀疑论、知识与辩护》，北京大学出版社，2006，第 460～461 页。

动态性和开放性留下了空间："公共阐释是阐释者对公众理解及视域展开修正、统合与引申的阐释。其要义不仅在寻求阐释的最大公度，而且重在于最大公度中提升公共理性，扩大公共视域。公共阐释超越并升华个体理解与视域，申明和构建公共理解，界定和扩大公共视域。这是公共阐释的教化与实践意义。"通过不同阐释者之间的不断对话，努力寻求更好的阐释，而不是出于对强制阐释的防备而让某种阐释"一锤定音"，这种阐释学的开放性与当代公共理性理念寻求持续对话和商议（deliberation）的取向是完全吻合的。只有我们在认识论和真理观上做出相应的调整，理性主义传统下的阐释学才不会在反击相对主义、虚无主义的同时窒闭本应充满活力的阐释活动。

公共性与公共诠释的中国逻辑研究论纲

◎ 袁祖社 *

在西方政治、法律、社会以及文化思想史上，有关"公共""公共性"的理论源远流长。就理论和实践旨趣而言，"公共""公共性"不仅仅是一种理念主张，更是一种诉诸制度化现实的努力。古希腊城邦的本质，就在于培养和化育全体公民的公共精神、公共性信仰公民风范。17～18世纪启蒙运动时期，就出现了遍布欧洲思想文化界的"公共性"的洪流①。早在半个多世纪前，当代美国著名思想家、政治评论家、作家沃尔特·李普曼（Walter Lippman）在所著《公共哲学》（*The Public Philosophy*，1956）中，已经专门就"西方社会复兴公共哲学"的必要性以及理论和实践背景等做了深刻分析与阐释。

中国的思想文化、制度实践以及日常生活中，同样不乏有关"公共"的资源和识见。但在学理性上，中国政治哲学界对于"公共""公共性"的集中关注、诠释和思考，准确地讲，是90年代以后的事情。近20年来，大量的相关文献资料被翻译、介绍过来。一时间，公共性的话题及其研究成为显学。但是，客观地讲，典型自由市场经济和现代化场域中作为现实的"私人"与"公共"，在中国历史和现实中根本就没有存在过。那么，在这种情形中，为学者们所热议的公共性究竟是何种意义上的？

---

① 参见约翰·克里斯蒂安·劳尔森《颠覆性的康德："公共的"和"公共性"的词汇》，载施密特编著《启蒙运动与现代性》，徐向东、卢华萍译，上海人民出版社，2005，第259页。

056 | 中国阐释学的兴起 |

20 世纪 80 年代以来，伴随改革开放、市场经济以及全球化的进程，传统准身份制社会逐渐趋于瓦解，催生了一个对于中国民众而言属于全新体验的实质性意义的"陌生"的"公共生活"场景（空间、领域），普遍的市场交换关系的确立、日益激烈的利益冲突、多样化的思想文化现实、现代公民个体普遍的权利与自主性意识的觉醒与增强等，导致了以往总体性、同质化社会之明显的分化现象——所谓从"领域合一"走向"领域分离"。

在这种情况下，以往那种用于对既定制度、思想和生活形态等进行合理化、合法化以及正当性辩护的理论话语、价值信念以及意识形态话语，出现了非充分、不适宜等诸多弊端。特别值得注意的是，不断变革的社会生活的各个领域，正在依照自己认为恰当的方式，自主地确立起一套新的话语系统和思想方式，出现了"话语的喧嚣"。上述现实，呼唤一种新的理论化、系统化的解释与表达方式的出场。

可以肯定地说，中国的"公共""公共性"问题及其思考，一开始就明显地具有不同于西方社会和思想文化的独特性质。至于这种属于中国的内生性的公共性问题之内在的"特质"究竟是什么，能否真正地解释和有效地应对中国自己的公共性难题和困境，则是一个需要中国学者认真思考的另一个层面的问题。

一　公共诠释：中国人文与哲学社会科学范式创新的理论与话语自觉

作者、文本和读者之间的相互关系构成了西方诠释学的主题。据此，有研究者指出，可以将西方诠释学划分为三个阶段：第一阶段，是以施莱尔马赫和狄尔泰为代表的"作者中心论"诠释学，其根本特征是消解读者的历史性和个体性，让作者的意图支配读者对文本的理解和解释过程；第二阶段，是以海德格尔尤其是伽达默尔为代表的"读者中心论"诠释学，它完全颠覆了文本解读过程中作者和读者之间固有的支配与被支配关系，用"意义的创生"取代"作者原意"作为诠释活动的基本追求；第三阶段，是以利科为代表的"文本中心论"诠释学，它试图克服"作者中心论"和"读者中心论"的对立，建构一种方法论与本体论相统一、主观性和客观性相统一的"文本中心论"诠释学，代表了诠释学发展的合理走向①。显然，依照诠释学发展的此种内部逻辑，公共诠释的对象和目标如果仅仅局限、聚焦在所谓"作者、文本和读者之间的相互关系"这一狭隘的范围内，简单借用公共、公共性范式、理论和话语去呈现所谓"意义"，似乎只是换了一个名称或者修辞手法而已，难以承载、体现和代表什么新意，更谈不上范式革新。

由此观之，作为一种新的诠释学主张的"公共诠释"，要获得独立性品格和属性，就不能归于诠释学发展三阶段中的任何一个阶段，它理应超越传统诠释学的主题，拓展诠释的领域，确立诠释学新的研究对象和目标，在此基础上展示一种新的"意义"及使这种意义生成和实现的新的方式。海德格尔曾经说过："如果当世内存在者随着此之在被揭示，也就是说，随着此在之在得到理解，我们就说，它具有意义。不过，严格地说，我们理解的不是意义，而是存在者和存在。意义是某一东西的可领悟性的栖身之所。在理解着的展开活动中可以加以勾连的东西，我们称之为意义。"② 有学者指出，从某种意义上甚至可以说，意义比事实更真实、更丰富，它规定、影响着事实。在人文世界，政治、经济制度的改造和创新，艺术、宗教、思想的创造和发展，都改变了世界、事实和事物。"这些改变和创造，正是在人之意义本体的作用下实现的，人一旦意识到自身生命的意义，便会通过社会实践去展示这种意义，创造新的事实；对于个体是如此，对于群体也是如此。"③

深言之，"公共诠释"本质上是"实践的"，具有现实性、历史性品格，其所关注的对象和主题及其学理性努力，在于深入使得"作者、文本和读者之间的相互关系"成为可能和现实的更为广阔、更为深刻的特定时代的人类生存和生活的场景，旨在超越诠释学的"文本性逻辑"而转向一种"历史性逻辑"。

---

① 参见彭启福《西方诠释学诠释重心的转换及其合理走向》，《安徽师范大学学报》2003 年第 2 期。

② 参见海德格尔《存在与时间》，陈嘉映译，三联书店，1987，第 185 页。

③ 参见丁怀超《意义与诠释》，《安徽大学学报》1997 年第 4 期。

在这个意义上，"公共诠释"的使命，不仅仅在于呈现某种"意义"，更在于基于人类文化与价值合理性根据的关切，以"社会公共性"的方式，重新建构和创造某种意义。从"公共诠释"观之，一方面，"意义"的呈现一定是全景式的、总体性的，遵循着人类学本位的逻辑，是人类的存在、活动之合理性的体现；另一方面，就"意义"的生成机制和过程而言，不是对于要么"文本中心"，要么"作者中心"甚或"读者中心"的纠结和偏执，以及在此基础上所形成的难以避免的诠释学相对主义的弊端，而是强调使"意义"成为可能的多要素、多主体、多场景的复合性参与，基于更为有效的诠释性结果的复杂性博弈以及真确性价值性评判的结果。

从肯定的、客观的意义上讲，作为一种前瞻性的理论创制和较为精准的思想识见，"公共诠释"有可能开创、预示、体现并代表着当今人文学与哲学社会科学意义上诠释学的新的视点、新的转向、新的方向、新的立场，抑或新的意义发现、言说和呈现方式。公共诠释理念的提出，在某种意义上也可以被视为当代中国哲学社会科学以及人文学术思想力图摆脱传统的学术依附，自信地走向世界，以总体性立场为天下立心，并借此引导人类走出思想和实践困局的一种努力，是建构中国特色、民族气度的学术范式的信号、宣言和至关重要的一步。

当然，从观念史上看，对于任何一种新的诠释学视角、主张和范式，我们似乎都可以做出上述乐观的指认和评判，但如何在根本性意义上确保此种评判不带有主观性的偏见，而具有能为学者所普遍接受的公度性，显然是一件需要认真对待、慎思明辨的事情。诠释学历史上，学者们几成定见的是：诠释活动并不仅仅是解读文本，它更肩负着"弘道"的使命，是意义的再发现、再创造。所以至少从旨趣上肯定地讲，诠释似乎从来都不祈求确定的公度性（也许，由于人类生存与生活经验的异质性、复杂性、变动性和非确定性，公度性历来就是一个难以企及、难以实现的乌托邦），而是强调差异、强调理解的多样性。成为一种诠释学的新范式，意味着这一范式一定是在批判地借鉴、辩证地扬弃了诠释学范式的固有弊端，而发现、赋予了诠释学理论以前所未有的新的质素、新的呈现方式，因而具有返本开新的革命性变革意义。否则，其所谓"新"就是一个疑窦丛生、经不起推敲的论断。

上述关切，在更进一步的意义上，较大程度地涉及并直接指向对诠释学本身理论品质的理解问题。广言之，"公共"对于诠释究竟意味着什么？就其本质而言，诠释学是否具有公共性的内在品质？如果有，此一公共性是何种意义上的？如果没有，正当性理由是什么？深言之，自诠释学诞生以来，思想史上所出现的各种类型的诠释形态及其所依据的理念、范式、成果和指向，在什么意义上可以确定为是"公共性"的？在什么意义上又是非公共性的任性、任意的个人独断？非公共性对于诠释意味着什么？对这些问题的回答和解决，意味着我们必须进入公共性的历史和理论视阈中做思想史的梳理、辨认和明断。否则，公共诠释就可能因理据的不足或者不充分失却合理化逻辑。那么，"公共诠释"究竟是以何种经验性事实和理论新创制新诉求为基本关切对象的？"公共诠释"要成为一种范式，而不仅仅是一种话语获得合法性，首先必须明确一些最为基本的前提性问题，具备一些基本的资质。要言之，（1）"公共诠释"的对象究竟是什么？（2）"公共诠释"表述中的所谓"公共"究竟是谁的公共？何种公共？（3）在一个人文话语多元化、多样性和差异性为本质特征的思想与学术场域内，何以证明依照某种"公共诠释"所获得的意义必然具有"公度性"，或者说是真正"公共性"？"公共诠释"是普遍性的吗？如果承认诠释的对象是文本，诠释的主体各不相同，诠释需要综合考虑具体境遇，那么，强调公共诠释就会带有某种并非主观的诉求？

全球化时代的人类生存与生活世界，尽管充满冲突，但一个不容否认的事实是，当今世界人类生存与生活的公共性在明显增强。除了技术，人类不同文化、制度之间也在不断寻求着最大的公约数。在这方面，中国政府、中国社会、中国思想学术率先垂范，堪称楷模，走在了引领世界思想学术的前列。公共诠释是一种气度、一种胸襟，当然是必要的、必需的。但公共诠释要从必要、必须成为可能和现实，这就需要在人文学术共同体内部求同存异，寻求、确立新的可共同接受的原则、话语、机制，创造平等、友好沟通、对话的条件。

至少从 20 世纪 90 年代以来，作为一种理论范式的公共性理论，引起了理论内在的张力空间和灵动性，逐渐成为一种具有主导性的观照、诠释中国当代复杂现实的显性话语。公共性思考被广泛用于变革社会生活的各个领域。那么，此种非本土化自生的公共性之思，究竟只是人文与社会科学诸领域学者的一厢情愿，还是有某种不可违逆的内在必然性？公共性言说背后之真实和真确的思想旨趣和追求究竟是什么？它究竟在何种意义上变革了中国社会现实和思想的传统方式？质言之，公共性能够真正进入中国的思想和理论现实吗？如果可以，那么套用麦金太尔式的质疑，何种公共性？谁之公共性？

公共性信念、精神以及公共性实践和品质生成与人类文明的历史进程，表征的是人类思想、文化和历史的最根本特质。

作为一种理论话语和实践价值主张，公共性思考范式进入中国学术领域和中国学者视野，是 20 世纪 90 年代以后的事情。就其合理性、合法性和正当性而言，这是中国社会步入全球化时代、改革开放以及市场经济实践自主催生的结果。准确地讲，首先对中国公共问题做理论观照和实践探索的，来自政治学和公共管理领域，其用以诠释中国社会变革现实的思维框架，是所谓"国家—社会"的范式。显然，这是西方近代以来自由主义的市民社会的方式。在中国社会的特殊语境和时代场景中，这种方式很快就遭遇了自身难以克服的尴尬与困境：中国社会并非私人领域与公共领域二分的市民社会式建制的。中国特色的现代化进程并非内生的、社会主导的，而是国家主导的。作为公共性之重要土壤和温床的"社会"，其实是缺位的，或者在建制上是非健全的。

二　差异、共识及其话语边界：公共性社会的实践
与公共诠释的中国品格特质的形成

公共和公共性本身对于人类的思想和精神生活而言，一直是一个问题丛生的领域。前已述及，如果仅从一般社会史和思想史意义着眼，中西方文化发展中不乏"公""私"之辩。仅以西方思想史为例，包括古希腊亚里士多德，近代启蒙思想家康德，现代政治哲学家阿伦特、哈贝马斯、罗尔斯、查尔斯·泰勒等，在公共领域的理论方面都贡献了卓越的识见，成为现代公共诠释宝贵的思想资源。但问题是，所有哲学见解，无论就理

论视角、逻辑、旨趣还是方法而言，都绝对不是基于一般哲学诠释学方法的。如何将哲学思想理论提升、转换为公共诠释，依然是一个问题。易言之，"公共诠释"在何种意义上才是哲学的？才是一种新的哲学诠释理论？

了解哲学诠释学的历史的学者都不会否认如下事实：在诠释学的本质与理论旨归问题上，伽达默尔是矛盾的。一方面，基于历史传统的自觉与对现当代时代特征的敏锐感知，伽达默尔深刻质疑和批评所谓"基于纯粹方法和技艺意义"层面的诠释学经验。依伽达默尔之见，"'解释学'首先就在于它并不是各门科学的一种方法论，而是与人的、社会的存在所具有的根本大法有关。这意味着解释学并非什么方法学说，而是哲学"①。在《真理与方法》中他的质问更近乎某种意义的"否定"："方法在多大程度上能为真理担保？哲学必然要求科学与方法认识到它们在人类存在及其理性的整体中的微不足道。"② 另一方面，对于作为一种方法的诠释学的意义，伽达默尔又同时表现出一种肯定的态度。具体表现就是，伽达默尔坚持在其宏伟理论体系建构中"现象学与辩证法"逻辑的双重使用。在《真理与方法》第二版序言中，伽达默尔指出："这一点丝毫不排除现代自然科学的方法在社会领域内也有其运用。""我完全不是想否定在所谓精神科学内进行方法论探讨的必要性。"③

由此不难看出，"公共诠释"要获得新的范式创新的意义，方式就只能是"哲学的"。而其所指向和指称的，则必须是对"人与公共领域""公共领域与私人领域"相关的一切"公共现象"所做的一种文化、价值意义的新的理解。"公共诠释"所要回答的问题，简而言之，可以概括为"公共性存在"以及"公共意识"、"公共表达"和"公共评判"何以可能以及如何可能的问题。在这个意义上，也可以说，所谓"公共诠释"，是以哲学诠释学的方法和态度，直面社会公共领域的所有问题，而其目标、任务和使命所在，是对"公共"与"私人"、社会生活的公

---

① 参见伽达默尔《科学时代的理性》中文自序，薛华等译，国际文化出版公司，1988，第2页。
② 伽达默尔：《真理与方法》第二版序言，洪汉鼎译，上海译文出版社，2004，第2页。
③ 伽达默尔：《真理与方法》，第3页。

共空间、社会公共政策等的合理性、正当性及其所产生的结果的一种社会性理解。

诠释学是思想普遍性的事业。有学者指出："只要面对语言与世界关系问题，就有诠释的现象发生；只要有文本需要阅读和理解，就一定有相应的阐释学理论，不论其理论形态如何……尽管阐释学作为一种理论是从德国传统中发展出来的，但这并不妨碍中国文化中同样存在着一套有关文本理解的阐释学思路。"① 就理论渊源和思想资源而言，公共性话语、理论及其实践是与启蒙联系在一起的，毋宁说是启蒙的精神气质，是现代性文化反思和价值批判的精义和灵魂。问题是，启蒙现代性以及现代化实践，由于一开始就是在自由主义市场经济理念和实践逻辑下展开的，无论就其初始动机，还是就其现实主体及其价值指向和目标而言，都是以赤裸裸的、极其狭隘的资产阶级个人利益最大化为目的的，其最终所成就和实现的，只能是再抽象不过的有先天缺陷的"公共性"。就理论品格而言，其本质恰恰是"反公共性"的，其结果是对真实意义的公共性理想和目标的实质性背离，是对自然演进中不断增加的社会共同体之公共性特质的戕害。显然，这种所谓公共性具有强烈的意识形态色彩，且根本无法体现、代表公共性理论和实践的真谛。

通常意义上，中国学者的"公共""公共性"之思，其旨趣和目标所向，一开始并不仅仅或者纯粹是基于"文本"意义的主体性诠释，还有着更为现实、更为具体的"社会性、实践性以及现实性关切"。换言之，公共性之于中国，其理论和实践指向一开始似乎就是自明的。其首先是作为一种理论范式、一种哲学观，旨在反思、批判市场经济、社会转型、全球化和现代化实践所产生、所带来的体现、渗透于中国社会生活各个领域的一些新的"公共性问题"，从而获得建构性意义。当然，在另一重意义上，问题并非那么简单、直接和明了。我们同时也须清醒地认识到，理论、话语上的"公共""公共性"自觉和共识是一回事，而在中国当下的复杂情形和背景中，使"公共诠释"成为一种可能的现实的诸多支撑性条件依然不成熟、非确定或者处于"暗昧不明"的情形和状态。抑或说，更多是出

---

① 周裕锴：《中国古代阐释学研究》，上海人民出版社，2003，第1页。

于"价值观"和"意识形态"等方面的理解、判断的话语错位和差异性认知，一个对于中国社会、对于当代中国的思想文化范式、制度和生活范式性变革而言，属于"真切的"、"可触""可感"的、直接的公共性生活场景，中国社会整体性意义上的公共理性的发育仍处于低阶水平，尚未完全的、真正的"敞开"①。

中国的公共性就其现实本质而言，是所谓"社会公共性"。与典型的自由市场经济制度所追求并致力于实现的狭隘资本利益最大化相比，中国的公共性是价值取向和制度安排的人民利益本位基础上的公平正义的现实化和最大化。问题是，中国的公共性的实践，同样需要一个相对发育成熟的，以公平、正义为核心价值理念支撑的现代"公共性社会"的制度性保障。否则，中国的公共性无论就理论而言还是就实践品质而言，都是抽象的、难以理解的（学者们基于并非纯粹的理论兴趣所鼓噪的公共性及其所引发的热情，则是另外一回事）。在乐观的、积极的意义上可以肯定地说，当代中国社会正在发生的全面的、深刻的变革，其前所未有的历史实践水平和程度，表明其正在依照自己的方式坚定地走进公共、公共性的更为广阔的世界，并试图以公共性实践、公共性文化和公共价值的方式，着力改变、扭转长期以来为自由主义、个人主义文化所支配、操纵和控制的非平等、不正义的全球经济、政治和思想文化格局。在这一过程中，其也为当下中国社会、中国的思想文化以及中国民众呈现一幅新的公共性社会和公共世界的图景，创制、提供一种属于自己的带有前瞻性、引领性和典型示范性的制度的、文化的、价值的、生活的全公共性体验。

现代性社会的历史实践昭示我们，建制性、整全性意义上的公共性文化价值氛围与话语表达方式的形成，历来是一项复杂的、艰巨的、长期的事业。面向未来，无论何种情况、何种意义上，我们都还没有充分的自信宣称：中华民族已经找到了一种最为合理、最为恰当的公共性的中国方式。质言之，中国社会、中国思想领域之普遍的理智性疑惑在于：一种克服、扬弃了西方市民社会以及市民社会历史和理论框架下的公共性的弊

---

① 参见何怀宏《公共哲学的探索》，《哲学动态》2005 年第 8 期。

端，带有面向未来的、具有前瞻性的以及文明引领性的现实的、实践的公共性，还没有实质性地"进入中国"。实践层面的"公共""公共性"之于中国，依然是一个正在生成、正在展现、正在敞开着的过程。可见，公共、公共性之于中国社会和理论创新的意义，更重要的在于其是"实践的"。要澄明、形成和确立典范意义上的"公共诠释"的中国特色，无疑须对使得"公共诠释"成为可能和现实的诸多复杂的制约性因素和条件有一种集体性自觉意义上的充分的、足够的认知。在此基础上，才会在清醒的问题意识的支配、引导下，建设性地、主动地、积极地消除不利于中国式公共性成长的诸多障碍，努力创造其得以顺利出场的有利条件。否则，所谓"公共诠释"就可能因对象、条件、场景、机制和逻辑等的缺位，仅仅止于话语层面的主观吁求而无法得以"解蔽"。

现在看来，站在人类文明演进的新的立场上，诠释学需要突破已有的边界和话语方式，重新审视以往的语法和作业方式，不只是从场域，更重要的是从思想的旨趣意义上，寻求自我的突破和革新。这方面，本着创造中国特色、中国风格、中国气度、中国胸襟的"公共诠释"——中国诠释学的建构，或许是一个有创举性的革命性举动。因为，这样一种以新的理论姿态坚定、勇敢、自信地出场的公共诠释，既有深刻的历史和现实关切，又有高远的价值理性观照；不仅是一种知识论的追求，而且是一种人文情怀和境界。现在到了自觉地摆脱有关诠释学问题上的学术依附、依赖习性的时刻。从确立当代中国公共诠释学派的意义上，中国学者通过集体性努力，以对话的姿态，让公共诠释呈现中国逻辑。在这个意义上，毋宁说，公共性是中国文化母体本有的内在基因。中国的历史和现实，从来不乏公共性的思想理论资源。千百年来中国的历史、文化和制度性实践，一直在依照自己认为合理的方式走进、实践公共性，向公共性文明表达着属于中华民族理论高度和实践立场的敬意。当下中国最需要的是公共性的文化、价值与实践自信。中国的公共性是实践型的公共性。公共性在中国正在成为一个备受关注的问题，可称之为中国的公共性问题，且有深刻的根由。

当下正在生成中的中国特色公共性，秉承中国力的体现。20世纪80年代以来，中国社会的全面变革实践，为"公共性社会"的到来提供着日益丰富、日益具体、日益实在的公共性素材。正因此，中国社会、中国思想和中国民众对于公共性问题的感知、理解和体验才越来越成为一种现实。换句话说，当代中国的改革开放实践和思想文化的多样性探索与尝试，正在切实地将中国历史和文化中的公共性信念、公共性情怀和公共性精神变成一种生存的基本价值，变成一种关键性的制度安排。一个具有世界公民气度的中国特色的公民性风范，正表现出其优于西方现代性文明的公共性。①

就存在态势而言，公共性在中国，或者说公共性对于中国社会的现实情景而言，不仅仅是现实生成态的，而且对于中国社会的经济、政治、思想文化而言，还是积极介入态的，更是一种弥漫、充满。对于中国学者来讲，源自西方的公共性理论和话语，仅仅具有其必要的隐喻意义。依照此种未经反思和批判的公共性理论范式，根本无法造就一种中国社会所需要的、真正符合中国社会发展和进步的"公共性"现实。需要深思的是，对公共性的思考，或者建构一种中国特色的公共性理论，我们需要站在人类文明深度变迁的高度，洞悉、把捉现代文明的主流和实质，影响、引导其走向。因此，我们所需要的，不仅仅是话语层面的呼求，更要深刻辨析这样一个核心性主题：中国的特定历史场景和现实情景，以及使此种历史和现实成为可能的思想、文化方式，在何种意义上、以何种方式，自主地建构并勇敢坚定地同步实践着公共性的中国方略？中国的变革实践为我们所肯认的公共性理论和实践提供、增添了哪些新知的、内在性的构成要素？中国的变革实践和思想文化努力是以何种方式、在何种意义、何种程度上矫正、矫治着启蒙现代性进而公共性实践的核心性价值主张以及相应实践的固有弊端？

中国式公共性建构实践的一个最为突出、最为明显的特征在于理念、制度性实践的同构性和目标上的高度契合与一致。因为，对于复杂性场域中的当代人类思想、制度和生存与生活现实做出中国特色公共性批判性诠释，需要的不只是立场、勇气，还需要在总结具有普遍性意义的中国历史、经验的基础上，提出具有前瞻性、超越性的示范性主张。

---

① 任剑涛：《"公共"的政治哲学理论导向与实践品格》，《哲学研究》2010 年第 7 期。

三　超越价值独断主义：面向未来的公共性诠释理论和话语实践的合理范式

作为一种思想文化符号，公共性是一直在场性的活的定在。从某种意义上可以说，人类的思想文化和制度性实践所努力的目标，一直在以各自不同的方式化育着公共性，推动着公共性的历史进程。一个民族的理论和实践何时与公共性遭遇，接受公共性的观照方式，则完全取决于一种必然地发生于特定历史性场域中的机缘。

20世纪80年代以来，中国市场经济导向的全面改革开放实践，结构转型、阶层分化、利益冲突等的同时产生，提出了许多中国历史上从未出现的新的问题。譬如，企业作为市场经济社会基本单元和主体的存在、社会自主性的逐渐加强导致其本身作为相对独立空间的出现、个人利益和权利的被肯定等，客观上吁求公共权力运作的公开性、公共政策的透明性和公正性。这其中最重要的，是现代社会所最需要的公民主体和公民性个体的出现……所有这一切，表明一个不同于以往的公共性社会，对于当下中国民众而言，正在成为触手可及的真的现实、真的场域。

这其中，需要学者们认真思考和对待的，是一系列具有中国特色的"公共性难题"、"公共性焦虑"和"公共性困境"——当代著名公共经济学派的主要代表人物之一奥斯特罗姆所谓"集体行动的逻辑"。就本质而言，中国的公共性问题之所以产生，并成为一个真的问题，主要理由在于，中国社会的结构变迁，使得原本属于自由市场经济社会的问题，譬如，国家与社会、权力与权利、私域与公域、自由与秩序、自主与自治，服务型、责任型政府的理念以及治理和善治等，以问题丛或者群集的形式共时态同时呈现。其结果，使得"公共治理""制度理性"反思性实践意义上，现代中国社会现实生活中同时存在的来自国家、社会、企业、市场以及其他多种力量的复杂的、激烈的、长期的博弈成为可能。在这种情况下，单纯依靠以往体制形态下的"社会性""政治性"单向度的思维来规制复杂的社会生活场景的方式变得很不充分，公共性问题、公共性视野、公共性话语范式等就是在这种情况下得以合理出场的。显然，一种恰当的公共性话语、公共诠释理念的诞生和出场，一定是在法国社会学家布迪厄所主张的"场域"意义上，多领域、多因素、多中心、多主体之间复杂的、平等博弈以及胜出的结果和产物，这是其获得正当性和可理解性等现实性特质的前提。①

中国社会和思想界如何对待、处理上述难题，取决于中国社会历史与实践的变革与公共性特质的契合程度，以及对于代表了人类文明之核心特质的优良公共性实践的理解、领悟的应有深度。

个中道理在于，中国的公共性问题一开始出场并不是文化的、思想理论的，而是一个社会政治问题。在中国的语境中，公共性要真正进入社会生活的深处，成为反思、建构进而规制的有效方式，就必须保持自己的批判性、规范性和超越性品格，否则，就难免沦为伪公共性。承认还是不承认社会政治生活的公共性情景和特质，直接或者间接地关涉着政治合法性与正当性问题。但是，现实的情景却是，当下中国社会的运作方式，依然是准政治性、意识形态性自上而下有效指导和规制的。从当下和未来着眼，现实性和超越性兼具的公共性的思想和诠释逻辑要由话语层面进入实践层面，无疑是一个更为漫长、更为复杂、更为艰难的过程。在这种情况下，中国特色的公共性的言说、诠释和实践，一定不能忽视新全球化及其与之密切相关的包括信息化等新技术所带来的新生存情景。中国的公共性言说、诠释和实践要真正有效，中国要形成并确立自己有关公共性的话语权，当务之急是必须警惕以各种面目出现的所谓"新自由主义"（"社群主义"是其变种），直面并旗帜鲜明地抵抗世界范围内的"反全球化"潮流，坚定不移推动经济全球化的进程。

新全球化实践并非孤立的、无内容的。信息化、互联网不仅实际地构成了新全球化的底色，而且我们这个时代的公共性的实践正在越来越直接、越来越多地依靠此种技术。尽管全球社会对于互联网等所带来的诸多甚至是严峻的非公共性难题仍无实质性破解的良策。置身后全球化、新发展主义时代，曾经是人类文化主流的公共性的既有理论和实践，公共性的

---

① 卞崇道、林美茂：《公共哲学，作为一种崭新学问的视野》，载《公共哲学》译丛总序，人民出版社，2009。

　　　　　　　　　　　　　　　　　| 中国阐释学的兴起 |

文化、价值以及实践之思，由于当代中国因素（可称为公共性的"中国方案"和"中国智慧"）介入，其内涵也在发生着明显的、全球都能够察觉到的显性变化。从未来着眼，公共性的中国实践，或者中国的思想理论和实践所引导着的新的公共性，显然绝对不只是中国自己的事情，或者也可以说，面向未来的公共性，依然是成长性的、非确定性的。在一个文化、价值和制度性差异实践主宰、主导着的当代人类社会，我们需要在超越文化普遍主义和价值独断主义的意义上，重新审视和厘定公共性的实然和应然性本质。

　　建构中的公共诠释，任重而道远。我们需要确定的是面向人类共同未来和福祉最大化的、促成并确保公共性价值成为可能的新的思考范式。要言之有如下四点。（1）基于全球正义关切文化、价值的情怀的公共性（文化价值公共性）：人类一家的共同体立场。全球正义并非一种乌托邦，而是坚信，只要抛弃制度、意识形态的成见，全人类共同努力，不平等的状态就有可能逐渐改观。因此，全球正义正在成为人类公共性实践的最有效、最直接的载体。（2）基于社会政治立场的社会性生存实践理念的公共性（制度实践公共性）：沟通、对话的合作理性。公共性要避免成为空谈，就必须依托具体的制度性实践得到落实。公共性与特定制度之间的关系，是内在嵌入型的。一方面，被正确理解了的公共性，是优良制度的最根本的价值属性，是制度品质的最集中的体现；另一方面，优良制度是实现公共性价值的最有效的支撑和保障。（3）五大发展理念尤其是包容性增长与共享发展的实践姿态的公共性：人类共同福祉最大化的公共性。五大发展理念（创新、共享、协调、绿色、开放）是中国式现代"实践的公共性"理念和实践的最为科学、最为合理、最为系统全面且最为有效的表达，是面向全人类共同福祉和共同价值目标的最具建设性的卓越的行动方案。在一个变得越来越不平等的世界上，在一个因人类私欲并未得到有效规制而生存与生活的公共性空间不断受到限制的世界上，实现公共性最直接的方式，只能是发展。换言之，发展是公共性自我成就的根本。发展是增进人类共同福祉的无可替代的方式，合理的发展本身就是通往公共性生存理想的通途。通过全人类集体性行动，改变不合理的发展理念和模式，让发展更加符合人本、人道、自由、公正的共同规范，应是当今社会公共性的最好实践。（4）作为现代公民风范和美德的公共性信念。培养并尊重公民主体，是中国社会公共性实践的最为迫切的任务，决定着公共性在中国的实践以及实现程度。易言之，在当下中国的教育中，这种公民性风范、气度和精神境界的养成是可能的吗？在当代，成为一个合格的、理想的现代公民究竟意味着什么？所有这些问题，从理论层面来讲或许清晰、明白，但是，诉诸当下实践，仍然有很多未知。

阐释的公共性与客观性

——兼论对马克思的先验阐释

◎ 张　盾*

在 20 世纪西方哲学波澜壮阔的历史图景中，以伽达默尔为代表的现代阐释学是极其重要的一个领域。笔者对阐释学没有做过专题研究，但对阐释学和阐释问题的重要性却有着切身的认识。因为哲学必然面对文本、阐释文本，对哲学来说，面对文本就是"面向事实本身"，于是我们可以断言每个做哲学的人都有自己的"阐释学经验"，并由此推知阐释学和阐释问题对哲学和一般人文科学来说确实是一个头等重要的问题，对文本意义的理解和阐释是哲学和一切人文科学的根本内容和根本方法。举例来说，笔者自己虽然没有对阐释学做过专题研究，但我的工作内容和工作方法从根本上来说就是一种对文本的理解和阐释：我最大的阐释对象是马克思文本，并围绕着马克思对卢梭、康德、黑格尔乃至柏拉图的文本进行阐释和理解；这一非反思的工作实践在其反思的总体性上必然进入真正的阐释学问题。在本文中，笔者尝试从自己的阐释学实践出发，就阐释的公共性和客观性问题谈一些粗浅看法。

一　阐释的公共性与客观性

最近拜读了张江教授的论文《公共阐释论纲》，我非常认同其核心论

---

* 张盾，浙江大学马克思主义学院教授、吉林大学哲学社会学院暨哲学基础理论研究中心教授。

点：阐释是一种公共行为，真正有意义的阐释一定是公共阐释。① 这里我想补充一点：公共阐释与个人阐释之间是一种互相依存、互为前提的二元性关系，任何对于文本的有意义的阐释都是公共阐释与个人阐释相互作用、相辅相成的过程，而这一过程最后的归宿是公共性。概言之，这一问题包括以下两个方面。

一方面，很多重要的公共阐释在其起源上都是出自某种个人阐释。从人类的精神史看，柏拉图、康德、黑格尔、马克思对精神与自然、政治与人性本质所做的那些伟大阐释在其最初发生时都是个人阐释，正是这些个人阐释在历史中构成所谓理性的传统，最后变成一种公共阐释。这也就是张江教授所论证的：阐释的公共性奠基于公共理性，而公共理性的目标是"认知的真理性和阐释的确定性"，这意味着有意义的阐释一定是出自理性的传统和智慧的力量。这里需要特别强调的一点是：在知识与意见划分的意义上，"公共阐释"绝不等于"公共意见"，即使某一特定时代的多数人都接受的意见也不等于公共阐释，因为公共阐释的目标是"认知的真理性和阐释的确定性"，大众意见乃至大众意识形态达不到这个高度。所以，我认为从理论上严格地说，真正的公共阐释都是首先作为个人阐释而存在，其具体形态就是我们面对的那些经典文本，它们产生于伟大的作者，只有那些按照严格理性标准被历史所确立的伟大文本才能构成所谓公共阐释的实体性基础。在这里，我非常同意张江教授最近提出的另一个观点："作者不能死。"② 在我看来，所谓"作者之死"只是后现代主义有意为之的一个怪论。

另一方面，任何有意义的个人文本基础上的个人阐释一定是公共阐释，因为任何有意义的阐释一定是从具有普遍时代意义和普遍理性价值的问题出发，关注时代精神的共同主题，从而必然使自身超越个人阐释，被大家所接受，最后变成公共阐释。纯粹个人的问题、不具有普遍性的阐释和理解没有意义，按照我的理解，这就是张江教授所说的"个体阐释的公共约束"。

---

① 张江：《公共阐释论纲》，《学术研究》2017 年第 6 期。
② 参见张江《作者能不能死》，《哲学研究》2016 年第 5 期。

与阐释的公共性本质相关的问题是阐释的客观性。吴晓明教授在《论阐释的客观性》① 一文中，雄辩而深入地讨论这一问题，认为阐释的客观性是全部阐释问题中真正核心的最重要的一个问题。笔者完全同意这一论断。这里我想对作为阐释本质的"真理"与"说服力"之争发表一点浅见：无疑，阐释的真理性必须基于它的客观性，而这种客观性就实现在阐释的说服力之中，并将自身表现为阐释的公共性。因此，阐释的客观性就在于阐释的公共性。

　　由此引发的进一步的问题是：如何理解"客观性"？我们知道，康德以后哲学的一个根本变化就是：直接就客观性辩护客观性是没有意义的，只有在主观性的界面上得到确证的客观性才是真正合法的客观性，这就是反思的、上升到"概念式理解"的客观性。德国观念论哲学中"思想的客观性"问题的要义端在于此，或者用胡塞尔更加激进的断言来说："没有主观性，哪有客观性？"这已经不是简单的唯心论，而是被哲学的反思性本质所决定的一条规律。在这种情况下，"阐释的客观性"作为一种"思想的客观性"就变成了一个特别麻烦的课题，它涉及一系列复杂问题（吴晓明教授的论文对此进行了深入探讨）。这里我只根据自己的阐释学经验谈其中的一个问题，这就是阐释的客观性与创造性的关系。

　　撇开现代阐释学理论的具体细节，笔者认为，阐释学最重要的一个原则就是：每个理解都包含着某种特定的"前理解"，每个阐释都是"视界融合"的结果，也就是说，每个阐释都包含着阐释者从自己的问题出发对文本意义的重新发现和重新创造。基于这一阐释学原则，我们可以说，真正漂亮从而具有说服力的阐释，本质上都是自由的，即携带着创造性理解的阐释；此事究其根源，作为阐释对象的文本本身就是创造的产物和作者的作品，而非"客观的"对象或事实。按照狄尔泰的看法，这种自由的阐释和创造性的理解仍然可以是客观的，这个客观性就在于引导着自由创造的那个问题本身是公共性的，它"基于人对自己的生命之体验的共同性"②；换一种方式来说，它具有大家共同关注的时代性。因此，我们断

---

① 吴晓明：《论阐释的客观性》，《哲学研究》2016 年第 5 期。
② 参见潘德荣《作为理解之艺术的诠释学》，《哲学研究》2016 年第 5 期。

言，真正好的、有说服力的阐释一定包含着自由的创造，一定是那种"人人心中有，个个笔下无"的东西，也就是公共性。

这也是伽达默尔本体论阐释学的一个核心论点。按照伽达默尔的看法，文本的意义本来就是在与文本对话的过程中不断流动变化、不断自我更新的东西。在对话中，语言的原来用法被扬弃、被超越，语言所承载的存在的新意义被发现、被生成。这才是阐释活动的理想状态，我愿意称之为"正确的自由创造"，就是说，阐释中的自由创造不是没有约束、随心所欲的，真正的自由创造一定是"正确的"，这种正确性就来自阐释的公共性：好东西一定是大家都接受的东西。在这里，公共性成了客观性的标准，没有公共性就没有客观性，没有公共性制约的自由创造必然流于张江教授所批判的"强制阐释"①。因此，至少对哲学研究来说，我认为，不是文本，而是文本解读者所据有的特定的问题，才是阐释的灵魂：我们自己的新问题是推动我们对那些伟大经典文本不断进行重新阐释的最深层动机，总有更重要的问题推动我们重新回到文本，总有更高的价值和真理引导着我们超越文本的原有意义，重新发现和"创造"文本的新意义——可以说这才是我们对文本进行解读、再解读的常态。在这一过程中，阐释者向文本提出新问题，对这一新问题的回答就是文本之新意义的创造过程，新问题规定着文本新意义发生的方向，这就是文本固有视界与阐释创造的新视界发生融合的过程。在这一意义上，阐释中的自由创造是不可避免的，它是一切好的、有说服力的阐释的灵魂。这种"自由的阐释"一般不会是紧贴其对象文本的内容，而是超出文本，活化文本。六经注我，立乎其大者，其说出的东西从表面看可能是对象文本所没有的，但从深层意义上看又是文本必然具有的意义的升华。这就像绘画中的似与不似的关系，"太似是媚俗，太不似是欺世"，妙处就在似与不似之间，这才是自由创造的要义。当然，从阐释学的观点看，这种自由创造是有前提的，就是必须正确理解文本的原意。这种正确的理解与创造性的阐释统一于阐释活动之中：正确的理解是创造的依据，自由的创造是正确理解的目的。

---

① 参见张江《强制阐释论》，《文学评论》2014 年第 6 期。

二 对马克思进行先验阐释的阐释学理由

下面，我想通过自己对马克思进行理解与阐释的一种实际性的阐释学经验来证明上面提出的观点。从表象上看，笔者近年来对马克思的研究，越来越倾向于提出一种对马克思学说本质的先验化阐释，但实际上我的理论诉求始终是阐释的客观性和公共性。

一般把马克思理论思维的根本精神理解为现实性与实践性，并将马克思的核心问题具体阐释为：现实的人如何通过感性的、历史性的实践活动去改变现实的世界？这里问题的关键是：如何理解"现实"这个概念？"现实"不是一个抽象的概念，在政治哲学语境中，"现实性"这一概念始终是作为质料性的实存领域的规定，因此真正说来，从马克思生活的时代一直到今天，人类所面对的现实始终是资本主义的历史地发展着的世界体系，这一现实就其是一个需要被批判、被超越的对象而言，它不可能成为马克思理论思维的制高点，也不能被看成马克思研究工作唯一的或全部的对象领域。马克思的核心问题应该是"如何超越这一现实"。那么，对于哲学的理论思维来说，对社会现实进行超越的力量只能是一种思想的主观性的力量，即上面所说的"在阐释中进行创造"的力量；所谓哲学作为启蒙大众、发动革命、改变世界的力量，也只能是通过改变人们的思想，把主观性的力量变成客观性的力量。但在今天的晚期资本主义时代，启蒙在大众文化的格局下几乎失去意义，革命具有不可能性，思想已经无法穿透社会现实。在这种情况下，就马克思经典学说的原理面临时代变革的巨大挑战而言，那种直接意义的现实性和实践性已不适合作为我们理解马克思的核心问题意识，更不能将其阐释为马克思理论思维的制高点，因为从哲学的高度上来说，资本主义的理论与实践已经充满了"现实"的全部存在论空间——资本主义是今天最大最坚实的现实，留给马克思的理论空间只能是高度概念化的认识论空间，也就是在一个高于"现实"的思想界面上对制度与人性的原初状态做彻底理解所达到的知识与真理。在这种情况下如何重新理解马克思学说的真实意义和真实价值？笔者最近对马克思学说的内涵与意义所做的先验化阐释正是思考这一问题的一次尝试。①

这种对马克思学说的先验化阐释，并不是依循近代先验哲学的问题与思路，直接推出"马克思哲学的本体论"、"马克思哲学的认识论"和"马克思哲学的伦理学"等言说，那样的研究只是从抽象概念上强行推演马克思学说的先验问题，其对马克思的理解和阐释是贫乏的、没有说服力的。按照康德对"先验"的规定，先验是思维对于感性、范畴对于直观的固有关系，从而是经验知识被构成的方式；先验虽然先于经验，但朝向经验，不离经验，内在于经验之中，是使经验知识得以可能的条件。进一步追溯，康德的"先验"概念无疑源自柏拉图对"可感知世界"与"可思考世界"的划分：在感性世界之上还有一层更高、更完美、更真实的理性世界，作为理论思维的对象和界面而存在。而先验与经验、理论思维与经验事实的这种二元性又被柏拉图进一步推演为"最好政治"与"次好政治"的划分：所谓最好政治不是现实的制度与实践，而是对于政治的原初概念即人之为人的先验图景的彻底理解，从而是关于最美制度和最美人性之概念的知识，即"作为哲学的政治"；次好政治才是现实存在的制度与实践，即"作为现实的政治"，其现实性作为一种经验性，建立在人性的弱点的基础上，因而永远是有缺陷的和不完美的。

柏拉图对最好政治与次好政治的划分，作为先验与经验二元性的特定问题形式，为我们对马克思学说进行先验阐释提供了一个新的维度。巴迪欧说，马克思的共产主义直接连接着柏拉图的最美城邦。② 笔者认为，只有在先验的意义上，我们才能断言马克思的共产主义就是柏拉图的最好政治，并在这一维度上重新理解马克思学说的意义与价值。按照这样的理解，马克思阐述其最高政治理想的那些命题，比如"（以无产阶级解放为标志的）普遍的人的解放"、"自由的人的联合"和"全面发展的自由个性"，并不是直接的、现实的目标，而是先验的理论反思的对象；因为，现实中不可能实现这样的目标，在现实中的任何地方都找不到这样的人和这样的制度，它们是马克思对政治与人性的原初概念做彻底理解所达到的

---

① 参见张盾《马克思与政治美学》，《中国社会科学》2017年第2期。
② 参见阿兰·巴迪欧《柏拉图的理想国》，曹丹红、胡蝶译，河南大学出版社，2015。

先验知识，但它们却是一切现实中的政治与人性所应该达到的高度和理想，是对一切现实的政治与人性进行批判性评估的标准。另外，如果坚持在经验的意义上进行理解，那么我们看到，马克思关于现实的制度和现实的人的许多观点都不被当代资本主义发展的最新经验事实所支持，其中最大的挑战是传统产业无产阶级的衰落，以及剩余价值理论在互联网和大数据时代资本主义最新发展中所遭遇的挑战。面对这种情况，如果坚持在经验知识的意义上断言马克思学说的现实性和实践性，我们对马克思的理解和阐释面临重重困难。

只有另辟蹊径，才能克服这些困难。在先验的意义上，我们可以申论马克思的共产主义回忆和重建了柏拉图的最好政治，这种最好政治是哲学和知识，而非现实的制度与实践；现实的制度与实践只能产生次好政治，因为现实性这一概念只是作为质料性的实存领域的规定，达不到政治所应该达到的高度和理想。资本主义恰恰具有最大的现实性和实践性，但它却是制度与人性的异化即不完美状态。作为一种次好政治，它虽然具有不断进行自我修复的机制，却因其固有的缺陷而不断发生新的危机。由此可见，马克思对政治的思考作为一种先验的理论思维，实际上超越了现实的制度和现实的人而上升到纯粹哲学性和知识性的界面，达到了对政治的原初概念和人之为人的先验图景的彻底理解。也可以说，马克思对政治的思考在现代性条件下重启了柏拉图政治哲学关于最好政治和最美人性的问题维度。这显然是一个先验的维度：柏拉图的理想国是"用语词创造一个完美的城邦"，柏拉图对人类思想的不朽贡献就在于，他想象和理解了最美制度和最美人性，而不必像亚里士多德那样涉及现实的政治；马克思则是用理论思维创造了一个完美的世界。马克思对人类思想的不朽贡献就在于，他关于人类解放的学说，在现代性资本主义条件下，帮助政治哲学重新恢复了对最美政治和最美人性的思考和回忆，彻底改变了我们对世界的理解。这种对制度与人性原初概念的彻底理解就是对资本主义现实体制的最彻底的批判。这一点构成了马克思学说的不朽意义和永恒价值。

很显然，上述对马克思学说的先验阐释是笔者从自己思考的问题出发对马克思所做的一种自由的、携带着新理解的解读，它符合典型的伽达默尔本体论阐释学的阐释经验。这种先验阐释的合法性首先在于，先验与经验的二元性及其在政治这一人的存在的核心领域的运用，揭示出马克思学说必然包含的一个本质性维度，即先验的"作为哲学的政治"，它并不直接介入和改变经验性的现实政治，而是在现实政治之上提供关于政治之为政治的原初概念和人之为人的先验图景的知识；马克思学说作为当代世界最重要的一种价值理想，其存在论基础正在于它包含了这种先验的知识和真理。进一步说，这种先验阐释的合法性还在于，它是从我们这个时代大家普遍关注的公共性问题出发对马克思学说的当代意义的一种重新发现。马克思学说最内在的政治品格无疑在于它对社会历史的实在进程所发生的影响，因此，从阐释学的观点看，在马克思的思想与时代的现实之间始终存在着一种"阐释学循环"，即马克思的思想深刻影响了人们对现实的理解，反过来说，人们对现实的理解也深刻影响着他们对马克思的阐释。我们这个时代最具公共性的一个问题就是：如果资本主义社会发展的经验现实不支持马克思的思想和论断，那么我们将如何理解马克思学说的意义和价值？笔者对马克思的先验阐释旨在回答这一问题，其答案是：马克思对人类思想的不朽贡献就在于，他置身于现代性的现实语境中，却上升到先验的哲学界面上，帮助现代政治哲学重新达到了古典政治哲学那种对制度与人性的原初概念的彻底理解，并以这一工作彻底改变了人们对世界的理解；这种彻底的先验理解就是对资本主义现实体制最彻底的批判，因为它揭示了资本主义作为一种现实政治所应该达到而又不可能达到的高度，从而提供了对资本主义进行彻底批判的标准和理由。这种先验阐释看上去像是一种主观性阐释，其实却是真正客观性的，因为它是从我们这个时代最紧迫的问题出发，从而具有最大的公共性，而阐释的公共性就是其客观性。

中国阐释学的兴起

阐释的公共性与人的历史性前提

——从马克思的框架出发

◎ 马天俊*

一

阐释主要是言语活动，它几乎像言语活动本身一样古老。可以说，只要有人类生活，就有言语活动，也就逐渐产生阐释。其中，张江教授草创的"公共阐释论"，按其性质，乃是阐释中特定的一类。公共阐释不仅一般地以人类社会生活及其言语活动为前提，而且特别地以人类社会生活中人的一定发展为前提，这是主体方面的一种特定前提。这两方面前提，在马克思主义经典作家那里都有关键性的揭示。公共阐释论已有的描述或规定主要关乎对象和规范，关乎阐释主体的讨论尚待提出，本文从马克思的思想框架出发做些探讨。

所谓一般地以人类社会生活及其言语活动为前提，指阐释是在社会生活中进行的、主要以话语样式出现的社会性活动。这种前提，按马克思的一种相关的表述，即"人的本质不是单个人所固有的抽象物，在其现实性上，它是一切社会关系的总和"[1]。直观上，就正常的个人来说，做事情是他自己的能力，动舌鼓唇说事情也是他自己的能力，闭目沉思，怀抱热望，似乎就更是他自己的能力了。但本质上，这些活动都是社会性活

---

* 马天俊，中山大学马克思主义哲学与中国现代化研究所暨哲学系教授。
[1] 《马克思恩格斯选集》第 1 卷，人民出版社，2012，第 135 页。

动，既受社会生活的教化，也受社会生活的制约。循此思路，马克思在《关于费尔巴哈的提纲》中接着指出："因此，费尔巴哈没有看到，宗教感情，本身是社会的产物，而他所分析的抽象的个人，是属于一定的社会形式的。"[①] 说人的本质是社会关系的总和，这主要还是结构性的、静态的论断，适用于任何时代任何地域的人。而直观上自主活动的个人实际上"是属于一定的社会形式的"，这已经表明了一种历史性的理解。越过费尔巴哈以后，马克思关于人的研究和论述较少强调结构性的、静态的社会关系论，而是更多地深入社会关系的诸历史形态之具体中去，这是后话。关于阐释的主体方面，结构性见解仍有进一步发挥的必要。

首先，人之社会性，可谓深入骨髓。马克思在《1844年经济学哲学手稿》中热情地写道："不仅五官感觉，而且连所谓精神感觉、实践感觉（意志、爱等等），一句话，人的感觉、感觉的人性，都是由于它的对象的存在，由于人化的自然界，才产生出来的。五官感觉的形成是迄今为止全部世界历史的产物。"[②] 按马克思的观点，通常在生物学上归于个体本能的五官感觉，本质上也是人类社会历史实践的产物。这是极为重要的观点，因为它使阐释理论面临更加复杂而且艰难的问题。人们常说耳听为虚眼见为实，意思是说耳听的言谈——包括阐释——要由眼见来核实。然而"眼见"之类的终极审核地基也并非纯粹自然的，它们已经是人类社会历史实践的产物。有些教师能够有把握地在下课铃响时讲完预定的内容，有些地方的原住民能够有把握地看出眼前的脚印是哪一个人的脚印，而且后者的感觉往往非前者所能有，反之亦然。这类感觉是自然的吗？恐怕不是。应该说，它们都是特定社会历史实践的产物。在这个意义上，感官并非审核言辞的最终自然法庭，相反，人的五官感觉也是社会的、历史的，也受言辞的影响乃至教化，从而不完全独立于阐释。换言之，在人类社会生活中，最伟大的阐释当属那种陶冶了感性的阐释。

其次，马克思在《德意志意识形态》中认为："'精神'从一开始就很倒霉，受到物质的'纠缠'，物质在这里表现为振动着的空气层、声音，

[①] 《马克思恩格斯选集》第1卷，人民出版社，2012，第135页。
[②] 《马克思恩格斯全集》第3卷，人民出版社，2002，第305页。

简言之，即语言。语言和意识具有同样长久的历史；语言是一种实践的、既为别人存在因而也为我自身而存在的、现实的意识。语言也和意识一样，只是由于需要，由于和他人交往的迫切需要才产生的。"① 通常在哲学上被认为是内在于个体的"精神"或"意识"，其实也并非个体所"固有"，而是社会实践的产物，其现实便是语言。这种 19 世纪的理解，较诸 20 世纪哲学中各种对语言的高度重视和强调，其深刻性并不逊色。人类语言，内通心灵深处，外达社会现实，是合内外于一体的真正现实。既然"阐释是语言的阐释"②，那么语言的社会本质也便规定了阐释的社会本质。

但是，真正说来，"语言"并不阐释，"社会"也不阐释，自然、上帝也不阐释，它们均非正常的说话主体；实际上，只有人在阐释。这里的"人"，在其现实性上就是这个张三、那个李四等。同时，事情的辩证性又在于，张三李四只能作为社会成员来说话，而不同的社会状况或社会关系的不同历史状态，制约着阐释的施行及其功能。这就过渡到人的历史性问题。

二

关于公共阐释，所谓特别地以人类生活中人的一定发展为前提，按马克思的见解，是指这种发展使人的实现经历了三种形态，也就是三种不同的社会关系形态。在《1857—1858 年经济学手稿》中，马克思写道："人的依赖关系（起初完全是自然发生的），是最初的社会形式，在这种形式下，人的生产能力只是在狭小的范围内和孤立的地点上发展着。以物的依赖性为基础的人的独立性，是第二大形态，在这种形式下，才形成普遍的社会物质变换、全面的关系、多方面的需要以及全面的能力的体系。建立在个人全面发展和他们共同的、社会的生产能力成为从属于他们的社会财富这一基础上的自由个性，是第三个阶段。第二个阶段为第三个阶段创造

---

① 《马克思恩格斯选集》第 1 卷，人民出版社，2012，第 161 页。
② 张江：《公共阐释论纲》，《学术研究》2017 年第 6 期。

条件。因此，家长制的，古代的（以及封建的）状态随着商业、奢侈、货币、交换价值的发展而没落下去，现代社会则随着这些东西一道发展起来。"① 这段论述所属的主题是"货币"。这段话以货币这种"物"为枢纽定位了"现代社会"，回顾了此前的社会，也展望了将来的社会。

其中，关于人的个体的依赖性、独立性、自由个性的表述十分重要。前现代社会，人的依赖性既是全面的也是自然的，氏族、宗族、家族、家庭是社会的典型，推广而来的宗法社会和准宗法社会（包括封建社会）在更大范围内重复着同一模式。在这种社会状态下，层次不同、程度不等的人身依附是主流的，独立的人格以及相应的良心、思想和言论方面的自由是罕见的。最为重要的是，在这种社会条件下，"主体"或许有许多，但彼此并不平等，个体的人同一于其所属的不同的——确切地说是不平等的——社会身份。社会身份既是不同的，又是不平等的，花样和等级却可以极多。在这样的社会里，社会关系极其繁复，任何一个人都要与某种由社会关系凝成的社会身份合一，按社会关系的特定性质生活在以此身份为焦点的周边社会关系网中，不可擅离。如其不然，一个人就要沦为化外之人或者简直说就是游民（盲流）。《共产党宣言》所说的贵族、骑士、平民、奴隶、封建主、臣仆、行会师傅、帮工、农奴，是这种前现代社会的现实写照，中国历史上的君君、臣臣、父父、子子是其伦理概括。在这种前现代社会，公开的阐释是存在的，却很难有公共的阐释。下达与上报，的确按其本质——展示——是出现在公开场域的，但其酝酿与反应却不出现在公开场域，批评和异议更不会出现在公开场域，它们多半只会私下流传，或者变成影射而流传。

现代传媒是公共阐释的舞台，但现代传媒有时也会使人产生错觉，因为我们几乎什么都能出版，例如先秦诸子，现在谁都能读到，谁都能研究，谁都能公开议论，但曾几何时，司马谈点拨说："夫阴阳、儒、墨、名、法、道德，此务为治者也。"② 六家所谈，面向的并不是普通公众，而是治世的王侯"君子"们。类似的情形，也见于柏拉图的作品，以及奥古

① 《马克思恩格斯全集》第 30 卷，人民出版社，1995，第 107 ~ 108 页。
② 《史记·太史公自序》。

斯丁的《上帝之城》、魏徵的《群书治要》、司马光的《资治通鉴》、朱熹的《四书章句集注》、阿奎那的《神学大全》、马基雅维利的《君主论》、顾炎武的《日知录》等。它们无不体现着政治或宗教的使命感；至于真理，恐怕倒是其次的。现在，所有这些作品都纳入了出版市场，从而进入普通公众阅读品评的视野之中。

抛开此类错觉，我们就能既更确切地理解前现代社会，又更确切地理解我们自己置身其间的现代社会。按马克思的见解，商品交换的发展，是瓦解古老共同体的力量，随着商品生产的普遍化，随着商品生产日渐主导了社会关系的形态，现代社会就到来了，人开始获得以物（货币）的依赖性为基础的独立性。"在交换价值上，人的社会关系转化为物的社会关系；人的能力转化为物的能力。"这表现为每个人"在衣袋里装着自己的社会权力和自己同社会的联系"①，这种衣袋里的权力和联系使人超越旧式共同体的羁绊，这就是自由的历史根据。这种衣袋里的权力和联系还抹平血统、地域、行业等方面的身份差异，这也是平等的历史根据。

历史的逻辑是辩证的，只有通过充分的"私"，才能达到真正的"公"。有了以物的依赖性为基础的人的独立性，才能发展起来公共阐释得以运转的公共场域。此前，一切阐释，不管是有潜在客观性的，还是只是主观的意见，都要受到高度的约束，反过来说，一切阐释都可能有政治或宗教风险。这方面，哥白尼、布鲁诺、伽利略以及笛卡尔、斯宾诺莎都是著名的例证。1689 年洛克预备发表《人类理解论》的时候，前面也还要加上一篇不乏谄媚的"献词"，以表明洛克及其作品与一干显贵有不一般的关系。而半个世纪后，1739 年休谟《人性论》发表的时候，前面就没有了这类献词，休谟不是没有"大人物"朋友，但他没有拉关系，反倒要根据合同向出版商要求稿酬。根本原因，还是时代发生了变化，人的社会关系的主流样式发生了变化。18 世纪，在英国现代意义上的"公众"才发展到了相当的程度，作家的工作已经可以主要面向"公众"了②，公共阐释的

---

① 《马克思恩格斯全集》第 30 卷，人民出版社，1995，第 107、106 页。
② 参见科塞《理念人》（郭方等译，中央编译出版社，2001），特别是第五章。这里还需提及，18 世纪的英国也是哈贝马斯著名的《公共领域的结构转型》中的典型历史范例。

历史，大概应该从这时候算起。

有趣的是，晚于休谟近半个世纪，在普鲁士，康德发表《纯粹理性批判》的时候，还是要重蹈洛克的旧辙，向宫廷国务大臣策特里茨致献辞。这也不奇怪，1781 年的普鲁士的确还赶不上 1739 年的英国的社会发展程度。休谟论著中涉及宗教信仰的观点与主流很不一致，也惹起争议，但似乎休谟从未因此蒙受官方的压力。相反，晚年康德有关宗教信仰的议论，虽然可能还没有休谟激进，但康德很快就收到了官方的警告和威胁，为了生计，康德表态保证不再就宗教问题发声。几年以后，也是因为牵涉宗教问题，费希特在官方压力下辞去耶拿大学教授职位。进入 19 世纪，直到马克思青年时期，普鲁士的气氛也仍是压抑的，因牵涉宗教信仰问题，费尔巴哈被大学开除，布鲁诺·鲍威尔也被大学解职。

马克思本人的情况更是众所周知的。一定意义上，马克思本人的经历和作为，在公共阐释议题上，具有典型性。现代社会公共领域的载体是书信、书籍、报纸和期刊，公共阐释也是在这些载体上展开的。马克思在普鲁士办过报，在法国办过刊，但他被驱逐来驱逐去，最后流寓英国。在英国，马克思没有再遭受驱逐，他虽然生活困顿，但是所从事的公共阐释等社会活动并不受实质性影响，至少没有遭受来自官方的限制或惩治。

为什么在英国可以这样？因为在这里，"以物的依赖性为基础的人的独立性"得到了广泛的实现。也正是在这里，马克思才能切实地批判这种仍然有局限的"独立性"，展望将来的"自由个性"。在马克思的学说中，当时的英国（有时也包括美国），是最能代表"现代社会"的，这一点也更为充分地体现在后来的巨著《资本论》中。

公共阐释之所以可能，在主体方面取决于人达到一定的发展阶段，取决于人生活于其中的社会关系状态达到一定的阶段，具体地说，就是现代人和现代社会。在阐释学领域，20 世纪的发展是有重大成就的——可举海德格尔、伽达默尔为范例，其中多有强调阐释之历史性，但对阐释本身的历史，特别是对主体即人的历史，却缺乏历史的了解和分析。在这方面，马克思上述历史性的和辩证性的见解可能是一个重要补充，甚至应当成为一个用以全面把握当代阐释问题的坐标系。

三

进入现代社会，人类的事业还没有大功告成，全面发展的自由个性的时代尚在孕育之中。事实上，现代社会弊端多多，有的还是极为严重的，例如马克思所着力批判的私有制，这是人们耳熟能详的。面对严峻的社会问题，人们常见的反应之一是怀旧，怀念被美化了的过去。

对此，马克思的态度是十分明确的："毫无疑问，这种物的联系比单个人之间没有联系要好，或者比只是以自然血缘关系和统治从属关系为基础的地方性联系要好。"马克思的理解是辩证的，事关过去和将来，他写道："全面发展的个人——他们的社会关系作为他们自己的共同的关系，也是服从于他们自己的共同控制的——不是自然的产物，而是历史的产物。要使这种个性成为可能，能力的发展就要达到一定的程度和全面性，这正是以建立在交换价值基础上的生产为前提的，这种生产才在产生出个人同自己和同别人相异化的普遍性的同时，也产生出个人关系和个人能力的普遍性和全面性。在发展的早期阶段，单个人显得比较全面，那正是因为他还没有造成自己丰富的关系，并且还没有使这种关系作为独立于他自身之外的社会权力和社会关系同他自己相对立。留恋那种原始的丰富，是可笑的，相信必须停留在那种完全的空虚化之中，也是可笑的。"①

进入现代社会，其实是艰难的历史过程，也是可贵的历史成就，至少，它不是随着日历一页一页翻过而自动到来的。阐释行为是公共言语行为，它也只能在社会发展从而人的发展达到一定阶段的前提下产生和发展。布鲁诺受火刑而死，他的罪行是什么呢？无非是所谓异端的思想言论罢了。马克思被逐出欧洲大陆，他的罪行是什么呢？无非是他那些批判性的思想言论罢了。他们的遭遇，乃是现代社会诞生过程中的阵痛，是旧式共同体社会关系模式仍未退出历史舞台的症状。布鲁诺数百年后受到广泛尊重，马克思对现代社会的诊断和批判在其身后得到世界范围的推重和研究，这也是现代社会的成就。

---

① 《马克思恩格斯全集》第 30 卷，人民出版社，1995，第 111～112 页。

现代社会是公共阐释的历史前提，现代人是公共阐释的主体前提。将来不可确知，但过去尚可有所了解。在前现代社会，阐释是被垄断的，至少是受到严格控制的。《道德经》谓："圣人之治，虚其心，实其腹，弱其志，强其骨。常使民无知无欲，使夫智者不敢为也。"这是一种更加微妙的垄断管制的智慧。马克思所指没落下去的古代共同体，其阐释管制方面的理解及策略大致如此。关于管制政策的轻重缓急，《韩非子·说疑》明确主张："禁奸之法，太上禁其心，其次禁其言，其次禁其事。"若能禁心禁言禁事，则民德归厚矣。反之，按《淮南子·泰族训》的说法："民知书而德衰，知数而厚衰，知券契而信衰，知械机而实衰。"这种古代智慧，乃是古代共同体的理论自觉，实可与马克思对古代共同体瓦解机制的论述相印证，因为书、数、券契、械机之类的东西，就是随着商品生产和交换的广泛发展一道发展起来的，而人也在这个发展过程中成为现代人，其德厚信空也历史性地改换了范式。

　　总之，按马克思的思想图景，中国的当代阐释学理论如要发展起来，须以中国社会的现代发展，以中国人的现代发展为历史根据和前提。

公共阐释、公共理性与公共时间

◎ 李义天[*]

作为人类特有的一种理解和表达活动，"阐释"不仅针对文本（text），而且针对行动（act）和事件（event）。因此，就其内容而言，"阐释"既可以与文学或艺术活动有关，也可以与道德或政治活动有关。但无论是针对文本还是针对行动或事件，阐释作为一项人类活动，始终置身于人类的伦理生活语境之中，受到人类伦理生活的基本特征及其规范条件的约束。因此，如果我们打算探讨"何为阐释""何为好的阐释"，那么，我们就必须从伦理生活的角度来反思和叙述。而一旦我们认定"阐释"内在具有公共性，从而必须在"公共阐释"的意义上来理解其本质，[①] 那么，如何在公共的规范层面上为其奠定基础、划定边界，就变得格外重要。本文首先将对阐释的类型做出区分，并借助学界已有讨论对"公共阐释"的基本特征予以刻画；其次将尝试指出"公共阐释"对"公共理性"的期待和依赖；最后，本文将指出，"公共阐释"的成功施行乃至"公共理性"的成功运作皆不是一蹴而就的，而是必须进入一个基于人类社会历史而展开的"公共时间"通道之中。好的公共阐释，乃是有效运用公共理性的行为者在公共时间中自觉、恰当的实践活动使然。

---

[*] 李义天，清华大学高校德育研究中心教授。
[①] 张江：《公共阐释论纲》，《学术研究》2017 年第 6 期。

一　阐释与公共阐释

"阐释"是一种活动，而"阐释学"（Hermeneutics）则是人们对这种活动的过程、特征和实质进行概念化或理论化处理的观念产物与知识成果。尽管阐释学的历史可以追溯到古典时代，但若从施莱尔马赫（Friedrich Schleiermacher）19世纪初的《阐释学箴言》《阐释学手稿》《阐释学讲演》等作品算起，现代西方阐释学的创立至今仍不过200年。其间，经历了20世纪上半叶海德格尔、伽达默尔、利科、帕尔默、舒科等人沿着哲学、文学、宗教学等不同路径的发展与改造，直至20世纪60年代，阐释学才在西方学界逐渐成为一门较为成熟的学科。① 既然阐释学只是阐释活动的观念或理论表达，那么，更为基础和关键的问题就是"阐释"而不是"阐释学"。这种看法或立场并不是要消减"阐释学"在智识上的重要性，相反，中国学人在学习和研究现代西方阐释学时，采取这种看法或立场是必不可少的一种态度。而这样的态度会使我们的阐释学研究更加明朗，因为，它给我们带来了至少两点启示。第一，研习现代西方关于阐释活动的理论固然重要，但更重要的是，发现和理解理论赖以产生的阐释活动及其生活背景，以及这些阐释活动又是怎样同我们目前所看到的现代西方阐释学建立联系，从而塑造了后者的具体形态的。第二，正因为不必停留于现代西方阐释学理论本身，而是将关注重心移至理论背后的事实状态以及理论得以形成的方法论原则，我们有足够的合法性去讨论那些与我们的生活（而不是他们的生活）密切相关的阐释活动，有充分的理由去探讨基于这些活动所形成的中国思想资源，进而尝试建构一种合理的现代中国阐释学类型。这种理论类型无须承诺涵盖或解决现代西方阐释学的所有问题，但是，它理应揭示和理解与之不同的特定生活语境及其思想背景下的阐释活动，并从不同的视角出发逼近阐释的真相及其普遍本质。在这个意义上，张江教授近年来围绕阐释问题展开的研究，也许可以被视作建构中

---

① 洪汉鼎：《何谓诠释学？》，载洪汉鼎主编《理解与解释：诠释学经典文选》，东方出版社，2006，第22~25页。

国阐释学的一种努力。迄今为止，他已陆续讨论了文学、史学与哲学语境下的阐释问题，先后提出"强制阐释""公共阐释"等概念，并对阐释学的基本术语进行了汉语思想史的梳理。总的看来，他的努力大致呈现为三个步骤。首先，通过界定并剖析"强制阐释"及其相关命题，对阐释活动的一些不当甚至错误的方式展开批判，从而回答"好的阐释不（应该）是怎样的"这个问题。其次，通过提出并论证"公共阐释"及其相关命题，对阐释活动的本质属性和规范类型展开论述，从而回答"好的阐释（应该）是怎样的"这个问题。最后，通过梳理和分析阐释学的若干基础概念如"阐释""理性""解释"等在汉语语境中的具体内涵及其发展变化，对阐释学概念化的中国方式展开反思，① 从而回答"好的阐释学（应该）是怎样的"这个问题。根据张江教授的看法，"强制阐释"意味着阐释者的阐释活动体现出"场外征用"、"主观预设"、"非逻辑证明"和"混乱的认识路径"等缺陷。② 阐释者一旦陷入"强制阐释"，将会越来越沉迷于自己的主观判断，局限于自己的个体视野，而越来越不在意他的那些阐释对象（体现着作者意图的文本、受制于经验证据的史实）自身所涉及的内容。对强制阐释者来说，"阐释者—阐释对象"之间本应具有的平等互动，必须让位于阐释者的"一家独大"。因为，阐释活动在根本上只能是阐释者的活动。阐释者所面对的阐释对象，当它们进入阐释与被阐释的关系中时，就不再能够确保或维系自己的本来意义，而不得不接受来自阐释者的解读甚至解构。在这个意义上，阐释者无须揣摩或辨析阐释对象的本来意义。"作者已死""人人都是他自己的历史学家"等说法，逐渐成为这类阐释活动不仅时髦而且恰当的观念。③ 对于"强制阐释"及其认识论基础，张江教授提出了尖锐的批评。④ 正是在批判"强制阐释"这类"不好的"阐释活动的基础上，张江教授提出了他所认为的"好的"阐释活动，即"公共阐释"。在他看来，公共阐释是——阐释者以普遍的历史前提为基点，以文本为意义对象，以公共理性生产有边界约束，且可公度的有效阐

---

① 参见张江《"阐""诠"辨—阐释的公共性讨论之一》，《哲学研究》2017 年第 12 期。
② 张江：《强制阐释论》，《文学评论》2014 年第 6 期。
③ 张江：《作者能不能死》，《哲学研究》2016 年第 5 期。
④ 张江：《强制阐释论》，《文学评论》2014 年第 6 期。

释。这里的"普遍的历史前提"是指，阐释的规范先于阐释而养成，阐释的起点由传统和认知的前见所决定，"以文本为意义对象"是指，承认文本的自在意义，文本及其意义是阐释的确定标的；"公共理性"是指，人类共同的理性规范及基本逻辑程序；"有边界约束"是指，文本阐释意义为确当域内的有限多元；"可公度的"是指，阐释结果可能生产具有广泛共识的公共理解；"有效阐释"是指，具有相对确定意义，且为理解共同体所认可和接受，为深度反思和构建开拓广阔空间的确当阐释。①

就此而言，"公共阐释"具有合理性、澄明性、公度性、建构性、超越性和反思性等6个基本特征。② 在实践上，它的运转将促进人们结合成一个能够彼此交流、理解和信任的阐释共同体，使他们的"偏见、私见、狭见"得以揭示并被消除。③ "公共阐释"之所以被认作"好的"阐释，与其说是因为它符合阐释活动的道德标准，不如说是因为它蕴涵并体现了阐释活动的本质，即阐释的公共性。这不仅在于阐释者始终以共在的方式生存于世，公共的集体经验始终构成阐释活动的基础，也不仅在于阐释者用以阐释的语言始终具有公共性，更在于在最基础的意义上，阐释是作为个体的人实施的阐释，是个体的人针对某个文本（行动、事件）的含义开展的阐释，是个体的人面向他者、旨在与他者达成共识而进行的阐释。所以，阐释之为阐释，不但意味着要在人与文本（行动、事件）之间建立一种解释/理解关系，要在人与人之间施行一种关于语言沟通和意义澄清的行为；而且在更深层次上，意味着它要通过这种沟通与澄清在公共场域中形成一种良好的、和谐的、尽可能达成一致的互动性与关联性。也就是说，阐释是要让单独的个体与单独的文本（行动、事件）之间的个别关系转变成不同个体基于该文本（行动、事件）而建立的公共关系，让作为"此在"的个体转变成作为"共在"的个体。这说明，阐释本身已经预设了将"好的公共关系"作为内在目的。概言之，若不是存在共同的生活方式和经验，我们根本没有可能进行阐释；但若不是为了形成"好的公共关系"，我们根本没有必要进行阐释。

---

① 张江：《公共阐释论纲》，《学术研究》2017年第6期。
② 张江：《公共阐释论纲》，《学术研究》2017年第6期。
③ 张江、哈贝马斯：《关于公共阐释的对话》，《学术月刊》2018年第5期。

作为一项人类活动，阐释不止一种类型。张江教授虽然区分了私人阐释和公共阐释，但实际上还有进一步细分的必要。我们承认，确实存在"私人阐释"（private interpretation），即阐释者完全从自己的理解或体会出发，不考虑也不顾及他人看法，而对文本（行动、事件）做出的阐释。这种阐释不仅在内容上表现为极端个性化的意见，在形式上也多停留于个体间私下的口耳相传。用张江教授的话讲，私人阐释是一种"以直接体验的本己感悟，生产伫留于个体想象之内，且不为他人理解和接受……尤其不能为个体当下所在的阐释共同体理解和接受"[①] 的阐释。不过，从私人阐释到公共阐释，其间还存在几种过渡类型。第一种是所谓的"公开阐释"（open interpretation），即阐释者执着于私人意见，但不愿意自己的意见仅仅停留于私下的小圈子，而是试图介入公共领域，以公开的方式向他人传播。此时，他对文本（行动、事件）的阐释尽管同样没有充分考虑他人的感受或理解，同样仍是私人意见的表达，但他却希望通过公开的宣讲或灌输，使之成为一种有影响力的公共事件。显然，这种既不尊重也不遵从公共生活逻辑的阐释方式，尽管"积极地"介入公共领域，却因自身本质上的偏执性和私人性而不可能成功，也不可能具备任何意义上的公共性。它只不过是一种公开的私人阐释而已。第二种是所谓的"公众阐释"（mass interpretation），即身处公共领域的阐释者在公开场合不再拘泥于自己的私人意见，而是开始考虑并诉诸大众的观点和立场，进而阐发某些合乎大众立场的意见。但是在这个过程中，他与大众立场之间的一致性并非来自充分合理的理由，而仅仅因为后者在人数上占优。因此，公众阐释虽然在公共领域具有某种程度的一致性或普遍意义，但它只是阐释者"从众"的产物，表达的只是一种简单的"集体力量"或"多数观点"，因而仅仅具有表面的公共性。第三种则是更复杂一些的"公职阐释"（official interpretation），即身处公共领域的阐释者在公开场合不是以个人身份，而是基于自身的公职身份，就某些特定问题阐发官方意见。就此而言，公职阐释在多大程度上具有公共性，取决于阐释者所负载的公职及其背后整个官僚系统在多大程度上合乎普遍的理性的利益诉求。只有当阐释者由之出发的那份

---

① 张江：《公共阐释论纲》，《学术研究》2017 年第 6 期。

公职所代表的利益，同每一个（至少绝大多数）理性公民个体的利益合拍时，公职阐释才能（最大限度地）体现公共性，从而表现为一种"公共阐释"（public interpretation）。因此，所谓"公共阐释"，作为一项不限于文本解释范畴的人类活动，意味着身处公共领域的阐释者在公开场合能够基于合乎理性的理由而阐发那种能够获得理性个体的合理承认与普遍接受的公共意见。与前几者相比，这种类型的阐释活动被认为是最为遵从公共生活的内在逻辑，也最有助于实现"好的公共关系"。

二 公共阐释与公共理性

好的阐释，是要将阐释对象（文本、行动或事件）的内涵和意义合理地揭示并表述出来，从而使有理性的行为者都能够合理地加以理解、认可和接受。因此，从这个角度讲，有且只有"公共阐释"才是真正或充分意义上的阐释，而其他类型的阐释全都存在缺失和局限，不能被视作好的阐释。造成这种差异的关键之处，并不是公共阐释建立在理性运用的基础上（毕竟，公职阐释、公众阐释甚至部分情况下的公开阐释，也都可以被认为是建立在理性运用基础上的），而是公共阐释建立在理性的公共运用（the public use of reason）的基础上。换言之，只有当阐释者既不是基于非理性，也不是基于一般意义上的理性，而是基于公共理性所施行的阐释活动，才是"公共阐释"。理性是人的一种基本能力，我们运用这种能力去认知、推理和行动。人类的历史证明，正是因为擅长运用而且往往愿意优先使用理性（而不是非理性），人类才成为这个星球的主导者并创造出精致繁荣、复杂多样的文明成就。然而，运用理性是一回事，公共地运用理性则是另一回事。后者不仅要求运用者按照合乎逻辑、前后一致等"理性的"方式来认知、推理和行动，而且要求运用者在如此运用时还要兼顾公共生活的普遍性与相互性。可是，对一个固守某种等级秩序（比如，身份、血缘、宗教信仰）的社会来说，理性的公共使用既不可能，也不必要。因为，在这种社会中，总有一些人无须顾及理性，总有一些人缺乏理性。换言之，这种社会并不在乎也不大可能实现一种具有普遍性和相互性的公共生活。事实上，愿意谈论并且积极吁求"理性的公共运用"的社

中国阐释学的兴起

会，必定是一个开始要求破除这种等级秩序，进而要求实现人际平等的社会。只有对这种社会来说，具有普遍性和相互性的公共生活才至关重要。不过，即便是如此情形，在西方，也不过是从启蒙时代才出现的。康德关于"理性的公共运用"的讨论，往往被视为"公共理性"话题的一个开端。在1784年写作的《对这个问题的一个回答：什么是启蒙？》这篇文章中，康德区分了理性的"公共运用"和"私人运用"两种不同的理性运用方式——理性的公共使用必须一直是自由的，只有这种使用能够给人类带来启蒙；然而，理性的私人使用经常可以被狭隘地加以限制，而不致特别妨碍启蒙的进步。按照我的理解，理性的公共运用就是任何人作为一个学者在整个阅读世界的公众面前对理性的运用。所谓理性的私人运用，我指的则是一个人在委托给他的公民岗位或职务上对理性的运用。①

在康德看来，启蒙固然意味着摆脱自我的不成熟而勇敢地运用自己的理性，但具体该如何运用自己的理性，却构成了启蒙之为启蒙的关键。根据康德的理论，"理性的公共运用"是指一个人作为学者，面向严格意义的亦即全部的听众，为了达到普遍的真理和善而提出的批判性论证。而"理性的私人运用"是指，一个人作为某个（局部）共同体的公职人员，面向该共同体成员，为了实现该共同体利益而提出的融贯性论证。康德承认，理性的私人运用亦有必要。因为，这是一个共同体的成员在承担某项公职时为了共同体的整体利益而必须采取的方式，"以便政府可以通过一种人为的一致把他们引向公共目的，或者至少防止他们破坏这些目的"②。但是，对于启蒙来说，一个人不仅仅是作为一个共同体的成员存在，更是作为一个理性的世界公民存在。因此，一个人有理由也有能力，以学者的方式"通过他的著作向自己的公众亦即这个世界讲话"③，也就是说，以一种面向全部理性存在者并经得起全部理性存在者检验的公共化或普遍化方式来运用自己的理性。这就是"理性的公共运用"。康德相信，只有当人

---

① 康德：《对这个问题的一个回答：什么是启蒙？》，载詹姆斯·施密特编《启蒙运动与现代性》，徐向东等译，上海人民出版社，2005，第62页。

② 康德：《对这个问题的一个回答：什么是启蒙？》，载詹姆斯·施密特编《启蒙运动与现代性》，徐向东等译，上海人民出版社，2005，第62~63页。

③ 康德：《对这个问题的一个回答：什么是启蒙？》，载詹姆斯·施密特编《启蒙运动与现代性》，徐向东等译，上海人民出版社，2005，第63页。

们能够在所有问题上都享有公共运用理性的自由，并且有勇气按照这种方式来运用自己的理性时，启蒙才能真正得以实现。① 其实，通观康德的论述，他并没有使用"公共理性"或"私人理性"这样的字眼，而是在说"理性的公共运用"和"理性的私人运用"。对他来讲，是出于纯粹学者的立场而按照内在必然性的普遍要求来使用它，还是拘泥于具体的社会身份而按照局部利益的特殊规定来使用它，这构成了理性的两种运用方式的根本区别。由于康德的这种区分是如此显著且有理，因而得到了后世的广泛接受（包括批判性的接受），并逐渐被转述为"公共理性"与"私人理性"的区别。罗尔斯说，公共理性"是由康德在其《何为启蒙？》（1784）一文中对公共理性和私人理性进行区别时提出来的，尽管他的区分与我这里所使用的区分并不相同"②。在罗尔斯看来，"私人理性"（private reason）的说法并不成立。因为，理性不可能是私人所独有的东西，也不可能有任何个人可以发明出一种仅供其个人使用，而且只有其个人能理解的"理性"。这种情况下的"理性"也不成其为"理性"。因此，罗尔斯认为"不存在任何私人理性之类的东西"③。与"公共理性"真正构成对立的，不是"私人理性"，而是另一些同样具有社会性的"非公共理性"（non-public reason）——"在非公共理性中，有各种联合体的理性，包括教会和大学、科学社团和职业群体……非公共理性由许多市民社会的理性所构成，与公共政治文化相比，它属于我所讲的'背景文化'。"④ 在罗尔斯看来，这些理性虽然是社会性的，而非私人性的，但"这些非公共理性的标准和方法，部分依赖于如何理解各联合体的本性（目的和观点），以及如何理解各联合体追求其目的的条件"⑤。与之相比，"公共理性"不是社会联合体成员的理性，而是"共享平等公民身份的人的理性"⑥；不是追求这个或那个社会团体之善的理性，而是追求社会基本结构之"公共善"的理

---

① 康德：《对这个问题的一个回答：什么是启蒙？》，载詹姆斯·施密特编《启蒙运动与现代性》，徐向东等译，上海人民出版社，2005，第 62 页。
② 约翰·罗尔斯：《政治自由主义》，万俊人译，译林出版社，2000，第 226 页注释②。
③ 约翰·罗尔斯：《政治自由主义》，万俊人译，译林出版社，2000，第 233 页注释①。
④ 约翰·罗尔斯：《政治自由主义》，万俊人译，译林出版社，2000，第 233 页。
⑤ 约翰·罗尔斯：《政治自由主义》，万俊人译，译林出版社，2000，第 226 页。
⑥ 约翰·罗尔斯：《政治自由主义》，万俊人译，译林出版社，2000，第 225 页。

性；不是针对任何普遍问题的理性，而是针对特定的政治正义问题的理性。所以，罗尔斯在《政治自由主义》以及后来的《公共理性理念新探》等著述中均强调指出他所使用的"公共理性"概念的特定含义——公共理性是公民的理性，是那些共享平等公民身份的人的理性。他们的理性目标是公共善，此乃政治正义观念对社会之基本制度结构的要求所在，也是这些制度所服务的目标和目的所在。于是，公共理性便在三个方面是公共的：作为自身的理性，它是公共的理性；它的目标是公共的善和根本性的正义；它的本性和内容是公共的，这一点由社会之政治正义观念表达的理想和原则所给定，并有待于在此基础上做进一步的讨论。[①]

显然，罗尔斯的用法要比康德的用法更具限定性。因为，在康德那里，"公共理性"或"理性的公共运用"的关键，不在于它被用于何种主题，而在于它必须以一种普遍的方式被用于该主题。康德自己承认，他之所以在那篇文章中较多谈论宗教问题，只是因为"在宗教问题上的不成熟不仅是最有害的而且也是最可耻的"[②]。然而在罗尔斯这里，公共理性仅仅适用于公共论坛上的政治问题，而不是任何问题。甚至，"公共理性所施加的限制并不适用于所有政治问题，而只适用于那些包含着我们可以称之为'宪法根本'和基本正义问题的政治问题，如：谁有权利选举；什么样的宗教应当宽容；应该保障谁有机会均等；应该保障谁的财产"；等等。[③]因此，罗尔斯的公共理性概念所涉及的主体范围也就不必是全体理性存在者，而只需是身处同一政治共同体中"作为一个集体性的实体"的平等公民。[④] 相应地，公共理性的"公共性"也就不必等于"普遍性"，而只需满足"相互性"即可。也就是说，作为一个政治共同体的平等公民，当我们就宪法根本和基本正义问题进行讨论时，我们只需提供"我们同样可以合乎理性地期待自由而平等的其他公民也能合乎理性地予以认可的"那些

---

① 约翰·罗尔斯：《政治自由主义》，万俊人译，译林出版社，2000，第 225 ~ 226 页。类似表述亦参见罗尔斯《公共理性理念新探》，谭安奎译，载《罗尔斯论文全集》下册，吉林出版集团有限责任公司，2013，第 614 页。
② 康德：《对这个问题的一个回答：什么是启蒙？》，载詹姆斯·施密特编《启蒙运动与现代性》，徐向东等译，上海人民出版社，2005，第 65 页。
③ 约翰·罗尔斯：《政治自由主义》，万俊人译，译林出版社，2000，第 227 页。
④ 约翰·罗尔斯：《政治自由主义》，万俊人译，译林出版社，2000，第 227 页。

原则和理念，只需"对他们讲出我们的理由，这些理由不仅是他们能够理解的……而且是我们可以合乎理性地期待他们作为自由而平等的公民也可以合乎理性地加以接受的理由"，就可以了。① 对罗尔斯来说，公共理性不总是为了达成观点的普遍一致，而是为了促进具有合理多元论特征的现代社会实现有限度的重叠与融合。② 罗尔斯甚至觉得，即便"它做不到这一点也并不是它的缺陷。公民从讨论和辩论中学习并受益……如果他们的论证遵循公共理性的话，即使共识无法达成，他们也引导了社会的政治文化并加深了他们的相互理解"③。

在"公共理性"的界定上，罗尔斯要比康德更为克制或务实。但这并不意味着前者就放弃了"普遍性"的设定。毋宁说，基于他讨论的主题，罗尔斯更愿意把公共理性所蕴含的"普遍性"限定在特定的政治共同体中。换言之，与其像康德那样诉诸全体理性存在者的"合理同意"，不如诉诸一个秩序良好的立宪民主社会中的全体公民的"合理接受"。后者似乎才是现代社会的"普遍性"的真正有效的表现形式。它意味着，当我们要求施行公共理性或理性的公共运用时，我们不再是要求"从每个理性存在者必定合理接受/至少无法合理拒绝的立场出发运用理性"，而是"从这个共同体的每个平等公民必定合理接受/至少无法合理拒绝的立场出发运用理性"。

对于"公共阐释"这类问题来说，持有并施行罗尔斯意义上的"公共理性"在多数情况下已经足够。因为，首先，这种"公共理性"概念足以支撑"公共阐释"所期待的"好的公共关系"，足以破除"强制阐释"的主观性和碎片化状态。其次，阐释者身处的公共领域或公开场合，在多数情况下，也都是同一共同体内部的场域。再次，那些需要阐释者加以阐释的文本、行动或事件，在多数情况下，面对的"他者"也都是同一共同体的成员；也就是说，阐释者所希冀的那种来自他人的理解、认可和接受，在多数情况下，仍是同一共同体内部的共识。而这也恰好说明，为什么

---

① 约翰·罗尔斯：《政治自由主义》，万俊人译，译林出版社，2000，第38～39页。
② 约翰·罗尔斯：《政治自由主义》，万俊人译，译林出版社，2000，第261、267页。
③ 约翰·罗尔斯：《公共理性理念新探》，谭安奎译，载《罗尔斯论文全集》下册，吉林出版集团有限责任公司，2013，第648页。

"跨政治共同体"的阐释要想成为成功的公共阐释,往往需要付出更多的精力和气力(也不见得有把握)。最后,在此意义上,"公共阐释"及其相关论述应当将理论抱负更多地定位在同一共同体的界限上;至少,应当由此出发,待夯实基础以后再逐步拓展。毕竟,基于同一公共文化的理性存在者,更有可能就"何为合理的理由"达成一致,更有可能就"何为合理接受/至少无法合理拒绝的立场"达成一致,因此,更有可能就阐释的内容取得共识并彼此接纳,从而使阐释更有可能成为公共阐释。

三 公共理性与公共时间

"公共理性"的出场(无论是以康德的方式,还是以罗尔斯的方式),确实为"公共阐释"的成立提供了一种来自阐释者的内部支撑。如果这种支撑是有力的,那么,接下来的问题便是:阐释者的理性究竟如何被运用才堪称"公共运用",从而成为"公共理性"呢?对这个问题,绝不是简单的一句"以面向全体听众的学者方式来运用理性"、"以每个人或每个公民必定合理接受/至少无法合理拒绝的方式来运用理性"或"根据我们可以合理期待其他人或其他公民可以合理接受的理由来运用理性"就能够打发的。因为,更令人困惑的问题恰恰是:我们要怎样做,才真的可以按照如此这般的方式运用自己的理性?

康德的回答(理性对于施行普遍化的内在诉求、个体敢于施行公共运用的勇气,以及容许这种运用方式的开明君主政体)和罗尔斯的回答(良序社会的自由平等公民基于正义的直觉、有能力施行反思平衡的方法,以及公民仅围绕社会基本结构和根本制度问题进行这种公共运用)虽然谈不上错,但是,如果仅仅停留于康德或罗尔斯所提出的原则表面,仍会流于简单。换言之,进入阐释活动之中的阐释者们如果只是按照康德或罗尔斯的字面表达来理解"公共理性"或"理性的公共运用",那么,他们就会过于信任行为者(包括他们自己)在实际中运用理性的能力和倾向,或者说,他们会因为预设了某些限定条件而为公共理性在相关行为者(包括他们自己)身上的出现营造一种虽然极为顺畅,却有失真实的理想情境。这里的症结,不一定在于阐释者对公共理性的内涵和特征把握得不够,而在于他们可能对具有如此内涵和特征的公共理性的呈现方式过于乐观。如果阐释者向往甚至迷恋"一发即中""一拍即合",认为只要掌握了康德或罗尔斯提供的原则或方法,就能在"一念之间"使自身的理性得以"跃升",从非公共理性"转变为"公共理性,这只会带来更大的失望甚至失败。

原因在于,即便阐释者按照康德或罗尔斯的教诲对理性进行公共运用,但是,如果同处阐释活动之中的他者并未理解、认可或接受,那么,这位阐释者也就无法证明自己对理性进行了公共运用,他所施行的阐释也就无法证明自己构成了公共阐释。这说明,"公共理性"以及"公共阐释"不仅是一个阐释者如何运用的问题,更是一个他者如何认定的问题。毋宁说,后者的认定,实际上构成了公共理性的必要条件。当然,阐释者也完全可以不用在乎他者的理解、认可或接受,认为无需他者(而只需要自己)就足以证明自己对理性的运用就是公共运用,从而声称自己的阐释就是公共阐释。但是,如此看法本身已经背离了"公共理性"的"公共性"要求;相应地,这种人也只能是独断论者而已。为了避免这一点,也就是说,为了让阐释真正成为公共的,除了需要阐释者自觉地以公共的方式运用理性之外,还依赖于阐释者和他者进入一个共同的"时间"通道。

毫无疑问,公共阐释的完成必须在时间中进行。如前所述,公共阐释被认为是一种其阐释结果可带来广泛共识、具有相对确定的意义且为理解共同体所认可和接受的阐释活动。然而,共识的达成、他者的认可却不是在瞬间完成的。真实的阐释及其接受过程是:阐释者在时间 1 施行阐释之后,需要他者在时间 2 加以接受。甚至,更常见的情况是:阐释者在时间 1 阐释之后,需要他者在时间 2 接受;如果不成功,还需要阐释者在时间 3 的再次阐释,以期待他者在时间 4 接受。这说明,从阐释到公共阐释,往往不是一发即中、一招制敌、一拍即合的,而是在时间中逐渐建立的。作为一种规范的阐释活动的结果,公共阐释的建立和完成必然需要经历一个过程。对于这一点,张江教授显然也有所察觉。他说:"阐释的起源或阐释的起点是个人的,把个人的理解表达给别人听,在交流沟通过程中得到更多人的承认,个人的理解慢慢地上升为公共理解和公共阐释。也就是说,任何公共理解、公共阐释都是从个人理解和个人阐释逐步生成的。"况且,"经由公共理性所得出的公共阐释的结果,未必就是真理。随着历史、文化及人类认识的不断进步，阐释的标准、阐释的结果或形成的共识是不断变化、不断进步的，它们不可能固定在一个时代或一个历史阶段，变成一种声音，永远地传递下去。当然，那些不可被证伪或未被证伪的公共阐释的结果，可以进入人类知识系统，传及后人。但是，这种知识总是伴随着历史的进步而不断得到修正的。所以，个人阐释提升为公共阐释的过程，公共阐释生成和发展的过程，就是一个为争取承认而斗争的过程"。[①] 从这个意义上讲，公共阐释的形成和确立必以"时间"为条件；脱离"时间"维度的公共阐释，就跟脱离"时间"维度的其他人类活动或存在形式一样，都是不可能被理解的。[②]

公共阐释之所以要在时间的通道中形成和确立，是因为用于造就它的公共理性本身就承认甚至倡导理性运用的历时性。罗尔斯说，公共理性"这一理想也表达了一种倾听他人必须说出的声音，并准备接受他人合乎理性的友好意见或修正我们自己观点的愿望。公共理性进一步要求我们平衡那些我们认为在特殊情况下合乎理性的价值，我们也真诚地认为，他们亦能将这一平衡看作是一种合乎理性的平衡"[③]。在这里，无论是"倾听"、"接受"、"修正"还是"平衡"，都是需要引入时间维度才能够得以解释和展开的活动。尤其是后两者，更是充分蕴涵着历时性的诉求。不仅如此，当罗尔斯特别声称"公共理性"概念主要是与自由主义政治安排配套时，他再次强调了后者的两个基础性理念："作为自由而平等的人的公民理念、作为历时性公平合作体系的社会理念。"[④] 这说明，罗尔斯已然承认，公共理性以一种历时性的方式去建构社会公平合作体系，这种过程乃是必要和必然的。换言之，"理性的公共运用"需要在具有时间性的政治生活中展开并施加于基本政治制度之上，这一点对罗尔斯来说并不陌生。更何况，公共理性本身也是在时间中被建构和被改进的。因为，究竟什么是合乎理性的判断？究竟哪些东西才是每个理性存在者必定合理接受而且

---

① 张江、哈贝马斯：《关于公共阐释的对话》，《学术月刊》2018 年第 5 期。
② 海德格尔：《存在与时间》，陈嘉映等译，生活·读书·新知三联书店，2014，第 1 页。
③ 约翰·罗尔斯：《政治自由主义》，万俊人译，译林出版社，2000，第 268 页。
④ 约翰·罗尔斯：《公共理性理念新探》，谭安奎译，载《罗尔斯论文全集》下册，吉林出版集团有限责任公司，2013，第 648 页。

无法合理拒绝的？究竟哪些价值或理由是自由平等的公民可以合理期待其他自由平等的公民合理接受的？关于这些问题的答案，显然也是在时间中不断递进或改变的。

公共理性得以展开和运用的这种时间背景，不能仅仅被理解为"非静止的历时性"。因为，如前所述，公共理性及其所支持的公共阐释活动，作为人类的特定能力和行为，是以建构"好的公共关系"这一伦理目的为宗旨的。因此，公共理性在其中得以展开的时间，就必须以满足这一目的为尺度；它既不能是个体自以为是的私人时间或主观时间，也不能是与人类完全无关的先验时间或客观时间，否则，时间的维度将变得毫无意义。就此而言，公共理性的运用以及公共阐释的成立，不仅需要时间，而且需要公共时间。

人们通常以为，时间必定是公共的，每个人都在经验的共同生活中面对着同一套时间。所以，我们可以发明计时装置来精准地测量它，可以为每个人提供一种公共的时间刻度。然而，时间不一定是公共的，私人性的"主观时间"也存在。对这一点，我们既可以通过个人读秒与时钟走秒之间常常出现的不一致而有所意识，也可以通过"原来时间过得好快/慢"这样的感慨而有所觉察。这些都说明，在每个人的主观世界里，其实有着自己的计时装置和时间意识。胡塞尔甚至认为，只有纯粹内在的时间意识，才是可以通过本质直观而直接把握的真实东西："这不是经验世界的时间，而是意识进程的内在时间。"[1] 试想，如果人类个体彼此无须交往、无须构造公共关系也可以存活甚至活得不错，那么，私人性的主观时间也许就足够了。可现在的关键问题是，人类并不按照这种孤独的方式来生活，相反，我们在自然本性上就是群居生物，我们在伦理本质上就必须以一种共同交往并且期待良好的共同交往的方式生存于世。因此，私人性的主观时间会因为缺乏确定性、统一性，严重影响人类的交往效率和生存效果，从而在伦理实践上变得没有意义。因此，人们始终希望能够发现某种确定的、统一的"客观时间"，以规避各说各话的"主观时间"的消极后

---

① 胡塞尔：《内在时间意识现象学》，倪梁康译，商务印书馆，2009，第35页。

① 胡塞尔：《内在时间意识现象学》，倪梁康译，商务印书馆，2009，第35页。

果。康德所说的作为先验感性直观范畴的"时间"①，柏格森所说的作为纯粹的质的永恒流动的"纯绵延"②，以及海德格尔所说的作为"日常时间经验的可能性与必然性的条件"的"源始时间"③，也许都可以被视作这方面的尝试和努力。

然而，纯粹的"客观时间"在伦理实践上同样也是无意义的，至少是意义不充分的。因为，它处于先验的本体论层面，完全可以与人类的实践经验或伦理生活无关，或至多作为一种先验的背景设定存在。但是，对包括阐释在内的人类实践活动而言，我们所处理的"时间"却需要是经验层面的，也只需要是经验层面的。在这个意义上，与其说是先有一个与人无关的、客观的时间刻度然后把人类的各种行动或事件逐一摆进去，不如说，恰好相反——时间是被人类按照某种与人类世界相关的经验事件刻画出来的。比如，关于"年"的概念，本就是人类通过共同经历四季的周期变化而逐渐形成的，后来随着天文学的发展，这个时间概念则通过对人类共同生活于其上的地球公转加以测定而得到进一步的解释与确认。又比如，关于"秒"的概念，即便是现代物理学的精确定义，也不过是将之描述为"平均太阳年（公元 1900 年）的 1/31556925.9747 所持续的时间"或"铯—133 原子基态的两个超精细结构能级之间跃迁相对应辐射周期的 9192631770 倍所持续的时间"。显然，这些用于定义的因素依然是人类共同经验的一部分。更不必说，我们对于时间长短的判断——比如，"一万年太久"或"一秒钟太短"——实质上受制于我们人类这种生物的一般存活年龄。假如我们并非存活几十年，而是几十万年（或几十秒钟），那么，我们也许就不会认为一万年是个很长的时段（或者不会认为一秒钟是很短的时间）了。

因此，人类的时间，本质上是与人类的伦理存在和实践活动相关的时间，是"公共时间"。它既不同于完全个性化的"主观时间"，也不同于完全与人类无关的"客观时间"。前者意味着，时间始终受制于人类社会的共同经历和统一计量；后者意味着，时间始终构成人类社会的一部分而不

① 康德：《纯粹理性批判》，邓晓芒译，人民出版社，2004，第 37~38 页。
② 柏格森：《时间与自由意志》，吴士栋译，商务印书馆，1958，第 70~71 页。
③ 海德格尔：《存在与时间》，陈嘉映等译，生活·读书·新知三联书店，2014，第 379 页。

是它的外在的独立背景。正因为时间具有不可脱离人类经验的"公共性"，在时间中展开的那些具体的源于人类经验的文本、行动或事件，才需要被当作一种内在蕴涵着公共性的对象来对待。就此而言，一个人的理性只有对公共时间有所理解和把握，对事件因为受制于人类存在方式和实践方式等因素的影响而在公共场域中现实展开的历时性过程有所理解与把握，才有可能谈得上是理性的公共运用。因为，只有在这种条件下，其他同样有理性的人才有可能合理接受而且无法合理拒绝它。所以，公共时间构成了公共理性之所以成立的一个必要环节，从而影响着包括公共阐释在内的各种亟待使用公共理性的人类活动的状况。

语境参数、文本阐释与意义确证

——论语境对阐释的约束

◎ 吕　洁　陈开举*

近年来，学界对于阐释的边界问题进行了大量的讨论。文本阐释是多元的，但是没有边界的阐释往往导致过度甚至强制阐释。阐释的边界就是阐释约束问题，"文本阐释的有效性应该约束于一定边界之内，有效边界的规定是评估阐释有效性的重要依据"①。语境的无限和有限并不矛盾，视域的延伸性和约束性也同时并存。在阐释者视域能及范围，必定存在实现意义确证的理据。在文本阐释中语境如何呈现约束性是本文重点讨论的问题。然而，如果不将语境具体化和层级化，将很难运用于文本阐释的理据分析，这也是我们将语境参数引入的主要原因。语境参数是约束文本阐释和实现意义确证的重要因素和有效途径。

一　语境参数对阐释的约束性

有效的阐释要求阐释在一定的规则内进行。"有效阐释的边界，由多个元素决定。作者赋予的意图，文本的确当意义，文本的历史语境，民族的阐释传统，当下的主题倾向，如此等等，决定了阐释是否有效及有效程度的边界"②。从语境的视角，上述多个元素均属于语境要素。所谓语境，

---

*　吕洁，广东外语外贸大学阐释学研究院兼职研究员；陈开举，广东外语外贸大学阐释学研究院教授、博士生导师。

①　张江：《阐释的边界》，《学术界》2015 年第 9 期。

②　张江：《论阐释的有限与无限——从 π 到正态分布的说明》，《探索与争鸣》2019 年第 10 期。

广义上指人在使用语言时所处的环境，即其状态、状况。显然，这是一个笼统的概念，无所不包，故相当长时期内处于无从下手的"垃圾箱"一样的研究禁区，凡是无法说清楚的成分尽皆归拨进去，陷入了不可知论的泥潭。

维特根斯坦关于"词的意义就在于它的使用"的语境观念对当代哲学产生了巨大的影响，使语境受到了普遍的重视，当代语言学尤其是专门研究语言使用的语用学的发展使语境研究明晰起来。范·戴克（Van Dijk）提出参数使得语境具有可描写性，考察了参数是如何从语义和语用层面影响人们对话语意义的理解[①]。格雷西亚（Gracia）更进一步，讨论了语境参数的量化，试图据此对语句意义理解的语境化做出精确的阐释[②]。曾利沙将语境视为由多个参数构成的集合，认为"参数之间是多维互参或映射或制约关系"[③]。

在综合当代语言学研究成果，借鉴多学科特别是文学、历史、法学及翻译学等实践经验的基础上，我们定义：通过语言主体认知，多形式进入阐释与交际过程，对言者语言及相关意义的表征与传递发生作用，由此而开拓并制约语言理解与交际正当展开的多语境成分构成，为"语境参数"，或"语境参数因子"。语境参数实际包括语言、情境、社会历史文化三层要素。三个层面的语境各自又包含着诸多分项，并由此而建构具有一般语言意义及独立特征的参数系统。在实际语言与交流过程中，各要素的作用，基于语言使用者对要素的掌握和驾驭，由此接受并产出话语或文本。这种驾驭与限制的二重性，在语言使用过程中体现为语言的有限性与无限性。

1. 语境参数的层次

语境参数的层次与语境层次一致。文本产生于语境，语境是相对独立的，内部可形成若干子系统。语境的各子系统处于动态变化之中，需要注

---

① 参见 T. A. van Dijk, *Discourse and Context*：*A Sociocognitive Approach*，New York：Cambridge University Press，2008。

② 参见 J. J. E. Gracia, *A Theory of Textuality*：*The Logic and Epistemology*，New York：State U-niversity of New York Press，1995。

③ 曾利沙：《基于语境参数观的概念语义嬗变认知机制研究——商务英语时文教学理论与方法》，《外语教学》2011 年第 6 期。

中国阐释学的兴起

意它们之间的联系及函变关系。语境的层次与其外延密切相关，迄今已经形成的较为一致的语境层次类别有：情景语境和文化语境、言内语境和言外语境、宏观语境和微观语境等。为了便于从视域展开的角度讨论文本意义的阐释，我们将语境划分为三个层次：社会历史文化语境、情景语境和语言语境。

社会历史文化语境，涵盖与语篇相关的社会、历史、文化、经济、宗教和政治背景等。伽达默尔把阐释学发展为系统的现代哲学阐释学，以理解的历史性、视域融合和效果历史三大思想作为主要理论原则，强调理解的历史性，认为阐释者在进入阐释过程时，就将自己的生活阅历、知识经验、文化意识、道德伦理等带入了阐释过程。这些都可以作为参数因子对文本阐释发生作用。人的历史性构成了人的视域；而人的视域总是与人所生存着的主、客观环境紧密相连的，人所生存的最基本的环境就是文化。任何阐释者都有自己的前见，这些前见包括文化建构的产物。社会历史语境构成了人的视域的纵坐标；社会文化语境构成人的视域的横坐标。二者结合起来构成完整的宏观视域世界。文本阐释涉及阐释者的社会历史文化语境和文本的社会历史文化语境。阐释者必须在这两者之间权衡，或者说在两者之间博弈。权衡或博弈的过程就是语境参数析出和取舍的过程。阐释总是跨越时空的，社会历史文化语境是阐释张力的源泉，但其必须与情景语境和语言语境共同起作用，才能形成有效阐释。

情景语境，即使用语言的环境。它由文本延伸形成，但不是语言本身，大致包括：文本发生的时间和地点、文本所建构的事件和情节、文本中会话参与者的地位和角色、参与者之间的关系、文本所体现的话题和主题等。分析情景语境是把握原文的意境、气氛的重要手段。如英语句子"The name is Jessica."如果没有情景语境我们可以将它理解为"名字叫杰西卡"。然而如果加入了情景就不一定了，比如情景是一个男孩子喜欢 Jessica，于是称她为"Jessi"，英语的昵称往往表达了更为亲密的人际关系。但是 Jessica 并不喜欢这个男孩子，这种情景下该英文句子就可阐释为"请叫我杰西卡"。此情景中包含人物关系参数、话题参数、身份参数等。情景的不同设定可以让同一文本表达出不同的意思。

语言语境，依据交际形式的不同也叫作话语语境或文本语境，是语言的各层单位之间的组合关系形成的语境。意义形成应当从语言语境出发。词汇有其固有意义，有些词汇的固有语义特征明显，不易受周边词汇干扰，但大部分词汇在稍微大一点的语义单位中意义就会发生变化。语言语境的单位从小到大依次是词汇、短语、句子、段落和篇章，即上下文。"只要文本语境发生变换，意义一定发生变化，只是变换的程度上有差异"①。语言语境最靠近文本，最先进入语言主体认知，对文本意义确定起重要作用。当文本存在多重意义时，参照语言语境参数通常能做出正确的意义选择；当文本脱离其固有意义发生嬗变时，只有通过语境参数层层制约和映射才能确定其意义。

这三个层次构成了语境参数的析取来源，阐释者在阐释过程中不应脱离有效参数因子，它们如同线绳一般牵制着阐释者。语境参数具有开放性，阐释者可依据其特征进行定性概括，使其进入阐释与交际过程，并用于参照。阐释学研究容易聚焦社会历史文化语境，而忽视情景语境和语言语境，由此造成了脱离文本的阐释现象。语言语境与文本融为一体，其次是情景语境，而社会历史文化语境是阐释过程中可变性最大的。当阐释者完全将文本纳入其自己所在的社会历史文化语境，超越边界的阐释就很容易发生了。

2. 语境参数约束的理据性和约束机制

阐释的语境观是业已建立的，问题在于语境本身的复杂性和抽象性。当我们向他人解释一个文本时，对无法解释清楚理据的意义项，一言蔽之，由语境决定。即使在早期的语境定义当中，其也强调语境并非只有上下文。语境不是一种实体，而是一种存在于文本周围的关联性实在，具有关联性、建构性和动态性，这些特征只有用具体化的语境参数才能更好地表征。文本，尤其是文学文本，天然具有多义性、隐喻性和模糊性，存在着多种阐释的可能，但这并不意味着可以对文本进行随意解读。语境参数具有语义的指向性，其合理运作能够形成富有逻辑的语义链，促成有效阐释，在充分发挥阐释主体性的同时，增加阐释的客观性。阐释者从文本出发，在语境中挖掘有效元素，基于语境中的发现进行合理建构，这是语境

---

① 魏屹东等：《语境实在论：一种新科学哲学范式》，科学出版社，2015，第53页。

参数存在的意义和作用。

语境是一个整体概念，语境参数是分层而具体的。不同层次的语境参数会共同合力对文本意义的形成产生约束作用。语境参数的约束发生在视域的理论框架内。所谓"视域"就是"看视的区域，它包括了从某个立足点出发所能看到的一切"[①]。视域既与阐释主体感官感知能力有关，亦与其精神世界有关。从视域的角度来看，"语境"不是抽象笼统，只可感知不可言传的模糊之物，而是可以呈现于视域之中的，且可以对其进行感知的意识行为之物。语境论真理观认为"当下认识永远不会是最终形式，更不可能是绝对真理，而只能是特定语境条件下的认知，或者说，是特定语境中的产物"[②]。如果阐释者的"视域"足够广阔，又能从中提取有效的语境参数，必然会使意义确证更加有理据。有效语境参数就是视域中对意义确证起决定作用的关联性参数因子。语境参数约束机制具体表征如下。

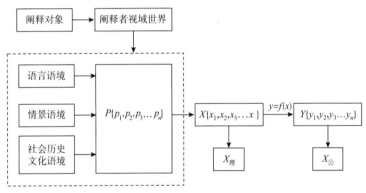

注：阐释者视域世界的虚线框表示个体视域的非封闭状态，可延伸形成新的视域；箭头表示作用或析出方向。

阐释对象进入阐释者视域世界，阐释者将视域延伸至语言语境、情景语境和社会历史文化语境，从各层语境可析出语境参数集 $P\{p_1, p_2, p_3 \cdots p_n\}$。经阐释者主动选择，形成与阐释活动高度关联且参与阐释的语境参数集 X，不同阐释者会形成不同语境参数子集 $x_1, x_2, x_3 \cdots x_n$。经过认知加工关系式 $y = f(x)$，形成相应的阐释结果集合 $Y\{y_1, y_2, y_3 \cdots y_n\}$，$x$ 是自

① 伽达默尔：《诠释学 I：真理与方法》，洪汉鼎译，商务印书馆，2019，第 xii 页。
② 魏屹东等：《语境实在论：一种新科学哲学范式》，科学出版社，2015，第 27 页。

变量，y 是因变量，x 对 y 具有制约或映射作用。其中，$X_{理}$ 是最具理据的语境参数子集，最接近公共理性，$Y_{公}$ 是接近真理的公共阐释。此意义生成机制说明了阐释操作过程中主体的心理轨迹和操作理据，亦说明阐释不应是由阐释主体根据自己的价值体系对客体进行任意自由的阐释行为，而是受客观因素，即特定语境下由一个或多个参数因子导引下有理据的主观创造性行为，其终极目标是形成"公共阐释"。

3. 语境参数约束的主客观互动性

语境参数的约束机制已经体现了其内在的主客观性。阐释往往是跨越时空的，阐释的过程就是主客体互动的过程，没有主体的参与，何来阐释？阐释者必须参与并主导文本意义建构。这一建构过程具有不可避免的主观性。语境既具有客观性，又具有主观建构性。"如果一个语境不是由交际者的意图状态来确定的，而是由周围世界发生事物的相关状态来确定的，这些事物甚至也许交际者本人也没意识到，这样语境在某种意义上就具有客观性。"[1] 而认知语言学派则重视语境的心理建构，范·戴克认为语境是一种特定的心理模式，它以社会表征为认知基础，是话语参与者的"主观建构"，即话语者对所参与情景相关属性的主观识解。[2] 这样一来，就存在语境的客观性和语境认知的主观性，这两者应当由阐释者统一，实现语境的"视域融合"。

阐释是一种主客观互动的意义给定行为，能够在语境中找到合理依据的阐释就是有效阐释。文本为客体，阐释者为主体，阐释过程中必然存在主体间性和主观性。个体的视域具有延伸性和动态性，即阐释者会主动扩展自己的视域以达到有效阐释的目的。然而，为了避免主体的主观性，必须寻求外部依据，语境参数即是阐释的客观依据——阐释者必须对所进行的阐释行为提供合理依据，即明确的语境参数。阐释者对于文本做出阐释的理据是客观存在还是主观臆想，就成为判断合理阐释的标准之一。

---

[1] S. Marina, "Speech Acts in Context," in *Language & Communication* 22，2002，pp. 427 – 428.

[2] 参见 T. A. van Dijk, *Discourse and Context: A Sociocognitive Approach*, New York: Cambridge University Press, 2008, p. 56。

以上的主客观性还体现在文本阐释中阐释者对于有效关联性语境参数的主动析取上。在阐释的过程中任何一个层次的任何一个或多个参数都可能成为决定性参数，需要阐释者通过认知机制对语境参数进行析取和判断。阐释者的主体性本身就是阐释边界的有限明证。虽然语境参数客观存在，然而受制于个体认识和阐释能力的有限性，阐释的结果并不总能达到理想状态，形成"公共阐释"。语境参数能够最大限度为公共理性生产有边界约束，因为在语境参数约束下的阐释是一个具有逻辑性的明晰的推导和判断过程。

二　语境参数约束下的文本阐释

文本意义的有限与无限是阐释学争论的焦点之一。我们不否认阐释的多元性，但是每一次具体的阐释行为应当从文本出发依据语境参数有理据生成。有效阐释的边界由多个关联性语境参数构成。文本意义具有相对确定性，当语境参数形成明晰的逻辑语义链时，意义得以确证。"文学需要解释，因为作者以语言营造的文本，只有通过可供参照的认知结构才能把握其意义。"[1] 语境参数作为"可供参照的认知结构"对文本阐释中意义的确定起到约束作用。文本阐释同时又是有张力的，当有效语境参数呈现多层次时，阐释也会呈现多元性。但即便多元，也应当是有理据多元，而非任意多元。

1. 多重语境参数约束下文本阐释的确定性

文本是作者有意图选择的结果，这个意图当中也包括作者刻意的不确定性。这就造成文本尤其是文学文本，存在大量的意义空白、缺省、模糊、多义等。对于一般的读者，也许不需要十分确定的意义。但对于特殊的读者，比如文学评论的研究者或文学作品的翻译者，就不得不在众多摇摆的意义中做出取舍，以明确传达作为特殊读者想要阐释的内容。语言语境是文本意义阐释的起点，社会历史文化语境和情景语境对文本阐释具有

---

① 　伊瑟尔：《虚构与想象——文学人类学疆界》，陈定家等译，吉林人民出版社，2003，第1页。

统摄作用。虽然词汇都有字典释义，但"必须在句子联系中研究语词的意谓，而不是个别地研究语词的意谓"[①]，也就是说只有在语句的语境中，而非孤立的词中，才能确定词的意义。一般地，语言语境能够解决绝大部分文本阐释的意义确定问题。当语言语境不能解决意义的确定性，就需要从情景语境和社会历史文化语境寻找关联性语境参数。这一行为的内在动因是作者在编码时已经融入了相关语境参照，那么读者解码时就需要层层剥离。阐释者通常不能真正地与作者或者文本进行所谓的"协商"，努力寻找关联性语境参数的过程就是与文本、作者、读者不断进行协商的过程。按伽达默尔的观点，解释是视域融合的过程。既然是视域融合，就远非简单的语言转化或者符号转化，而是文本视域与解释者视域各自不断跨越自身界限而与对方融为一体的过程。视域所及的语境参数很多，并不是所有的语境参数都起作用，而是与文本意义关联性最强的语境参数才能参与文本意义的确证。像"我爱你"这样一个简单的表达，如果考虑到说话人之间的关系，说话人的神情、语气，说话的场合、音调等，能够表达出不同甚至完全相反的意思。因此，意义的确定如果不考虑语境，不对有效语境参数进行关联，是一件危险的事情。文本阐释从语言语境出发，社会历史文化和情景语境参数最终要穿透语言语境，落实到文本上来。

我们将与意义确证关联性最强的语境参数称为决定性语境参数，它可能来自任意一层语境。越靠近微观语境，意义确证越容易；越靠近宏观语境，阐释张力越大，意义确证的差异性越大。主要原因如前所述，语境参数的运作机制是主客观互动的。社会历史文化和情景语境参数映射到文本上时，常常会发生一些偏差。当强制阐释发生时，阐释者通过"场外征用"的相关理论对文本进行阐释，理论是意识形态的产物，属于社会历史文化语境层面，它穿透到文本上，就会使文本意义发生极大地偏转。这种情况尽管可能生成新奇的阐释效果，却使文本的原有意义丧失，增加了本来没有的意义，阐释者只是利用了文本。所以阐释过程中语境参数析取的方向不能颠倒，遵循语言——情景——社会历史文化语境的顺序，并且最

---

① 弗雷格：《算数基础》，王路译，商务印书馆，1998，第9页。

后全部映射到文本上，对意义确证起作用。

2. 多重语境参数约束下文本阐释的多元性

当阐释者站在文本特定的一个点上，由于个体视域的差异性，不同阐释者看到的语境参数不尽相同。文学语言又多具有留白，容易造成意义多元化。越是经典的作品其内在解释性越强，关联语境参数越多。语境参数对阐释具有约束作用，但当决定性的语境参数本身呈现多层次化，就可能出现阐释的多元。在《哈姆雷特》中，最典型的莫过于"To be, or not to be, that is the question"。这个貌似简单的句子包含着深刻的道理，使得中西方研究者津津乐道又大为苦恼，时至今日都没有定论。这句话的阐释一向备受争议，原文的意义非常具有模糊性、隐匿性，留下了意义空白。此句的难点在于围绕它的语境参数呈现出多层次性，决定性语境参数呈现多元性。既可以从语言语境挖掘出"to be"与"not to be"的释义，又能从情景语境层面分析出哈姆雷特当时的矛盾心情，还能从社会文化语境层面剖析当时的社会意识形态变化和胶着的状态。尤其重要的是"being"和"to be"本身就是高度抽象的哲学命题。西方哲学中的本体论范畴"to on"（即英语的 being）是从 eimi（即英语的 to be）发展来的。中国哲学中并无对应概念，其大约相当于"有""是""在"三个含义的合并①。"to be"在哲学层面上的意义作为最高统摄语境参数，极大地增强了其阐释的张力。它可以与不同的参数因子合力，产生不同的阐释结果。这也可以解释在业已出版的二十多个译本当中，"To be or not to be"的阐释从"生还是死"到"存在还是消亡"大不相同。但在众多阐释中，存在公众对阐释效果的认可度差异。对于含义深刻的语句，要兼顾各层语境，以达到一定程度的包容性和概括性。朱生豪所翻译的"生存还是毁灭，这是一个值得考虑的问题"在三个语境层面上均有一定的适切度，"生存"和"毁灭"可以涵盖精神层面、社会层面和肉体层面的相关行为，这也是这一阐释能够被广泛接受的原因。每个文本的语境参数可以随着阐释者视域的扩展而增加，由此形成新的视域。"我们并不是顽固地坚持我们的视阈的界限，而

---

① 参见王太庆《我们怎样认识西方人的"是"》，《柏拉图对话集》，商务印书馆，2004，第699～718 页。

是随时准备扩大与修正它，以期可以进入原作的视阈，理解原作的意义，扩大与原作的公共视阈。"① 文本阐释的多元还表现在其暂构性和动态性。不同的阐释者面对同一文本，由于各自视域不同，境遇不同，参照的语境参数不同，会形成不同的阐释结果。而同一位阐释者在不同时期，由于视域发生变化，所参照的语境参数发生变化，亦会导致阐释结果变化。阐释主体在特定的时间和地点，其视域总是有限的。如若借助语境参数，形成明晰的语义链，能增强阐释有效性，最大程度上接近"公共阐释"。

三 语境参数约束下的意义确证

语境参数决定有效阐释的生成，这一点具有重要的哲学意义。对意义的理解和解释彰显了阐释乃是属人的本质活动这一重要本体性特征。人生活在两个世界中：物质世界和精神世界。物质世界中的自然界人与其他物种共享；人建构出来可以称为物质文化的那一部分就需要阐释了，如长城的含义，紫禁城为何称为"禁"，对谁"禁"对谁"不禁"，等等。精神世界是人不断建构出来的，越来越累积到庞大的规模，即卡西尔所说的"符号帝国"。随着文明文化的发展，符号构成的精神生活世界乃是人愈来愈重要的生活空间，"符号化的思维和符号化的行为是人类生活中最富于代表性的特征，并且人类文化的全部发展都依赖于这些条件，这一点是无可争辩的"②。海德格尔更加强调对人而言各种存在对符号尤其是其中最完备的符号系统之语言的依赖性，"词语破碎处，无物存在"③。

然而，符号作为事物和精神表征物，与所表征的实指对象之间并非直接的指称关系，如英语字母和汉语笔画都不能明确地指向具体某物或某个观点；词语和所表达的对象也不是一一对应的关系，而是表征着对象的类特征，如"树木"（tree）要落到具体的指称对象上，就需要种种限定性的

---

① 徐朝友：《阐释学译学研究：反思与建构》，南京大学出版社，2013，第64页。
② 卡西尔：《人论》，甘阳译，上海译文出版社，2013，第46页。
③ M. Heidegger, "The Nature of Language," in *On the Way to Language*, New York: Harper & Row Publishers Inc, 1971, p.73.（原文为"Where word breaks off no thing may be"，引文为笔者所译）

语境参数帮助人们确证到底指的是哪棵树，在何时间、地点的具体的树；抽象名词就更加如此。中文由于符号（单字层面）的高度精练，加上"'天人合一'的哲学精神，向来把人看作是自然的一部分，人与万物密不可分，所以语言中的以物喻人，以一物喻另一物、化物为人，化此物为彼物，将万物赋予人的情感色彩和思想观念的现象比比皆是"①。由丰富的符号聚合成的词、短语、句子、段落、篇章，裹涉的语境参数呈几何倍数乃至指数级地增加，能指意义和所指意义之间的非对称关系就蕴含了无限可能的阐释结果。

1. 多重语境在阐释中的限定作用

人终其一生始终不断地从事着阐释活动，即阐释是人认识世界、交往活动和改造主客观世界的本质性活动，既是个人行为，更是人的类行为，具有公共性，让人既作为个体的存在从事着阐释活动，又作为社会成员追求着自己的阐释最大限度地被社会认同，即追求"公器"的效果。每一个阐释活动中，人所处的环境要素在不同的时间和阶段，以不同的程度进入阐释活动中。对于文本，我们在本研究中将这些要素分别界定为社会历史文化语境、情景语境和语言语境，揽括了人作为存在的各个方面。

将社会历史语境引入阐释学视野开启了现代阐释学。如上文所述，伽达默尔把阐释学发展为系统的现代哲学阐释学，认为阐释者的历史性构成了与之所生存着的主、客观环境紧密相连的视域。这一点已经成为学界的共识。于此我们要强调的是历史是由人阐释的，且随着个人的成长、后来的历史阐释者知识的叠加效应，历史阐释和由之形成的知识具有建构性，即发展变化的特征，这就使阐释的无限性成为可能。同时，阐释必须有相应的历史依据，这就规定了阐释的有限性。落实到文本的阐释，这种有限与无限的共在性就是要求阐释要在不断发掘与文本相关的"新的"（此前未曾发掘到的）要素的基础上展开。

语言语境指的是最成熟、最系统化的符号表征系统即语言的上下文，其约定俗成性即建构性随着现代语言学的巨大成就早已成为共识，然而需要注意的反而是符号系统的建构一旦完成了体系化，其运作又具有相对独

---

① 申小龙主编《语言学纲要》，复旦大学出版社，2003，第315页。

立、不以人的意志为转移的特征，即个人在语言使用的过程中不可以也不可能超越或违背"约定俗成"这一语言公度性，其语言能指和风格不可能是不受约束的。在这个维度，要求在文本阐释过程中，需要依照语言学中的语法、词汇、篇章等相关准则开展，阐释的随意性因为最容易被证伪，故而少见。

情景语境中作者的意图是最难以琢磨的，因为无论如何努力阐释者都无法恢复到原原本本的作者的视域，这是众多阐释学家解释阐释的无限性至为关键的所在。"子非鱼""子非我"即使面对面也无法达到对说话人或作者的完全理解，或曰无法完全理解文本之作者创作时的心境是否就意味着阐释者可以用自己的意图代替作者意图，然后到文本中断章取义地强征文本以服务于自己本来不对的强制性阐释呢，用张江的话说，"作者能不能死？"说的就是这个问题。对该问题的批判就形成了对强制阐释的批判，相反的建构性回答就构成了有限阐释、公共阐释的相关论述。

2. 语境之于阐释活动的哲学意义

文本中除了作者必要的含义、意图外，往往还被精心注入了一定的审美情趣、道德寓意等，经典作品尤其如此。一定程度上，正是这些方面成就了作品的经典地位。由于缺乏相对可以明晰的标准，对这些方面的阐释总是显得见仁见智。即便如此，与该文本而不是别的文本相关的语境参数也必须成为阐释的依据，这就是伽达默尔所说的，"解释者在面对文本时也有一个不可或缺的前提条件，即他必须参与到文本的意义之中"①。

三个层面语境参数的融合造就了各种具体的阐释结果。究竟何种阐释更加接近公共阐释，取决于不同时代不同的阐释者对于各语境参数的发掘，取决于阐释者对主体性的控制，即不以自己先有的立场为基准强行征用文本为论证自我意图的工具，从而陷入断章取义、强征文本片段以为己用之强制阐释的泥淖。在百舸争流的阐释洪流中，对阐释效果最大化的追求即力求使自己的阐释成为公共阐释是每个阐释者共同的追求。要达到公共阐释就要求不可以随意超越阐释的边界，这些边界就是围绕着文本的各个层次的相关语境要素。以上是围绕文本的阐释过程中语境在意义确证中

---

① 伽达默尔，《诠释学Ⅰ：真理与方法》，洪汉鼎译，商务印书馆，2019，第545页。

如何起作用。以下从更加宏观一点的一般哲学意义上深化和小结语境对于文本意义的确证。

社会历史文化语境更多的是围绕人在时间维度上的展开，语言更多的是围绕空间上的展开。之所以说是"更多地"，指二者同时分别兼有部分空间和时间维度的特征。情景语境是人在具体的时间和空间维度上主观能动性的充分发挥，因人而异，最具有动态性，其中的个体差异性是作者和阐释者两端最难以匹配乃至于不可匹配的所在，因为完全恢复到作者是不可能的，故而造就了"一千个读者（阐释者）就有一千个哈姆雷特"的说法。然而，在这"一千个哈姆雷特中"，我们赞同指向趋同即指向属于公共阐释的那些。阐释者的主观能动性，受着客观文本的制约。从符号被赋予不同意义的一端看，意义的表征具有主观性，然而从文本所含摄的宏观、中观、微观语境要素看，阐释又具有确指的意义，亦即阐释的客观性要求。

3. 超越阐释看语境

语境即关系，是使用着语言的人与世界、人与人、人与社会、人与历史、人与知识关系的总和。符号对事物和观点的抽象表征落到具体的意义理解时必须要通过各种语境参数实现具体化、对象化。其实这正是人在本质的类特征落实到具体环境和事态上时的情景："人的本质不是单个人所固有的抽象物，在其现实性上，它是一切社会关系的总和。"[①] 对人的种种社会关系的厘定正是从他的语言、行为来判定，人对于意义的确定即是对于相应关系的确证，从而实现对于话语、文本意义的确证，在不断阐释的过程中，实现着对人生、对世界、对事件不断加深理解的同时也实现对自我的理解与判定，厘定其作为此在的确切含义，即对于关乎"我是谁"的种种认知性回答，形成诸多相关推理的前提，做出"我"应该向何处去乃至于如何去的判断，指导其行使"改造世界"的种种行为。人对于意义的确证即是对于与他相关语境要素的厘定，是对具体文本等意义体中各种语境参数的甄别。当然，这个过程随着阐释者的个人语境参数项如人生阅历、认知水平、所在环境、行为目标的不同，生成的阐释结果也有所不同。

---

① 《马克思恩格斯文集》，人民出版社，2009，第501页。

二

阐释的澄明

"阐""诠"辨

——阐释的公共性讨论之一

◎ 张　江*

　　《公共阐释论纲》①发表后，引起各方关注。作为纲要性论述，仅能对核心要义做集中表达，其内涵及意旨尚待阐扬。由本文始，以《论纲》中所涉概念为主干，就相关问题依次展开讨论。

　　20世纪中叶以来，所谓"阐释"或"诠释"，已成为西方哲学、文学、历史学及其他诸多学科之核心话题，对阐释的研究早已独立成学，发展为当代学术之基础性学科。特别是经由胡塞尔、海德格尔、伽达默尔、保罗·利科等人的精心研究和深入阐述，阐释学确已成为几乎无处不议、无处不用之"显学"。20世纪80年代后，经由中国学者奋力开拓，西方阐释学的译介与研究也已广泛传播，同样成为中国学术界各方介入甚深乃至难以绕开的核心话题。毫无疑问，这是重要的学术进步，应该给予充分肯定。没有这个过程，我们无法以现代眼光认知和检视中国传统阐释学理论，也因此无法建立我们自己即当代中国的阐释学。但是，仅有西方研究是不够的。由于思维方式上的巨大差异，试图以西方理论和话语为中心，研究和建立本民族的阐释理论，无异于沙上建塔。中国阐释学何以构建，起点与路径在哪里，方向与目标是什么，功能与价值如何实现，是我们必须面对和解决的迫切问题。我们必须坚持以中国话语为主干，以古典阐释学为资

＊　张江，中国社会科学院大学、中国社会科学院文学与阐释学研究中心教授。

①　参见张江《公共阐释论纲》，《学术研究》2017年第6期，以下简称《论纲》。

源，以当代西方阐释学为借鉴，假以对照、选择、确义，由概念起，而范畴、而命题、而图式，以至体系，最终实现传统阐释学观点、学说之现代转义，建立彰显中国概念、中国思维、中国理论的当代中国阐释学。

无论何种阐释，包括阐释对象和阐释本身，其根本载体和方式，均为语言或言语。对象为文本，自不待言，文本由文字而成，阐释由语或言而实现；对象为事物，一旦作为阐释之目标，首先要予对象以语或言表述之，再以语言解之、释之，然后完成阐释。无言无语，非阐释也。汉语言文字起源之初，勠力于象形。一字一词皆为整体图形，形即义，义即形，视之读之，其形其义共时共在此。尤以公众共见之象为标志而明义，非隔、非臆、非折转，其公共性、共同性大开。此造字之法，从根本上影响汉语言民族之思维方式，使其呈现出重直观、重开放、重共享之特点。《论纲》谓阐释之公共性，乃阐释的本质特征，此为重要根据之一。

理解并承认阐释的公共性，是构建当代中国阐释学的重要起点。此其公共性，并非人之主观意愿所决定，而是阐释生成及存在之基本要素。阐释的公共性，由阐释主体及其间性而定位；由阐释之目的和标准而使然；由阐释行为的实际展开及衍生过程而主导。阐释之所以为阐释，就是因为它是公共的。任何放弃公共性的言说，不可谓阐释，最多可称私人理解，或未及实现的阐释。汉字"阐"（"闡"）及"诠"（"詮"）清晰蕴含此义。研究及立论于阐释之学，应重"阐"及"诠"之训诂。由此，我们从考据入手，追溯单音词"阐"与"诠"之本义及引申，汲取"阐"与"诠"之优长，坚持以"诠"为根据，以"阐"为目的，创建当代中国阐释学基本原理。兹论如下。

一 "阐""诠"义考

《说文解字》为历代所尊奉，许慎对"阐"和"诠"，以及诸多与此联属之字，都有精到的说明和解注。我们先辨"阐（闡）"。

《说文·门部》：

> 阐，开也。从门（門），单声。《易》曰："阐幽。"

此为原文。兹遵许说，从义、从形、从声，依次展开讨论。

先说本义。"阐"为"开（開）"。"开"为何意？《说文·门部》："开，张也。""张"为何意？段玉裁注："张者，施弓弦也。门之开如弓之张。"[1] 许氏更直接的表达是："𨳭，古文。"段氏注："一者，象门闭。从艸者，象手开门。"[2] 这就是说，作为会意字的"开（開）"，是双手对举打开门闩，意在开门。《史记·赵世家》："主父开之。"司马贞《索隐》："开，谓开门而纳之。"[3] 由此可以确证，从许氏说，"阐"的本义为开，且为"开门"之开。《说文》中与"阐"同为"开"义者，还有"闿（闓）""閜""辟（闢）""闡"。其中，《说文·门部》："闿，开也。"段氏注："本义为开门。"[4] 《说文·门部》："閜，大开也。""辟"又谓"开"，且为"多开"。许氏云："《虞书》曰：辟四门。"即《尚书·尧典》："月正元日，舜格于文祖，询于四岳，辟四门，明四目，达四聪。"此处所谓"辟"不仅是开一门，且要开四门。孔传认为"辟四门"是要"开辟四方之门未开者，广致众贤"，"广视听于四方，使天下无雍塞"。[5]《汉书·梅福传》亦云："博览兼听，谋及疏贱，令深者不隐，远者不塞。所谓'辟四门，明四目'也。"[6] 至于"闡"，《说文·门部》："闡，辟门也。"更有意味的是，《说文》注明，"辟（闢）"的古形"𨴥"，同样是双手上举，意欲开门，更形象也更直观地表达了"开"之本义为洞开，为吸纳，为通达，为彰明。

其次说形。"阐"，"从门（門）"。这里的"从门（門）"是于部首之属说形。部首作为表意符码，具有鲜明的语义学旨归。遵照六书体系，将诸多同意符字纳于同一部首，其语义选择与定位显明。"阐"谓"开"，"开"从"门（門）"，根据何在？我们理解，在相对简单的古代生活中，

---

① 段玉裁：《说文解字注》，上海古籍出版社，1981，第603页。
② 段玉裁：《说文解字注》，第588页；此处"闭"字，原就为"𨳲"，为会意字，在小篆中为两扇门中加上两条门闩，插上门闩为闭，拉开门闩为开。到楷书中门闩讹变为"才"，而"才"与"闭"毫无关系（参见左民安《细说汉字》，九州出版社，2005，第203页）。
③ 《史记》，中华书局，1959，第1815页。
④ 段玉裁：《说文解字注》，第588页。
⑤ 《尚书正义》，见《十三经注疏》，中华书局，1980，第130页。
⑥ 《汉书》，中华书局，1975，第2922页。

对人而言，最直观、最直接、最普遍的"开"，则首推开门。也就是说，只有对门而言，才有所谓的"开"。此由诸多与"开"字有关的古文字原形可证。接踵而来的问题是，古文字之"门（門）"又谓何意？据考证，共二义：其一为"闻"；其二为"问"。兹证如下。

关于"闻"，《说文·门部》："门（門），闻也。从二户，象形。"段氏注："闻者，谓外可闻于内，内可闻于外也。"① 所谓"闻"，《说文·耳部》："闻，知声也。"《大戴礼记·曾子疾病》："君子尊其所闻。"王聘珍《解诂》引《说文》云："闻，知闻也。"② 《汉书·贾山传》"令闻不忘"，颜师古注："闻，谓之声闻也。"③ 关于"问"，《广韵》释："门，问也。""闻"又与"问"通。曹植《与吴季重书》"往来数相闻"，吕向注："闻，问也。"④《诗·葛藟》"亦莫我闻"，陈奂《传疏》："闻、问古通用。"⑤由上可见，首义为"开"的"阐"，因部首归门，从而可引申为"闻"与"问"，且为开门之"闻"与"问"。

再次说声。《说文》"阐"，"单声"。"单"者，《说文》："大也。"与"阐"同义。《玉篇·门部》和《广韵·狝韵》均释："阐，大也。"《慧琳音义》："阐，亦大开也。"同时，可以证明，与"单"声相关的，多字表有"厚""广""众"意。譬如："僤"，有厚重意。《诗·桑柔》："逢天僤怒。"《毛传》："僤，厚也。"⑥"繟"，有宽绰意。《老子》七十三章："繟然而善谋。"河上公注："繟，宽也。"⑦"禅"，有广大意。《史记·秦始皇本纪》"禅梁父"，裴骃《集解》引服虔注："禅，阐广土地也。"⑧"嘽"，有众多意。《诗·崧高》："徒御嘽嘽。"朱熹《集传》："嘽嘽，众盛也。"⑨ 音近义通，因声求义。由此可断，"阐"取单声，意在贯注阐之"大""广""众"诸义。

---

① 段玉裁：《说文解字注》，第 602 页。
② 王聘珍：《大戴礼记解诂》，中华书局，1983，第 97 页。
③ 《汉书》，第 2334 页。
④ 萧统编，李善等著《六臣注文选》，中华书局，1987，第 792 页。
⑤ 马瑞辰：《毛诗传笺通释》，中华书局，1989，第 242 页。
⑥ 《毛诗正义》，见《十三经注疏》，第 559 页。
⑦ 见陈鼓应注译《老子今注今译》，商务印书馆，2003，第 335 页。
⑧ 《史记》，第 242 页。
⑨ 《诗集传》，中华书局，1958，第 213 页。

现在可以言及"阐"的引申义。除去"开"之本义，"阐"还有诸多可从语源上证明其公共性之义项。《说文》释"阐"引《易》曰："阐幽。"这里用的正是与"开（開）"有关的引申义。归而纳之，大致有以下几项：其一，"明"。《玉篇》：阐，"明也"，源自《易·系辞下》："夫《易》彰往而察来，而微显阐幽。"这是对"开"的引申，意明也。王弼《周易注》"丰之为义，阐弘微细"①，刘勰《文心雕龙·神思》"至精而后阐其妙"②，都可解为"明"意。其二，"启"。《广韵》："启也。"《广韵·昔韵》释"辟（闢）"（同开）："启也。"其三，"通"。《逸周书·程典》"德开"，孔晁注："开，通也。"③ 其四，"扬"。《慧琳音义》卷八十七"咸扬"注引韩康伯注《周易》。《希麟音义》卷三"开扬"注引《玉篇》均为："阐，扬也。"由"阐"而构成的双音词也多表达其"开""明""扬""弘"意。"阐明"，《北齐书·杜弼传》："窃惟《道》《德》二经，阐明幽极。"④ "阐弘"，《后汉书·谢夷吾传》："阐弘道奥，同史苏、京房之伦。"⑤ "阐发"，胡应麟《少室山房笔丛·九流绪论下》："更互阐发，以竟一篇之义。"⑥ "阐扬"，《晋书·孙楚传》："制礼作乐，阐扬道化。"⑦ 此外，我们应该特别注意"阐教"与"阐化"的用意。如，谢灵运《宋武帝诔》："制规作训，阐教修经。"⑧ 潘岳《为贾谧作赠陆机诗》："粤有生民，伏羲始君，结绳阐化，八象成文。"⑨ 任昉《齐竟陵文宣王行状》："辟玄闱以阐化。"⑩ 等等。

次辨"诠（詮）"。

《说文·言部》：

① 《周易正义》，见《十三经注疏》，第67页。
② 刘勰：《文心雕龙》下篇《神思》，黄叔琳注，上海古籍出版社，2015，第174页。
③ 黄怀信等：《逸周书汇校集注》，上海古籍出版社，1995，第180页。
④ 《北齐书》，中华书局，1972，第782页。
⑤ 《后汉书》，中华书局，1973，第4494页。
⑥ 胡应麟：《少室山房笔丛》，上海书店出版社，2001，第281页。
⑦ 《晋书》，中华书局，1974，第4243页。
⑧ 梅鼎祚编《宋文纪》，景印文渊阁《四库全书》第1398册，台湾商务印书馆，1986，第14页。
⑨ 萧统编《文选》，中华书局，1977，第249页。
⑩ 萧统编《文选》，第828页。

诠（詮），具也。从言，全声。

此亦原文。兹遵许说，从义、从形、从声，依次展开讨论。

先从义说。诠为"具"，"具"又何谓？《说文·収部》："具，共置也。"本义为具备、具有。"具"的甲骨文为双手捧鼎（），以示具备。更多的是准备意，尤指准备饭菜，如《汉书·灌夫传》："请语魏其具，将军旦日蚤临。"[1]"具"有"足"义，如张衡《东京赋》："礼举仪具。"薛综注："具，足也。"[2]"具"有开列义，如《宋史·梁克家传》："上欣纳，因命条具风俗之弊。"[3]"具"有详悉义，如《书·伊训》"具训于蒙士"，蔡沈《集传》："具，详悉也。"[4]"具"通"俱"，如《诗·行苇》："莫远具尔。"郑玄笺："具犹俱也。"[5]"具"亦通"皆"，如《诗·四月》："百卉俱腓。"郑玄笺："具犹皆也。"[6]就"诠"的释义而言，《集韵·仙韵》："诠，解喻也。"《慧琳音义》卷二："诠，明也。"同书卷五十："释言曰诠。"《广雅·释诂四》："诠词者，承上文所发端，诠而绎之也。"《慧琳音义》卷二"所诠"注引《字书》："诠，证也。"同书卷三十"诠穷"注引《考声》："诠，证也。"同书卷二："诠，衡也。"钟嵘《诗品》："一品之中，略以世代为先后，不以优劣为诠次。"[7]

再从形说。诠（詮），"从言"。"言"有多意。一曰发言。《说文·言部》："言，直言曰言，论难曰语。"《周礼·大司乐》注："发端曰言，答述曰语。"[8]二曰发问。《周礼·春官·冢人》"及葬，言鸾车象人"，孙诒让《正义》引《广雅释诂》："言，问也。"[9]《礼记·曾子问》"召公言于周公"，孔颖达疏："言，犹问也。"[10]三曰训诂。《大戴礼记·小辨》"士

① 《汉书》，第 2385 页。
② 萧统编《文选》，第 56 页。
③ 《宋史》，中华书局，1977，第 11812 页。
④ 蔡沈注，钱宗武、钱弼整理《书集传》，凤凰出版社，2010，第 85 页。
⑤ 《毛诗正义》，见《十三经注疏》，第 534 页。
⑥ 《毛诗正义》，见《十三经注疏》，第 462 页。
⑦ 钟嵘：《诗品注释》，向长清注，齐鲁书社，1986，第 16 页。
⑧ 《周礼注疏》，见《十三经注疏》，第 787 页。
⑨ 孙诒让：《周礼正义》，中华书局，2015，第 2051 页。
⑩ 《礼记正义》，见《十三经注疏》，第 1401 页。

学顺辨言以遂志",王聘珍《解诂》:"言,诂训言也。"① 《释名》:"言,宣也。宣彼此之意也。"上述文献,表达了"诠"从"言"的意义,即有言,有问,有训,有宣且互宣之意,体现了"诠"之基本特性。但是,必须注意,"诠"之"言"与"问"亦有特别寓意,从诠释的意义上,必须明示。

一是,"言"为自言。《康熙字典》注"言"引《论语》"寝不言"句,释为:"自言曰言。"王力说:"在古代汉语里,'言'是自动地跟人说话,'语'则是指回答别人的问话,或是和人谈论一件事情,两者区别很清楚。"王力举证:《左传》僖公三十年"佚之狐言于郑伯曰",为佚之狐主动向郑伯进言;宣公二年"叹而言曰",是自动慨叹。王力断言:"在先秦,'语'字的'告诉'这一意义,是'言'字所不具备的。"②

二是,"言"为命令。《战国策·齐策四》:"制言者王也。"鲍彪注:"言,谓命令。"③ 《诗·彤弓》"受言藏之",郑玄笺:"言者,谓王策命也。"④

三是,"言"为教令。《诗·抑》"慎尔出话",毛传:"话,善言也。"郑玄笺:"言,谓教令也。"⑤ 这种上下之别、教受之别,亦体现于"问"。王引之《经义述闻·尔雅中·讯言也》引其父:"'言非言语之言,乃言问之言。'言,即问也。……《哀公问》曰:'寡人愿有言,然冕而亲迎,不已重乎?''愿有言',愿有问也。昭二十五年《左传》曰:叔孙氏之司马鬷戾,言于其众曰:'若之何?''言于其众',问于其众也。"⑥《读书杂志·汉书第九·贾谊传》:"臣闻圣主言问其臣。"⑦《礼记·曲礼上》:"已受命君言。"

———————————

① 王聘珍:《大戴礼记解诂》,第 205 页。
② 王力:《古代汉语》,中华书局,第 42 页。按《论语·阳货》载阳货谓孔子曰:"来! 予与尔言。"意即我与你言。以下三个"曰",皆为阳货自问自答,无须孔子回应。言为"自言"明矣。
③ 见诸祖耿编撰《战国策集注汇考》,凤凰出版社,第 609、615 页。
④ 《毛诗正义》,见《十三经注疏》,第 421 页。
⑤ 《毛诗正义》,见《十三经注疏》,第 555 页。
⑥ 王引之:《经义述闻》,上海古籍出版社,2016,第 1645~1646 页。
⑦ 王念孙:《读书杂志》第五册,中国书店,1985,第 71 页。

最后说声。诠，"全声。"《说文·人部》："全，完也。"段氏注："从工者如巧者之制造，必完好也。"①《战国策·秦策二》："楚国不尚全乎？"高诱注："全，空也。"② 此释为"诠"定位。"言""全"为诠，诠有完善、完好之追求。《说文·人部》："纯玉曰全。"此释为喻，可有三解。一为纯。《周礼·考工记·玉人》："天子用全。"郑玄注引郑司农："全，纯色也。"③《墨子·明鬼下》："牺牲之不全肥。"孙诒让《间诂》引毕云："全，谓纯色，与'牷'同。"④ 二为无瑕。《周礼·考工记·弓人》："得此六材之全。"郑玄注："全，无瑕病，良善也。"⑤ 三为备。《列子·天瑞》："天地无全功。"张湛注："全，犹备也。"⑥ 即完备、完全意。更突出的是，"全"与"诠"同有"具"意。《玉篇·人部》《广韵·仙韵》同注："全，具也。"《荀子·正名》："性之具也。"杨倞注："具，全也。"⑦ 由此，"诠""全"同义，诠，言全而已。"诠"取"全"声，还有一个重要根据。《说文·欠部》"欥"字下，段氏认为："诠词者，凡诠解以为词。"⑧ 何谓"词"？《说文·司部》段氏注云："意者，文字之义也；言者，文字之声也；词者，文字形声之合也。"⑨ 所谓诠，要对词作义、形、声的释，要全诠、全释。

"诠"的引申义，与"具"及诠释、解释有关的引申，首先，相符。《说文·言部》"诠"，段氏注："诠，就也。就万物之指以言其征。事之所谓，道之所依也。"《广韵》释："就，成也，迎也，即也。"更加集中地体现了所谓"诠"的核心追求。虽然段氏指为"皆引申义"，但其"成也""迎也""即也"，确与"诠"之本义以及方式、目标、追求相近。"迎"为顺迎意，"即"为相符意，突出对象对诠释的约束，诠释与对象所属意义之黏合关系彰显无疑。

---

① 段玉裁：《说文解字注》，第 239 页。
② 见诸祖耿编撰《战国策集注汇考》，凤凰出版社，2008，第 207、215 页。
③ 《周礼注疏》，见《十三经注疏》，第 922 页。
④ 孙诒让：《墨子间诂》，中华书局，2001，第 231 页。
⑤ 《周礼注疏》，见《十三经注疏》，第 935 页。
⑥ 张湛：《列子注》，《诸子集成》第 3 册，中华书局，1954，第 2 页。
⑦ 王先谦：《荀子集解》，1988，第 428~429 页。
⑧ 段玉裁：《说文解字注》，第 413 页。
⑨ 段玉裁：《说文解字注》，第 430 页。

其次，说明事理、真理。《淮南子·要略》："《诠言》者，所以譬类人事之指，解喻治乱之体也，差择微言之眇，诠以至理之文。"① 道明诠释事物本质、规律之本心。同书《兵略训》："发必中诠，言必合数。"②《晋书·武陔传》："文帝甚亲重之，数与诠论时人。"《音义》："谓具说事理也。"③ 表达了完全一致的取向。

最后，由"诠"而结构的双音词，也多有强调其真、其正、其择序义。如"诠正"，为评定意。《晋书·卞壶传》："亏损世教，不可以居人伦诠正之任。"④《说文》："正，是也。从一。"《周礼·天官·宰夫》："岁终，则令群吏正岁会。"郑玄注："正，犹定也。"⑤《诗·文王有声》："维龟正之。"朱熹《集传》："正，决也。"⑥ 又如"诠注"，王禹偁《谢赐御制逍遥咏秘藏诠表》："念释老之多歧，于是诠注微言，咏歌至道。"⑦ 关于"注"，《说文》释："注，灌也。"《周礼·天官冢宰》贾公彦疏："注者，于经之下自注己意，使经义可申，故云注也。"⑧

二　主体观辨

主体及主体间性之存在，乃阐释生成之基点。从"阐"与"诠"的考辨看，阐释总是由某个确定主体生成和发出的。阐释乃主体之阐释，更为主体间之互阐互释。中国古代阐释学之主体观念，乃清晰而牢固地立足于此，阐释之公共性亦因此成为可能。以下分别述之。

第一，阐释主体。何谓主体？根据康德的提法，主体谓自我，即能够按照自己的自由意志独立自主地做出决定并付诸行动的人。尽管中国古代

---

① 刘文典：《淮南鸿烈集解》，中华书局，1989，第704页。

② 刘文典：《淮南鸿烈集解》，第515页。

③ 见徐时仪校注《一切经音义三种校本合刊》，上海古籍出版社，2008，第1043页；参见《康熙字典》，中华书局，1958，第1158页。

④ 《晋书》，中华书局，1974，第1869页。

⑤ 《周礼注疏》，见《十三经注疏》，第656页。

⑥ 《诗集传》，中华书局，1958，第189页。

⑦ 王禹偁：《小畜集》，商务印书馆，1937，第294页。

⑧ 《周礼注疏》，见《十三经注疏》，第639页。

并无与西学中"客体"相对应之"主体"（subject）术语①，但中国古代的"我"，主要是指有自觉意识，并依自我意识行动的"我"，应该有与康德所谓"主体"概念大致相同的意义。《说文·我部》："我，施身自谓也。""我"原本为象形字，标示为锯齿状的锋利兵器（戈）。第一人称意义上的"我"，乃为其引申义。徐锴曰："（我）所以从戈者，取戈自持也。"② 由此证明了一条由象形兵器而游移流变为抽象主体概念的语义轨迹。自中国古代起，"我"作为主体，即以自知和自省为标志，早可见于《礼记·礼器》："我战则克。"郑玄注："我，我知礼者也。"孔颖达疏："我谓知礼者也。"③ 对此，孔子和孟子给予明确辨析，从年龄、意识、自省三个维度厘清主体与非主体之界线。

其一，年龄。《礼记·曲礼》："人生……二十曰弱冠。"意即年满二十、行过冠礼并被取"字"方为成年。《礼记·祭义》："成人之道也。"郑玄注："成人，既冠者。"④

其二，意识。主体的意识存在，是主体之为主体的根本。唯有识成人才可谓我，即主体。《尔雅·释诂》云："身，我也。"《说文·我部》："我，施身自谓也。"焦循《孟子正义》疏曰："成人已往，男子年二十已上也。是时知识已开，故备知天下万事。我本自称之名，此我既指人之身，即指天下人人之身，故云普谓人。人有一身即人有一我。未冠或童昏不知，既冠则万事皆知矣。既知则有所行，故云常有所行矣。"⑤ 也就是说，"我"作为主体本义，是有意识、有知识的成人。昏昧无知之童，不可为主体。孟子还有更突出自觉意识和主体自知的提法，明言非自觉意识者不可谓主体。《孟子·尽心》："行之而不著焉，习矣而不察焉，终身由

---

① 《汉书》卷六十五《东方朔传》："（接舆、箕子）使遇明王圣主……图画安危，揆度得失，上以安主体，下以便万民，则五帝三王之道可几而见也。"（《汉书》，第2871页）此句中"主体"意指"君主的统治地位"。至近代，章炳麟《驳康有为论革命书》："今日广西会党，则知己为主体，而西人为客体矣。"（章炳麟：《驳康有为论革命书》，孙正容注，浙江师范学院政史系，1979，第27页）其中"客体"意指"次要的人或事物"（参见《汉语大词典》第三卷，上海辞书出版社，2011，第1451页）。

② 徐锴：《说文解字系传》，中华书局，1987，第248页。

③ 《礼记正义》，见《十三经注疏》，第1434页。

④ 《礼记正义》，见《十三经注疏》，第1594页。

⑤ 焦循：《孟子正义》，中华书局，1987，第883页。

之而不知其道者，众也。"也就是说，哪怕是已冠成人，如果没有自觉的意识，没有对己身行为意义之了解、之省察，也不可称"我"。这就从意识自觉、行为自觉的意义上定义了主体。

其三，自省。《孟子·尽心》："万物皆备于我矣，反身而诚，乐莫大焉。"东汉赵岐注："物，事也。我，身也。普谓人为成人已往，皆备知天下万物，常有所行矣。诚者，实也。反自思其身所施行，能皆实而无虚，则乐莫大焉。"[1] 由此可见，主体在，主体反思亦在，且以反思规定其行，现代主体概念之要义备矣。

我们再回到"阐"。"阐"为"开"，"开"之本义为双手开门，开门之手是阐者之手，乃"我"之手开门。开者或阐者感知并确定己身之存在，并以其理性支配的客观动作实现存在。双手开门，亦体现主体之精神追求，蕴含了客观动作与精神索求的一致性。阐之何以可能？首先是主体自在。没有主体之自在就没有阐释。正是主体之确切存在，提供了阐之初始可能。阐之所以展开，亦在于认识的主动性。此主动性，不仅是指主体对事物，包括对他在主体的主动认知，而且还指认识对认识自身的主动检省，也就是所谓反思。阐是认知后的输出，先有认知与理解，而后才有阐释。对主体已有的理解给予阐释，反思之义已蕴含其中。认识的主动性体现了认识的主体性，或者主体性认识，是一切阐释行为的基础。

"诠"亦如此。"诠"之本义为具、准备意，此为确切的主体动作。从"具"的原形分析，双手捧鼎之主体已在。从"言"之本义分析，无论言何，俱为人言。由段氏注所谓"诠词也"之"欥"看，"欥"由"曰"与"ᠠ"相结合。关于"曰(曰)"，皇侃《论语义疏》引："开口吐舌谓之曰。"关于"ᠠ(欠)"，《说文·欠部》许慎释："象气所从人上出之形。"而"曰"者，《说文·曰部》："词也。"段氏注："词者，意内而言外也。有是意而有是言。"[2] 其义，其形，实为吐舌之人曰人言，诠之主体自在。由此可以判断，在主体的确定性上，"阐""诠"之间无差别，主体意识强烈、明晰，且同为自觉主体。然，在主体之间的比较上，两者差别明显。

---

① 焦循：《孟子正义》，第 882～883 页。
② 段玉裁：《说文解字注》，第 202 页。

"阐"之主体为普遍指向，任何人都有阐释的权力，阐释与阐释、阐者与阐者之间平等，无高低上下之分。"诠"之主体则有特别指向，言有上对下言，告有上对下告，且有命令意、教令意、强制意。所谓"制言者王也"，"臣闻圣主言问其臣"是也。在平等对话与交流的取向上，"阐"明显长于"诠"。

第二，主体间性。主体之存在，不仅因为客体的存在而在，同时，抑或更重要的，是因为他在主体的存在而在。中国古代亦无"主体间性"之术语，但春秋时期就有群己关系的讨论。许多人承认，"我"与"你"、"我"与"他"、"我"与广大人群相对，"我"才为"我"，"我"才具有意义，主体间性意识清晰。先秦典籍中，此类观点甚为常见。《论语·微子》孔子谓："鸟兽不可与同群，吾非斯人之徒与而谁与。"《荀子·王制》曰，"君者，善群也"，"人生不能无群"。"能群"是人类维持生存之要件。古汉语中"我"与"吾"之区别亦为明证。《说文》"吾，我自称也"，简单化矣。在语言使用中，"我"与"吾"之区别可谓广大，其意深远。[1]《庄子》的"吾丧我"就是典型。追索庄子思想的基本线索，"吾丧我"的"吾"，乃就己而言，为单性个体之吾，即主体间性之外的本身。我，乃谓因人而言，是与他人共在之我，即主体间性之中的本身。吾本体的忘己忘物，超然自得，是且仅是吾本体弃我、忘我的结果。庄子如此主张彻底地忘我，更加深刻地证明，人世间的我是一种共在，共在之我不可摆脱。宋末元初赵德《四书笺义》释《孟子》"养吾浩然之气"曰："吾我二字，学者多以为一义，殊不知就己而言则曰吾，因人而言则曰我。……盖言我者，不可以言吾；言吾者，不可以言我。……吾我互言，乃人己对待之称。"[2] 类似表达如《楚辞·渔父》："举世皆浊我独清，众人皆醉我独醒。"虽是悲怨之词、自恋之词、独我之词，然我与众人共存、共在之现实却无可回避。正因为有此共在，且在这共在中为其孤独，才有我，我才在。特别是段氏对"我，施身自谓也"的阐释："不但云自谓而云施身自谓者，取施与我古为叠韵。施读施舍之施，谓用己厕于众中，而自称则为

---

① 参见欧阳哲生编《胡适文集》，北京大学出版社，2013，第 162～165 页；参见严修《批判高本汉和胡适对吾我、尔汝的错误论点》，《人文杂志》1959 年第 2 期。

② 赵德：《四书笺义·补遗》，中华书局，1985，第 366 页。

中国阐释学的兴起

我也。"① 如此，以"我"为标举，自觉于东汉主体间性意识，几可作语义学上的最后结论。中国古代重要典籍中的许多思想，也都以主体间性为逻辑起点而立。譬如"仁"。《说文·人部》："仁，亲也。从人，从二。"造字之初就立足于协调人际关系，彰显儒家仁学出发于主体间性的立场。孔子曰"己欲立而立人，己欲达而达人"，主体间性之意蕴似近极致。墨子"兼相爱，交相利"，"爱人若己"，乃以主体间性为现实起点。

由此，我们回到"阐"，大致应有以下几层意义：其一，"阐"之本义为开，从"门"，且为未开之门。此可意味，阐之自身及其过程，从初始就是有障碍的。无论是主体之间的相互阐释，还是主体对文本及其他对象的阐释，皆有隔障。唯打开隔障，相互开放，构建合理之主体间性，阐释方为可能。

其二，"开"字原形已明示，阐释者是从内向外而开。此"开"，乃主动之开，自觉之开，表征阐之本身开放欲求。此动作暗示，阐释者清楚，个体阐释必须求之于公共承认，在争取公共承认之过程中确证自己。对此，《庄子·齐物论》"虽我亦成也"，成玄英疏："我，众人也。"② 就是极好的证明。

其三，开门本为祛暗、祛晦，将己意明予对方，坦诚主体自身之识见，实现阐之向明、向显的公共追求。打开隔障而面对他人，将阐释之意义和价值置于主体间性中互质，充分证明"阐"之非个体、非自守、非独断意义。

其四，门既可为隔障，也可为通道。③ 为阻为通，唯在相关主体之价值选择。陶渊明《归去来兮辞》"门虽设而常关"是一种选择，意在息交绝游，自言自赏。《尚书·尧典》舜"辟四门"亦是一种选择，意在直面各方，明目达聪。毫无疑问，在阐之选项上，有古代先贤抉择于开放与开明，且奋力开门，祛隔去障，使阐成为可能，使阐面向公共。推门之主动内含忧虑，《论语·学而》孔子曰："不患人之不己知，患不知人也。"此

---

① 段玉裁：《说文解字注》，第 632 页。
② 王先谦：《庄子集解》，中华书局，1987，第 18 页。
③ 《左传》襄公九年："门，守也。"《白虎通义》卷二《五祀》："门，以闭藏自固也。"陈立：《白虎通疏证》，中华书局，1994，第 80 页。

忧虑恰为构建主体间性之动力也。诠则不同。"诠"从"言"，但有自言意。"言"有问意，从"口"，"门"声。但问为门内发问。"问"的甲骨文为"閊"，乃门中之口，隔门相问。"问"与"闻"通，隔门相问相闻，无推门意，无祛障意。由此似可申明，诠之本义不在开放，不在间性，更重自守与封闭。在此意义上，我们择"阐"不择"诠"。

第三，在阐释学意义上，须认真对待主体性与主观性之关系。主观性是主体存在的核心因素。主体之存在，以生命与生理的物质存在为基础，但这不意味着有了生命，主体就当然存在。主观性在，更确切地说，人的主观能动性在，主体乃确在。对主观能动性的正确定位，有两个障碍。

其一，定势之影响。人之认识是有起点的。认识之发生非启于"白板"，不同出身与教养，即所谓全部认知背景，开启了认识，同时结构着认识定势。认识主体性也正是由不同的定势及其作用所表达。定势是大量常规性、重复性认知长期积淀，并通过集体无意识而遗传形成。无定势，则无认识。但也恰是此种定势，极可能导致认识上的极端主观化。以个体定势为准，以一己私意强制阐释对象，让对象服从主观意愿，此乃阐释之大忌①，所谓"六经注我"是也。对此，朱子有言，一些貌似阐释儒家经典之人，"本要自说他一样道理，又恐不见信于人，偶然窥见圣人说处与己意合，便从头如此解将去"②，且"直以己意强置其中"③，"只借圣人言语做起头，便自把己意接说将去"④。

其二，主体性、主观性，尤认识之创造性，并非无约束之主观任意。面对事物之我，客观存在之物，不依我之主观意志而存在，不可"心外无物"⑤；施身于众人之中的我，不可以视众人若无，独我、专我。于前者，

---

① 参见张江《强制阐释论》，《文学评论》2014 年第 6 期。
② 《朱子语类》，中华书局，1986，第 3258 页。
③ 《晦庵先生朱文公文集》，《四部丛刊初编·集部》第 180 册，上海书店，1989，第 13 页。
④ 《朱子语类》，第 2811 页。
⑤ 王阳明谓："你未看此花时，此花与汝心同归于寂。你来看此花时，则此花颜色一时明白起来。便知此花不在你的心外。"（《王阳明全集》，上海古籍出版社，1992，第 108 页）这是否认花之客观存在。然而，我们认为，你看不看它，颜色照在。你关注它，你的主观意识升起；你不关注它，关于花的主观意识不在。阳明先生颠矣。文本如花。你不看它，它在，只是你不认识它。你看它，它自展开自己，诉说于你本义之义。像有一物，人从未用过，这物只是无用而已，却不能说它没有，不在，只可于价值论上言其意义而已。

阐或诠之对象，独立于人的主观意志而客观存在。对阐释而言，文本的客观性自在，为书写者意图之载体，面对文本，承认和考证其本义是首要。①不可将己心强制于文本，以私意取代文本之义。于后者，文本书写者恒在于文本，对话、协商、相互理解，当是阐或诠之基本态度。对本义之发挥或借本义而重建，不可无拘无束，当有根据，且应明示如此扩张或歪曲，是阐者之意。如此方为正当，乃合阐释之伦理要求。《论语·子罕》："子绝四——毋意，毋必，毋固，毋我。"此四毋，朱子训："意，私意也。必，期必也。固，执滞也。我，私己也。"② 文本中没有的，不可臆度；不可以己期必于本义；莫固守成规而约束创意；不可专以私己度矣。所谓阐释意义上的主体性与主观性，其进退当如此。至于阐和诠，在其具体实践中，各显其长短。大致而论，阐更重创，更重疑，更重主观能动性之广阔冲量。诠则更重实，更重守，更重客观验证之扎实可靠。经今古文学派之争就是两种阐释观之争。魏晋玄学、宋明理学标举于"阐"，两汉经学、清代汉学以"诠"为长。就汉学内部而言，皖派近阐，吴派近诠。当然，界线不是绝对的，但消息走漏，亦线索可辨。中国阐释史上持诠立阐、持阐守诠之大师、名说多矣，乃当今构建公共阐释说的导引与典范。

三　目的观辨

所谓目的观，指阐释之目的与标准。这里包含阐或诠立足何处，以何种方式展开自己，阐释之目的何在，以何标准检测目的之实现等诸多元阐释问题。对这些问题的正确选择与回答，确为构建和实现阐释公共性之必需。限于篇幅，仅讨论以下两个核心话题：面对共在主体，阐释是对话还是独断；面对客观事物，阐释之标的——目的与标准，阐与诠何者为先。

---

① 参见张江《"意图"在不在场》，《社会科学战线》2016 年第 9 期。
② 朱熹：《四书章句集注》，中华书局，1983，第 109~110 页。杨树达按："意字与《先进》《卫灵公》二篇億字义同，皆为意度。毋意正《少仪》篇所谓毋测未至也。朱子训为私意，古训未之闻，殆未是也。"（杨树达：《论诸疏证》，上海古籍出版社，1986，第 213 页）由是，我们取臆度义。文中未至之义，不可臆度也。

第一，对话还是独断。所谓对话，即主体间之平等交流与协商。正当之阐释，应以建构平等对话为目的，通过对话，实现交流，完成阐释。开放之立场与态度，承认与尊重共在主体之此在，使对话成为可能。正当的阐释目的，决定了对话与协商是阐释的基础和主要方式。中国古代诸多经典以对话方式或文体平和展开，与读者构成理解与阐释的共同体。譬如，儒家第一部语录体经典《论语》即是。古汉语中，"对"本身就是对话义。《说文·丵部》："对，应无方也。"《广韵·队韵》："对，答也。应也。"《诗·大雅·桑柔》："听言则对。"郑玄笺："对，答也。"据称，"对话"一词最早见于唐刘长卿《题冤句宋少府厅留别》："对话堪息机，披文欲忘味。"① 宋胡仔撰《苕溪渔隐丛话后集》卷二十二《邵康节》："自言：若至重疾，自不能支。其有小疾，有客对话，不自觉疾之去体也。"② 朱子更是清晰，言读书与理解"如与古人对面说话，彼此对答，无一言一字不相肯可③。

所谓独断，即主体对客体的专断，包括主体视其他主体为客体，并以一己之意强制他人。单音字"独"，本身就有独断意。《庄子·人间世》："回闻卫君，其年壮，其行独。"郭象注："不与民同欲也。"④ 陆德明《释文》引崔譔云："自专也。"⑤《荀子·臣道》："故明主好同，而暗主好独。"杨倞注："独谓自任其智。"⑥"独断"一词，最早见于题名周尸佼著《尸子》："是则有赏，非则有罚，人君之所独断也。"《韩非子·孤愤》："今大臣执柄独断，而上弗知收，是人主不明也。"晋干宝《晋纪总论》："（高祖宣皇帝）神略独断，征伐四克，维御群后，大权在己。"⑦

从此线索，我们辨识"阐"与"诠"各自所含之意蕴。"阐"从"开"讲，有启义，有通义，有广大义，有吸纳义。"开"同"辟"，所谓

---

① 《刘随州集》，商务印书馆，1938，第 76 页。

② 胡仔：《苕溪渔隐丛话后集》，廖德明校点，人民文学出版社，1962，第 160 页。

③ 《晦庵先生朱文公文集》，《四部丛刊初编·集部》第 180 册，第 15 页。

④ 郭庆藩：《庄子集释》，中华书局，1961，第 132 页。

⑤ 陆德明：《经典释文》中华书局，1983，第 365 页。

⑥ 王先谦：《荀子集解》，中华书局，1988，第 251 页。

⑦ 萧统编《文选》，第 688 页。

"辟四门"，如前所引《汉书·梅福传》："博览兼听，谋及疏贱，令深者不隐，远者不塞。""开"有启义，杨树达谓"启"："发人之蒙，开人之智，与启户事相类。"[1]《论语·述而》："不愤不启，不悱不发。"何晏注引郑玄曰："孔子与人言，必待其人心愤愤，口悱悱，乃后启发为说之。"[2]启发之本义即有对话、协商、引导意，而非强制、独断、一统意。阐有集聚人才意。所谓开，开门而纳之。通辟（闢），汉简有门中之双手并举，亦有门内之双人并立，对话、交流、构建共享群体意凸显。[3] "阐"从"门"，"门"为"闻"。对阐释主体而言，有"闻"而后言，即以对方之言为对象，先闻其言，解而后阐，本是正当。"闇"字可作旁证。《说文·门部》："闇，辟门也。"《国语》曰："闇门而与之言。"准此，阐之为阐，非自言，非独言，而重在交流、协商，闻后共言，其公共性倾向鲜明。

"诠"之本义不在此。"诠"从"言"，言有独言义。所谓"直言为言"，"发端为言"是也。此类言无需回答，且不期待回答，甚或以自言为诠。《论语》中此类用法颇多，诸多"子曰"有言而无对，且不需要对。"言"有命令义，如前引《战国策·齐策四》："制言者王也。"鲍彪注："言，谓命令。""言"有问义，但此问非彼问，言问有上问下、君问臣之义，所谓"臣闻圣主言问其臣"是也。从"阐"与"诠"的词语组合上看，某些"诠"之组合凸显了"诠"本身的强制和评定意。最突出者为"诠正"。《晋书·卞壶传》："亏损世教，不可以居人伦诠正之任。"[4] 此言本义评定人才等级，似乎与诠释之本意甚远。但如此使用后，有明清几代学者将此用为诠释意义上的"正"。明程敏政撰《新安文献志》卷七十《程山长传》注："盖多未定之见，固有已觉其非而未暇诠正者，幸先生察其所以而终教之。"[5] 清吴肃公撰《街南文集》卷十九《跋书事》之《大

---

① 杨树达：《积微居小学述林》，中华书局，1983，第87页。

② 《论语注疏》，见《十三经注疏》，第2482页。

③ 有学者称，汉简中此字为错字。我们认为，从"闢"之本义认证，"闢"有招贤纳士意，所谓"宾于四门，四门穆穆"是也。汉简为门下二人，形象表达此意。而相背之人，我们理解，一可意有造字之美学诉求；二可理解为招贤纳士，不求贤者立场一致，可容相背相左之人，所谓"开辟四方之门未开者，广致众贤"，足见"闢"之弘大。

④ 《晋书》，中华书局，1974，第1869页。

⑤ 程敏政：《新安文献志》，黄山书社，2004，第1726页。

观帖跋》（二）："王著之谬，予尝摘出，而兹亦已诠正之。"① 清查慎行《补注东坡编年诗》卷二十五："施氏原注编入五月以后，似失次第，今诠正。"② 以上三例可证，阐释或诠释意义上使用该词是确当的。如此，所谓"正"又为何意？《说文·正部》："正，是也。从一以止。"徐锴："守一以止也。"③《周礼·天官·宰夫》："岁终，则令群吏正岁会。"郑玄注："正，犹定也。"④《诗·文王有声》："维龟正之。"朱熹《集传》："正，决也。"⑤ 如此从一、守一意，定也、决也意，充分表达了"诠"之阐释观，即以一己之意正定他者，无对等、无讨论、无协商，定于一尊之独断立场与意志明矣。然，"阐"无此搭配，无"阐正"一词。目前亦未见到"诠正"意义下的"阐正"组合的用法。⑥ 由此，从阐释观上说，我们取"阐"对话、协商意，不取"诠"独断、强制意。

第二，目的与标准。所谓目的，乃诠或阐之行为所要达到或期望达到之目的；所谓标准，是衡定目的实现程度的相关度量。先从诠说起。前引《说文·言部》"诠"，段氏注："诠，就也。就万物之指以言其征。事之所谓，道之所依也。"此言集中体现了诠的核心目的：以所诠之事物为根本，言征象，谓大道。所谓就者，《广韵》："迎也，即也。"何谓迎？《说文·辵部》："迎，逢也。"面向，正对意。《孙膑兵法·地葆》："绝水、迎陵、逆流。"唐李华《河南府参军厅壁记》："如川决防，如竹迎刃。"⑦《孔子家语·入官》："不因其情，则民严而不迎。"诠之于事物，以事物自身为对象，面向其事，正对其事，言其征，谓其道，非背逆于此，悬解妙

---

① 《清代诗文集汇编》，上海古籍出版社，2010，第 115 页。
② 查慎行补注《苏诗补注》，景印文渊阁《四库全书》第 1111 册，台湾商务印书馆，1986，第 499 页。
③ 徐锴：《说文解字系传》，中华书局，1987，第 33 页。
④ 《周礼注疏》，见《十三经注疏》，第 656 页。
⑤ 《诗集传》，中华书局，1958，第 189 页。
⑥ 上海辞书出版社《汉语大词典》无"阐正"一词。唐代李庚《西都赋》："横阁三重，阐正铅黄。"姚铉编《唐文粹》，上海书店，1989，第 2 页。铅与黄，皆为古人点勘书籍、涂改字迹所用颜料，以铅黄比喻校勘文字的事。此处"阐正"非"诠释"意。《经籍考》有"祛疑阐正之难"见嵇璜、曹仁虎等《钦定续文献通考》，见景印文渊阁《四库全书》第 630 册，台湾商务印书馆，第 61 页。由词法辨，此处"祛疑""阐正"皆为动宾结构，为祛除疑问、阐释正学意，非定意、决意。
⑦ 《全唐文》，中华书局，1983，第 3209 页。

物而言它。就文本诠释说，诠是文本之诠，诠以文本为据，诠解约束于所诠之文本，非弃文本而流言。承认并依据文本之客观性乃迎之要义。"即也"，可训"从"义。《易·屯》六三爻辞："即鹿无虞。"焦循《章句》："即，从也。"① 可训"遂"义。《经传释词》卷八："即，犹遂也。"② 可训"是"义。《战国策·魏策四》："即王有万乘之国。"鲍彪注："即，犹是。"③ 由此，诠须符合对象之本征，从文本而言，依文本而释，为文本之是也，不可无约束而谬言。唯如此，为就、为成。"诠""全"声，纯色、完备意。因声求义而知之，诠释之"诠"，有以文本或本文为中心，纯之又纯、全之又全地训诂和提炼文本意义之追索之义。所谓纯，通诂明道，确证本义也。《论语·子路》孔子曰："必也正名乎"。《孟子·万章上》："以意逆志。"戴震："故训明则古经明，古经明则贤人圣人之理义明，而我心之所同然者乃因之而明。"④ 钱大昕："笃志古学，研覃经训，由文字声音训诂而得义理之真。"⑤ 此类向往与追崇，中国古代诠释学纯之求也。完备者，可由戴震"十分之见"释之："所谓十分之见，必征之古而靡不条贯，合诸道而不留余议，巨细毕究，本末兼察。"由此而"差择微言之眇，诠以至理之文"⑥。所谓理者，《说文·玉部》："理，治玉也。"段氏注："凡天下一事一物必推其情至于无憾而后即安，是之谓天理，是之谓善治。"⑦ 由此，一条线索隐约可见：诠——全——纯（玉）——理——道，诠之本义与目的为是。一言以蔽之，解事物之本质，释人事之规律，阐幽而显微，言道，明道，为诠之目的。目的决定标准。诠之标准，大的方向讲，就是无歧义、可验证的确定性。

从汉代今古文学派各自的主张和方法看，前者更倾向于阐，后者更倾向于诠。古文学派意在全力申说和释证经典之原初意义，重训故，溯源流，释词解句，落实经典文意之确定性。尤乾嘉学派之治学主张，更是苦

① 见高亨：《周易古经今注》，中华书局，1984，第171页。
② 王引之：《经传释词》，岳麓书社，1984，第186页。
③ 见诸祖耿编撰《战国策集注汇考》，凤凰出版社，2008，第1300、1303页。
④ 《戴东原集》，上海书店，第9~10页。
⑤ 《潜研堂文集》，陈文和主编《嘉定钱大昕全集》，江苏古籍出版社，1997，第375页。
⑥ 《淮南子·要略》。
⑦ 段玉裁：《说文解字注》，第15页。

心追求诠必达到的确定性标准，不取开放、多元性阐释。针对"自晋代尚空虚，宋贤喜顿悟，笑问学为支离，弃注疏为糟粕，谈经之家，师心自用，乃以俚俗之言诠说经典"① 之弊端，乾嘉学派主张返经汲古，穷经为上。穷经又以训诂为重，诠释经典字字必有考据，字字必须确凿，因为哪怕"有一字非其的解，则于所言之意必差，而道从此失"。② 诠，要出本义，出圣心，出大道，"发必中诠，言必合数"，且全且准，定于一尊，无歧义之疑的确定性，不可动摇。

阐则不然。阐当然是有目标的。阐如开，开如张，张谓弓弦之张，箭在弦上不得不发。但是，阐之目标，体也，意也，用也。其开放、包容之气象，使其目的及标准，与诠之差别大矣哉。《四库全书总目》中有涉及两者区别的重要提法，精准概括了此问题上阐与诠的基本差异。

> 其首先曰"讲"者，注释文句也；次曰"意"者，推阐大旨也。③
> 是编大旨，不主于训诂名物，而主于推求"诗意"。其推求"诗意"，又主于涵泳文句，得其美刺之志而止……然光地邃于经术，见理终深。其诠释，多能得"兴观群怨"之旨。④

由此释入，诠重诂，阐重意。前者微也，本也；后者弘也，开也。此说可视作对阐与诠的深刻辨析。从中国古代阐释学的源流看，老子"道常无名"，业已为阐开启气象。阐道、释道，皆因道常无名，而有百家争鸣。郭象注《庄子》，"寄言出意"（汤一介）；王弼注《周易》，辨名析理。不作知识性训诂，不囿于字词解释，而尽力发扬思辨之精神，推阐文本整体隐含之形而上大旨，开创了一条不同于诠，即以训词诂字为归旨的阐释路线，在构建中国阐释学格局中独立一面。尤其是宋代文人的阐释观念，以理性批判为旗帜，对各类经典及正义之神圣与威权提出质疑，深刻影响中国阐释观念之构建。程颐曰："学者要先会疑。"⑤ 陆九渊曰："为学患无

---

① 《潜研堂文集》，陈文和主编《嘉定钱大昕全集》，第 377 页。
② 《戴东原集》，上海书店，1989，第 11 页。
③ 《易经儿说》［提要］，见《钦定四库全书总目》，中华书局，1997，第 90 页。
④ 《诗所》［提要］，见《钦定四库全书总目》，第 207 页。
⑤ 王孝鱼点校《二程集》，中华书局，1981，第 413 页。

疑，疑则有进。"① 欧阳修《策问十二首》更以疑经为主，其锋芒直指汉唐陋儒的知识主义，以勇决批判精神，构建具有鲜明方法论意义的阐释方式。然，凡事过犹不及，过则谬。怀疑批判当然重要，若脱离文本，颠倒文本与阐释之关系，以至以一己之意消解、替代文本，阐就走向反面。这恰恰是中国古代阐释学以诠为本，阐之不兴的重要原因。诚然，清代学者对魏晋、宋明阐释学之反动，所谓朴学大盛，是有其历史根据的。历史的经验应当汲取。从阐释的目的看，阐释为晦暗之文本祛蔽，为不明本意之人显幽，应以训诂为本，后有义理之辨，再为言道之说。如此阐诠之分，当代阐诠之抉，优先取诠，后复取阐。

作为旁证，辨析一个以阐为中心的双音词："阐悟"。所谓"宋贤喜顿悟"之悟。此为"阐"之特有搭配，而"诠"则无。《说文·心部》："悟，觉也。"同书《见部》："觉，寤也。"同书《寢部》："寤，寐觉而有言曰寤。"由此，以今言直喻之，悟，梦言或对梦的痴阐而已。正因为如此，人可借寤屡成大事，乃至成帝。② 苏轼阐诗，竟也抬出作者托梦："仆常梦见一人，曰杜子美，谓仆'世多误解予诗'。"③ 借此抛出自己活参诗意之阐。然，阐释乃寐觉之言，任阐者臆想，是否仍可为阐？阐，居间说话也，要以意逆志，要争取公共承认，要辅以经典化人，靠寐觉，终失公信。诠，无此搭配，可观两种阐释观之差异。④

结　论

综上考辨，可断知，中国古代阐释史上，"阐释"之"阐"与"诠

---

① 《陆九渊集》，中华书局，1980，第 472 页。

② 《左传》哀公二十六年："得梦启，北首而寝卢门之外，已为鸟而集于其上。咮加于南门，尾加于桐门。曰：'余梦美，必立。'"

③ 《记子美八阵图诗》，见王文浩注《苏轼全集》，时代文艺出版社，2001，第 5007 页。

④ 与"阐悟"近义的，是禅宗所主张的"禅悟"。禅宗鼓吹对佛教真理的理解为"心开悟解"，对佛经之文字无须考证认知，自有心解足矣。所谓"佛性之理，非关文字"（见郭朋《上云经校释》，中华书局，1983，第 122 页）。"我所说者，义语非文；众生说者，文语非义。"（《金刚三昧经》，《大正藏》第 9 册，新文丰出版公司，1973，第 371 页）如此观念，对唐以后之阐释思想与方法产生重大影响。所谓"阐悟"应由此而来。

释"之"诠"，各有极为深厚的哲学和历史渊源。比较而言，"阐"之公开性、公共性，决无疑义，其向外、向显、向明，坚持对话、协商之基本诉求，闪耀着当代阐释学前沿之光。"阐"之核心要义定位于此。"诠"之实、"诠"之细、"诠"之全与证，亦无疑义，其面向事物本身，坚守由训而义与意，散发着民族求实精神之光。"诠"之核心要义亦定位于此。中国古代从来就有两条差异深刻的阐释路线。一条由孔孟始，重训诂之"诠"；一条由老庄始，重意旨之"阐"。前者由两汉诸儒宗经正纬，至清初学者返经汲古，依文本，溯意图，诠之训诂索解，立信于世。所谓"以意逆志"是也。具有中国本色之阐释学根基于此。后者，经由两汉阴阳教化至魏晋、宋明辨明言理，"阐"之尚意顿悟，开放于今。所谓"诗无达诂"是也。具有中国本色之阐释学光大于此。两者各有其长，互容互合，为构建当代阐释学提供思想源泉与无尽动力。由此可以得出结论："阐"尚意，"诠"据实，尚意与据实互为表里。"阐"必据实而大开，不违本真；"诠"须应时而释，不拘旧义。"阐"必据词而立意，由小学而阐大体；"诠"须不落于碎片，立大体而训小学。

"诠，具也"，具以未来阐释学之坚实基础。"阐，开也"，启阐释学未来之宽广道路。

阐诠学之纲，明矣。

解释学与思想的客观性

◎ 吴晓明[*]

    随着近年来我国人文社会科学的发展，理论问题的积累越来越多，解释学——主要是作为"历史科学"或"精神科学"的方法论——引起了学界的极大兴趣和广泛关注。此种情形的出现对于学术的推进和深化是有利的，因为我们的学术发展确实在整体上到达了一个重要的转折点；先前积累起来的根本性问题和障碍能够通过解释学的介入而被揭示出来，并且被有效地课题化。然而，诸多学科对于解释学的理解和占用不仅差异悬殊，而且似乎在很大程度上陷入一种以主观主义来定向的纷乱中。张江教授以"强制阐释"一词描述了这种颇为盛行的纷乱：它是以任意和武断为基本特征的；而且据说这样的任意和武断又是假"解释学"之名来操作和实行的。既然当代解释学拒绝了现代形而上学（或一般形而上学）立足其上的那种客观性，似乎它也就理应允诺主观性的为所欲为了。本文试图阐述的论点与之恰好相反：当代解释学的大端和主旨向来就是最坚决地捍卫思想的客观性（或解释的客观性），并且是在"超感性世界"能够保障的客观性垮坍之际要求重建思想或解释的客观性；那种从解释学的某些片段中引申出来的主观主义幻觉及其在各学科中的任意发挥，从一开始——并且在根本上——就已经误入歧途了。唯当思想的客观性这个根本之点被牢牢地把握住，解释学意识才可能对我们的学术整体形成积极而强大的动力。

---

  * 吴晓明，复旦大学哲学学院教授、当代国外马克思主义研究中心主任。

一

一般来说，承诺并保障思想的客观性乃是哲学最基本的宗旨和态度，而思想的客观性主题是在近代得到发展的，并在德国古典哲学中达到其思辨的顶峰。伽达默尔把所谓"客观性（Sachlichkeit）告诫"称为"我们所知道的哲学特有态度的起源"，并且在古典思想家中，将黑格尔推举为"这种客观性的魁首"①。我们知道，在希腊人对"意见"和"知识"的区分中，就已经包含着革除"主观的"意见以维护"客观的"知识这一要求了；而在苏格拉底和柏拉图那里，辩证法正就意味着在各种纷乱对立的"意见"中使事物自身显露出来，因而是一门通过追问而使不恰当的"意见"自行解体的艺术。诚然，对于希腊思想来说，"主观性"或"客观性"这样的术语是不恰当的或姑息性的，因为唯当近代哲学将意识的存在特性规定为主体性（Subjektivitaet）之际，这样的术语才开始获得其本己的含义。② 然而，我们在这里能够领会到希腊哲学的立场是："意见"的革除或瓦解总意味着事物自身的展开活动，意味着"由自身而来的在场者"自行显现出来。

海德格尔后来对解释学方针的重新制定，一方面与古希腊思想形成独特的衔接，另一方面又与近代主体性哲学的整个进程和命运具有本质的关联。而在近代哲学（或现代形而上学）的架构中，黑格尔在总体上精确地区分了所谓"客观性"的三个基本意义："第一为外在事物的意义，以示有别于只是主观的、意谓的或梦想的东西。第二为康德所确认的意义，指普遍性与必然性，以示有别于属于我们感觉的偶然、特殊、和主观的东西。第三……是指思想所把握的事物自身，以示有别于只是我们的思想，与事物的实质或事物的自身有区别的主观思想。"③ 此处所称客观性的第一层含义，想必是我们很容易理解的：一般的常识、人们的"自然信念"，乃至于较为淳朴的哲学思想都会确认这样的客观性；用我们很熟悉的话来

---

① 参见伽达默尔《哲学解释学》，夏镇平、宋建平译，上海译文出版社，1994，第71页。
② 参见《晚期海德格尔的三天讨论班纪要》，《哲学译丛》2001年第3期。
③ 黑格尔：《小逻辑》，贺麟译，商务印书馆，1980，第120页。

讲，外在事物是客观的，它不以人的主观意见或主观意志为转移。这是一种通常的、健全的识见。正是这种识见将客观的事物同只是主观的、意谓的和梦想的东西区别开来。虽说这样的识见看来比较粗糙，但解释学在黑格尔之后力图重建的思想之客观性却在一般意义或基本口号上要求恢复这种识见。伽达默尔在《事物的本质和事物的语言》一文中写道："相应地，当我们说到事物的'本质'或事物的'语言'时，这些表述都含有反对我们论述事物时的极端任意性，尤其是陈述意见、对事物作猜测或断定时的任意性，以及否认或坚持个人意见的任意性。"①

　　思想的第二个含义上的客观性，是以普遍与必然的东西为客观的，使其对待于我们感觉中偶然和特殊的东西（主观的）。这种观念特别地属于主体性意识的时代，从而表明近代哲学的原则不再是"淳朴的思维"，而是意识到了思维与存在的对立并要求通过思维去把握两者的统一。② 黑格尔之所以用康德之名来谈论这种客观性，是因为主体性哲学的开端（"我思"）在康德哲学中得到特定的完成并绽露其基本的性质。一方面，康德确认我们既与的知识具有普遍必然性的成分，并因而在这个意义上是客观的；另一方面，我们知识的本质性被导回自我意识（纯粹的统觉、纯粹的自发性），也就是说，这种知识的客观性源于我们具有普遍—必然性的范畴，而这样的范畴又在自我意识中有其本质来历。因此，那只是在感觉中的材料乃是主观的，而具有普遍—必然性的思想内容则是客观的。在这个意义上，"康德似乎把习用语言中所谓主观客观的意义完全颠倒过来"③了：感官可察觉之物是附属的和无独立存在的东西，而作为"纯思"（自我意识的纯粹活动）的思维乃是原始的、真正独立自存的。这种颠倒乃是近代哲学在主体性原理上的必然进展，并且可以用来标识康德所谓的"哥白尼革命"。这一革命的伟大成果包括：（1）决定性地把"知识"和"思维"自身区别开来，也就是说，关于"自我"的思考是与知识相当不同的东西；（2）知识对象或经验对象并不是现成地给予我们的东西，相反，它们是通过自我意识的活动而被构成的；因此，（3）先前关于客观性的淳朴

① 伽达默尔：《哲学解释学》，第70页。
② 参见黑格尔《哲学史讲演录》第4卷，贺麟、王太庆译，商务印书馆，1978，第4～7页。
③ 黑格尔：《小逻辑》，第119页。

的观念便瓦解了，客观性不再意指外在事物，而毋宁说是表示知识中普遍性和必然性的东西，亦即符合思想规律的东西。如果说，我们在后来的解释学中同样能够识别出上述这些"因素"，那么这是毫不足怪的；因为虽说解释学最坚决地维护思想的客观性，但根本不再可能仅仅立足于淳朴天真的客观性观念了。

"但进一步来看，康德所谓思维的客观性，在某意义下，仍然只是主观的。因为，按照康德的说法，思想虽说有普遍性和必然性的范畴，但只是我们的思想，而与物自体间却有一个无法逾越的鸿沟隔开着。"① 黑格尔说得非常正确：所谓"我们的思想"，只要它仅仅局限于"现象"之被构成的领域，只要它以物自身为纯粹的"彼岸世界"或"他界"② 并因而是不可通达的，那么，它就不能不是主观的思想。此点就"真理"一词的含义来分辨是最为简易的，因为真理就意味着通向并抵达物自身；只要思想与物自身处在决定性的分离隔绝中，那就意味着思想放弃真理并使思想仅仅作为主观思想而持立。就是在这个意义上。黑格尔声称"客观思想"最能表明真理，而真理既是哲学的目标，又是哲学研究的"绝对对象"也是在这个意义上，黑格尔指责所谓批判哲学——大多属于停滞下来的康德哲学的末流——把对真理的"无知"当成"良知"，之所以如此，是"……因为它确信曾证明了我们对永恒、神圣、真理什么也不知道。这种臆想的知识甚至也自诩为哲学"③。这里出现的当然是一种主观主义，然而却是在试图建立较高的思想之客观性的进程中表现出来的主观主义。

为了从这种主观主义中摆脱出来，德国哲学最终采取了绝对唯心论的本体论立场，这一立场同时将自身揭示为思辨的辩证法。这一本体论立场的核心是：重建思想的真正客观性；也就是说，使物自身对于我们的思想来说成为可通达的。为了做到这一点，黑格尔把思想的真正客观性表述为：思想不只是我们的思想，而且是事物的自身（an sich）。④ 唯当我们的思想和事物的自身在本体论上是同一的时候，前者通达于后者才是可能

---

① 黑格尔：《小逻辑》，第 120 页。
② 参见黑格尔《小逻辑》，第 125、151 页。
③ 黑格尔：《小逻辑》，第 34 页；并参见第 93 页。
④ 参见黑格尔《小逻辑》，第 120 页。

的；唯当作为"绝对者"的思想不仅构成我们思想的本质，而且构成事物自身的本质（对象性的东西的本质）时，这两者的同一即真理——才是可能的。正是在这里，先验唯心论转变为绝对唯心论："思想不但构成外界事物的实体（Substanz），而且构成精神性的东西的普遍实体。"①

黑格尔绝对者（实体—主体）的立场之所以同时就是辩证法，是因为绝对者作为主体乃是活动，并且除非它自我活动，否则根本不可能活动；它不仅是无限的基质，而且是无限的机能——这种绝对者作为思想机体的组织活动就是辩证法。因此，黑格尔是在近代思想的情境下有意采纳了希腊辩证法的范式。如伽达默尔所说，希腊人在理解历史的"超主体的力量"（即"客观的"力量）方面超过了我们，"因为我们深深地陷入了主观主义的困境中"②。这种困境是试图从主观性出发并为了主观性而来论证认识的客观性。而我们一定还记得：作为对话或交谈的希腊辩证法从一开始就是要求在纷乱意见的解体中使事物自身显示出来，使事物的自我活动显示出来。或如海德格尔所指出的那样，"贯通某物"（Durch etwas hindurch）在希腊文中就叫作辩证法；因而在黑格尔那里辩证法就意味着主体——首先是绝对者主体——的自我活动［主体在所谓的过程（Prozess）中并且作为这个过程生产出它的主体性］③，意味着在这一过程中事物自身对于我们的思想来说成为可通达的。在这个意义上，黑格尔对希腊辩证法的复活是为了维护"真理"这一哲学的目标，是为了在主体性已然充分发展的态势下恢复思想的真正客观性。"那个与希腊人有关并且让哲学得以开始的东西"，在黑格尔看来乃是纯粹客观的东西。它是精神的第一次"显示"，是精神的第一次"出现"，是一切客体得以在其中合而为一的那个东西。黑格尔把它称为"一般普遍者（das Allgemeine überhaupt）"④。当这种一般普遍者在整个哲学史的行程中被充实和丰富起来时，当这一行程在经历了近代主体性哲学的全面发挥并最终在绝对者的自我活动中重建起思想的客观性时，哲学的立足点，那个由希腊开端的哲学立足点便在黑

① 黑格尔：《小逻辑》，第 80 页。
② 伽达默尔：《真理与方法》下卷，洪汉鼎译，上海译文出版社，1999，第 588 页。
③ 参见海德格尔《路标》，孙周兴译，商务印书馆，2000，第 510 页。
④ 海德格尔：《路标》，第 513 ~ 514 页。

格尔的体系中完成了——因为黑格尔哲学抵达了精神之自我意识的最高的（海德格尔的说法：不可能更高的[1]）立足点。只有牢牢地把握住这一点，只有充分地理解思想之客观性的多重含义，对于解释学的各种讨论和发挥才可能保持在正确的轨道上。

二

然而，黑格尔试图保障思想之客观性的宏伟意图和庞大建筑很快就面临着最严重的危机，特别关系到这一哲学的本体论基础：自我活动的绝对者（约言之："绝对"）乃是实体—主体，亦即"上帝"。一般来说，在现代形而上学即主体性哲学的基本建制中，只要哲学或科学仍然遵循所谓"客观性告诫"，那么，某种绝对者实体就是非常必要的。正如笛卡尔为了使思维"实体"和广延"实体"能够彼此协调一致而不得不设定更高的实体（神，神助说）一样，斯宾诺莎直接确认了绝对者实体，即上帝、自然或自因；并且正如谢林和黑格尔重新返回斯宾诺莎的实体一样，伽达默尔专门谈到了古典形而上学的"优势"，即它从一开始就超越了主体和客体的二元论，超越了主观意志和自在之物的二元论，因为它通过绝对者实体设定了两者之间的"预定和谐"[2]，而这种预定的和谐之所以是优势，是因为现代形而上学在其基本建制中已先行分割了主体/客体，思维/广延，以及意识/对象等，只要缺失作为最高统一的绝对者实体，意识就不可能通达对象，我们的思想就不可能通达事物自身。"只要人们从 Ego cogito（我思）出发，便根本无法再来贯穿对象领域；因为根据我思的基本建制（正如根据莱布尼茨的单子基本建制），它根本没有某物得以进出的窗户。"就此而言，我思是一个封闭的区域。"从该封闭的区域出来，这一想法是自相矛盾的。"[3]

事情确实就是如此，除非在本体论上有来自绝对者（主体—客体、思维—存在）的保障。然而，绝对者即便在哲学上也不再能真正持立了。当

---

[1] 参见海德格尔《黑格尔》，赵卫国译，南京大学出版社，2018，第 3~4 页。
[2] 参见伽达默尔《哲学解释学》，第 75 页。
[3] 《晚期海德格尔讨论班纪要》，《哲学译丛》2001 年第 3 期。

费尔巴哈对宗教开展激进的人本学批判时，他立即根据这一批判袭击了哲学（一般形而上学）本身，并把近代的思辨哲学称为"思辨神学"：斯宾诺莎是这种神学的罪魁祸首，谢林是它的复兴者，黑格尔是它的完成者。^①一句话，宗教的上帝和哲学的绝对者是同一个东西，思辨哲学只不过是神学的最后一根理性支柱罢了。尤为重要的是，这样的批判并不是一个偶然的"触犯"，而是成为一种强大的时代意识了。我们此间可以省略许多批判的环节，但尼采的话"上帝死了"却正是这种时代意识的确切标志。按照海德格尔的正确阐释，"上帝死了"并不是什么无神论者的一个意见，而是意味着整个西方形而上学——它被名为柏拉图主义——建立其上的"超感性世界"已经腐烂了、坍塌了，不再具有生命力和约束力了。^② 在这个意义上，如洛维特所说，"费尔巴哈对黑格尔哲理神学的感性化和有限化绝对是我们如今所有人——有意识地或者无意识地——处身于其上的时代立场"^③。

就像黑格尔客观精神的思想在《新约》的普纽玛概念即圣灵的概念中有其根源一样，整个古典形而上学到处可以发现其根基上的神学因素。例如，包括黑格尔在内的古典形而上学的真理概念——知识和客体的一致、思想和物自身的一致——是以一种神学的一致为基础的。如果说，黑格尔是在近代哲学所面临的"主观主义困境"中通过返回思辨的绝对者来维护思想的客观性，从而来保障哲学或科学的真理性，那么，在"上帝死了"亦即超感性世界垮坍的时代处境中，思想的客观性是否还能够持存？先前立足于超感性世界之上并借重于神学一致性的真理概念是否有可能重新获得奠基？这是我们全部讨论中最为根本最为关键的问题，也是任何试图对解释学形成正确理解必须首先去面对和解决的问题；因为真正说来，解释学的复活和决定性意义正是由于要应答这样的问题并力图在哲学上深刻地去应答这样的问题才得以产生的。

且让我们首先较为一般地来谈论问题：黑格尔是通过思辨的绝对者来建立思想的客观性以及由之而来的真理性，随着思辨的绝对者的解体，建

---

① 参见《费尔巴哈哲学著作选集》上卷，荣震华等译，商务印书馆，1984，第 101 页。

② 参见孙周兴选编《海德格尔选集》下卷，上海三联书店，1996，第 771~775 页。

③ 洛维特：《从黑格尔到尼采》，李秋零译，三联书店，2006，第 108 页。

筑其上的思想的客观性和真理性便不再可能持存；更为严重的是，黑格尔保障思想客观性的方式总体来说乃是一般形而上学即柏拉图主义的方式（固然我们可以更准确地将之理解为一种完成了的方式），因而思辨绝对者的失败意味着：我们不再可能借重于一般形而上学——设定或通过超感性世界的优先地位——来重新占有思想的客观性。在这样的哲学处境中，除了极少数固守超感性世界之残垣断壁的无望挣扎之外，一般的意识（无论是学术的还是非学术的）只是身不由己地返回"主观主义的困境"之中。事情大体就是如此，但我们在这里必须指出：有两种哲学上的巨大努力，曾坚决地要求为思想的客观性和真理性重新奠基，从而在本体论上决定性地超出主观主义的困境——其中之一是马克思对思辨辩证法的批判性拯救，另一则是海德格尔重新制定的解释学方针。虽说这两者并非同时，但在特定的论说主题上却可以被看成一种平行现象，所以我们在关于解释学之基本性质的讨论中将在某些要点上形成相关的比照。即使是这种很一般的提法也能使我们或多或少意识到，对解释学做主观主义定向的理解是严重地成问题的。因为思辨唯心论的解体就意味着这样一种状况，即哲学的或非哲学的观点纷纷散落到主观主义之中；如果解释学只是某种主观主义的类型，那么真正说来它就是不必要的或没有本质重要性的；相反，对解释学的主观主义误解倒是应当由这种状况来加以说明。

决定性的问题是：在绝对者"上帝"缺席的情况下，在超感性世界不再具有约束力的情况下，思想的客观性如何可能得到拯救？为此首先需要一种本体论批判，而且这一批判必须从根本上全面地超出现代形而上学（作为一般形而上学的完成阶段）。我们看到，马克思在 1845 年就做出了这样的本体论批判，其基本表述是："意识［das Bewuβtsein］在任何时候都只能是被意识到了的存在［das bewuβte Sein］，而人们的存在就是他们的现实生活过程。"① 很明显，这是一个地地道道的本体论判断；同样明显的是，这个判断不仅摧毁了康德把意识与物自身分割开来并从而把知识的本质性局限于自我意识的主观主义，而且拒绝了黑格尔把主观思想和事物自身的本质性一起导回绝对—主体中去的思辨唯心主义。对于马克思来

① 《马克思恩格斯选集》第 1 卷，人民出版社，2012，第 152 页。

说，现实的意识只能是人们的意识，而人们的意识只不过是人们的存在即其现实生活过程在观念形态上的表现（"反射"、"反响"或"必然升华物"）罢了①。一句话，意识的本质性乃在于人们的现实生活过程；用现象学熟悉的话来说，意识的本质性是被引导到"生活世界"中去了。

在早期海德格尔那里，我们看到了一种类似的——但性质是相同的——本体论批判。他通过现象学（但以一种超出胡塞尔现象学）的方式对意识所预设的"存在"开展出著名的本体论批判；为此他不仅像马克思一样拆写了"意识"（Bewuβt‐sein）一词，以便特别地标明这一批判的本体论性质，而且在下述命题——此在（Da‐sein）是"在世的在"——中为他对意识所做的本体论批判找到了口号。② 这一批判的结果表明，"意识"只不过是此在在世的一种方式罢了。海德格尔曾说："在《存在与时间》里没有意识。"③ 这话的意思当然不是说该书对"意识"不置一词，而是说，意识的本质性是被全然置放到"此在在世"的那个领域中去了。而这个领域如果不是"生活世界"（这个世界，以往的形而上学从未真正置喙，只是在极为晚近才由胡塞尔等哲学家提示出来），又是什么呢？既然思想或意识的本质性不在"逻辑学"的天国，既然其真理性不再能借助超感性世界来获得保障，那么，除非生活世界本身能够为思想的客观性提供出一种保障，否则的话，它就不再有任何保障。

解释学正是在对意识开展出决定性本体论批判的过程中才真正被复活和重建的，我们在这里特别要提到海德格尔 1923 年的讲座《存在论（实际性的解释学）》，这个讲座的标题就已经把本体论（即存在论，ontology）问题与特定的解释学任务本质地勾连起来了。不必说，解释学的历史可以追溯得很远；也不必说，解释学一般而言似乎无关乎对意识的本体论批判。事情的实质在于：解释学的重建是"历史性的"，按海德格尔的说法即是"命运性的"，命运性的事件是，作为整个形而上学之完成的思辨哲学的夭折，从而使建立其上的思想之客观性土崩瓦解。而对于解释学的"历史学的"叙述，倒恰恰是要根据上述"历史性的"事件来制定方向，

---

① 参见《马克思恩格斯选集》第 1 卷，人民出版社，2012，第 152 页。
② 参见伽达默尔《哲学解释学》，第 118 页。
③ 参见《晚期海德格尔的三天讨论班纪要》，《哲学译丛》2001 年第 3 期。

并获得意义揭示的。如果说海德格尔在该讲座中提供了一个解释学的简史，那么，特别引人注目的是：解释学的源头一直被追踪到柏拉图和亚里士多德；对奥古斯丁给出了最高的评价——因为他将解释学看作"包罗万象的和活生生的方式"，从而提供了第一部"宏大风格的解释学"，而对施莱尔马赫和狄尔泰则主要是批评性的——无论是前者的"理解的艺术"，还是后者的"精神科学方法论"，都使解释学陷入狭隘的形式主义中去了。毫无疑问，所有这一切都与海德格尔的本体论批判任务有关，与他从意识的领域转入生活世界的领域有关，也就是说，与"实际性的"解释学亦即解释学在本体论上的"实际性"定向有关。

"实际性"（Faktizitat）一词的含义非常清楚地表明海德格尔离开"意识"的领域而要求转入的那个领域的性质与运作：（1）实际性是表示我们的"本己的"（eigenen）此在——当下的这个此在或"此在具体的当下性"——的存在特征。（2）此在不是作为直观的对象和知识的对象，此在中的存在（Sein）作为及物动词意味着：去过实际生活！（3）"因此，实际性的（faktisch）意思是，表示它自身源于这样一个存在者的存在特征，并且以这种方式'所是'（ist）。如果我们将'生活'视为一种'存在'的方式，那么'实际生活'（faktisches Leben）的意思系指：作为以某种存在特征的表达方式在'此'（da）的我们本己的此在。"① 以上诸点可以大体表明，所谓实际性的解释学在本体论上具有怎样的基本性质和活动领域。正如海德格尔晚年谈到主体性哲学之困境时所说的那样，必须从某种与"我思"不同的东西出发：关于物自身的基本经验需要一个与"意识"领域不同的领域，这就是被称为"此在"（Darsein）的领域。

三

思想的客观性，就其广义而言，不仅意味着承认思想与事物的同一性，而且意味着承认事物的自我活动，承认事物由自身便已在（von sich ausschon vorliegen）。如果说这种承认在希腊人那里几乎是不言而喻的，那

---

① 海德格尔：《存在论（实际性的解释学）》，何卫平译，商务印书馆，2016，第8~9页。

么近代哲学即主体性哲学则造成了思想与事物自身的分离，并使其建制中的意识与对象、主体与客体的对待尖锐化了。对象或客体的特征是：由表象将它保持在对方；"而表象（在与对象的关系中，它是在先者）在自己面前对设对象，以至对象决不可能首先由自身而在场"①。为了在这样的处境中挽救思想的客观性，黑格尔不得不诉诸绝对者的自我活动，而这种自我活动的展开就是思辨的辩证法。由于这样的绝对者——上帝已经在本体论上崩塌，又由于必须在上帝销声匿迹的地方重建思想的客观性，海德格尔在开展对现代形而上学之本体论批判的同时，诉诸——并重新定义了——解释学。因此，解释学从一开始就包含着与黑格尔哲学—思辨辩证法在本体论上的"争辩"，就像马克思的辩证法最坚决地要求拒绝普遍者的神秘化一样，两者都要求决定性地突破思辨哲学—辩证法，而这种突破从根本上来说都是为了挽救思想的客观性。作为黑格尔的学生，马克思继续保留了"辩证法"一词；作为胡塞尔的学生，海德格尔启用了解释学这个"新概念"。在写于1924年的一个题为"解释学与辩证法"的附录中，海德格尔提示了基本要义："'真理'，被揭示状态，被揭示状态的发展以及辩证法。辩证法作为否定并不导致和要求非直接的把握和拥有。更彻底的可能性，新概念：解释学。"②

　　需要理解和把握的是海德格尔与黑格尔"争辩"什么以及如何"争辩"。在《黑格尔的精神现象学》讲座（1930~1931）中，海德格尔说，我们的争辩是"追随"黑格尔难题最内在的动向，由此我们便处于有限性和无限性的"交叉路口"，而不是两种观点的对比。此间的问题是：对存在的领会与言说即语言，是神性的吗？《精神现象学》描述为超离的（absolvent）东西，是否只是遮蔽了的超越，即有限性？③ 而在《黑格尔》讲座（1938~1939）中，海德格尔更加明确地说：争辩的立足点深藏于黑格尔哲学中，却是作为其本身在本质上不可追究的"基底"，因而真正的任务是深思熟虑地回溯到一个更加原始的立足点；而这一"原则性争辩之成

①　《晚期海德格尔的三天讨论班纪要》，《哲学译丛》2001年第3期。
②　海德格尔：《存在论（实际性的解释学）》，第124页。
③　海德格尔：《黑格尔的精神现象学》，赵卫国译，南京大学出版社，2018，第64、82、95页。

败"，则取决于能否获得更原始的（不是从外部侵入的）立足点，取决于能否通过这一立足点的规定能力去原始地把握原则性的东西。[①] 正是依循这种争辩的"什么"以及"如何"，作为本体论的解释学意味着："实际性是本源的，而且在其中已同样本源的是一种活动（Bewegtheit）、解释和对象的多样性，我们恰恰要达到这个本源的统一并理解它的历史学的历史特征。"[②] 由此我们可以非常清晰地看到：在本体论上最坚决地拒绝思辨唯心论—辩证法的海德格尔，却像马克思一样，维护并保有了黑格尔哲学之最伟大的和最丰沛的思想成果。在上引的那段话中，除去那个"本源的统一"，海德格尔说得几乎和黑格尔一模一样；诚然，由于本源的统一不再是"绝对精神"而是"实际性"，所谓"活动""解释和对象的多样性""历史特征"等势必要发生全面的意义改变。

因此，如果以为解释学取代思辨辩证法可以为主观主义大开方便之门（即恣愿各种解释之任意和武断）的话，那么这种想法无论如何已经从根本上大错特错了。反之，我们倒是可以更正确地说，全部解释学的努力从一开始就站在捍卫思想之客观性的一边，因而是各种主观主义——无论是否以"解释学"自居——的死敌。我们可以从以下几个方面来论述这一点。

第一，在关于"今日哲学"的探讨中，《存在论（实际性的解释学）》谈到了某种粗陋的客观主义。按照这种客观主义的哲学，"走向客观性"乃意味着"远离仅仅主观性的道路"；海德格尔把这种哲学称为"野蛮人的柏拉图主义"，它自以为采取了比历史意识和历史本身更为可靠的立场。[③] 这种客观主义之所以得此不雅的诨名，是因为它愚钝地把客观性仅仅建立在与主观性的分离隔绝中，建立在与历史性或历史特征的分离隔绝中，并自诩其站在理念论"真理"之最为稳固的客观性立场上。然而，至少自近代以来，这样的客观性便已进入终结阶段；至少自黑格尔以来，我们便已懂得思想的真正客观性是通过主观性的活动被构成的，因而是为历史性所贯彻的。此处的问题绝不是"远离仅仅主观性的道路"（这是一种

---

① 参见海德格尔《黑格尔》，第 4~5 页。
② 海德格尔：《存在论（实际性的解释学）》，第 126 页。
③ 参见海德格尔《存在论（实际性的解释学）》，第 55 页。

天真的客观主义），而是能够统摄主观性并通过这种统摄来历史地展开的客观性。正是黑格尔在哲学—思辨辩证法中精心制定并实现了这种历史性的客观世界，而"野蛮人的柏拉图主义"还只是以其粗陋的客观性来谴责类似历史主义的观点，来站到历史意识的对立面罢了。如果说黑格尔曾以思辨的辩证法来解决并把握住此间围绕着思想之客观性的错综复杂的话，那么这里的关键就既不是放任主观性的为所欲为，也不是退回粗糙的和无思想的客观性上去。同样，如果说黑格尔的解决方案已经在本体论上全然失效，如果说这种失效使得思想的客观性问题在没有超感性世界屏障之时变得尤为错综复杂，那么，深深意识到这一点的海德格尔之所以提出解释学的新概念，恰恰是因为必须由解释学去承担这一艰巨的思想任务，而绝不是容留"野蛮人的柏拉图主义"，也不是姑息主观主义的饕餮盛宴。

第二，关于"真理"的立场可以说是衡准思想之客观性是否被移易的绝对标志，因为真理意味着物自身，意味着物自身对于"主体"来说是可通达的。我们知道，黑格尔曾声称："客观思想"一词最能表明真理（作为哲学的目标和绝对对象）。我们还记得，黑格尔对"批判哲学"之主观主义的抨击就在于：这种哲学把对真理的无知当成了良知。[①] 如果说黑格尔通过思辨的绝对者扬弃了主体和客体的分立，从而使物自身成为可以通达的，那么，海德格尔为了做到这一点同样必须避免主体与客体、意识与存在的分割模式，"这种模式的任何变式都不能消除其不恰当性"。[②] 德国唯心论最后是通过所谓"同一哲学"、通过所谓绝对者的自我活动来表明意识和客体实际上只是同一事物的两个方面。《精神现象学》的要义是：每一认识到客体的意识都改变了自身并因而也必然地改变其对象。既然绝对者已不再能够倚靠，既然思想的客观性又必须解除主体与客体的分割模式，那就必须重新制定"真理"概念，而这样的真理概念必须整个地超出形而上学（即柏拉图主义），以便更加"原始地"把握到那个只是在其基础之上才使主客体的分离成为可能并立足其上的同一本身。这一重新制定真理概念的努力特别清晰地出现在海德格尔《论真理的本质》（1930）一

---

① 参见黑格尔《小逻辑》，第34、93页。
② 参见海德格尔《存在论（实际性的解释学）》，第95～96页。

文中，而这样的努力更早出现在马克思《关于费尔巴哈的提纲》（特别是第二条）中。详尽地阐述这样的真理概念不属于本文的任务，在这里真正重要的是：真理的概念不是被放逐或废止，而是要求"在形而上学之外"被重建；重建起来的真理概念不是为了拱卫绝对者——上帝，而是为了维护思想的客观性，用马克思的术语来说，是为了维护人的思维的"真理性"、"现实性"和"力量"，维护人的思维的"此岸性"①。对于当代解释学来说，真理的要求，亦即思想之客观性的要求被提得如此之高，以至于伽达默尔在《真理与方法》一书的标题中就试图用"真理"和"方法"的对峙来强调：这里所要求的不是方法（近代以来的"科学方法论"已被完全形式化了），而是真理（即抵达不再通过绝对者来保障的思想之客观性）；哲学解释学的任务是"去探寻那种超出科学方法论控制范围的对真理的经验"，去把握那些"不能用科学方法论手段加以证实的真理借以显示自身的经验方式"。② 至于海德格尔，我们只需提到他的一个十分简要的说法就够了："重要的是做出关于物自身的基本经验。如果从意识出发，那就根本无法做出这种经验。"③ 很明显，既然这里的基本经验是关于"物自身"的，那就已经允诺了真理；同样很明显，既然主观意识的出发点无法做出这种经验，那它就与思想的真正客观性背道而驰了。

第三，也是最后一点，哲学解释学自始至终对主观意识或主观思想的观点进行了持续不断的和不遗余力的批判，而这种批判甚至主要集中于"外部反思"性质的形式主义。伽达默尔之所以将"真理"与"方法"对峙起来，恰恰是因为"科学方法论主义"的方法乃是完全形式化的；并且正因为如此，这样的方法唯独适合于做外部反思的运用（一如知性反思将抽象的原则先验地运用到任何内容之上），因而是纯全主观主义的。我们知道，仅仅将抽象原则强加到任何内容之上的教条主义是主观主义的，而教条主义在哲学上更多地被称为形式主义；我们同样知道，黑格尔对康德主观主义的批评特别地关乎其在理论理性和实践理性上的形式主义；

---

① 参见《马克思恩格斯选集》第 1 卷，人民出版社，2012，第 134 页。
② 参见伽达默尔《真理与方法》上卷，第 17～18 页；伽达默尔《真理与方法》下卷，第 734、738 页。
③ 《晚期海德格尔的三天讨论班纪要》，《哲学译丛》2001 年第 3 期。

"……康德的实践理性并未超出那理论理性的最后观点——形式主义。"①总而言之，至少自黑格尔以来，那种以外部反思为主要特征的形式主义或教条主义已被充分地揭示为主观主义性质的；然而由于现代性的意识形态和知识样式（知性科学）的统治地位，如此这般的形式主义以及与之相吻合的方法论主义似乎是纯全"客观的"。在此意义上的方法是纯形式的，也就是说，完全无关乎内容；并且正因为它完全无关乎内容方使自身成立为方法，亦即可以被先验地强加到任何内容之上，从而在此意义上保有其"普遍性"即"客观性"。不消说，在这样的方法中不再可能有真正"实体性的内容"，有的只是为抽象形式所强制的单纯"质料"；同样不消说，这种方法的客观性只是完全空疏理智的抽象构造，亦即德罗伊森颇为刻薄地称呼的"阉人般的客观性"。确实，长期以来，形式主义的那种确定无疑的主观主义性质被"阉人般的客观性"伪装起来，并且支配着几乎整个知识和学术领域。正如黑格尔在 1806 年就称这种形式方法只是将一切天上和地上的东西置入"普遍图式"——因而"不过是一张图表而已"②——中一样，海德格尔直至 1969 年仍在批评将"理论"仅只抽象形式地理解为一种"纲领化"（Programmierung），并追问道：这岂不是将音乐的理论混同于一场音乐会的节目安排了吗？③

　　无论是黑格尔还是马克思，也无论是海德格尔还是伽达默尔，都毕其一生同各种主观主义——尤其是形式主义的主观主义——做斗争。如果说在这样的斗争中，他们绝不会苟同并返回粗陋的客观主义，那么，他们尤其要求经由主观性的发展来更深入地把握思想之真正的客观性；对于他们来说，在现代性主导的时代境况下，形式主义的主观主义乃是这种客观性最顽固也最危险的敌人。无论如何，从海德格尔的《存在论（实际性的解释学）》讲座中可以清楚地看到：解释学的重建是与对形式主义—主观主义的批判步调一致的，甚至可以说，重建的解释学正是在这种批判中领到其出生证的。就此而言，以为海德格尔一般地否定辩证法，这是不正确的；因为，他否定的乃是被形式主义丑化的并从而已经名声扫地的辩证法

---

① 黑格尔：《小逻辑》，第 143 页。
② 参见黑格尔《精神现象学》上卷，贺麟、王玖兴译，商务印书馆，1979，第 34 页。
③ 参见《晚期海德格尔的三天讨论班纪要》，载《哲学译丛》2001 年第 3 期

（黑格尔本人的神秘化也有部分的责任）。正是在审视"今日哲学"的章节中，辩证法变成了单纯的"技能"和"诡辩的模式"；并且正因为仅仅作为形式方法，辩证法才成为一年之内就能学会并可以被到处运用的"成对的充满灾难的概念"①。同样，以为海德格尔一般地赞同现象学并无条件地以之为立足点，也是不正确的。因为虽然海德格尔是胡塞尔的学生并从现象学出发，但他已深刻意识到：现象学的精神似乎是更为迅速地跌落到形式主义的歪曲和伪造之中，以至于"先验唯心主义便进入到现象学"；而伴随着其他与之相关的倾向，"这样，人们没有将现象学作为一种可能性来把握……所有这些倾向都是对现象学及其可能性的背离，这种破灭再也阻挡不住了！"② 因此，就海德格尔的重新奠基来说，解释学的意义正是通过这样一种对形式主义—主观主义的批判而被揭示和规定的。由此我们便能够很容易理解，为什么海氏将解释学的源头一直追溯到古希腊，并把重心置放在奥古斯丁那种具有普遍意义的和活生生的解释学之中；而他对施莱尔马赫以及狄尔泰的决定性批评，又恰恰在于解释学在他们手中总是或多或少地被形式主义地狭隘化了。在现代性所规定的主观主义困境中，一般所谓方法都陷入天真的方法论主义；而方法论主义无非意味着形式方法及其外部反思的运用。由于这样的方法既是形式主义的又是主观主义的，它与重建的解释学主旨恰好背道而驰。伽达默尔很正确地看到，海德格尔的《存在与时间》乃是"对哲学主观主义所作的根本性批判"③；而我们现在的许多执解释学之名的阐释者，却试图从中或由此发挥出极端的主观主义观念，这岂不是极为可笑的痴人说梦吗？

由此我们也能更正确地理解海德格尔与黑格尔的关系，以及解释学和辩证法的关系。对于这样的关系，伽达默尔似乎总有一些疑惑：一方面是海德格尔对黑格尔不遗余力的有时甚至苛刻的批判，另一方面则是海德格尔一直没有摆脱黑格尔的影响。这样的影响既包括历史被同化到哲学研究中去，又包括海氏思想中"隐藏的和不为人注意的辩证法"。这里的情形是，"与那种被当代学术很快忘记的现象学技术相反，黑格尔纯思想的辩

---

① 参见海德格尔《存在论（实际性的解释学）》，第58~59页。
② 海德格尔：《存在论（实际性的解释学）》，第90页；并参见第89页。
③ 参见伽达默尔《哲学解释学》，第48页。

证法以再生的力量来表现自己。因此，黑格尔不仅继续引起海德格尔进行自卫，而且按照所有试图防御海德格尔思想的人的观点来看，黑格尔也是一个与海德格尔相联系的人"①。事实上，就我们所论述的那个主题来说，这样的情形是不难理解的：现代形而上学的主体——无论是绝对者主体还是自我意识——必已在本体论的决定性批判中陷于瓦解的境地，而在这一瓦解过程中哲学又必承担起拯救思想之真正客观性的任务。就像马克思的辩证法面临着这样的任务一样，解释学也面临着同样的任务；正是这种任务的艰巨性规定着海德格尔对黑格尔的繁复关系。只有当我们充分意识到这样的任务并参与到这样的任务中去，解释学的基本目标和定向才能被真正把握住，解释学的思想创获才能对我们的学术总体形成强大而持续的积极动力。

---

① 伽达默尔：《哲学解释学》，第 225 页；并参见第 225～226 页。

马克思回归历史具体的阐释原则[*]

◎ 李潇潇^{**}

　　中国学术的理论自觉凝结的问题意识、批判意识、创新意识为中国学术体系创造了变革之主体条件，"5·17"重要讲话更是将国家对理论的需要程度上升到了战略高度，集中表达为"加快构建中国特色哲学社会科学学科体系、学术体系、话语体系"的历史任务。实际上，我们还没有真正意识到"中国经验"本身所内含着中国理论建构的全部过程，毋宁说二者是同一过程。如果中国经验是成功的，那么依靠各种"外部反思"性质的理论体系则难以解释清楚，这是因其外在性并不能构成经验本身。社会转型与变革中的理论调适与创新，是实践与理论的双向互动过程。历史已经证明，马克思主义中国化的理论实现，是国家主权独立，开启现代化大门，走进新时代最重要的中国经验。由此，我们回到马克思历史具体的阐释原则或可提供一种对于中国经验具有方法论高度的有效解释，至少可以说明这个问题。

一

　　黑格尔有一段重要表述："真正的思想和科学的洞见，只有通过概念所作的劳动才能获得。只有概念才能产生知识的普遍性，而所产生出来的

---

　　* 本文系国家社科基金重大项目阶段性成果"改革开放以来中国特色社会主义的发展逻辑研究"（项目编号：17ZDA003）的阶段性成果。
　　** 李潇潇，中国社会科学杂志社副研究员。

这种知识的普遍性，一方面，既不带有普通常识所有的那种常见的不确定性和贫乏性，而是形成了的和完满的知识；另一方面，又不是因为天才的懒惰和自负而趋于败坏的理性天赋所具有的那种不常见的普遍性，而是已经发展到本来形式的真理，这种真理能够成为一切自觉的理性的财产。"①黑格尔基于绝对精神自身演变的逻辑要求所提出的思想建构的准则，在马克思那里实现了基于唯物史观阐释原则的变革性飞跃，克服思想建构的不确定性和贫乏性，转化为现实生活与实践的确定性与复杂性，揭示"自觉的理性的财产"的谜底深藏在"人类的理性最不纯洁，它只具有不完备的见解，每走一步都要遇到新的待解决的问题"②。

在新的待解决的问题面前，"每个原理都有其出现的世纪"③。这集中表达了回归历史具体的重大命题。原理与产生原理的时代及其历史过程的关系不是凭借主观想象的设定，不要为相关的某种范畴寻找其所对应的时代特征，而是要以历史现实为基础。回归历史具体的基本内涵就是始终站在现实历史的基础上构建思想体系、阐释精神历史。

第一，马克思这里说的原理，不是自然界的原理，而是人类社会历史发展演变的原理。代替了本能的意识，我对我的环境的关系提升为我的意识，即意识到的存在。凡是有某种关系存在的地方，这种关系都是为我而存在的，所以意识一开始就是社会的产物。从社会关系的意义上说，自然没有独立的意义，其逻辑在先性只有在社会史中作为人类的生存环境才构成条件要素，所谓"环境的改变和人的活动或自我改变的一致"④，主要是指社会环境的改变。人类对自然界的关系是特定的，其特定性是由社会形式决定的，反之亦然。以上这层意思可以凝结为这样的表达：马克思的认识路线是基于社会关系发展的历史认识路线，而哲学就是"为历史服务的哲学"⑤。

第二，原理的产生不是来自理性天赋或天启，不是事物的客观概念构

---

① 黑格尔：《精神现象学》上卷，贺麟、王玖兴译，商务印书馆，1979，第48页。
② 《马克思恩格斯选集》第1卷，人民出版社，2012，第229页。
③ 《马克思恩格斯选集》第1卷，第227页。
④ 《马克思恩格斯选集》第1卷，第134页。
⑤ 《马克思恩格斯选集》第1卷，第2页。

成事物本身，而是使人能够围绕着自身和自己现实的太阳转动。这就涉及哲学史的一个根本性问题，即原理产生的根源。1789 年席勒在耶拿大学历史副教授的就职演讲《为什么是和为什么要研究普遍历史》，对"哲学"支配"普遍历史"寄予厚望，哲学精神将一个合乎理性的目的引入世界运转，向普遍历史引入一个目的论原则。带着这一原则，哲学精神再次畅游普遍历史，用目的论原则来比照普遍历史这一宏大舞台提供给它的每个现象。仿佛是受到席勒的召唤，黑格尔的历史哲学带着"普遍原理"所达到的有条理的陈述和严肃判断出场了。问题在于："黑格尔是在经验的、公开的历史内部让思辨的、隐秘的历史发生的。人类的历史变成了抽象精神的历史，因而也就变成了同现实的人相脱离的人类彼岸精神的历史。"① 思想体系、哲学原理不能脱离此岸世界的人的感性物质活动的历史，历史具体决定了思想体系的哲学性质，而不是相反走向"思辨观点"的神秘性质。

马克思在《1844 年经济学哲学手稿》的序言中曾表达了理论建构的路径：他不满意把针对黑格尔的思辨观点的批判同针对各种材料本身的批判混合在一起写成一本著作，他觉得这种形式会给人以任意制造体系的印象。鉴于这种考虑，马克思认为最好以单独的小册子形式分别对法、伦理、政治等进行批判，再用一部批判性著作概述对唯心主义思辨哲学的批判。1844 年 5~6 月以后，马克思已经把经济学研究提到了首位。从 1844 年 9 月起，由于需要对青年黑格尔派进行反击，马克思改变了自己的想法，开始把阐释新的革命的唯物主义世界观同批判青年黑格尔派以及德国资产阶级和小资产阶级其他代表的唯心主义世界观结合起来。马克思和恩格斯合著的《神圣家族》和《德意志意识形态》完成了这项任务。

第三，马克思一生的理论创造始终践行和坚守回归历史具体的阐释原则。马克思进入哲学领域进行理论思维面对的正是任意制造体系的思辨哲学的一统天下。思辨哲学的特点就是从概念到概念，从思想到思想，从主观到主观，从文本到文本。正是这种悬于空中的玄想，德国思想界连续出场的都是高喊词句的理论勇士，都没有离开黑格尔旧哲学的基地，没有一

---

① 《马克思恩格斯文集》第 1 卷，人民出版社，2009，第 292 页。

个"来到坚实的地面上演戏"。① 典型的如布鲁诺，虽然接受了思辨的矛盾，但在他看来，"关于现实问题的词句就是现实问题本身"。

对这样一种理论建构方式、话语建构方式，马克思愤怒地指出：德国"玄想家"的批判，不仅是它的回答，而且连它所提出的问题本身，都包含着神秘主义。经验的观察在任何情况下都应当根据经验来揭示社会结构和政治结构同生产的联系，而不应当带有任何神秘和思辨的色彩。

在经济学方面，马克思指认蒲鲁东是政治经济学的形而上学方面的魁奈，根据就是"蒲鲁东先生的材料则是经济学家的教条"。② 在主观世界中，撇开一切概念、范畴、原理与生产的联系而"任意制造体系"。蒲鲁东只要把抽象的思想编一下次序就行了，就像在每一篇政治经济学论文末尾已经按字母表排好那样，实际上就是把人所共知的经济范畴翻译成人们不大知道的语言，或者用晦涩的纯学术的语言吓唬人。这种语言使人觉得这些范畴似乎是刚从纯理性的头脑中产生的。蒲鲁东作为一个哲学家，自以为有了神秘的公式就用不着深入纯经济的细节，就可以撇开人的生动活泼的生活所产生的关系，就可以忽略生产关系的历史运动，"既然我们只想把这些范畴看做是观念、不依赖现实关系而自生的思想，那么，我们就只能到纯粹理性的运动中去找寻这些思想的来历了"③。

纯粹永恒的理性又是如何造成这些思想的呢？马克思完全颠覆了思辨哲学家的思维方式，在人们生活的历史过程中更是深刻揭示了"倒立呈像"的原理。全部问题的实质就在于要靠改变了的环境而不是靠理论上的演绎来实现。

比如，被资产阶级的学术代表神秘化和永恒化的所有权概念，在其衍生和发展经历了完全不同的时代、不同的社会关系，因而具有不同的概念特征。马克思以符合现实生活的考察方法详细分析了部落所有制、公社所有制和国家所有制，从而深刻地指出："分工的各个不同发展阶段，同时也就是所有制的各种不同形式。"④ 马克思的批判理路带来的启示是，脱离

---

① 《马克思恩格斯全集》第1卷，人民出版社，1995，第240页。
② 《马克思恩格斯选集》第1卷，第218页。
③ 《马克思恩格斯选集》第1卷，第218页。
④ 《马克思恩格斯选集》第1卷，第148页。

现实生活过程，那么历史就会成为一些所谓事实情况的堆积，这是经验论的论调；或者成为某种主体想象中的活动，这是唯心主义的论调。按照马克思的阐释原则："要想把所有权作为一种独立的关系、一种特殊的范畴、一种抽象的和永恒的观念来下定义，这只能是形而上学或法学的幻想。"①

关于正义之类的概念也是如此。"'正义'、'人道'、'自由'、'平等'、'博爱'、'独立'——直到现在除了这些或多或少属于道德范畴的字眼外，我们在泛斯拉夫主义的宣言中没有找到任何别的东西。这些字眼固然很好听，但在历史和政治问题上却什么也证明不了。'正义'、'人道'、'自由'等等可以一千次地提出这种或那种要求，但是，如果某种事情无法实现，那它实际上就不会发生，因此无论如何它只能是一种'虚无飘渺的幻想'。"② 而以马克思回归历史具体的阐释原则来解读"关于公平和正义的空谈，归结起来不过是要用适应于简单交换的所有权关系或法的关系作为尺度，来衡量交换价值的更高发展阶段上的所有权关系和法的关系"。③

马克思恩格斯关于共产主义的设想同样也不是乌托邦的想象，而是可以通过经验来确认的、与物质前提相联系的物质生活过程，其深刻含义正在于——"共产主义是关于无产阶级解放的条件的学说。"④ 如果无产阶级不消灭它本身的生活条件，它就不能解放自己。如果它不消灭集中表现在它本身处境中的现代社会的一切非人性的生活条件，它就不能消灭它本身的生活条件。它的目标和它的历史使命已经在它自己的生活状况和现代资产阶级社会的整个组织中明显地、无可更改地预示出来了。这个条件即是人的自我异化的积极扬弃，即是人和人之间的矛盾的真正解决，它是历史之谜的解答，而且知道自己就是这种解答。

回归历史具体的阐释原则，从人的本质命题的阐释可以得到更加清晰的印证。尽管费尔巴哈对唯物主义的复活有所贡献，但在历史领域，费尔巴哈预先设定的是"一般人"，即把许多个人自然地联系起来的普遍性。

---

① 《马克思恩格斯文集》第 1 卷，第 638 页。
② 《马克思恩格斯全集》第 6 卷，人民出版社，1961，第 325 页。
③ 《马克思恩格斯全集》第 46 卷上册，第 280 页。
④ 《马克思恩格斯选集》第 1 卷，第 295 页。

他对感性世界的"理解"往往局限于一种的单纯的直观,恰恰因此此种限制,他无法发现,感性世界并非天然的直接的存在,并非一成不变的。那是什么呢?马克思回答,感性世界是社会状况的产物、历史的产物,是持续的现实活动的结果,每一次发展都有其具体的现实基础,包括社会交往等的发展都是如此,并且根据需要的改变而改变社会制度。对作为对象性活动的"现实的历史的人",因此,马克思在《关于费尔巴哈的提纲》中下了这样的定义:"人的本质不是单个人所固有的抽象物,在其现实性上,它是一切社会关系的总和。"①

二

维特根斯坦在解释他如何把 16 年的哲学断想集结成《哲学研究》的思想体系时说,"就像我在这漫长迂回的旅途中,所做的一系列风景素描"。② 尽管对同样的观点他都从不同的角度进行了探讨,但"到处留下绘图人的败笔拙痕"。这也许并不是作者的谦逊,而是基于主观的纯粹哲学固有的品格:穿越思想的开阔地,"这些素描经过了安排和删减,以便当你观看时,可以得到风景的全貌"③。思想的本质、逻辑,展示的是一种秩序,但这种秩序是世界的"先验秩序"。因此,维特根斯坦只能求助于思想的光晕,在思维中让世界和思想共有;精神的运动就是概念的内在发展,它乃是认识的绝对方法,同时也是内容本身的内在灵魂。只有沿着这条自己构成自己的道路,哲学才能成为论证的科学。这也就是哲学思想的闪电不能射入现实大地的无奈和局限。

我们所熟悉的海德格尔的一段话表明了他对马克思历史阐释原则的无比尊重:"因为马克思在体会到异化的时候深入到历史的本质的一度中去了,所以马克思主义关于历史的观点比其余的历史学优越。但因为胡塞尔没有,据我看来萨特也没有在存在中认识到历史事物的本质性,所以现象学没有,存在主义也没有达到这样的一度中,在此一度中才有可能有资格

---

① 《马克思恩格斯选集》第 1 卷,第 135 页。
② 维特根斯坦:《哲学研究》,陈嘉映译,上海人民出版社,2005,第 3 页。
③ 维特根斯坦:《哲学研究》,第 3~4 页。

和马克思主义交谈。"①

伽达默尔在确定"普遍解释学"的主调时也强调了哲学家尤其必须意识到他自身的要求和他所处的实在之间的那种紧张关系。当科学发展到全面的技术统治，形而上学面临终结的命运，"在的遗忘"在尼采的虚无主义预言中已经呈现，即使是伽达默尔也不得不目送黄昏落日那最后的余晖，转身期望红日重生的第一道朝霞。作为现象学以来的欧陆哲学传统的守望者，他明确指出："在我看来，诠释学普遍化的这种片面性本身就具有矫正的真理性。它启发了人的创造、生产和构造活动对于其所受制的必要条件的现代态度。这一点特别限制了哲学家在现代世界中的地位。"② 因为在这个科学时代，哲学思维要求自己君临一切，必将包含某种幻想和不切实际的成分。

西方阐释学演化与争论的核心问题是文本与阐释的关系问题，即主体与客体、私人理解与公共理解的关系问题。所谓"作者死了""意图在不在场""人人都是自己的历史学家"等都与阐释的无限与有限、主观与客观、确定与相对等有关阐释者如何"居间说话"相关。如何破解其中的相对主义和虚无主义困境，马克思回归历史具体的阐释原则是有力的认识工具。

反思西方阐释学所面临的主体与客体、方法与反方法、个体与公众、私人与公共等无法克服的种种张力问题，可以发现解决之道在于阐释原则的确立。我们今天"三大体系"建设从哲学方法论上讲就是学术理论的阐释体系的建构和创造，而这取决于阐释原则的确定，要超越"理解与解释"构架中的不确定性或因人而异的多元性，走向可以用实践经验证实的确定性和公共性。这就是唯物史观阐释原则的方法论价值，也就是体现马克思科学思维方法回到历史具体的阐释原则。

当然思辨哲学可以看作人类思维的极限挑战，看作反映对终极问题、抽象问题思考的能力，这就是形而上学作为哲学最普遍的性格和特征，能够长久存在延续至今的根据。问题在于，考察资料的获取和整理或许相对简单，而阐发和解释这些资料才是极为困难的。由于种种前提性的限制，

---

① 孙周兴选编《海德格尔选集》上卷，上海三联书店，1996，第383页。
② 伽达默尔：《真理与方法——哲学诠释学的基本特征》上卷，洪汉鼎译，商务印书馆，第16页。

困难的解决极为不易，因为这些前提根本不存在，它们只能通过对于历史过程中的人的现实生活的研究才可能具备。而对于现实生活过程的"世俗基础"本身应当在自身中、从它的矛盾中去理解。比方说，我们对待经典或历史事件的阐释，之所以能够穿越时空跟当代人进行对话，一是在于这些经典或事件的文本本身以它的"先在性"在历史中对未来是开放的，是敞开的；二是每一时代的选择性都面临着该时代主体的历史主题和价值立场（所谓一切真历史都是当代史的"克罗齐命题"）；三是每一时代阐释的符合时代精神的依据只能是"对于这个世俗基础本身首先应当从它的矛盾中去理解"。①

马克思的哲学革命就是从这个颠覆性的反叛开始的，它没有走一般解释学的阐释路径，寻找某个范畴概念，凭空构造某个理论体系，而是确立了现实观，确立了"此岸世界"，将其与一切精神王国的"彼岸世界"区隔开来并当作哲学的主要任务和思想主题。现实不是感性的直观，实质上是在实践中表现其现实的本性。感性的个人只有在实践中才能表达其丰富性。实践活动超越了个人的狭隘边界，以社会整体性规定了个人的本性。离开了整体性的个人、离群索居的个人不是哲学要讨论的问题，这就是为什么马克思说个人的原理产生于 18 世纪的道理。个人是什么样，只有在实践中结成的社会关系才能得到说明，人的本质定义的"现实性"就是这种规定。社会的、现实的个人，大体说来经历了"三大形态"。起初完全是自然发生的人的依赖关系，"是最初的社会形态，在这种形态下，人的生产能力只是在狭窄的范围内和孤立的地点上发展着。以物的依赖性为基础的人的独立性，是第二大形态，在这种形态下，才形成普遍的社会物质变换，全面的关系，多方面的需求以及全面的能力的体系。建立在个人全面发展和他们共同的社会生产能力成为他们的社会财富这一基础上的自由个性，是第三个阶段。第二个阶段为第三个阶段创造条件"②。同样是"个人"，18 世纪典型地表现为以物的依赖性为基础的人的独立性，而越往前追溯，个人越从属于整体，越表现为人的依赖关系。人的本质是在时间的

---

① 《马克思恩格斯选集》第 1 卷，第 138 页。
② 参见《马克思恩格斯全集》第 46 卷上册，人民出版社，1979，第 104 页。

流动中、在历史的演变中、在历史演变的规律中得到确切的阐释。

确立马克思的现实观，借助现实观的中介，才能够在人们活动的场域（在马克思的时代就是市民社会）中寻找揭开历史之秘的钥匙。理性与现实的冲突（也是应然与实然的矛盾），在马克思那里所呈现的情境就是国家与市民社会的冲突，或者说现实冲突在哲学上的反映。黑格尔认为："国家无非就是自由的概念的组织。个人意志的规定通过国家达到了客观定在，而且通过国家初次达到它的真理和现实化。国家是达到特殊目的和福利的唯一条件。"① 这种家庭和市民社会对国家的现实的关系被理解为观念的内在想象活动的国家，让马克思在面对现实困境时总是产生苦恼的疑问。有学者说，市民社会与政治国家的纠结关系构成了马克思"人类解放"理论的逻辑起点，这是不确切的。马克思的问题意识来自资本创造了无产者这一"现实"状况和无产阶级日益觉醒这一趋势。英国工人阶级从18世纪中叶以来进行了多么英勇的斗争，这些斗争只是因为资产阶级历史家把它们掩盖起来和隐瞒不说才不为世人所熟悉。现代工业和科学为一方，现代贫困和衰颓为另一方的这种对抗，我们时代的生产力与社会关系之间的这种对抗，是显而易见的、不可避免的和毋庸争辩的事实。无产者不是与生俱来的、始终如一的，而是可以改变命运的。"要使社会的新生力量很好地发挥作用，就只能由新生的人来掌握它们，而这些新生的人就是工人。工人也同机器本身一样，是现代的产物。"②

所以，政治国家与市民社会的关系问题并不构成"人类解放"的逻辑起点，政治经济学批判为人类解放找到了打开大门的钥匙。在这个意义上，政治国家与市民社会的关系是马克思走向现实、切中现实的重大学术转向。所以马克思的哲学革命的前提是实现经济学的革命，因为经济学离市民社会的活动最近、最直接，人类的实践活动、行为方式、生产方式的理论反应就是政治经济学批判。其中，资本与劳动之间的关系终于得到"有科学根据的答复"。③ 马克思哲学开辟了新的世界：以往的哲学主要是解释世界，问题在于改变世界。

---

① 黑格尔：《法哲学原理》，范扬、张企泰译，商务印书馆，1997，第263页。
② 《马克思恩格斯选集》第1卷，第776页。
③ 《马克思恩格斯文集》第3卷，第460页。

三

对当代中国问题，如果用西方思维做强制阐释，只能像思辨哲学那样，从词句到词句，从理论到理论，与实质性的和现实必然性的中国场景、中国经验、中国道路之间存在间距。这种抽象的理解与解释尽管可以完美地再现理论逻辑，但理论逻辑的完美却内在地包含致命的缺陷——这就是缺乏历史逻辑与实践逻辑。事情被思辨地扭曲成这样：好像后期历史是前期历史的目的。尽管完美，但终究局限于某些利益集团的私性阐释而不能达到最大公约性的公共阐释。比如，西方预判中国市场经济必然走上民主之路，近些年来，国外有些舆论甚至质疑中国现在究竟还是不是社会主义，有人说是"资本社会主义"，还有人说是"国家资本主义""新官僚资本主义"。这些外部理论的解释与中国现实之间出现了完全扭曲。中国特色社会主义是社会主义，无论改革开放走到哪个阶段，我们都始终坚持中国特色社会主义道路、中国特色社会主义理论体系、中国特色社会主义制度，坚持党的十八大提出的夺取中国特色社会主义新胜利的基本要求。在中国现实面前，一些西方观点是主观的不确定性在战略思维中的表现，通过理论思维框定中国道路，自然就偏离了中国道路基于自身特点进行自我调整、自我定义的实际过程。实践趋势的确定性决定了是理论反映的确定性而不是理论的不确定性导致实践过程的不确定性。因此，缺乏现实性内涵的理论不再具有真理性。马克思说："人应该在实践中证明自己思维的真理性，即自己思维的现实性和力量。"[①] 我们一直强调马克思主义理论的学术内涵与现实内涵的统一，一种理论如果没有历史感，缺乏实际内容，只是概念的堆砌，它就不能在解释中国的实际中落地生根。其实，前期历史的"使命""目的""萌芽""观念"等词所表示的东西，终究不过是从后期历史中得出的抽象，不过是从前期历史对后期历史发生的积极影响中得出的抽象。这些特定的人关于自己的真正实践的"想象""观念"变成一种支配和决定这些人的实践的唯一起决定作用的和积极的力量。这里

---

① 《马克思恩格斯文集》第 1 卷，第 500 页。

包括对待马克思主义的科学态度："什么都用马克思主义经典作家的语录来说话，马克思主义经典作家没有说过的就不能说，这不是马克思主义的态度。同时，根据需要找一大堆语录，什么事都说成是马克思、恩格斯当年说过了，生硬'裁剪'活生生的实践发展和创新，这也不是马克思主义的态度。"

当前有一种研究倾向，基于功利目的的为学术而学术、为评价体系而写作的理论动机，其理论的实现程度能满足国家的需要程度么？能生成一个民族伟大复兴的理论思维么？哲学界理解的学术性，是否就局限于文本解读。哲学通过文本的比较研究进行融合，深入挖掘、细致阐释的学究功夫是必要的，但不是唯一的，甚至不是主要的。事实上，哲学特别是马克思主义哲学对公共话题、战略话题、思想话题始终保持沉默，就体现了那种阐释的缺陷：把这些思想看作"概念的自我规定"。我们必须消除这种"自我规定着的概念"的神秘外观——思想的批判性反思、时代精神的把握、切中现实的思想力量，必须回到历史具体的场景规定，并从未来汲取理论的诗情。

每个时代都有自己的印记，精神的、文化的、学术的、思想的印记，这个印记刻在哪里？刻在时代的呼声中，刻在公开的问题中。即使是文本阐释，内在的自由的精神也将在未来的时间流中被阐释出来。马克思开辟了现实确定性的阐释路线，一旦进入中国的历史具体，依靠路径依赖的西方阐释就不再保留独立性的外观了。就像马克思曾经说过的，思辨终止的地方，现实生活的面前，正是描述人们实践活动和实际发展过程的真正的实证科学开始的地方。关于意识的空话将终止，它们一定会被真正的知识所代替。对现实的描述会使独立的哲学失去生存环境。

恩格斯深得马克思思想的要义："在我看来，马克思的历史理论是任何坚定不移和始终一贯的革命策略的基本条件；为了找到这种策略，需要的只是把这一理论应用于本国的经济条件和政治条件。"[①]

某种独立东西的意识的一切产物，如果只是要求用另一种方式来解释存在的东西，或借助于另外的解释来承认它，那么，离开中国现实存在的

① 《马克思恩格斯选集》第4卷，人民出版社，1972，第450页。

西方学术的征引就不再具有可靠性。

伽达默尔的《真理与方法》在中国学术中的引用率与20世纪90年代回归书斋的"学术转向"密切相关。所谓纯学术的研究旨趣与规范性的"掉书袋"研究热情催发了对解释工具的渴求，于是伽达默尔为代表的"以语言为主线的诠释学本体论转向"立刻获得了主流话语的学术地位，同时也远离了马克思的哲学基地。举个例子，著名解释学学者潘德荣教授1994年在《中国社会科学》发表《理解、解释与实践》一文时，还是基于"交往实践"引出"理解与解释的关系问题是诠释学最重要的问题之一"。对诠释学从"理解或解释"到"理解与解释"的模式转换过程做了历史性的评析，叙述了狄尔泰为抵御实证主义的侵袭，建立独立的精神科学，将理解与解释严格对立起来，使之分属于不同的研究领域，即：自然——解释，精神——理解。为避免这种观点陷入相对主义，作者敏锐地强调了伽达默尔、利科等人着眼于从"对话""本文"来统一理解与解释这两者。作者结论性的观点认为，唯有语言与行为（实践）的相互诠释，才能真正达到理解与解释的统一。作者的这个见解或在这个问题上。其实马克思原本说得很清楚："语言和意识具有同样长久的历史；语言是一种实践的、既为别人存在因而也为我自身而存在的、现实的意识。语言也和意识一样，只是由于需要，由于和他人交往的迫切需要才产生的。"①到2017年，在经过系统研究解释学的传统之后，潘教授并没有提出"实践诠释学"的任务，而是转向了"德行诠释学"。这种解释学"旅行"到中国产生的学术路径自然与马克思的阐释原则分道扬镳了。

提出中国阐释学或阐释学的中国学派，是建构当代中国学术话语的重要组成部分，对哲学社会科学的发展是一项基础性的工程。公共阐释论及其相关学术讨论，是批判话语向建构话语飞跃的重大标志。公共阐释的提出，标志中国阐释学的核心概念、研究纲领和基本构架已经形成，思想体系正处于呼之欲出的状态。当然，今天我们的讨论，不是要回到阐释的中国原初语境，而是带有源和流的深厚的文化根基与传统来和西方阐释学进行对话，在对话和学术互鉴中实现理论的跨越，为多元的文明图景做出中

---

① 《马克思恩格斯选集》第1卷，第161页。

国原创性贡献。

习近平总书记在看望参加全国政协十三届二次会议的文化艺术界、社会科学界委员时强调：一切有价值、有意义的文艺创作和学术研究，都应该反映现实、观照现实，都应该有利于解决现实问题、回答现实课题。希望大家立足中国现实，植根中国大地，把当代中国发展进步和当代中国人精彩生活表现好展示好，把中国精神、中国价值、中国力量阐释好。文艺创作要以扎根本土、深植时代为基础，提高作品的精神高度、文化内涵、艺术价值。哲学社会科学研究要立足中国特色社会主义伟大实践，提出具有自主性、独创性的理论观点。① 这就是要用中国理论解读中国实践。这是对唯物史观阐释原则的原创性贡献，也是三大体系建设的思想指南。

---

① 《坚定文化自信把握时代脉搏聆听时代声音 坚持以精品奉献人民用明德引领风尚》，《人民日报》2019 年 3 月 5 日，第 1 版。

西方阐释学"阐释"的张力与"阐释"的唯物史观奠基

◎ 张文喜*

一 问题的提出：阐释学发展现状

我们中国人的处境，较之于美国人的处境，并没那么复杂。美国能够以完全崭新的面貌开辟历史，却不需要像中国（或欧洲国家）那样受到历史和传统的束缚。可见，在阐释学上做出中国表达，不在于固守西方式的学科界限，也不在于按图索骥地去寻找我们自身的解经传统。问题在于，倘若让中国的传统经典说出话来，那么这能不能算作纯粹的阐释学的阐释呢？我的回答是否定的。我们今天所言说的"中国阐释"，大多是我们没有考虑清楚历史自身的限制的结果，以致我们感觉传统的条条道路对于破解我们的问题不太有帮助。不过，不管"理解"的差异如何大，我们若能把这种"理解"阐释（或解释、诠释、释义等①）出来，当然就属于"公

* 张文喜，中国人民大学哲学院教授。

① 自从张江教授提出寻找"中国文艺理论建设的方向和道路"以来，他不断地思考这一问题。在 2017 年 10 月 28 日由天津社会科学院承办的主题为"阐释的澄明"的学术研讨会上，他在所做的主题报告中体现出某种意愿，即去更源始地发现和澄清中华传统的本己之物的那种意愿。张江教授从中国汉字的源头去讨论"阐""诠"之间的区别，必然是令人心驰神迷的。其关键点在于，他强调这里没有出自单个人设定的阐释起点，即没有人为的阐释起点，相反总是参照早先的东西，个人并不营造阐释之开端。"阐""诠"的根据何在？张江教授做了这样的回答：一方面，只说它是一个悠久的、开放的问题；另一方面，他申明，中国古代借助封建制度而占上风的是"诠"。在我看来，张江教授当然是倾向"阐释"的，不能让非理性来主导阐释学。这就顺理成章，张江教授为什么说今天应当印证中国文学理论需要脱掉与西方文学理论的亲缘关系。不过，在我看来，张江教授关于阐释学的文学批评理论，就其意愿而论乃是一种普遍理论的诉求。与文学经验和文学批评相比，"公共阐释论纲"所表达出来的解读实践不仅多得多，也广泛得多。

共阐释"。因为它总是应该有根据的、客观的。所以，我特别赞同张江教授用"公共阐释"①来阐述阐释学领域的中国表达。因为"公共阐释"是"中国阐释学派"②建构合理性的最主要的纲领。这就是张江教授为什么把"著作等身，何以为名？"称为当下"中国阐释"极端衰败的原因。由于这个衰败，我们在一定程度上缺失了文化自信，这种自信在近代学者所做的最后的伟大努力之后，一方面被颠转为西方理论宰制中国学术格局一百多年，另一方面则逐渐转变成以马克思主义为指导的西方学术之中国化。无论怎样评价，马克思主义中国化是一个基本的历史阐释学的事实。因而我们可以主张，在唯物史观或马克思主义哲学视阈中为时下中国阐释学奠基。

反观西方的阐释学道路，人们在处理阐释学问题时，曾主要局限于某一特殊学科范围内，如神学有神学的阐释学，政治学有政治学的阐释学，法学有法学的阐释学，等等。这实际是分门别类的阐释学，思想方法却是同一个，即都停留于阐释的技巧层次上。甚至，不过是窄化为阐释书面文献的技巧。时至今日，依然如故。时下流行的阐释学在一定意义上都是各种特殊学科范围内的阐释学。例如，我们耳边萦绕着的阐释学，有狄尔泰心理学的阐释学、海德格尔的存在论阐释学、德里达的解构阐释学等。西方人本以为这样一种阐释学已经转变为关于理解的普遍的哲学，以为可以享受此种理解所带来的快感。殊不知，满足于从解经学到作为普遍理论的阐释学的转变，只对哲学家来说是必要的。换言之，这只不过是当代学者在宣布"私人阐释"或"私人理解"中所获得的快感。实际上，我们如今所面临的前景比黑格尔那代人更为暗淡。事实上，从语言出发考察经典阅读的一系列问题固然具有批判力量，但情况通常只是厚厚的书籍被写出

---

① 参见张江《公共阐释论纲》，《学术研究》2017年第6期。

② 张江教授在主题报告中以"著作等身，何以为名？"批评当代中国文论建构受制于西方理论的现状。在我看来，这样说在更广泛的意义上也是正确的：在他"公共阐释论纲"的背后有着一种民族文化自信，也有着一种对实践的、像我们在马克思那里所发现的同样的"改变世界"的关怀。因而，在我看来，重建"中国阐释学派"的提法，不是否认中国本土存在的长久的解经传统，而是迫使我们抓住关键的问题，即思考中国当下的阐释学应该走向何方。倘若联系近代中国的历史进程，我们便会发现，马克思主义理应成为这一实践进程的指导思想。我们明白这里的困难在于，如何通过"书"或"理论"把事情做成。

来，作者在写之前并不确定什么话当说或什么话不当说，因此只想用千百种阐释手段把它推荐给大众；或者如马克思在批判德意志意识形态家们的观点时所提醒的，在黑格尔主义终结之后，"下一个时代"就根本不会用"词句"表述自己了。实际上，这完全需要从人的生存的实践活动去理解。否则，情况就会相反，在哲学中，一种理论似乎只有在另一种理论的支持下才能够被证明并站得住脚，因而世界上最容易办成的事情反倒是把现实写成论著，变成一种理论。而最困难的事情是，改变世界并使人类更好地生存下去。

于是，我们的问题是这样的：以唯物史观为奠基的阐释学生发于马克思对人类实践的深邃、全面的反思。它的结果是使阐释学的"旧世界"终结，这其实也是对哲学阐释学的革命。这个革命在原则上引发关于"理解的科学"① 超越哲学史或思想史的规范原则。当我们在哲学的层次上谈论重建"中国阐释学派"时，实际上意味着我们必须如马克思自己理解马克思主义那样理解"什么是阐释"。我们不要忘记，就"阐释学"建构来说，不是每个人都是哲学家。马克思当然不是哲学家（我在此当然是从现代概念建构的意义上使用"哲学"这个术语）。即使说马克思是哲学家，他也不是驻足于形而上学王国展开思辨探索的哲学家，而是试图以思想的力量变革世界的哲学家。如果我们看到这一点，在阐释的可能性中就有一种不可能性因素存在，这种不可性能因素引发了一直存在的阐释的张力。

二　西方阐释学与阐释的张力

那么，这种阐释的张力在什么地方表现出来呢？一是在"私独性"与

---

① 人文科学到底是干什么的？一位哲学家说，人文科学，说到底让人理解三个道理：一是理解他人的不同之处，二是理解自己与他人的共性，三是通过结合同中求同、异中求异更好地理解自己。简单地说，人文科学就是理解他人，并让他人理解自己。或者说，通过理解陌生者而理解自己的本身的理解。在这个意义上，人文科学就是"理解的科学"。它反映的是人生中无所不在的普遍事实。例如，利科认为，"解经者正是通过理解他者来追求扩大对自身的本人的理解"；"任何解释学……都是经由理解他者的迂回而对自身进行理解"（参见保罗·利科《解释的冲突：解释学文集》，莫伟民译，商务印书馆，2008，第18页）。

"公共性"的划界之间；二是在"私人理解"与"共同理解"的范围之间；三是在"方法"与"反方法"表达的东西之间。在这个意义上，所谓阐释的可能性中存在的不可能性因素也源于此。在这些地方，任何一种缺失了唯物史观奠基的阐释学都是站不住脚的。只要你是从"事后"被哲学家理解的东西讲起，那个"强制阐释"就永远是个问题。① 在这些地方，冷静的批判者必定会抵制那种"强制阐释"。

让我首先陈述第一点，即阐释的"私独性"与"公共性"之划界的张力。众所周知，在西方的思想史中，阐释学滥觞于人们理解《圣经》的需要，它所关涉的是神与死者之间的交流。从深层上看，这种交流在古老的释经传统中是"私独性"的，而不是"公共性"的。一个著名的例子就是，西方人如何读《圣经》的故事。一位神学院教授曾回忆，有一次在一个关于如何解释《圣经》的原则研讨会上，一位学生的哭声打断了研讨会进程。该教授担心自己在哪里冒犯了该学生，于是便询问出了什么状况。那位学生一面哭泣，一面回答说："我哭，因为我替你感到难过！"教授一脸茫然地追问："为什么替我难过？"那学生回答说："因为对你来说，理解《圣经》竟然是如此困难的，而我只要去读，神就会向我显明其中的意思。"该学生的这种说法，其实已经包含了《圣经》意义自现的阐释圣经的方法。这就是马丁·路德所谓的，《圣经》是"自己的解释者"。② 这同时说明，当事人完全可以借信仰予以证成对神的信心。虽然这有些简单化，但这里强调唯有以生命来面对经文的人，才有可能从经文中获得新生。一个诸如宗教或艺术的作品的创造性生成会被个别人理解，它"无处不与个别的人有关，也无处不与直观而描述的分析之个别的解释成果有关"。③ 正因为如此，在对《圣经》的理解中，人们认为私人所得就是神圣启示，而这种启示一旦公之于众，就立刻表现为多元性和相互的不一致性。所以，谁是魔鬼的追随者，谁是上帝的子民？几乎没有一个确定的判

---

① 张江教授曾激烈批评"强制阐释"，在他看来，所谓强制阐释是指："背离文本话语，消解文学指征，以前在的立场和模式，对文本和文学作符合论者主观意图和结论的阐释。"（参见张江《强制阐释论》，《文学评论》2014 年第 6 期）

② 张隆溪：《阐释学与跨文化研究》，三联书店，2014，第 19 页。

③ 埃德蒙德·胡塞尔：《现象学的心理学——1925 年夏季学期讲稿》，游淙祺译，商务印书馆，2017，第 27 页。

断标准。人们似乎认为，在这类问题上只有说服力不充分的个人—主观或群体的主观性阐释。然而吊诡的是，"在个人之中应该有着必然性，但却没有必然纯粹法则，此必然性表现出如同所有纯粹的法则那种假设的脉络"①。在这个问题上，西方的释经传统乃至整个阐释学传统，存在很深的困惑。

马克思对于人文学术和社会科学以及唯物史观社会批判的奠基，也是透过属于人的社会性的公共性得以阐明的。唯物史观之所以必要，是由于它在"私独性"与"公共性"之争的底下放置了一个新的基础，更准确地说，用一个新的客观基础置换了一个已经确立的基础。在这里，恰好是这种似乎涉及私人性信仰（个人—主观的东西或者群体的主观性）已经完成的奠基的想法，有必要与唯物史观奠基的观念区分开来。这就是说，唯物史观奠基是对私人性信仰本身的批判，要指明它（私人性信仰）建立在什么之上以及如何建立。正因为如此，马克思认为"我们判断一个人不能以他对自己的看法为根据"②，这是很有深意的。马克思在对各种意识形态形式的批判中，特别强调原始基督教的宗教性与原始基督教的物质生活的矛盾关系。一方面，所谓宗教信仰是充满苦难的意识形态本身，乃是"现实的苦难的表现"③。它必须从社会生产力和生产关系之间的现成冲突中去阐释。当"现实的苦难"比海底的沙子还沉重时，在事不关己的哲学家眼中也成了"正确的真理"和"正确的知识"的最大缺失。然而苦难仿佛从来没有发生过一样。这意味着，宗教信仰的识别方式，不在于你是否遵守律法，或者你是否听从祭司的话，而在于"人间的存在"的实际生活。这样的话，（信仰之私人性）阐释理所当然是一种"公共阐释"。马克思的许多论述可做这样的阐释。另一方面，马克思看到了人民依赖宗教所获得的满足。譬如，有人听福音，他一听就信了。为什么信？为什么对信众来说唯物史观之奠基被当成对理性的拒斥？为什么阐释没有用呢？我们要让问题变得可理解，就必须从世俗世界的矛盾根源来求得。现在我们已经看到，大体上可以用马克思所说的，人们始终只能提出自己能够解决的任务，因

① 埃德蒙德·胡塞尔：《现象学的心理学——1925 年夏季学期讲稿》，第 34 页。
② 《马克思恩格斯选集》第 2 卷，人民出版社，2012，第 3 页。
③ 《马克思恩格斯选集》第 1 卷，人民出版社，2012，第 2 页。

为任务本身"只有在解决它的物质条件已经存在或者至少是在生成过程中的时候，才会产生"。① 马克思的这一论断表明，他认为在人的感性活动之阐释学语境中，阐释的"私独性"根本不是一般意义上的"私独性"，这种"私独性"一定具有公共性。然而同时，马克思认为，在阶级社会中，"公共阐释"总是经过了意识形态（私人性迷信）这一中介，才能被我们的语义想象所构建，这二者之间还存在着基本的矛盾。从某种意义上来说，这种语义的构建是受制于与之相关联的权威，特别是像黑格尔那样的国家哲学家或拿破仑那样的政治权威。所以尽管迷信有许多形式，却只有一种形式的权威信仰即"上帝"、"神"或"国家"。

第二，在何种意义上"私人理解"与"共同理解"彼此才不再对立？在广泛意义上，理解是人文学术和社会科学的方法。哲学的根据在于捍卫一种所谓"共同理解"，作为"普遍理论"的阐释学也如此认为。

什么叫作"共同理解"？当我们对西方阐释学的思想进行扩展性考察时就会发现，其中有些看法是令人困惑的。比如说，在通常的观念中，"人同此心，心同此理"就算"共同理解"。这似乎是说，不同阐释者的心理过程尽管会有很大的差异，但是，他们可以把握同一个客观意义。这是因为人们知觉的对象在本性上并不属于私人领域而属于公共领域。从今天我们所理解的哲学角度来看，这种看法不能说不对，但明显是不足为凭的。不幸的是，当我们在哲学的层次上谈论"同理心"时，也就难免跟一种实际上是近代哲学的思路紧密相连在一起。近代哲学有一种根本倾向，即把思维与存在的知识学关系归结为观念与虚假的显现形式之关系，把一切关于知识的问题做"心理化"处理。也就是说，从知识的理念之一般效力出发，把心灵趋向"预期对象"的意向性，从方法上将其还原为心灵的纯粹心理性质或状态。所以，近代哲学逻辑上关心的那种"共同理解"之性质不是别的，它首先也是一种心理特征，是一种心理状态。

这有什么问题吗？胡塞尔追求建立在一种作为严格科学之科学基础上的哲学，就是为了防范一种特定的阐释（世界观）强加于存在着无限多样的阐释（世界观）的社会。在他看来，近代主体哲学把心理学和逻辑学纠

---

① 《马克思恩格斯选集》第 2 卷，第 3 页。

缠在一起的后果，就是实证主义和相对主义。胡塞尔认为，如果"人同此心，心同此理"就算"共同理解"的话，那么，这句话不是从作为人类学分支的心理学层面讲的，而是从理想意义上讲的，也就是从胡塞尔所理解的必然的、先验的意义上讲的。换言之，对于胡塞尔而言，"共同理解"就不能是相对于人而言的，更不会是相对于特殊的人而言的，否则根本无法避免所谓私人语言是否可能的纠缠。需要指出的是，所谓私人语言，就是认为我自己有一种私人的感觉，我感觉到的疼痛是你感觉不到的，这是我私有的。胡塞尔以某种方式继续推进他的"世界确定性自明性"目标，对他来说，"思想所经历的心理过程"是可变的，即使是"思想所经历的心理过程的规律"，也是可变的，它们也都是属于千变万化的经验性定见。所以"同理心"这样一种看法的恰当性恰恰导致以下结论："人心叵测。"正如海德格尔在20世纪20年代后期与30年代早期对德国产生了影响，并且很快地也对整个欧洲大陆产生同样的影响那样，人们可能放弃文明共处，即讲究规则的共处，向野蛮共处倒退。因此，胡塞尔疑虑深重：人类主义所谓真理都是人的真理，没有人类，谈什么真理！类似于这样的康德式的人类主义抽象真理论，与其说是矛盾的，不如干脆说"没有真理"这句话是真的！这种说法也完全适用于尼采。用尼采之最简明的话来说，没有真理，只有阐释！

为了避免误解和轻率的指责，应该注意的是，胡塞尔强调"凡是从人的心灵之活生生脉络产生出来者只能从它们自身去理解。只是因为在心灵生活中存在着同一形式的规律性，它们才可以作为超越个别者的力量并且使得对于所有个别者的相同秩序都成为可能"[1]。如今在阐释理论领域，应该不会有人用无可置疑的原理来理解（阐释）生活（心灵）世界的问题了。唯物史观的奠基是要将我们带回——作为历史中的人的阐释实践中的发现，而不是带回先验自我的发现。马克思宣告，自我意识的统一不过是主观的，而不是感性活动所通达的对象自身。在这种宣告中，将人与世界的一切原初关系还原到那种先验自我的做法根本行不通，很明显，"正是

---

① 埃德蒙德·胡塞尔：《现象学的心理学——1925年夏季学期讲稿》，第30页。

在改造对象世界中，人才真正地证明自己是类存在物"①。基于唯物史观，我们看到，如果把超出个别者先验结构的束缚的知觉当作"共同理解"的掳获物，这不过是表现了人对自身的理解方面的无限退化。它把"私人理解"和"共同理解"的阐释学差异等同于固守现代理性原则，特别是因果法则进行"阐释"。这样一来，在"字里行间"中与"合法偏见"相混合了。但正确的是，对人类生活的主体间性的实践通达的辩护，时下已经成为对阐释的辩护。换句话说，无论是"私人理解"，还是"共同理解"，它们只不过是从事实践活动的人（交往主体间）的共享性理解。马克思认为这种考虑非常重要。因为"主观主义和客观主义"，"只是在社会状态中才失去它们彼此间的对立"，"我们看到，理论的对立本身的解决，只有通过实践方式，只有借助于人的实践力量，才是可能的；因此，这种对立的解决绝对不只是认识的任务，而是现实生活的任务，而哲学未能解决这个任务，正是因为哲学把这仅仅看作理论的任务"②。这种宣称是恰当的。问题的关键在于，它是通过实践的方式来实现。一种"公共阐释"和"共同理解"理论并不能够证明自身。它们都要通过人的感性活动来确证自己或者摆脱方法论的贫困。

第三，"方法"和"反方法"之间的矛盾。阐释学有悠久的历史，它发展到今天已经蔚为大观。从形态上看，至少有六种明确的阐释学定义。这就是从《圣经》注释、语法阐释和心理阐释，到关于所有语言理解的科学，再到作为人文科学认识论基础的方法论、存在和存在论的理解现象学，直到解构主义阐释学。这样一种思想史的发展，标志着人文学术和社会科学关心的问题日益激发出对新方法的要求。或者从人文学术和社会科学关心问题的角度看，当代阐释学的核心问题依然是阐释的客观性问题：真正客观的而不是主观的阐释的标准是什么？人文学术和社会科学到底是什么？人们怎么来判断？人们找出来的那个东西叫人文学术和社会科学吗？人们最后还是要有一个判断标准。这个判断标准，有人说是普遍的，有人把它叫作"公共阐释"。那么这是不是就是说，学术界有了"公共阐

---

① 《1844 年经济学哲学手稿》，人民出版社，2000，第 58 页。
② 《1844 年经济学哲学手稿》，第 88 页。

释"，就给人们所强调的东西或结果是真实和正确的做了注脚？理性能够绝对自主吗？当康德宣告理性的首要地位在实践中压倒理论时，我们是否就有信心说那种阐释是正确的？进行这些争辩的尝试会带出为了方法（逻辑）是否牺牲事实（历史）的问题，因而必须在超出方法论的人文学术和社会科学建设范围中向阐释提出要求。因此，我们发现，对这一系列问题的审察，标志着阐释学越来越脱离方法或技术。

伽达默尔的《真理与方法：哲学诠释学的基本特征》这个书名就是著名的例子。伽达默尔强烈意识到"把现代方法论概念运用于精神科学"导致了巨大困难，譬如，我们有时听到人们谈论某一几何图形的内在之美，人们谈论所凭借的标准却是从自然科学假借过来的。例如，比例匀称、非对称性等。这种美其实就不具有美学性质或内容，关于这一点康德其实早已说明过。所以，依据伽达默尔，"我们必须相反地努力为自己开辟一条返回到这个传统的道路。为此目的，让我们探究这样两个问题：这个传统是怎样消失的，以及精神科学认识的真理要求怎样由此而受到那种对于它来说本质上是陌生的现代科学方法论思想尺度的支配"①。为此，这本书应该叫作"真理与方法"，还是应该叫作"真理或方法"？在什么程度上，这本书才算是名副其实？我们通常会考虑将方法和真理结合起来，例如，在历史传统经验与现实问题的本质关联问题上，我们关注的是什么"借鉴"不"借鉴"的问题，而不是出自存在论的关联问题。可是，伽达默尔认为，我们不能这样考虑问题。

为什么？从根本上讲，这里的关键问题仍然在于"理解是怎么可能的"。

人们进行理解乃是所有历史性与系统精神科学的任务。然而，回到经验以及在对一句俗话的描述分析使得个别理解得以可能，亦即所谓"有多少个《哈姆雷特》的研究者，就有多少个'哈姆雷特'"。伽达默尔曾接受海德格尔的存在论阐释学的"前理解"，认为"有多少个《哈姆雷特》的研究者，就有多少个'哈姆雷特'"。在哲学阐释学的视野中，这话听起来总有些虚夸。他自己的"对话阐释学"承诺着"沟通"和"共同思

---

① 加达默尔：《真理与方法：哲学诠释学的基本特征》上卷，洪汉鼎译，上海译文出版社，2004，第30页。

想"。这里，落入伽达默尔眼帘的是这样一个观点，阐释学是一种存在经验，而不是主体或阐释者施加于客体或文本的方法论操作。这种对于阐释的存在论理解已不可避免地要求奠基于那种"正常的阐释学"。所谓"正常的阐释学"提出了某种还属于话语本性的清楚明白的东西，而且在文本上总不能把事情越阐释越不清楚，否则"共同理解"或客观思想就变得不可能了。随后在《真理与方法》中形成的对哲学阐释学"理解"之理解的特点之一是："理解"的高级形式是对话。也就是说，人们共处或"共同理解"的高级形式是对话，可以由此讨论我们的思想合理不合理。

今天我们的确相信，一个深入的对话将有助于相对整全的相互理解。但我们不相信有关生活的问题可以靠化简和归结为对话就能得到回答。或者，如果说这样的"相互理解"可以被大致当作当代阐释主题的肯定方面，那么一旦哲学家把阐释学的肯定方面说完了，甚至说"过了头"，这就不能不引起反弹。因为就像屋顶压在墙壁上的重量与墙壁为支撑屋顶的反压力一样，对于激进阐释学来说，从当代阐释学中引申出主观阐释，具有同等的重要性。从差异的立场看，那些单纯的共同理解，躲避到一种调和的平均或平庸理解背后。由此，对对立者有益的东西被遮蔽，因而就必须以那种"主观的、意谓的或梦想的东西"来冲淡它们。也正是通过这种冲淡，前面提到的那句俗话被德里达听到耳朵里，便颇有些《哈姆雷特》的研究者之间相互理解障碍重重、有无限的差别的意味。德里达要质疑的是传统内部给予"同一""自我意识"等哲学概念的优越地位。根据德里达的看法，问题或许是，所谓"共同理解"不过是奶酪、泥巴、毛发之类的东西。但这些我们透过基本分析而回溯到感知、感官的感觉之物就是判断认识、评价、批判性说法变得更好理解的多样性的东西吗？这个时候，这个"共同理解"或许就是"空"的。

这样一个依循主观的东西建立起来的学术阐释，乍一看像是小孩子的游戏或者是对事物做猜测或断定时的任意。可是，我们应该如何看待德里达解构主义的学术批评呢？德里达的解构主义真的是把类似于达达主义者和具体派诗人的恶作剧和鬼把戏带入学术领域中？我们无意阐明这些问题，真正感兴趣的是德里达并不认可胡塞尔所谓"孤独的心灵生活"纯表达的可能性。因为一个人在喃喃自语地的时候，他用的词和语言也与我们平常说话时不可能不一样。于是，德里达设想如果胡塞尔把自己的绝对主义思想一层一层弄清楚，那他一定只是寻找被还原、不涉及存在论预设的语言帮助实现其目标。但是，这只是胡塞尔的"先验的意愿主义"① 和一厢情愿。

结　论

　　关于阐释学不可或相对不易解决的阐释之内在张力就谈这些。这里，让我做个总结：毫无疑问，其他的有关阐释学问题，不仅肯定存在，而且被经历着，譬如，对于阐释性的理解，存在着民族差异、各族人民对自己语言的热爱、超越主体—客体的区分、超越自我意识等，我觉得这些问题都有两重性。就任何历史而事实存在的东西都只能是例证而言，假如我们的目标不仅把经验事实当作事实去阐明，而且在基础性的法则中去阐释，那么它们要么不很重要，要么即使重要，也可以因势利导地加以积极利用。因为，阐释学领域的本质性不再居于阐释世界的绝对精神之中，而应当被导回"他们的现实生活过程"② 之中。阐释的定义不是根据从抽象的理性主义原则而来的一套经典释义规则，而是源于认真观察社会历史得出的复杂判断。我们不能忘记，马克思写作《关于费尔巴哈的提纲》，就他当时的哲学和政治环境来说，是一种真正无畏的革命实践行动。根据他的阐释学原则，一个人若不能理解社会生活的实践本质，对于理论活动真理性的宣称就不能选择适当的表述和意味，就会导致神秘主义。但必然发生的是，"凡是把理论引向神秘主义的神秘东西，都能在人的实践中以及对这种实践的理解中得到合理的解决"③。这么一来，我们这个时代阐释学的兴起仿佛真的和主体之精神共同体的伟大理解具有同等地位。它甚至仿佛做到更容易地理解事情。但是，吊诡同样出现在那些谈了很多的伟大哲学

---

① 参见 Jacques Derrida, *Speech and Phenomena: and Other Essays on Husserl's Theory of Signs*, Chi‐cago: Northwestern University Press, 1973, p. 35（参见雅克·德里达《声音与现象》，杜小真译，商务印书馆，1999，第42页）译文有改动。
② 《马克思恩格斯选集》第1卷，第152页。
③ 《马克思恩格斯选集》第1卷，第135～136页。

家及作家的阐释的真理之中并引导着它。我们自己可以追问：在以"这个时代的名义下"说出的那些随意的判断和当代哲学彼此之间有什么关系？倘若在句子中除了语法和历史知识不再有别的什么东西，那我们还需要哲学家及作家吗？更进一步说，这个新产生的问题先加以理解也就是让底下的事实变得可理解："我们已经迷路；我们什么事情都不理解，除非说我们接纳了尺规和原则。"① 而这些尺规和原则自身足以构成对相对主义与普遍的独断论的恰当的批判武器。在这种意义上，奠基于唯物史观之上的马克思阐释学才是真正的当代阐释学。

---

① 罗森：《作为政治的解释学》，宗成河译，刘小枫主编《施特劳斯与古典政治哲学》，上海三联书店，2002，第259页。

阐释现象的现象学分析

◎ 张志平[*]

阐释学从其发展历史看，有各种不同的类型，比如，局部阐释学、方法论阐释学、一般阐释学、哲学阐释学等；从不同阐释学家的思想看，也有施莱尔马赫的一般阐释学、狄尔泰的体验阐释学、海德格尔的此在阐释学、伽达默尔的语言阐释学、利科的文本阐释学、哈贝马斯的批判阐释学等。[①] 这些不同的阐释学类型或思想表面上看各不相同，充满分歧，有些甚至针锋相对，但都与阐释现象本身有关：它们要么就应该如何阐释给出特殊的或一般的方法论原则，要么就阐释的目的做出自己的理论预设，要么就阐释现象的本质给出反思性的界定或理解。切入的角度和理论的旨趣与意图不同，它们所涉及的阐释现象的面相各有侧重。由于阐释现象的存在构成所有阐释学理论赖以发生和存在的基础，所以，只有对阐释现象本身做出全面而彻底的反思性分析，我们才能恰切地判断不同的阐释学理论之间可能存在的对立或互补关系，也才能就阐释学本身牵扯的一些问题或面临的困境做出反思性澄清或化解。

本文的目的即在于对阐释现象的本质做出根本性的分析和澄清，并在此基础上就阐释学所面临的一些问题做出尝试性说明。为此，本文拟从以下三方面展开论述：一是从词源学角度对阐释学的外文及中文词的含义做出分析；二是由词源学分析所提供的线索出发，从现象上探问并澄清阐释

---

① 潘德荣：《西方诠释学史》，北京大学出版社，2016，第 9 页。在此，本文为了讨论方便起见，把"诠释学"改为"阐释学"。

| 阐释现象的现象学分析 | 183 |

现象的本质及其构成要素的特征；三是在此基础上就阐释学中存在的阐释的认识性与存在性、主观性与客观性、相对性与确定性、可理解性与可说服性以及多元性与合理性等问题给出尝试性澄清，并指出公共阐释或理性阐释的可能性和必要性。

一 hermeneutics/Hermeneutik 的词源学分析

从词源学上讲，阐释学的德语词"Hermeneu – tik"来源于希腊语词"hermēneuein"，即作为动词的阐释；据说——因为有两种不同的解释——其词根是"Hermes"，而"Hermes"是指神的信使赫尔墨斯，其职责是将神的旨意传达给人类；由于神的语言与人类的语言不同，加之神的话语充满隐喻，因此，就需要赫尔墨斯不仅把神的语言翻译为人类能懂的语言，而且要把神所做隐喻的涵义向人类解释清楚。[1]

就"Hermes"是"Hermeneutik"的词根而言，如果我们把赫尔墨斯向人传递神的旨意的活动视为一种阐释活动的模型，那么，我们从中至少可以发现阐释活动具有以下特点。（1）关系性。其中既涉及赫尔墨斯与神的关系，也涉及赫尔墨斯与人类的关系，还涉及人类与神的关系。（2）障碍性。没有赫尔墨斯的阐释，人类是听不懂神的话语的，即使人类和神拥有同样的语言，也无法理解神的话语中所包含的隐喻。就此而言，神和人的关系是一种阻隔关系，即人单向地无法理解、至少无法完全理解神的旨意。（3）中介性。没有赫尔墨斯，人类将听不懂神的旨令，因此，需要赫尔墨斯作为神与人之间的中介。（4）转换性。赫尔墨斯把神的语言翻译为人的语言、把隐喻用清楚明白的话加以解释，这就是一种转换。（5）间距性。在神的旨意与人对神的旨意的领会之间存在着间接性的间距性；在神和赫尔墨斯的共同语言与赫尔墨斯和人的共同语言之间存在着异质性的间距性；从神颁布其旨意到赫尔墨斯通过阐释把其旨意传达给人类听，期间也存在着滞后性的间距性。（6）可理解性。作为中介的赫尔墨斯必须既能理解神的话语，又能说被人类所理解的话语；就此而言，赫尔墨斯与神的

---

[1]　潘德荣：《西方诠释学史》，第 20 页。

关系以及赫尔墨斯与人的关系就是一种无障碍的可理解性关系。当然，理论上也存在赫尔墨斯不能理解或只会误解神的话语的可能性，以及人不能理解或只会误解赫尔墨斯的话语的可能性。但是，如此一来，赫尔墨斯就不成其为神和人之间的中介了，他的阐释也就是不必要的了。除非我们认可误读的不断蔓延，否则，倘若赫尔墨斯需要第三者的阐释才能理解神的话语，而赫尔墨斯的阐释同样需要第三者的阐释也才能被人类所理解，而第三者的阐释又需要第四者加以阐释才能被理解——以此类推，至于无穷，那么，理解就是不可能的。反过来说，倘若根本不存在可理解性，阐释也就失去了其赖以存在的前提，因为阐释的目的就是要让阐释的对象经过阐释而不再需要阐释就能被理解。由此可见，一方面，阐释之得以可能必须以可理解性为前提，或者说，阐释本身就蕴含着理解，另一方面阐释存在的意义就在于消除理解障碍，并因此使阐释成为不必要，简言之，就在于取消自身。当然，以上仅仅是从这个单纯的神话故事出发所推演的结论，后面我们还要从现象上对阐释现象加以考察。

在汉语学术界，hermeneutic/Hermeneutik 的译名并不统一，被译为"解释学"、"诠释学"、"阐释学"或"释义学"等。翻译也是一种阐释，并且不论哪种翻译，也都多多少少意味着其与外文词之间在含义上具有某种契合之处。下面我们分别从这几个字词在汉语中的意义出发，来分析 hermeneutic/Her–meneutik 在汉语语境中可能衍生出的意义。

在汉语中，从"解"的甲骨文字形看，它像两个人把牛背上的东西松开并卸下；从其楷体看，已经演变为"用刀把牛角剖开"——"庖丁解牛"中的"解"也正是这种意义上的"解"[①]。张揖编纂的词典《广雅》解释说："解，散也。"许慎的《说文解字》解释说："解，判也。"而"判，分也"，也就是用刀切开。就前者而言，"解"字有松绑、释放、去除、分离之义，如，解甲归田、解囊相助、解除、解散等。就后者而言，"解"字有剖开、分开、打开、敞开、让显露或展现之义，如分解、解剖等。从中也可见，"解"原初仅仅是物理意义上的"解"，如解衣、解铃、解开、土崩瓦解（字面意义上考虑）等，而后也在象征意义或类比意义上

---

① 参见宴文宇、窦勇《汉字字源：当代新说文解字》，吉林文史出版社，2005，第 351 页。

被使用，如解脱、解决、解析、化解等。由于"解"是松绑或解开"疙瘩"，所以，"解"又与障碍的扫除或矛盾的消除有关，如和解、调解、排解等。

有关"阐"，《说文解字》中说，"阐，开也"，即打开门。"阐"字是"门"里面一个"单"。《汉书·枚乘传》对"单"字的注解是："单，一也。"在此，"单"是"一个"或一人，即"单介"或"单民"。由此可见，"阐"最初的含义就是一个人把门打开。门是用来封闭和阻断的，打开门也就意味着敞开和畅通，意味着让房屋里面的东西对外显现，或通过让外面的光线进入而让里面的黑暗空间变得明亮。也许正因如此，《康熙字典》里收录的《增韵》的解释是，阐乃"显也"；收录的《玉篇》的解释是，阐乃"明也"。也有解释认为，"阐"字中的"单"字表示捕兽网，整个字的意思是，扛着捕兽网出门，人们也就知道你去打猎了，由此"阐"字就具有了"表明"的含义。①

有关"诠"，有各种不同的解释。《说文解字》中说，"诠，具也"，而"具，供置也"。"具"的字形像两个人或一个人用双手捧着贝（钱币、货物）、餐具或鼎器等，在准备宴席或饭食。因此，"具"又有"准备""置办"的意思。《淮南子·诠言训注》称："诠，就也。""就"的本义是"到高处去"，所以有"高就"一说。此外，在"就位""就寝""就绪"等词语中，"就"还有"到"并因此"准备好"或"开始进入某种状态"的意思。无论是"具"还是"就"，似乎都与我们所期望的"诠"在"诠释"中的意思联系不上。不过，"具"还有"写"的意思，如"具名""具状"等；"完备"或"详细"的意思，如"具言""具论"等。"就"还有"靠近"的意思，如"避实就虚""避难就易"；"依照"或"针对"的意思，如"就此而言""就事论事"等。把两方面的意思结合起来，我们可以大体引申出"诠"就是"针对……而作出详细阐述"，即"全言"。其实，在《淮南子·诠言训注》的"诠，就也"之后，还有一段话："就万物之指（指象，即天以景象示意），以言其征。事之所谓。道之所依也。故曰诠言。"在《淮南子》中，刘安既引经据典，阐释经典的真义，又不

---

① 参见窦文字、窦勇《汉字字源：当代新说文解字》，第78页。

拘泥于文本，而是指向事理或事情本身。从其方法看，它是研究与原创、文本之阐释与事理之阐明的结合之作。按照高锈对刘安的《淮南子·诠言训》中的"诠言"一词的解释，以及《淮南子》一书本身的精神实质，我们说，"诠言"就是在对经典文本、对刘安来说特别是对先秦道家文本进行阐发的基础上，对万物的存在之道、社会的人事之理进行的阐释和说教（训）。按照《康熙字典》收录的《类篇》的解释，"诠"乃"择言也""又解喻也"；收录的《音义》的解释，"谓具说事理也"。这些解释把"诠"与对恰当的语言的选择联系了起来，并指出"诠"也具有把让人可能费解的比喻或隐喻解释清楚的意思，或意指对事理做出详尽解释。"诠"的"解喻"之义非常接近赫尔墨斯的职责，即要向人类把神的"隐喻"解释清楚。不过，由于汉语的"诠"不仅具有"解喻"的意思，还具有阐明万事万物存在之理的意思，所以，它比赫尔墨斯的眼界要更为宽大和深远。

在"释义学"这种译法中，还涉及"义"。"义"字的繁体为"義"，从"我"，从"羊"。按照《康熙字典》收录的《释名》的解释："義，宜也。裁制事物，使各宜也。"据此，"义"意谓着"适宜"或"恰到好处"。按照其中收录的《说卦传》的解释，"立人之道，曰仁与义"。据此，做到"仁""义"，乃是做人的根本所在。有种解释认为，"义"字的原初含义是指别人把羊送给我的行为①；由于"送羊"是一种善举，"义"可能也意谓合宜的行为或德性，如"正义""义德""情义""义不容情""大义凛然"等。从字形看，"義"与"善"、"美"同"羊"，三者也都与美好的东西有关。在现代汉语的"含义""意义""词义"这样的词语中，"义"又表示词语借以被理解的内含，以及事物或事情存在的价值或影响。

"释"是几种译法所共有的，其重要性也由此可见一斑。《说文解字》中说："释，解也。"可见，"解"和"释"乃是同义字："解"有摆脱束缚的"解脱"之义，"释"也有放下或卸下重负的"释然"之义。不过，同样是"脱离"，两者在方式和方法上仍存在区别。"解"是把外在的东西脱去、卸下，如"解衣""解铃"等，或者，通过分离其部分把封闭的整

---

① 参见窦文字、窦勇《汉字字源：当代新说文解字》，第 473 页。

体打开，以使其内部显露，如"解剖""肢解"等。"释"也有外在地放下、放开的意思，如"爱不释手"等。不过，它还侧重于让内部的东西涌出，如"释放""缓释"等。从字源看，"释"字的繁体为"釋"。一种解释认为："释"由"采"和"睪"构成，其中，"采"字有野兽脚印的含义，而"睪"字表示犯人摘掉手铐，整个"释"字就意指犯人得到释放，可像野兽那样自由活动；此外，"睪"字还表示条件变好了，以至于人可以从"采"即"野兽的脚印"了解到"是什么野兽留下来的脚印"，"釋"因此有"解释"之义。① 由于"睪"古也同"睾"，就此而言，又可以说，"释"是由"采"和"睾"组成的。其中，"采"按照《说文解字》的解释是"捋取也"，而"睾"按照《康熙字典》收录的《注》的解释，是"阴丸"的意思。在现代汉语中，"睾"也仅用于产生精液的"睾丸"，此外别无他意。"望字生义"地看，我们说，"释"原初也可能隐晦地意味着"采精"或"使精华涌现"，即通过捋取使精子从体内涌出或得到释放。精子是生命的精华和潜能，能够繁殖和创造。把此义引申开来，对文本的"释"就是实现文本之潜能，让其精髓、精华或意义绽放出来，并不断繁衍生息的过程。

通过上述分析，我们发现，"解"作为"用刀把牛角剖开"、"阐"作为"一个人把门打开"、"诠"作为"解喻"、"释"作为"使精华涌现"，从字源上讲，都是让一个对象（不论是物、文本还是什么）的某些方面从隐到显的解蔽过程：我们可以通过扫除障碍或层层剖析让对象的结构或意义展现出来（解），通过让光线进入使对象晦暗、幽闭的方面变得澄明或公开（阐），通过靠近对象对其做出全方位的审视，并借助恰当的语言使其蕴涵的道和理昭然于世（诠），也可以通过探究使其存在意义之精华涌现（释）；而对于对象来说，从遮蔽到无蔽的解蔽过程，就是实现其存在意义之潜能的过程，就是其存在向人的意识照面并显现的过程，这同时也是一件美好的事情，是解释者对对象立下的功德或做出的一种"合宜之举"（义）。

由此可见，无论是在外文还是汉语中，仅从词义或词源上看，阐释学

---

① 参见窦文宇、窦勇《汉字字源：当代新说文解字》，第 473 页。

（我们姑且以此译法为代表）所关涉的阐释活动都首先是一种扫除障碍、使幽闭转为敞开、使晦涩转为澄明的解蔽活动。不过如果从现象上作进一步分析，问题似乎没有这么简单，还有很多谜团有待解开，比如，解蔽是如何可能的？解蔽之后的对象之澄明就是对象自在的"面目"或"模样"吗？阐释与非阐释的区别又何在？如此等等。

二　作为关系的阐释现象及其本质要素

从现象上看，无论是理解、解释、诠释、阐释还是释义都是一种意识活动。[①] 按照现象学的观点，也从意识现象本身来看，意识始终是对某物的意识，因此，理解、解释、诠释、阐释或释义活动，就其作为一种意识活动而言，都有自己的意向对象。这也说明，阐释现象首先是一种关系：一种具有意识意向性的阐释者与被意识意向性所意向的阐释对象之间的意向性关系。这种关系意味着阐释者和阐释对象的直接遭遇与接触，意味着阐释者由此深入认识或理解阐释对象及其存在和意义的可能，也意味着阐释者自身的存在及其意义因此而被不断塑造的可能。由于阐释者属于一个"阐释者共同体"，当阐释者相互之间就他们对同一阐释对象的阐释进行讨论、沟通和交流时，或者，当一个阐释者想要了解另一个阐释者的阐释时，阐释现象还涉及阐释者与阐释者之间的关系。职是之故，我们说，阐释对象、阐释者、阐释对象与阐释者之间的关系以及阐释者与阐释者之间的关系乃是构成阐释现象最基本的四重要素。

就阐释对象而言，阐释对象既可以是（1）自然现象，包括与人的身体有关的生物生理现象等，也可以是（2）人的精神心理现象和社会历史文化现象等，还可以是（3）人类所创造的符号化的精神文化产品，如文

---

① 我们在此暂且忽略不同的阐释学家赋予它们的不同含义，以便于表述。追溯阐释学的历史，根据不同阐释学家的理解对这些概念做出辨识和区分，在这篇论文中也是不可能完成的任务。随着论述的展开，我们这里所谓的阐释的特定含义也会在上下文的语境中显示出来。

本、艺术作品、思想理论、文物古迹等。① 历史地看，狭义上的阐释学主要探究阐释者对人自身的社会历史文化，特别是对其所创造的历史流传物包括艺术作品、历史文本等的阐释关系，就此，严格来说，就只有第二类和第三类对象是阐释对象，它们也就是狄尔泰作为精神科学研究对象的精神生命现象，包括主观的精神生命及其诸种客观的表达式。不过，由于广义上的阐释学，即存在论上的阐释学，把理解或阐释活动视为人在世存在的根本活动，如此一来，人与之打交道的任何世间对象或现象就都是需要人理解或阐释的对象，因此，通常作为科学认识对象的自然现象也可以归属于阐释对象。事实上，在谈及德国浪漫派时，伽达默尔也赞同性地承认："德国浪漫派就已经有了这样的深刻洞见：理解和阐释不光发生在——用狄尔泰的话来说——用文字固定下来的生命表达中，而是涉及人与人和人与世界的普遍关系。"②

从阐释活动的性质看，阐释可以分为一阶阐释、二阶阐释和三阶阐释。具体来说，如果我们把对本源的世界人生现象的符号化认识、思考、理解、解释或表现活动称为一阶阐释活动的话，那么，对一阶阐释活动所形成的精神活动产品如思想理论、艺术作品、文献典籍等的阐释以及对相关阐释成果的再阐释就属于二阶阐释。至于三阶阐释就是在阐释学层面上对阐释活动本身的反思性阐释。根据阐释活动的不同性质，我们又可以把阐释对象分为（1）一阶阐释对象、（2）二阶阐释对象和（3）三阶阐释对象。所谓一阶阐释对象就是与一阶阐释活动相应的、需要被阐释者阐释的本源现象，包括原初的自然现象、社会现象或个人主观的精神世界和情感体验等，它相当于第一种分类中的第一、二类阐释对象。所谓二阶阐释对象就是与二阶阐释活动相应的、阐释者对一阶阐释对象进行认识性阐释、表达性阐释或理解性阐释所结晶的成果，如思想理论、艺术作品、文献典籍、历史文本等，狭义上的阐释学所谓的阐释活动的阐释对象最主要

---

① 前者通常被归属于自然科学的研究范围，后者通常被归属于社会科学的研究范围。之所以是通常，是因为人类也可能对自然现象做出神话性的或宗教性的阐释，而社会科学对人类文化历史现象的研究尽管在主题上有所不同，但也曾以自然科学的方法作为自身科学性的标准，并因此在本质上把自身等同于自然科学。

② 伽达默尔、德里达：《德法之争：伽达默尔与德里达的对话》，孙周兴、孙善春编译，商务印书馆，2015，第 3 页。

就是二阶阐释对象或其中与人文精神相关的那部分作品。一阶阐释对象和二阶阐释对象的根本区别在于：二阶阐释对象是符号性的，就其本质看具有作者性，也就是说，它们都是人的创作成果，并因此从其本质看具有精神性，虽然它们的存在也离不开物质性的质料载体。二阶阐释对象，作为主观生命的客观表达、作为历史流传物，承载着人的精神历史，或者说，是人的精神历史的超时空凝固。对它们进行阐释，按照狄尔泰的观点，也就是以它们为中介去理解精神生命本身的实质及其存在意义。所谓三阶阐释对象就是在阐释学的反思意识下被对象化的阐释活动本身。不同的阐释学理论，对人的阐释活动都有相异的或至少是侧重点不同的理解或阐释，这也同时意味着阐释学理论本身即是三阶阐释活动的结晶或成果，并因此可以被再次阐释，例如，伽达默尔的阐释学理论同时也是对狄尔泰、海德格尔等人的阐释学思想的再阐释和"发展"。

无论哪种阐释对象，就其与阐释者的关系而言，都主要具有如下特点：（1）相对性和条件性。从现象学的角度看，阐释对象既然与阐释者处在一种意向性的内在关系中，阐释对象的存在显现和意义实现就始终是相对于阐释者而言的，以阐释者的感官、意向性、认识力或理解力为前提条件的。（2）当下性与穿越性。虽然阐释对象在与阐释者遭遇的同时与阐释者共处于当下，并因此具有当下性，但是，由于阐释对象从时空上看首先是作为他时或他处之"物"而后才"穿越"时空与阐释者照面的，它也因此具有穿越性。穿越性同时也意味着阐释对象有其历史，比如，生成性、过程性或完成性，它和阐释者正是带着各自的历史性而交汇或相逢于当下的。（3）陌生性和异己性。既然阐释对象首先是作为他时他处的存在之物而后才出场与阐释者照面的，那么，在其与阐释者首次遭遇之时，它对阐释者而言同时也是异己之物和陌生之物，并因此与阐释者保持着"距离"。（4）显－隐结构。在遭遇阐释者时，阐释对象在向阐释者敞开的同时，也自行锁闭着，阐释的必要性即在于通过阐释让阐释对象被遮蔽的存在意义进入澄明之境或绽放出来。敞开与锁闭相辅相成，这意味着任何一个阐释对象都具有其显－隐结构，也就是说，其某些方面在通过阐释呈现出来并因此在场的同时，另一些方面却因为未被注意或未得到阐释而缺席或隐匿了起来。（5）潜能性与现实性。就阐释对象能够被阐释者"阐释为……"

以及其包含着被不同的阐释者做出不同的阐释的可能性而言，阐释对象具有其潜能性。不过，阐释对象的潜能不能靠自身实现，而必须通过阐释者的认识力、理解力或阐释力激活并实现。阐释的作用之一即在于让阐释对象的存在意义从潜能转化为现实。（6）同一性与差异性。任何一个阐释对象只要被阐释者的意识所意向，被语言所命名或指称，就会具有自身的同一性，但与此同时，由于会被同一阐释者或不同阐释者从不同角度所观察、研究、认识或阐释，它也会呈现存在或意义的多样性和差异性。就此而言，阐释对象同时也是同一性与差异性的辩证统一。（7）境域性与焦点性。无论是显－隐结构、潜能性与现实性还是同一性与差异性，都说明任何一个阐释对象都有其境域性。阐释对象的焦点性是通过它当下呈现给意识或被阐释者所领会或阐释的某方面而得到彰显的，其境域性则既通过阐释对象自身蕴涵着的各种潜能性和差异性而得到彰显，也通过阐释对象与其他对象或其环境的联系而得到彰显。比如，一幅油画不仅是眼前如此这般的一幅油画，相反，它还可能关涉颜料、技法、构图、某个故事、时代风格、画家个人的个性气质以及有关它的各种报道、传闻或研究，甚至保存它的条件，等等。

就阐释者而言，由于我们所谓的阐释是指人类的一种基本存在活动或意识活动，所以，阐释者只能是人。作为阐释者的人，既可以是活着的人，即当下的阐释者，也可以是死去的人，即曾经的阐释者，还可以是将要出生的人，即将来的阐释者。阐释者既可以是与一阶阐释活动相应的一阶阐释者，也即观察者、认识者、作者或创作者等，也可以是与二阶阐释活动相应的二阶阐释者，也即理论、文本或作品的鉴赏者、学习者、研究者或评论者等，还可以是与三阶阐释活动相应的三阶阐释者，即反思阐释活动的哲学家或阐释学家。虽然阐释者就其角色而言具有多样性，但是，同样作为阐释者，其共性也显而易见，概言之：（1）身体性。阐释对象向阐释者的最初显现是通过阐释者的身体感官实现的。比如，对事物的观察、对文本的阅读、对绘画的鉴赏和阐释离不开视觉，对旋律的鉴赏和阐释离不开听觉，等等。不仅如此，钢琴演奏家要通过自己的演奏阐释一件音乐作品通常也离不开自己具有娴熟技艺的双手。就此而言，阐释者的身体性乃是阐释活动得以进行的先决条件或起点。因为身体性，阐释者与阐释对象才拥有了进入关系的可能性。（2）精神性。虽然身体性是阐释者与阐释对象进入关系的首要前提，但阐释者并不是在通过其感官进行理解和阐释，而是通过其精神性包括情感、理性或理智等在进行阐释和理解，其精神性的外在化或客观化表现就是符号，即卡西尔"人是符号的动物"这一断言中所说的符号，包括各种文学作品、理论作品、艺术作品等。阐释者不仅是各种符号的创作者、发明者、制作者、保存者和运用者，而且也是各种符号性作品的阐释者。当然，基于能力和分工的不同，不同的阐释者承担的角色也各不相同。（3）意向性。从现象上讲，阐释者意识的意向性乃是阐释者与阐释对象进入精神性的照面关系的直接桥梁，它不仅能将阐释对象从多样化和差异性的具象显现层面经过综合提升到同一性层面，甚至提升到更抽象的符号性或概念性层面，而且能在其物质性载体中洞察其本质或精神性蕴涵，并对其存在意义和价值做出主动的阐释性构造。（4）受限性。任何一个阐释者都必然有其自身的时空限制，不仅其生命和精力是有限的，而且也从属于特定地域、特定历史时期以及与之相关联的特定文化传统。因此之故，其视域和阐释活动也必然是受限的。（5）处境性。与受限性相比，处境性凸显的是阐释者的特殊性或个体性，它不仅意味着阐释者有其特定的知识结构、理智力、感受力，而且意味着阐释者有其特定的阐释立场、风格、视角或问题意识。阐释者的处境性不同，阐释对象被阐释的条件就不同，阐释者的阐释方向、理念或方法也会不同。（6）复数性。任何一个阐释者就其拥有语言能力和阐释能力而言，都生活在社会中并与其他阐释者共在。就此而言，阐释者又具有复数性。职是之故，阐释，特别是研究性阐释是属于一个阐释者"共同体"的，阐释活动的成果是需要在共同体中进行分享、传递、交流和评议的，而评议的结果可能是达成共识，也可能是引起甚至加剧分歧。（7）境域性。上述身体性、精神性、意向性、受限性、处境性、复数性等同时也构成阐释者的境域性，即每个阐释者都不是孤零零的一个点，而是由诸多因素共同构成的网状存在。作为阐释者的先天规定性，境域性同时也规定着阐释者的视域及其进行阐释活动的可能性空间。

就阐释者与阐释对象的关系而言，如果我们把非阐释性关系理解为阐释者无条件地、就对象自在的样子如其所是地认识对象，或者，理解为对象自在地、无条件地、如其所是地向阐释者自行显示自身的话，那么，阐释者与阐释对象之间的关系就不是非阐释性的，而是阐释性的。个中原因在于：当阐释对象向阐释者照面或被阐释者所经验时，这种显现或照面已经是受限的、非自在性的。以一阶阐释对象为例，（1）当我们直观感性对象时，我们的感官构造已经制约着对象对我们如何显象。（2）当我们在感性直观的基础上对对象做出语言性的判断或理解时，对象从作为实然的显现物到作为在语言中被我们所理解、判断或表达的"语言物"，就已经被我们的语词、概念所浓缩并抽象化了，换句话说，其存在已经以我们的语言为中介了，已经因为我们的表述和谈论而寓于语言之中了。（3）从我们的在世存在看，我们并非世界的旁观者，而是世界的参与者、塑造者，会把自己的欲望、旨趣和需要投射到事物上，使事物的存在围绕着我们的生存欲望或生存需要而充满价值意味。（4）从文学艺术的角度看，当文学艺术家通过其文学艺术作品比如诗歌、绘画、音乐、雕塑或摄影等形式表达或表现自己的世界经验或人生体验时，一方面，这种表达或表现已经是中介性的了，比如，诗歌需要借助语言，绘画需要借助画笔、颜料等，音乐需要借助音符、乐器、演奏等；另一方面，这种表达或表现也浸润着创作者自己的主观精神性。因此，在现实的世界和语言的世界、在实际的风景和画中的风景、在欢快的情绪和欢快的音乐之间，已经存在着间距性或异质性。

综上观之，在我们所说的一阶阐释活动中，其实也需要细分为两种类型：一是自在物向现象物的阐释性过渡。尽管我们无法知道事物自在的样子，甚至按照现象学的"悬置"要求，要对事物自在存在与否保持沉默或存而不论，但我们反思性地认识到，我们所感知到的事物是相对于意识的现象物，而事物之为现象物已经意味着它是阐释性的了。二是从现象物到符号性的作品物的阐释性过渡。有关现象物包括各种体验的艺术性表达以及理智性认识都需要借助某种中介，并会打上认识者或创作者之精神性印记，并因此是阐释性的。就作为二阶阐释对象的符号物即狄尔泰所谓的主观生命的各种客观表达式或历史流传物而言，首先，如果它们和阐释者不处于同一时代，而是都有其各自的历史性的话，那么，当阐释者与它们遭遇时，就不得不面对伽达默尔所说的"时间间距"问题。由于这样一种时间间距，阐释者将永远无法抵达各种客观表达式或历史流传物的"自在意

｜ 中国阐释学的兴起 ｜

义",而只能像伽达默尔所说与之"视域融合"。其次,即使它们和阐释者没有时间间距,而是共处同一时代,甚至共处同一文化环境之中,由于它们具有其自身的创作者,并因此对阐释者而言具有异己性和陌生性,所以,也需要阐释者从自身的理解力和视域出发对其进行解蔽,阐释者与它们之间的关系也因此同样是阐释性的。最后,即使同时代的创作者能就阐释者对其作品的阐释做出自己的评判,那也不意味着在世的创作者就构成阐释的正确性标准,因为一旦其作品作为生命的客观表达式得以独立存在并传播或流传,就会拥有其自主性和意义生发的境域性,而创作者对其作品的理解也只是作品存在意义的诸种可能性之一。

就阐释者与阐释者之间的关系而言,这种关系对于阐释现象来说是本质性的和不可或缺的。因为,每个人都可以是阐释者,而他的任何符号性阐释活动要得以可能,都离不开其与别的阐释者的"共在"。唯有这种"共在",个别的阐释者才得以学会语言、接受知识和艺术教育、受历史传统影响,并在此基础上学会乃至创造性地进行符号性的阐释活动;唯有这种"共在",不同阐释者才会拥有共同的生活世界、文化传统、风俗习惯、语言等,才能彼此沟通和相互理解。也唯有这种"共在",符号性的阐释活动才有了存在的价值和意义,因为任何一个阐释者把其阐释客观化为对其他阐释者可感的符号时,这同时也意味着他想与其他阐释者分享其阐释经验,或向其他阐释者发出与之进行沟通和交流的邀请。就此而言,任何一个阐释性作品都同时"意向"着其他潜在的阐释者,并随时准备向其敞开存在意义的大门。不过,由于每个阐释者都是独一无二的个体,有自己独特的生活世界,其个性、欲望、利益、情感、教育背景、生活阅历、文化传统等不尽相同,阐释者之间因为个体差异而导致阐释上的分歧也是可能发生的。对于阐释者与阐释者的关系,我们可以从三方面加以考虑:一是活着的阐释者与死去的作者之间的关系。[①] 作者通过其作品对世界人生

---

① 如前所言,从广义上讲,作者也是阐释者,阐释者在某种意义上也是作者。这里的作者和阐释者是从狭义上讲的,即作者主要指从事一阶阐释活动者,阐释者主要指从事二阶阐释活动者。当然,这样的划分并非泾渭分明。毕竟,作者在从事一阶阐释活动时,也可能需要阅读文本或符号性作品,通过二阶阐释活动为其一阶阐释活动提供营养和灵感,而阐释者在从事二阶阐释活动即对文本或符号作品进行阐释时,也可能会需要结合其自身对世界或人生的一阶阐释以构建其二阶阐释。

做出阐释，当活着的阐释者对死去的作者的作品进行阐释时，死去的作者对阐释者的阐释是无法做出回应的。这时，阐释者与其作品之间的关系按照伽达默尔所说就是一种单向的辩证问答关系，也就是说，无论是作者还是其作品都不能对阐释者的阐释做出主动回应，阐释者只能通过自己的努力从作品的境域性和自身的境域性出发找寻支持其阐释合理性的依据，并由此使作品和自身的存在意义都得到更新或拓展。二是活着的阐释者与活着的作者之间的关系。阐释者可以就作者的作品做出阐释，而作者也可以基于自身对其作品的理解而对阐释者的阐释做出自己的回应。在此过程中，双方可以展开对话。不过，由于作品作为公共符号的独立性，以及其存在意义的境域性与潜能性，双方可能达成一致，也可能难以达成一致。尽管如此，仍存在作者将自己作品所要表达的"原义"阐述出来的可能。比如，阅读一首充满象征寓意的诗歌对于阐释者来说犹如行走在迷宫当中，需要不断去猜谜，而对于作者来说，其原本所指——假如存在的话——可能一目了然。三是阐释者与阐释者之间的关系。类似的，其中也可分活着的阐释者与死去的阐释者之间，以及活着的阐释者与活着的阐释者之间的关系。阐释者之间要建立关系，意味着他们要具有共同的阐释对象即共同的符号作品或文本。不仅如此，他们对同一符号作品或文本的阐释之间可能有继承或借鉴，也可能有批评或否定，并因此可能一致，也可能不一致。正是他们之间这种继承、借鉴或批评、否定的关系的绵延，致使符号作品或文本的意义潜能不断得以实现、其存在价值不断得以绽放。

三　阐释学中的几个问题

前文我们从阐释对象、阐释者、阐释者与阐释对象之间的关系以及阐释者与阐释者之间的关系等方面对阐释现象做了分析。在这些分析中，其实还蕴含着一些潜在的问题需要澄清，比如，认识性与存在性、主观性与客观性、相对性与确定性、可理解性与可说服性以及多元性与合理性的关系问题。这些问题的存在不仅困惑着阐释学，而且推动着阐释学的发展，虽然有些问题至今仍缺乏定论或共识。对它们做出澄清不仅有助于我们更好地理解阐释现象，也有助于我们更好地理解阐释学本身。下面，就让我们对这些问题做出尝试性的澄清或回答。

首先是阐释的认识性与存在性的关系问题。阐释的目的是认识"自在"的阐释对象并获得有关阐释对象的"自在真理"，还是通过阐释让阐释对象对阐释者显现其存在意义并因此"存在"起来的过程？施莱尔马赫与伽达默尔阐释学的分歧就集中在这一问题上。对于施莱尔马赫来说，阐释的目的是把握文本的"自在意义"，即作者本人的意图。而伽达默尔认为，阐释者要认识历史文本的自在意义即还原作者的意图是不可能的，因为两者之间存在不可逾越的时间间距，因此，阐释的目的不是认识文本的自在意义，而是通过阐释者与历史文本的视域融合让文本"存在"起来的过程。在这种分歧中，一方坚持认识就是对自在对象或文本自在意义的认识，并为此确立认识方法，另一方认为这样的认识是不可能的，并因此从认识走向存在，即不再把阐释看成是对阐释对象的认识，而是看成让阐释对象"存在"起来、阐释者也由此更新其存在的过程。从现象上看，既然阐释对象与阐释者之间是一种意向性的内在关系，企图认识外在于这种关系的自在对象显然是不合法的，但是，既然在这种内在关系中阐释对象也向意识呈现着，这种呈现并不是阐释者可以肆意改变的，因此，阐释者与阐释对象之间的关系仍可以是一种认识关系，只不过，这种认识不是认识自在的阐释对象，而是认识向阐释者显现的阐释对象。由于阐释者如何认识阐释对象，在某种意义上，阐释对象就如何向阐释者显示其存在——反过来说也一样，所以，对阐释对象的认识与阐释对象向阐释者的存在显现就是辩证统一的。

从现象上看，阐释者与阐释对象之间意向性的内在关系意味着阐释对象的存在显现以及有关阐释对象的认识同时也是相对于阐释者的或者以阐释者的意向性为前提的，由此就引出第二个问题，即这是否就意味着阐释者对阐释对象的认识或阐释就完全是主观的而缺乏任何客观性可言？在哲学史上，尼采对此问题的回答是肯定的。他一方面否定认识自在世界的可能，认为"'真理'概念是荒谬的。'真-假'的整个领域仅适用于关系，而不是'自在'——根本没有'自在的本质'，正如根本不可能有'自在的知识'那样"①;另一方面认为我们所谓的真理只是解释,而"'真理的准绳'事实上只是这样一种系统性的造假体系对生物的有用性"②。由此,尼采就把阐释性的真理当成对人有用的造假体系,是为人的权力意志服务,并以人的权力意志为转移的。事实上,我们只要对尼采的论点稍加反思,就会发现,说阐释性真理完全是主观性的造假,这是站不住脚的,因为一个体系是否能对人有用,并不完全取决于人的主观意愿,而是有其现象上的客观强制性,就像我们不能违背浮力定律造船,也不能把古汉语中的"汝"任意阐释为意指高山或树木什么的;否则的话,语言也就是不可能的了。为了克服阐释学上的主观主义和虚无主义,伽达默尔强调阐释者在阐释的过程中既受限于文本的视域,也受限于自身的视域,其阐释也因此不是主观任意的。在我们看来,客观性可以区分为自在的客观性和现象的客观性;试图让阐释获得自在的客观性是不可能的,但这并不意味着阐释也无法获得现象的客观性。因为,就一阶阐释对象而言,从认识的角度看,虽然阐释对象的向人显现以人的感官构造为前提,并因此具有相对性,但人的感官构造并非人可以主观随意改变的,而是有其客观制约性,比如,从广义上讲,即使感知已经是一种"阐释",我也并不能随心所欲地把糖感知为酸的。不仅如此,现象学的本质直观所说的"本质"也恰恰意味着现象中蕴涵着客观性,因为"本质"就其含义而言就意味着独立的恒定性以及对不同阐释者的普遍有效性。就二阶阐释对象而言,阐释者对文本和作品的阐释性理解是通过语言进行的,而语言本身在不同时代的用法也具有其稳定性、主体间性或客观性;正因如此,我们才有可能根据词典去阅读理解古文,相互之间也才有可能沟通并理解。在谈及解释的必要性时,利科认为,解释的出发点就在于自然语言的词语具有多义性,一旦话语脱离语境,就需要通过解释来辨识词语究竟是在哪种意义或用法上使用的③。很显然,如果"词语具有多义性"这一判断不基于与之相应的客

---

① Friedrich Nietzsche, *The Will to Power*, trans. by Walter Kaufmann and R. J. Hollingdale, edited by Walter Kaufmann, New York: Random House, Inc., 1968, p. 334.

② Friedrich Nietzsche, *The Will to Power*, p. 315.

③ 保罗·利科:《诠释学与人文科学》,J. B. 汤普森编译,孔明安、张剑、李西祥译,中国人民大学出版社,2012,第4、5页。

观的语言现象事实，利科就无法做出任何判断；如果它从语义上讲不具有哪怕是某种程度上的客观性和主体间性，我们作为读者也无法理解其话语的含义。误解的可能性也是存在的，但我们只要确认误解的存在，这种确认就必然是以理解为参照系的，否则我们连是否误解了也无法辨识。所以，强调阐释对象和阐释成果的相对性和条件性，并不意味着要否定阐释可以具有客观性。

阐释的客观性除了符号表达上可理解的客观性之外，更重要的是阐释的依据性和合乎逻辑性。在进行阐释时，我们一方面要为自己的阐释寻求现象上的依据支持，另一方面也要让自己的阐释合乎逻辑。缺乏依据和不合乎逻辑的阐释尽管是存在的，也可能是可以理解的，但这样的阐释对其他理性的阐释者就不具有说服力，并因此无法被阐释者共同体所承认或接受。就此而言，我们说，阐释的可理解性不等于阐释的可说服性。前者是语言词义上的客观性，只要阐释者与阐释者归属于同一个语言共同体或思想共同体，他们相互之间就彼此的阐释进行交流和理解就是可能的，而后者是思想立论上的客观性，它还要求阐释者与阐释者归属于同一个理性共同体，也就是说，阐释者不仅都具有逻辑推理能力，而且也都把让自己的阐释有理有据作为阐释的基本要求。

那么，阐释的客观性是否意味着对同一现象或文本就只能有唯一正确的阐释呢？从前面我们有关阐释对象的特征分析看，阐释对象一方面具有焦点性、现实性、同一性，另一方面也具有境域性、潜能性、差异性。前者使阐释者能够就他们在阐释同一对象上达成一致，而后者却为他们各自不同的阐释提供了可能。他们各自不同的阐释一方面与他们各自的视域有关，另一方面也与阐释对象境域性地容纳各种不同的阐释可能性有关。以鸭兔图为例，有的人把它看成鸭子图，有的看成兔子图，有的看成鸭兔图，虽然三种阐释性理解或认知各不相同，但并不意味着它们彼此之间就相互冲突、难以兼容，更不意味对鸭兔图的三种理解就完全是主观任意的。由此可见，阐释的客观性与阐释的多元性是兼容的，阐释的多元性和多样性只要以阐释对象的境域性和潜能性所提供的可能性为基础，多元性、差异性和多样性就并不意味着完全的主观任意性，同样也可以是合理性的和客观性的。

虽然我们强调阐释可以是理性的和客观的，但这并不意味着所有阐释者的阐释都是如此。事实上，由于阐释者存在个体差异，一个阐释者对某个阐释对象做出主观任意性的阐释也是有可能的。阐释学上的主观主义者和虚无主义者就有可能根据自己的立场和态度"无拘无束"地对阐释对象做出"主观任意"的阐释，但这样的阐释将得不到研究领域相同的阐释者所构成的理性共同体的承认，并因此会丧失其存在的价值和意义。当然，这并不排除它有其现象依据，只是因为理性共同体成员缺乏这样的敏锐洞察力而无法意识到它的合理性或客观性罢了。职是之故，我们认为，阐释，特别是进入公共领域的阐释就必须经受时间的考验：在历史中或者被认可、吸收、再阐释，从而生生不息，或者被拒斥、淘汰、遗忘，乃至彻底销声匿迹。在《公共阐释论纲》一文中，张江先生就提出"公共阐释"这一概念。他指出，公共阐释是一种理性阐释和公度性阐释，并以此反对阐释学上的极端相对主义和虚无主义。① 从我们上述分析可见，公共阐释或理性阐释不仅是可能的，而且也是必要的，因为：一方面，阐释本身可以具有可理解性和某种程度上的客观性，并因此是可以在阐释者之间进行交流的，而阐释者将其阐释客观化为文本或作品的目的就是公共性的，即渴望与其他共在的阐释者共享；另一方面，如果阐释者要让其阐释对同时代或后来的阐释者产生影响，并参与到人类精神、文化、历史的传承和创新之中，就必须有理有据、具有说服力或让其他阐释者产生共鸣，否则就不会形成其效果历史，或者说，就不会对同时代的他者和后来者产生任何影响。当然，理解和说服本身也有一个过程，在此过程中也会出现误解或辩驳。正因如此，我们说，即使理性的阐释也需要经历时间的考验，其对人类历史的价值也只有通过其效果历史才能得到衡量。

---

① 参见张江《公共阐释论纲》，《学术研究》2017 年第 6 期。

阐释与过程：一种激进解释学的视角

◎ 尚　杰*

一

对于"阐释"，笔者在本文不想做词源学意义上的追溯，无论叫"阐释学"还是"诠释学"，抑或"解释学"，关于其中哪个说法更准确的争论，从笔者的哲学观看来，就像关于 Being 究竟应该翻译为"是"还是"存在"的争论一样，并没有实质性的意义。哲学思考的关键，在于它所抓住的是总的思路。汉语中的一门学问之"学"，例如前文"阐释学""诠释学""解释学"，结尾都是"学"，都旨在强调它是一门学问，也就是理论，用西方哲学术语，它是一门关于逻各斯的学问。于是，这些"学"们，就存在着只要是理论形态都会具有的根本特点：它们已经默认了关于阐释—诠释—理解的某种总的理解渠道，也就是可理解性、可沟通性、可交流性。这三种"性"，当然是传统精神文明的基石，在西方哲学史上，直到 19 世纪中叶，它还坚如磐石，就像笛卡尔开创的"清楚明白的观念"的理性哲学史，直到黑格尔哲学，一直是西方哲学的主流。

突破口，在于对"解释世界"的哲学传统模式的批判，它是从黑格尔哲学的没落开始的，我们都熟悉马克思的名言"哲学家们只是用不同的方式解释世界，问题在于改变世界"。马克思批判德意志意识形态，不仅是

---

* 尚杰，中国社会科学院哲学研究所研究员。

批判德国古典哲学，而是批判"意识形态"立场本身。换句话说，马克思用"物质的力量"批判观念论。奇怪的是，很多人误解了马克思的"物质"，因为这些人重新把"物质"理解为观念，从而返回到"解释世界"的老路上去了。批判"解释世界"的哲学家，也就是批判用概念—观念—范畴替换广义上的"物质力量"，持这种态度的，比马克思更早的有叔本华、克尔凯郭尔，马克思之后则有尼采、弗洛伊德，一直到20世纪的柏格森、海德格尔、德里达等。广义上的"物质力量"不仅是马克思说的"社会实践"、日常生活等"社会的物质活动"，更重要的是它也包括了人的生命本身——人是身心的统一体，人的性本能、直觉本能、无意识本能、自由意志和想象力、神秘幻觉，总之一切发生在人身上的那些不由自主的东西，一概是身心融合现象，绝不可以单纯地说它们是纯粹的思想行为或单纯的身体举止行为。也就是说，它破坏了黑格尔为最高代表的传统哲学二元对立的思维模式，而本文开头所谓"解释世界"的学问，其实已经暗设了这种二元模式，例如当我们试图解释"什么是时间"时，时间作为被定义的思考对象，似乎存在于我们之外，此刻我们的身份，其实是作为时间的旁观者，似乎我们果真能从时间的绵延之中跳到时间之外，从而有能力对时间本身做一个具有整体性质的判断，但事实上，这是不可能的，因为我们永远已经处于时间之中，就像眼睛能看清楚周围的一切，但眼睛不能看见自己。这就是一切"可理解性"或者"可交流性"的天然逃避不掉的缺憾：无论阐释、诠释，还是解释，一概使用了命题式的判断句，构成判断句核心的，就是"是"与"不是"。当我们说"是"或者"不是"，被判断的对象，是处于判断者自身之外的（对象），也就是说，这种理论判断的前提抽空了时间因素，它仿佛是处于真空之中的静止不动的判断。也许有人会反对说，传统哲学也讨论时间与运动。笔者的反驳是，传统哲学下的"时间"与"运动"，就像房间里的沙发与椅子，它们可以按照房间主人的需要重新被安置到房间的不同位置，但是，它们的含义或者意思，早就被规定好了（已经被完成了），绝对不能把沙发理解为椅子，否则整个世界的理解秩序就会崩溃。换句话说，就像柏格森所批评的，传统哲学是从具有自然科学性质的空间和数量思维出发，理解"时间"概念，当时间成为这样的概念，就与"绵延"这种时间的真实形态相冲突了。在这个意义上，绵延不是概念，不是传统哲学概念所能收编的概念，因为绵延是构成时间要素的各个瞬间同时内于彼此又外于彼此的状态，也就是悖谬状态、自相矛盾状态，圆的正方形状态、木制的铁状态。尽管在这里思想似乎陷入了难以理解的绝境（因为它们一概形不成传统哲学所思考的对象），有点像康德式的二律背反即"理性的丑闻"，但是，现代欧洲大陆哲学，就是从理性绝望之域起步的，它点燃了新的理性热情，就像从欧式几何过渡到非欧几何、从牛顿的绝对时间－空间观过渡到爱因斯坦的相对论，我的意思是说，必须引进一个新的思考维度，时间不再是一维的。新思想是从旧思想绝望之处开始的，这就是本文标题"阐释与过程"中的"过程"的真实含义，所谓"过程"指的就是真正引入了时间维度，于是，对于存在的理解，或者说关于"解释"本身，就全然摆脱了传统"解释"的轨道，它仍旧可以被称为"解释"，当今国际学界称它为"激进解释"，它是与笔者以上所提到的那些哲学家的名字连接一起的，他们不满足于像传统哲学家那样解释世界，而是要改变世界——如果说这里还有解释的地位，那么它是激进的、变形的，它诉诸各种各样的崭新的可能性，这是一些真实的可能性，却与语言本身存在着天然的冲突，由于传统解释只是盯住了语言本身，从而全然忽视了激进解释的可能性，就此而言，激进解释实现了一种不可能的解释。

二

"激进解释学"① 处于作为 20 世纪一门跨学科的西方学问"哲学解释学"的先锋地位，它是以反解释面貌出现的"解释"，它是对"解释"的消解或者解构，它给"解释"重新"命名"，这就回到了前文所谓理解的悖谬性，就像说"世界上只有一个真理，这就是没有真理"（消解真理的"真理"②），"激进解释学"其实就是解构，德里达的某些说法具有标志性的意义，他在不同场合以不同的说法、从不同角度表达过这种"激进解释

---

① J. D. Caputo, *Radical Hermeneutics*, Indiana University Press, 1987.
② 消解真理的"真理"自身，却是无法再被解构的，德里达称这种情形为"正义"。

学"的理解态度：翻译是必须的，但同时是不可能的（这涉及翻译的哲学）；所谓宽恕，就是对绝对不能原谅的事情表示原谅（这涉及政治学、法律、神学）；所谓"过生日"，就是纪念"不是今天的今天"（这涉及日常生活中的感受性）。"我的朋友，这个世界上没有朋友"——这些说法既是判断也是描述，它们描述了两种相互冲突的情形之间的共存，就像是不可能的可能性、可能性的不可能性，这种思想上的相互缠绕关系，并不是故作高深，而是实事求是的描述，例如有翻译经验的人都知道原原本本的翻译是不可能的，但翻译本身却必须有。当我们说"不可能"时，是沉浸于翻译过程的真实状态。当我们说"翻译是必须的"时，我们并没有在翻译，我们跳出了翻译过程对翻译本身做出判断，它是一个静止的判断，而"翻译是不可能的"却是一个过程判断，或者相当于行为判断，此刻翻译过程与判断过程是一个过程，此刻就像卢梭在《忏悔录》中描写的：我的真实感受就是我的判断，它怎么会出错呢？换句话说，德里达在这里抓住了精神的细节，也就是帕斯卡尔在《思想录》中描述与数学－几何学的"确定性"相悖的精神科学（哲学－艺术－宗教）的"不确定的精神"，一种微妙精神或者敏感精神。

以上德里达表达的几句话中，微妙－敏感精神直接表现在将某个词语说了两次，从而使某词语不再是静止的而是活动起来，它相当于处于行为过程—理解过程之中，以这样的重复消解传统哲学在解释事物时将事物二元对立起来的态度（对象式思维，例如主观世界与客观世界之间的对立，笔者在以上分析"什么是时间"的提问方式时，已经有所说明）。例如"宽恕就是原谅不能原谅的事情"，它搁置了"原谅"一词的日常用法（词典用法），赋予它一种新用法、一种不可能的用法，似乎使这个词语飘忽起来，超越了日常生活的态度，具有了某种神圣性，但它是一种真实的不可能性，甚至已经在当前的国际法律世界部分得以实现，譬如废除死刑，就是"原谅"了原本绝对不能原谅的重大罪行，我把"原谅"打上引号，表明这个词语本身已经不再表达原来的含义，原来的含义被消解了、解体了，在原来的含义上，现在有了一种悖谬的含义，即使它还可以被叫作"原谅"，但它被重新建构为"宽恕"，从而字典上的"原谅"就变形了，这种变形或者叫异变，是积极的，它使理解不再是静态的

（不再像笔者以上说的"已经被完成了含义"的沙发与椅子），而是像我们时刻处于时间之中（众瞬间之间的绵延关系，即它们同时内于彼此又外于彼此的无法理清、剥离的关系），就像"圆方"就是处于时间之中的圆形与正方形。

从学理上分析，西方传统形而上学的基石是本体论，也就是关于 Being 本身的学问，在它的基础上，有巴门尼德的"思维与存在是同一的"命题，可以称它为哲学史上的第一命题，具有里程碑式的意义，它表明哲学是给事物命名的学问，而命名的基础是从看似不同的事物之中归纳出相同，即事物的本质。从本质的立场出发，事物的重复可以忽略不计，就像几何学家在黑板上画的三角形，代表了历史上一切场合出现的所有大小不等的三角形，这样的重复等于同一，在这里时间与场合等思想的细节，完全不起作用，在思想体系中没有任何地位。

同理，一个词语被形而上学还原为光秃秃、赤裸裸的概念或范畴，也就是纯粹观念、纯粹理性、纯粹的理解力，它完全不顾一个词语是有物质元素的：它书写在纸上有形状（书法），它念出来有声音的腔调、口气与节奏。形状、腔调、口气、节奏，这些是与人的生命（身体与心灵）密切相关的因素，甚至与人的感情－热情有紧密联系。形而上学的这种纯粹理性的理解态度，在斯宾诺莎那里有最精辟的概括："要理解，不要哭泣、不要诅咒。"这样的态度，可以追溯到笛卡尔，他把人命名为一个思想的东西。既然人的本质只在于思想，那么理解思想就等于哲学的全部使命，从而一切以往的哲学，都是在这个意义上去解释（理解）世界。由于在这里起作用的只是同一性，而忽略了人的感情－热情，忽略了作为符号动物的人的腔调、口气与节奏，总之忽略了人的生命本身，它没有把时间还原为瞬间或精神生命的细节，至于人的身心本能（无意识、自由意志），也不在考虑之内。

激进解释学不再像传统形而上学那样从观念到观念、从概念到概念，不再争吵一个概念应该这样理解或者那样理解才是正宗的、正统的、准确的，因为所谓"准确的理解"，仍旧属于观念论内部的理解。在激进解释学的态度看来，观念论内部的理解，是建立在巴门尼德思维与存在同一性基础之上的。就没有学理上的根本突破性进展而言，观念论式的理解，观念论内部的争辩，只是技术上的，就理解－解释事物的总思路与方式而言，它们之间根本就构不成实质性的争论，它们之间是一致的。就此而言，唯物论与唯心论之间的共性，要远远多于它们之间的差异。笔者所谓"阐释与过程"中的"过程"，指的就是在任何解释－理解的学问之中，都不可能是纯粹静态的理论的态度、不可以是"与己无关的纯粹旁观者"的态度，而要考虑时间—生命因素，在这个基础上，解释—理解是一种身心一体的行为过程，这个过程不仅时刻经历着理解视角的转换，而且"一切历史都是当代史"，即已经过去的和将要发生的理解，只能是我此时此刻正在发生着的理解，所谓"精确原样的理解"只存在于一种乌托邦式的幻觉－真空之中。显而易见，如果理解者一会儿这样说，一会儿又那样说，自相矛盾，没有遵守承诺，等等，这是由于时间本身不是一个"呆物"，此一时彼一时也，这就是生命感情与正在经历的思想—事件—物质的场景之间的"与时俱进"——这才是"原样的理解"或"理解的原样"，它仿佛具有一个拓扑的形状，是自由可塑的，就像生命的身体感情有自身的节奏一样，它表明我们是一个活生生的人，而不是关于人的雕塑。

激进解释学的"激进"，英文是"radical"，它还含有"原本的"或"原样的"意思，激进就是彻底，而彻底，就是返回事物的本来样子。事物的本来样子，并非常识或者在自然态度的观察中所呈现给我们的样子，就像我们不可能看见 X 光线一样，但 X 光是真实存在的。同样，人们在使用语言进行交流时（阅读与写作、谈话等），就像翻译的情形一样，我们必须用某个母语词汇对应某个外文单词，这是正当的，甚至可以说它是规则、是正确的，否则就毫无秩序和可理解性而言。但是，哲学的态度从来就不是简单的日常生活的态度，不是常识的态度。在某种意义上，哲学是"精神的疾病"，也就是发现生活中"粗线条"中所隐藏着的"细线条"，看到 X 光、看到微生物，这就使我们不仅用眼睛去读写和观看，而且用心灵和身体一起读写和领悟，也就是进入所谓微妙—敏感精神领域，这并非离开了真实，恰恰相反，就像科学揭示了微生物和 X 光的存在一样，激进解释学揭示了人类精神理解过程中更为真实的细节，从而更接近事物的原貌。

三

要区分理智与思想的激情：理智指单纯的智力，以往我们谈论"理解"和解释，通常只涉及智力本身，也就是赤裸裸的、光秃秃的"原样的理解"，但是，激进解释学向我们揭示了另一种更为本真的、原样的理解——因为我们是人，而不是任何一种别的动物、不是外星人。夜晚的天空有一轮皎洁的月亮，但是如果没有眼睛，我们就没有能力看见月亮，月亮的模样，只是留存在我们视网膜上的映像。换句话说，人类的理解和解释行为，不可能脱离我们的身体因素，不考虑身体因素的理解和解释，只不过存在于虚幻的真空之中，是一种不实际存在的乌托邦。现在，激进解释学的态度，是说一切事关人类的理解—解释行为，其中绝不仅仅是一种纯粹的或者单纯的智力行为，而是一定要受到身体因素（广义上的物质因素、非智力因素）的影响，受到思想的激情（强烈的感情因素，包括自由意志、直觉感受，甚至包括性本能）的影响。思想的激情，就是返回我们生命之中的哲学态度。

单纯理智的态度，具有某种预先性，它已经暗含了思想的前提。理智的基础是逻辑，基本方式是下定义，或者三段论，它们是建立在上述同一性或者形式逻辑同一律基础之上的。它的所谓"清楚明白"，其实是一种同义反复。例如：人总是要死的，张三是人，因此张三必死。它的提问方式，就是问事物是什么？当我说"这是一瓶矿泉水"时，我事先已经知道了什么是矿泉水，因此我的这个判断丝毫没有说出新东西。在这种情形下，我不可能超越我"已经知道"的知识的界限。总之，理智是定义式的、推论式的、演绎式的。单纯的理智是乏味的，因为它假设了事物的不动或者不变的状态，因为判断已经做出了，笛卡尔玩具已经松手了[①]，反之，思想的激情，指的是笛卡尔玩具处于未松手状态，沉浸于游戏的享受之中。传统哲学的解释态度之所以是乏味的，在于它更像是一种事情发生

[①] "'笛卡尔玩具'，是一种万有引力玩具，它的一端装有铅块，一旦松手，它立刻会倒立。"参见克尔凯郭尔《哲学片段》，王齐译，中国社会科学出版社，2013，第57页。

之后的追溯，原因是可以编造的，但热情自身却是人类生命的本能，它是正在进行之中的奇思妙想。激进解释学——这种新哲学——仍旧属于哲学，它使理智处于暂时不理解的状态，也就是笔者以上通过多个例句表明的在思想出发点上的自相矛盾状态。

激进解释学将克尔凯郭尔、胡塞尔、尼采、海德格尔、德里达的思想，视为自身的灵感源泉，这些思想家的思想倾向，被认为是后现代的，该书①尤其分析了德里达对"解释"本身的批评态度，一种走在哲学边缘的态度、一种超越传统哲学界限的态度。这些赋予激进解释学以灵感的哲学家在"解释"问题上的最大贡献，就是把传统哲学原本不动的"存在"问题，变成流动起来的"生成问题"，也就是本文反复说过的，真正将时间因素引入了哲学。"激进解释学意味着一种彻底的思考、原样的思考，这种思考去掉先验的确定性"②。

去除"先验的确定性"，和海德格尔在"存在"概念上画叉号，是等值的，用克尔凯郭尔一本书的名字，就是"非此非彼"，而不是非此即彼，既不是"是"，也不是"不是"，以 Being 为命根子的传统哲学，对这样的情形，是无能为力的，在这个意义上，德里达宣称哲学已经"终结"，从此真正的哲学问题，是从哲学的边缘地带唤起的。传统哲学相当于一枚光秃秃的硬币，原来硬币上的头像或者形象、风景，都不见了，这就不是本真的生命和原样世界。了解后现代哲学的困难，它的晦涩，全在于在理解时引入了真正的时间要素，将事物处于生成过程之中。这个生成，也就是20世纪欧洲大陆哲学家们着重分析与描述的差异：柏格森的说法是"绵延"，海德格尔说是"存在者"与"存在"（Dasein，"此在"）之间的差异，福柯的说法是"异托邦"，德里达的说法是"延异"，勒维纳斯的说法是"他者"，德勒兹的说法是"无器官体"等。笔者认为，所有这些貌似古怪的说法，只要我们从以上的时间要素思考，它们的晦涩就可以理解了。这种理解，不同于笛卡尔式的"清楚明白"，而是"不清楚的清楚"，它接近于中国传统文化所擅长的悟性、领悟，恍然大悟，又像奥古斯丁笔

---

① J. D. Caputo, *Radical Hermeneutics*, Indiana University Press, 1987.

② J. D. Caputo, *Radical Hermeneutics*, Indiana University Press, 1987, p. 320.

　　　　　　　　　　　　　　| 中国阐释学的兴起 |

下的第二种"时间",即:如果你不问我"什么是时间",我反倒知道什么是时间;但是如果你让我说出来,我是说不出来的。这种"言不尽意"的情形,对于中国文化传统来说并不陌生,这就是道家与禅宗对语言本身的怀疑态度,激进解释学无意中与我们的文化传统有所接近。但是,笔者并不想在这方面做更多的比较,而是认为,这种相似只是表面上的,因为中西两种哲学传统的大背景是迥然不同的,我们不能将原本复杂的哲学问题简单化。如果一定要对这种貌似相似的情形做一种区别,笔者认为,"言不尽意"的中国"解释"传统,着重点在于寡言甚至沉默,而 20 世纪欧洲大陆哲学家们却反其道而行之,他们没有像维特根斯坦所倡导的,对于不能说的东西,要保持沉默,而是在"不能说"的领域,以"头撞南墙"的身心热情姿态,不但继续接着说,而且滔滔不绝地说,他们也并不认为这样的态度是"非理性"的或者"反启蒙的",因为理性和启蒙之光,不可能只是一个样子的,哲学智慧也不能只用一个模板去重复与复制。

激进解释学的思想先驱们所提出的关键术语,具有"家族相似"的特点,其成员们各自都有自己的面相,但彼此之间的思想面相,就像柏格森对时间绵延状态的描述,是内于彼此又外于彼此的,同样的意思,克尔凯郭尔说的是"非此非彼",也就是莫衷一是,这种使人焦虑的情形正是克氏思想和激进解释学的重点话题之一。"非此非彼"状态,正是事物正在进行与形成状态,就像玩笛卡尔玩具是不能松手的,此时此刻思想与身体的享受不但是类似的,而且处于融为一体的游戏状态、沉浸状态,只要一松手,这个玩偶就会立刻倒立,于是游戏就结束了、享乐就没有了,事情就走到了尽头。倒立着的玩偶,在效果上相当于时间静止状态下的一幅照片,无论这个亮相有多么精彩,它已经化瞬间为永恒,从而象征着一座思想的雕塑,而传统形而上学,正是从这个思想的雕塑起步的。手持玩偶进行游戏的过程,则象征着正在运动过程中的影像,也就是电影。电影原理就是快速放映原本一幅又一幅静止的、貌似动作重复的照片(照片与照片之间,只有极其细微的差异。笔者正是将类似的差异称作"微妙精神"),这也是一种自相矛盾,或者化不可能为可能的过程,它上演了人的本色生命,生命的本色,从而不再是关于人的雕塑,而是活生生的、有血有肉的个人。只要这个过程结束,游戏或者娱乐就停止了,思想就结束了。综上所述，一切真实的、符合精神与生活原样的、逼真的阐释或理解，都必须是正处于时间过程之中的，只要去除时间因素，立刻呈现为将某一时刻的理解化为永恒的情形，也就是"必须有的"不真实性。

尽管这种虚假是必要的，但哲学永远是思考真问题的学问，它超越了常识又返回常识。这样的返回，就是探寻处于理解活动过程之中的精神细节，并且由此推动人类精神文明迈向更为广阔的领域。

文本在哲学研究中的意义

◎ 张汝伦[*]

经典哲学文本一直是哲学研究的一个重要对象。正因为如此，古今中外的研究者都对文本本身的可靠性和正确性予以高度重视。然而，人们对哲学文本的态度，却经常是非哲学的，即只是注意作者的真伪、文本的写作年代、篇章的安排是否适当、辑佚、正误；编辑各种文本的批评版、考证版等。这种态度严格说只是语文学、校雠学或训诂学的态度，而不是哲学的态度，对我们理解文本阐述的义理不会有太大的帮助。例如，《中庸》的作者是否确为子思，它的成书时代是在先秦、秦汉，抑或西汉，都不会对我们理解这部复杂著作的哲学内容有实质性影响。当然，也有些哲学著作，不同版本在内容上有重要不同，但往往作者本人已经提醒读者注意其中的不同，或告诉读者有何不同，版本本身没有疑难问题需要查考，如康德的《纯粹理性批判》。在这种情况下，研究者要注意的是文本内容的不同，而不是形式的差异。不同版本都是文本的有机组成部分。文本本身没有问题和争议，是可靠的。

当然，还有一种情况，就是后来的研究者对经典文本按照己意重新编排甚至篡改（通过更动若干文字），如宋儒对《大学》文本便是如此。这当然是通过语文学的方法来阐发自己的思想。如果说对于哲学家来说，重要的是以哲学的态度对待文本，而不是像语文学者那样纯粹研究文本的形式，那么宋儒的这种做法似乎差强人意。但宋儒这么做依据的是古人的权

---

* 张汝伦，复旦大学哲学学院教授。

威（自以为的古义或古本），而不是文本本身的权威。他们对文本本身的哲学意义很少思考。那么，我们应该怎样哲学地对待一个哲学文本？或者说，在哲学上和哲学研究中，文本意味着什么？具有怎样的意义？这是本文所要讨论的问题。

一

本文认为，从哲学上说，"文本"是一个释义学的概念，不能以通常意义去看待。释义学是哲学研究，或者说哲学实践的基本方式；因此，重要的不是先去孤立地定义什么是"文本"，而是要思考理解一个经典文本时必然会遇到的重大问题，即我们以何种哲学立场出发对待我们所要理解的经典文本。是从主客体分离的模式出发，将其作为我们研究的"客观对象"？还是从存在的历史性出发，将它视为我们所属世界的一部分？

我们很容易将经典文本理解为一个纯粹的"客体"，因为经典文本大都与我们之间有着不可否认的历史间距，我们在这边，文本在那边。就拿《中庸》为例，我们与它产生的时间相隔两千余年；它所关心和论述的问题似乎都属于一个过去很久的世界。但谁也无法否认，它是构成我们的哲学传统的重要经典。正因为如此，它是我们所属的历史世界的一部分，我们生活在它参与构成的那个历史世界中，并没有完全与之脱离，在此意义上，我们与它之间又可以说不存在距离，我们共属一个世界。这种间距与共属似乎是相互排斥的：承认我们与历史经典之间的时间间距，就意味着我们无法与之共属同一个世界，它属于历史世界，而我们属于当代世界；而否认上述时间间距，就等于要放弃研究者应该具有的方法论的客观性。①研究经典文本时的这种方法论两难，对一切经典研究都是存在的。保罗·利科的文本理论对这个两难提供了一个哲学释义学的解决。它将原本消极的时间间距变成了一个积极的、生产性的因素。

众所周知，利科是当代西方哲学释义学继海德格尔、伽达默尔之后的又一个重要代表人物，他对于哲学释义学理论的发展做出了杰出的贡献，

---

① 当年伽达默尔的《真理与方法》就因此被人讽刺地故意读成《真理，还是方法?》。

其中首推他的解释理论，而文本理论，则是他解释理论的核心和基石。对文本的重视并非只有释义学，20世纪的语言学、符号学、诗学、神话学、文学理论等人文学科，都重视对文本的研究。人们以为，文本是主体间交流的一个特殊媒介，是一个无时间的结构。当我们研究文本时，我们与之处于一种类似对话的共时关系。但在利科看来，却不是这样。文本是交流中一种间距的范式，它恰恰显示了人类存在历史性的基本特征，这就是交流总是在并且通过间距进行的，人类存在的历史性是无法消除的。①

利科的文本概念是海德格尔的生存论哲学与结构语言学思想相结合的产物，主要归结为如下五个命题：（1）语言总是实现为话语（discourse）；（2）而话语又实现为一个结构起来的作品；（3）在话语和话语作品中言与写关系在一起；（4）话语作品投射了一个世界；（5）话语作品自我理解的中介。②

话语是说出和写下的语言，是语言的实现，就此而言，它是一个"事件"，它是在时间中实现和出现的。但是，话语作为文本，必然是有意义的。通过进入阅读者的理解过程，它超越了自己的时间性，而成为意义。我们阅读一个文本，首先追求的是其意义，而不是它的时间性或事件性。我们不是把它视为一个事件，而是视为意义。"意义超越事件是文本本身的特征。"③ 文本总有一定的文体，文体是生产性的，它通过其特殊性促进一个特殊的观点或立场。因此，文本的作者非一般的说话者可比，"作者比说者说得更多：作者是一个语言作品的工匠。他与作为整体的作品的意义是同时代的，在此意义上，作者的范畴同样也是一个阐释的范畴"④。

然而，文本与直接言说不一样，一方面，由于通过书写被固定了下来，它面对无数后来的读者；另一方面，它的意义也必然会超出最初作者

①　cf. Ricoeur, P., *Hermeneutics and the Human Sciences*, ed. & tr. by J. B. Thompson, Cambridge：Cambridge University Press, 1989, p.131.
②　cf. Ricoeur, P., *Hermeneutics and the Human Sciences*, ed. & tr. by J. B. Thompson, Cambridge：Cambridge University Press, 1989, p.132.
③　Ricoeur, P., *Hermeneutics and the Human Sciences*, ed. & tr. by J. B. Thompson, Cambridge：Cambridge University Press, 1989, p.134.
④　Ricoeur, P., *Hermeneutics and the Human Sciences*, ed. & tr. by J. B. Thompson, Cambridge：Cambridge University Press, 1989, p.138.

意象的视域，"文本的'世界'可以突破作者的世界"①。这意味着后来的读者理解它可以去当初的语境（decontextualise），同时又通过他们的理解和阐释在新的历史条件下将此文本重新置于一个语境中（recontextualise）。这样，历史间距不再是影响我们理解文本意义的障碍，也不是只有消极的与文本保持距离以保证客观性的方法论意义；它对于文本具有建设性意义。它不是消极的、必须加以克服的理解的障碍，相反，"它是阐释的条件"②。

主客体对立的认识论模式会把读解者与其文本的关系理解为主体与客体的关系。解读者是主体，文本是客体。解读者应该尽可能地克服自己的主观性以客观把握文本的意义。而文本的意义就是原始作者所意向的意思。因此，解读者与文本的时间间距既有消极面，也有积极面。消极面是它妨碍解读者完全进入作者的世界，比如说，现代世界的读者是很难完全进入《中庸》作者的世界的。正因为如此，时间间距也可使解读者与文本保持一定的距离，以确保其读解的中立和客观性。但是，客观性的标准为何？作者的原意？我们如何起作者于地下来问他或他们的原意是什么？是像自然科学那样完全不涉及作者和解读者的主体性来解释（explanation）？狄尔泰的释义学已经看出了，这对于解读经典来说根本不可能，遂提出"理解"（Verstehen）概念来应对。因为在解读人文对象时，不可避免要牵涉解读者与作者的主观性，因为理解人文对象就是把握通过作品表达的一个异己的生命。

可是实际上，"文本使得读者与作者都黯然失色"③。通过书写固定下来的文本不像当下的对话，它没有后者那种不可避免的心理学和社会学的因素，写－读关系不是说－答关系的一个特例。伽达默尔在《真理与方法》中曾把理解描述为以问答逻辑为本质的对话。④ 利科对此提出了异议。

---

① Ricoeur, P., *Hermeneutics and the Human Sciences*, ed. & tr. by J. B. Thompson, Cambridge: Cambridge University Press, 1989, p. 139.

② Ricoeur, P., *Hermeneutics and the Human Sciences*, ed. & tr. by J. B. Thompson, Cambridge: Cambridge University Press, 1989, p. 140.

③ Ricoeur, P., *Hermeneutics and the Human Sciences*, ed. & tr. by J. B. Thompson, Cambridge: Cambridge University Press, 1989, p. 147.

④ Gadamer, H. - G., *Wahrheit und Methode*, Tübingen: J. C. B. Mohr, 1986, S. 375 - 384.

他认为，说阅读是通过著作与其作者对话是不够的，因为读者与文本之间的关系性质上完全不同于对话。对话是问答的交换，而作者与读者之间没有这样的交换。作者并不回答读者，文本把书写行为与阅读行为分为两边，彼此之间没有交流。[①]

不仅如此，文本使得其所指不再是作者的主观意思，而是客观的意义。话语主体总是就某事说某些话。他所说的主题就是他话语的所指（referent）。然而，文本将对话者及其对话的处境、条件、环境和氛围都悬置了起来，连带对话者话语的所指也被悬置了起来。现在不再是说话者决定所指，而是文本决定所指也决定作者。人们根据《中庸》的文体差异对其作者提出质疑或认定，就是一个例子。

西方文学批评和《圣经》批评从19世纪中期以来，主要关注作品的内容，或文化文献的内容，关注这些作品产生的社会历史条件，或者它们指向的共同体。解释一个文本本质上就是认为它表达了某些社会－文化需要，回应了某些时空中的困惑。[②] 这种历史主义的思路，直到今天还是我们解释历史文献和作品的基本思路。但是，在19世纪与20世纪之交，西方哲学产生了一个重要的成果，这成果可称为"意义的发现"。它肇端于弗雷格哲学和胡塞尔的《逻辑研究》。这两个现代西方哲学的奠基者发现，意义（他们感兴趣的还只是命题的意义，而非文本的意义）不是什么人头脑中的观念；它不是某种内心的内容，而是可以为不同时期的不同个人一再认定为是同一个对象的理念性对象。他们把命题的意义理解为"理念"（ideality），它既不是一种物理的实在，也不是一种内心的实在。用弗雷格的话说，意义（Sinn）不是表象（Vorstellung），即它不是某种情况下某个特定的言说者实现意义的内心事件。意义构成命题观念的维度。同样，胡塞尔把一切意向行动的内容描述为"意向相关"（noematisch）对象。胡塞尔把弗雷格的理念性意义的概念一切精神活动——不只是逻辑行为，而且

① cf. Ricoeur, P., *Hermeneutics and the Human Sciences*, ed. & tr. by J. B. Thompson, Cambridge: Cambridge University Press, 1989, p. 146.

② cf. Ricoeur, P., *Hermeneutics and the Human Sciences*, ed. & tr. by J. B. Thompson, Cambridge: Cambridge University Press, 1989, p. 184.

还有知觉行为、意志行为、情感行为等。① 这对于狄尔泰的释义学产生了重要的影响。② 1900 年后，狄尔泰极力把他在胡塞尔《逻辑研究》中发现的理念性结合进他自己的意义理论中。理解不是要把握作者的原意，而是他们的作品所表达的精神。

与此同时，在心理主义和社会学至上（sociologism）思潮过度泛滥后，西方文学批评领域也出现了相似的变化。人们同样把文本视为某种无时间性的对象，书写就意味悬置历史过程，从话语进入观念的领域，这个领域可以被后来无数可能的读者无限扩大。意义的客观化成了作者与读者之间必要的中介，③ 在意义这个平台上，作者可以是读者的同时代人，反之亦然。

这意味着通过对文本的解读和阐释，解读者进入了文本的世界，这个世界不是只属于作者，而是读者与作者共有的世界。与一般的言说不同，文本的意义不是指向某个特殊事物，而是揭示了一个世界。当我们说《红楼梦》的世界或《城堡》的世界时，就部分说明了这一点。话语的所指是正在说的事情，是可以用直接指称的方式来确定的。但用文字书写成的文本，却无法用直接指称的方式来确定它的所指。随着书写，事物已经开始发生了变化，不再有像对话者那样作者与读者共有的处境，指称行为的具体条件也不再存在。不管《中庸》的作者是生活在先秦还是秦汉，他们的处境不是我们的处境。由于意义的自在性，他们言说的处境不能决定意义的所指。"这样，我们说到希腊的'世界'时，不再是指任何当初那些生活在那里的人的种种处境，而是指非处境性的所指，它们比当初的希腊人活得更久，此后就呈现为存在种种可能的模式，我们在世存在种种象征的维度。"④

换言之，文本的指称不再是直接指称（ostensive reference），不再是像

---

① cf. Ricoeur, P., *Hermeneutics and the Human Sciences*, ed. & tr. by J. B. Thompson, Cambridge: Cambridge University Press, 1989, p. 184.

② 张汝伦：《二十世纪德国哲学》，人民出版社，2008，第 50~51 页。

③ cf. Ricoeur, P., *Hermeneutics and the Human Sciences*, ed. & tr. by J. B. Thompson, Cambridge: Cambridge University Press, 1989, p. 185.

④ Ricoeur, P., *Hermeneutics and the Human Sciences*, ed. & tr. by J. B. Thompson, Cambridge: Cambridge University Press, 1989, p. 202.

日常话语的指称那样的一级指称；直接指称的取消为二级指称的解放创造了条件。而文本的指称之所以是二级指称，不仅仅是因为它的意义不是精神性的意向，更是因为文本使得实在在其中变了形。伽达默尔在《真理与方法》中讨论其游戏理论时，提出了一个重要的"变形"（Verwandlung）概念。"变形是事物一下子整个变成了另一个东西，这样，这另一个东西作为变了形的东西，就是该物真正的存在，相对于它来说，该物以前存在是无意义的。"① 变形就是一物以另一种存在方式存在，而不是完全消失。例如，希腊神话中宙斯变成天鹅，并非宙斯不再存在，而是它以天鹅的存在方式存在。

如果文本解释也可以被视为一种游戏或一种艺术的话，那么这种游戏也是向创造物的变形（Verwandlung ins Gebilde）。这里变形的是实在本身。当我们在解读文本时，我们生活于其中的世界不再存在，我们面对的是一个"封闭于自身的世界"，即文本的世界。换言之，日常世界变形为文本的世界，这是一个可能性的世界，"'实在'总是处于一个既期待又担心、却无论如何是未定的可能性之未来境域中"②。与文学文本的情况一样，在哲学文本中，实在并非不存在，而是变了形。所以它的指称是二级指称，二级指称达到的不是可操控的事物层面的世界，而是胡塞尔讲的"生活世界"或海德格尔的"在世的存在"。"阐释就是阐明面对文本展开的那种类型的在世存在。"③ 而这些二级指称为我们打开了一个世界，打开了我们在世存在种种新的维度。④ 且不说《庄子》和《扎拉图斯特拉如是说》这样的哲学文本，即便是《纯粹理性批判》和《逻辑哲学论》这样的著作，其所指也不是日常实在，而是一个变了形的可能世界。这就是为什么以实在论的文化人类学的眼光去理解黑格尔在《精神现象学》中的主奴寓言不仅仅是胶柱鼓瑟，更是把哲学文本误读为人类学的田野调查。

---

① Gadamer, H. – G., *Wahrheit und Methode*, Tübingen: J. C. B. Mohr, 1986, S. 116.

② Gadamer, H. – G., *Wahrheit und Methode*, Tübingen: J. C. B. Mohr, 1986, S. 118.

③ Ricoeur, P., *Hermeneutics and the Human Sciences*, ed. & tr. by J. B. Thompson, Cambridge: Cambridge University Press, 1989, p. 141.

④ cf. Ricoeur, P., *Hermeneutics and the Human Sciences*, ed. & tr. by J. B. Thompson, Cambridge: Cambridge University Press, 1989, p. 202.

按照海德格尔在《存在与时间》中提出的理解理论，理解并不是要理解一个异己的他人，而是我们生存的结构。理解是在生存处境中投开我们最本己的可能性。利科将海德格尔这个思想纳入他的解释理论，提出："在文本中必须阐释的是一个我们所要的、我能在其中居住，并投开我最本己的可能性的世界。"① 这样，文本的世界就不是一个日常语言的世界。文学、诗歌、神话、民间故事的文本是这样，哲学文本更是这样。这就产生了另外一种新的间距，利科把它称为"实在与它自己的间距"②。利科说，各种叙事、民间故事和诗歌不是没有所指，但它们的所指与日常语言是断裂的。通过虚构和诗歌，新的在世存在的可能性就在日常实在中被打开了。③

哲学著作当然不是像文学作品那样的虚构，但它与日常语言的断裂比起文学作品丝毫也不逊色。它们的所指同样也是"新的在世存在的可能性"，阐释就是要揭示文本所包含的这种可能性。文本的世界就是理解所投开的世界。这个"世界"不是流俗实在论意义上的世界，而是海德格尔在《存在与时间》中揭示的那个生存论意义上的"世界"。④ 船山在比较《庄子》内、外篇时说："内篇虽参差旁引，而意皆连属；外篇则蹖驳而不续。内篇虽洋溢无方，而指归则约；外篇则言穷而意尽，徒为繁说而神理不挚。内篇虽极意形容，而自说自扫，无所粘滞；外篇则固执粗说，能死不能活。"⑤《庄子》内、外篇之所以有这样的差异，就是因为内篇的指称是利科所谓的"二级指称"，一个超越日常语言的指称和常识思维的可能

<hr>

① Ricoeur, P., *Hermeneutics and the Human Sciences*, ed. & tr. by J. B. Thompson, Cambridge: Cambridge University Press, 1989, p. 142.

② Ricoeur, P., *Hermeneutics and the Human Sciences*, ed. & tr. by J. B. Thompson, Cambridge: Cambridge University Press, 1989, p. 142.

③ cf. Ricoeur, P., *Hermeneutics and the Human Sciences*, ed. & tr. by J. B. Thompson, Cambridge: Cambridge University Press, 1989, p. 142.

④ cf. Gadamer, H. - G., *Wahrheit und Methode*, Tübingen: J. C. B. Mohr, 1986, S. 63 - 66.

⑤ 王夫之：《庄子解》，《船山全书》第十三册，岳麓书社，1993，第 184 页。

性世界，所以它"洋溢无方，而指归则约"；而外篇的指称还停留在日常语言的常识实在世界，它必然"言穷而意尽，徒为繁说而神理不挚"。

文本提出可能性的世界，而读者则通过自己的理解占用这个世界。因此，读者与文本的关系实际上是与文本世界的关系。[①] 这种关系不是近代认识论设想的主客体的关系，而是存在论意义上的从属关系，读者属于这个首先通过他的阐释揭示出来的可能性世界。理解文本不是理解作者的原意（释义学早已揭示那根本不可能），而是理解客观化的意义。正是客观化的意义消除了作者与读者的时间间距，通过对意义的挪用（Aneignung），读者与作者成为同时代人。"挪用"原来的意思是指"使最初异己的东西成为自己的东西"，利科从德语中借来这个词，使之成为他自己解释理论的一个重要概念，指当前的读者通过阐释实现文本的意义。[②] 显然，这种"实现"不可能是一种认识行为，而只能是一种实践。

对文本的解释不是读者与作者之间主体间的相互理解的关系，而是通过理解达到对文本所揭示的自己的可能世界的把握。这种把握不是知识论理论意义上的认识，而是生存论实践意义上的挪用。这种挪用，不是具体应用某个理论，而是将文本世界作为自己投向的世界。通过此一挪用，他与文本的时间间距被克服了。哲学著作，尤其是哲学经典，之所以有无限阐释的可能性，就因为它始终提出了这样一种新的可能性世界。

然而，要挪用这个世界，解读者也必须首先失去自己。理解和阐释不是把我们有限的理解能力加于文本，而是将自己暴露在文本之前，从它那里接受一个扩大了的自我。对文本世界的领悟使我们进入了那个可能的世界，大大扩展了我们的视域。文本的世界不是藏在文本背后的一个主观意向，而是文本展开、发现、揭示的东西。理解完全不是建构一个主体已经掌握了的东西，而是主体被文本的问题所建构。[③] 也就是说，通过对文本的解读，我们理解的不是一个异己自我的意向，而是我们自己存在的新的

---

① cf. Ricoeur, P. , *Hermeneutics and the Human Sciences*, ed. & tr. by J. B. Thompson, Cambridge：Cambridge University Press, 1989, p. 182.

② cf. Ricoeur, P. , *Hermeneutics and the Human Sciences*, ed. & tr. by J. B. Thompson, Cambridge：Cambridge University Press, 1989, p. 185.

③ cf. Ricoeur, P. , *Hermeneutics and the Human Sciences*, ed. & tr. by J. B. Thompson, Cambridge：Cambridge University Press, 1989, pp. 143 – 144.

可能性，从而得到了丰富。挪用文本的世界就意味着扩大了自己的世界。被挪用的世界不再是异己的世界，而是我们自己的世界。

"挪用"这个概念很容易产生主观主义的误解，即读解者或阐释者通过主观的解读与阐释让文本为"我"所用。利科的文本理论可以很好地打消这种误解。他根据伽达默尔的游戏理论，提出文本不但使世界变形，也连带使解读主体变形。伽达默尔在论述他的游戏理论时强调指出："游戏的主体不是游戏者。"① 游戏者只有完全放弃自己的主体性，才能进行游戏，只有游戏才是游戏的主体。只有完全服从游戏本身的规则，游戏者才能玩游戏。"玩游戏者也被玩：游戏规则把自己强加于游戏者，规定游戏的进行，限定游戏的领域。"② 如果我们也能把文本解读视为一种游戏的话，那么在读解文本时，读解者也是不能随心所欲的，漫说他要受文本的语义、结构、逻辑等因素的制约，就连他自己，其作为解读者的角色，也是由文本构建的。③ 在解读哲学文本时，始终存在这样的问题：进入一个异己的文本，抛弃早先的"我"以接受由作品本身授予的自我。④

释义学的"挪用"概念不但不是笛卡尔、康德、胡塞尔作品中的那种主体主义的概念，而且是对这种主体主义的克服。在利科看来，与主体相对的客观性和支配客观性的主体是同一个哲学错误的两端。他认为，马克思的意识形态批判和弗洛伊德的精神分析，都揭示了近代主体主义那个可以随心所欲支配一切的主体之虚妄。马克思和弗洛伊德都表明，主体实际上当不了他自己的家，他受制于许多隐秘的利益和无意识。利科的"挪用"概念即基于此种认识。挪用是放弃而不是占有，放弃是挪用的一个基本要素。挪用主要是一种"释放"（letting - go）。解读是挪用 - 剥夺，是让自己被带向文本的所指，以至于自我剥夺了自己。⑤

---

① Gadamer, H. - G., *Wahrheit und Methode*, Tübingen：J. C. B. Mohr, 1986, S. 108.
② Ricoeur, P., *Hermeneutics and the Human Sciences*, ed. & tr. by J. B. Thompson, Cambridge：Cambridge University Press, 1989, p. 186.
③ cf. Ricoeur, P., *Hermeneutics and the Human Sciences*, ed. & tr. by J. B. Thompson, Cambridge：Cambridge University Press, 1989, p. 189.
④ cf. Ricoeur, P., *Hermeneutics and the Human Sciences*, ed. & tr. by J. B. Thompson, Cambridge：Cambridge University Press, 1989, p. 190.
⑤ cf. Ricoeur, P., *Hermeneutics and the Human Sciences*, ed. & tr. by J. B. Thompson, Cambridge：Cambridge University Press, 1989, p. 191.

对于习惯了近代流行的主体主义思维方式的人来说，这种说法有点匪夷所思。但利科的意思无非：解读就是让文本展现一个新的可能性世界的力量得以释放，而不是把主体已有的想法用文本的语言重述一遍，不是把异己的文本世界主体化，而是通过放弃自我的主体性进入异己的文本世界，来扩大自己的可能性世界，从而获得一个新的大我。这样才能达到古典释义学提出的比作者更好地理解作者的目标，即展开隐含在其话语中的揭示性力量。

挪用并不意味着读者与作者完全气味相投，而是伽达默尔讲的"视域融合"，即作者与读者的世界视域聚集在一起。在这样的视域融合中，作者与读者的主观性同时被克服了。作者与读者一样，并无决定文本意义的特权地位。利科利用当代文学批评理论的成果来说明，文本同样消解了作者的主观性。[①] 当代文学批评理论在研究小说家与其人物的关系问题时，发现小说家与其作品有多种可能的关系：全知的作者；将自己等同于小说中的一个人物，此人物等于是作者的代言人；完全取消作者，让故事自己来讲述自己；等等。但无论是何种可能，作者的自我并未完全消失，只是作者变形为各种不同的叙事者，即使作者的痕迹完全消失，也不过是作者玩的一种游戏而已。通过作者变形为叙事者，作者自身的人格（其主观性、历史性、特殊性等）被悬置起来，文本的意义不是由他的人格和主观意图决定的，而是由文本与对其解读共同决定的，莎士比亚决定不了《哈姆雷特》的意义，正如老聃决定不了《道德经》的意义一样。

此外，文本的意义并不只对作者及其同时代的读者开放，而是对世世代代的读者开放，在此意义上说，意义是全时性的（omni - temporality），它对未知的读者敞开自己，这也意味着它对一切可能的读者的历史性开放。这就使它的全时性不等于非时间性或无时间性，而是能包容所有可能读者的历史性。读者的历史性将通过他们的解读成为文本时间性的时现。[②]

---

① cf. Ricoeur, P., *Hermeneutics and the Human Sciences*, ed. & tr. by J. B. Thompson, Cambridge: Cambridge University Press, 1989, pp. 188 – 189.

② 此处"时现"概念来自海德格尔。海德格尔在《存在与时间》中用 Zeitigung（动词形式为 zeitigen）一词指时间性自身的显现和时间性事物时间性地产生与实现，我将此概念译为"时现"（参见张汝伦《〈存在与时间〉释义》上册，上海人民出版社，2012，第 61 页）。

而这反过来也表明了文本本身的时间性。也因为文本此种全时的时间性，它并不仅仅属于某个时代，而属于世世代代可能的读者，哲学经典尤其如此。《中庸》并不只属于其产生的时代及其作者，也属于今天的我们和未来的读者。

这种属于，绝不只是指我们和后来可能的读者可以读它，而且更在于我们从文本中得到了不是某个主体的主观意图，而似文本通过它的非直指指称所揭示的某种在世存在可能的模式，或者用维特根斯坦的术语说，某种或某些新的"生活方式"，它们给读者展现出一个新的可能的世界。这个可能的世界并不是出于读者自己的规划或设计，而是读者通过从文本本身接受某种新的存在模式扩大了自己规划自己的能力。① 在此意义上，我们可以说，不但文本属于读者，读者更属于文本，读者从文本中获得了他新的存在的可能性。所以挪用不是"占有"，而是剥夺，即剥夺自己"自恋的自我"，从而获得自己新的存在可能。②

三

解读文本不是一个主体（读者）单向作用于客体（文本）的主观操作，文本不是读者知识论的对象，解读文本也不是像地质学家分析其矿石那样的一种客观知识论行为，而是人最切己的存在方式，通过文本解读，读者扩大了他的存在可能性。"如读《论语》，未读时是此等人，读了后又只是此等人，便是不曾读。"程子此言也表明，经典文本的解读不是一种客观的知识活动，而首先是一种改变自身的存在行为。

如果文本解读不是主体单向作用于客体的主观操作，那么，它也就不能和不应该是实用主义的应用研究。实用主义的解读有两种基本模式。一种是以自然科学的理论应用为榜样，把文本视为提供了某种或某些理论，这种或这些理论可以立即加以应用。还有一种是把文本视为行动的指南，

① cf. Ricoeur, P., *Hermeneutics and the Human Sciences*, ed. & tr. by J. B. Thompson, Cambridge: Cambridge University Press, 1989, p. 192.

② Ricoeur, P., *Hermeneutics and the Human Sciences*, ed. & tr. by J. B. Thompson, Cambridge: Cambridge University Press, 1989, p. 192.

解读文本的目的是要从中获得解决当下问题，甚至"制度设计"的方案。除了这两种主要模式外，还有更为鄙俗的以经典文本来曲证己意的做法，或曲学阿世的做法，此种做法并不罕见。但无论是哪种实用主义的解读模式，都是一种主体主义的思维方式和解读方式，解读者不想通过对文本的解读扩大自己的存在境域，而只想把自己的意志强加于文本的意义，从而剥夺了文本的揭示力量。文本不再揭示一个可能的世界，而只是读者达到其外在目的的工具。文本不再是唯一的，而是可以被无数其他文本替代。实用主义的解读模式，对文本实际是一种谋杀，同时也失去了文本解释的意义。

当然，这也绝不意味着文本解释是一种通常意义的纯粹的理论活动。现代哲学释义学的奠基者海德格尔和伽达默尔都强调理解与解释不是主观的知性活动，而是人基本的生存论的实践模式。伽达默尔更是在《真理与方法》特意中把"应用"（Anwendung，Applikation）观定为与理解和解释一样的释义学过程不过或缺的一个要素，① 正是为了突出这一点。

"应用"这个概念是非常容易引起误解的一个概念。人们往往会望文生义，从寻常字面意义上去理解此一概念，以为它意思把普遍原则或普遍知识用于实际情况，就像科学家把科学原理付诸实际应用，或工匠将他拥有的专门知识和技能付诸实践，如一个金匠将他关于黄金加工的知识和技能用于打造一件饰品。释义学的"应用"难道不是把所理解的文本用于现实生活？这难道不正好印证了释义学的实践哲学性质吗？这难道不正是作为实践哲学的释义学所要求的吗？

这样的理解是对伽达默尔的"应用"概念的莫大误解，可以说，上述这些对"应用"的理解，恰恰是他所要反对的。无论是应用科学知识还是应用技术知识，都是把一般原则不加区分地用于个别情况，并且这种应用一定是单向的，应用的受纳方对应用而言不起任何作用。即便在应用时要考虑到应用所受对象的特殊性，如一个骨科医生在治疗骨折时得考虑骨折的部位甚至病人的年龄等特殊情况，但相应的医学知识是确定的，不需要每次应用时都重新理解。但文本理解不一样，理解者总是不同的，有着自

---

① cf. Gadamer, H. – G., *Wahrheit und Methode*, Tübingen: J. C. B. Mohr, 1986, S. 313.

己的特殊性（首先是其历史性），因而"文本必定在任何时刻，即在任何具体处境中被重新和不同地理解"①。根据自己的处境来重新理解文本，这是伽达默尔"应用"概念的一个基本规定。

但这不是说，在理解和解释文本时，读者得根据自己的需要来理解和解释文本，读者得到的只是他自己想要的东西，而不是文本自身的意义。伽达默尔当然不可能主张这种极端主观主义和实用主义的释义学。对于他来说，读者与文本的关系也是一种普遍与特殊的关系。文本流传万代，始终是同一个文本，例如，宋儒与我们相隔近千年，但《中庸》还是同一个《中庸》，读者却各不相同，各自都有自己的特殊性。很显然，理解和解释文本绝不像将某种知识和技能付诸应用那样，是一种三边关系，即知识或技能（普遍），应用者（主体）和被应用的对象（客体）；而是文本与理解者的双边关系。此外，在前一种情况中，知识和技能是固定不变的，既不会继续生长，也不依赖于人们对它们的应用。后者则不然。文本的意义不是结实固定的，而是有待充实的。在这方面，伽达默尔从亚里士多德的伦理学或者说实践哲学中得到了重要的启发。

亚里士多德反对柏拉图的理智主义，明确指出，伦理知识或道德知识不同于形而上学的理论知识，因为它是伦理领域的知识，伦理领域不像自然领域那样，受严格的自然规则支配，又绝不是完全没有章法和规则的领域，而是它的规则是可变的。不仅如此，与自然规则相比，一般的伦理规范有点"虚"，就是说，它必须具体实现在一个实践处境中。"不知将自己应用于具体处境的一般（道德）知识，是无意义的。"② 但这种"应用"与工匠对技术知识的应用有重要的不同。

对于工匠来说，技艺（Techne）本身是固定的，木匠加工木材的方法总是一样的。但道德知识则不同，智、仁、勇这样的德目何谓，行动之前并未完全确定，恰恰要通过一个人的实践行动它们才能得到明确。加工木材的技艺告诉每一个木匠怎么做，在此意义上，木匠可以说是被动的，他只能这么做，否则就无法达到其目的。但一个道德实践者则不同，勇这个

---

① Gadamer, H. - G., *Wahrheit und Methode*, Tübingen: J. C. B. Mohr, 1986, S. 314.
② Gadamer, H. - G., *Wahrheit und Methode*, Tübingen: J. C. B. Mohr, 1986, S. 318.

︳ 中国阐释学的兴起 ︳

德目并未告诉一个人怎么行动才算勇，忍辱偷生和慷慨赴死在一定的情况下都可以算是勇。不像加工木材的行为，勇的行动多种多样，没有一定之规。道德意义上的"应用"并不像技术意义上的应用，应用先已给予明确程序和规则。道德行为不是先知后行，而是知行合一。伦理规范不是可教的知识，它们只具有图式那种有效性。"它们总是首先将自身具体化在行动者的具体处境中。它们并不是某些还完全不能预料，或在某个伦理自然世界中有其不可改变位置的规范，以至于只需要去发现它们。但另一方面，它们也不是纯粹的约定，而是实际表现了事物的本性。"① 这是说，伦理规定的确不是人为的约定，但它们却必然需要通过不同的人的不同实践来具体实现；而此实现也正是其生命之所在。

技术知识或技艺总是关于达到目的的手段的知识。技术知识总是已经预先知道了达到目的的有效方法，然后将其付诸实施。但道德知识不可能有这样先在性。固然它也有手段－目的的关系，但手段与目的都不是某种知识的单纯对象。手段不是被目的先已决定，而是手段与目的是相互影响的。例如，人生的目的是追求"好生活"，但什么是"好生活"却是无法一劳永逸地决定。不同的人对"好生活"有不同的理解。而达到"好生活"也绝非一途。采取什么样的手段达到"好生活"会影响"好生活"是什么；反之，我们如何理解"好生活"也会影响我们选择的手段。在此意义上，手段与目的都不像在技艺行为那里，是先定的。

如果道德规范并不是像技术知识那样在行动之前先已掌握，而需要我们通过行动来明确的话，那么在道德行为中，始终贯穿着理解。因为"这里不是关于某种一般知识，而是关于这一刻的具体情况"②。行动者永远要在不同的情况下重新理解道德规范的意义。"这里应用不是某个先已给予的普遍与特殊情况的关系。"③ 释义学的应用与此相似。文本的意义并未先行给予，否则就不必去理解和解释了，一代又一代的读者始终得从自己的历史处境出发重新理解文本。因此，我们不可能像应用某种理论知识或技术知识那样把文本用于我们的特殊情况。相反，理解者或者读者只有把文

---

① Gadamer, H. - G., *Wahrheit und Methode*, Tübingen：J. C. B. Mohr, 1986, S. 326.
② Gadamer, H. - G., *Wahrheit und Methode*, Tübingen：J. C. B. Mohr, 1986, S. 328.
③ Gadamer, H. - G., *Wahrheit und Methode*, Tübingen：J. C. B. Mohr, 1986, S. 329.

本与他自己的历史处境联系起来，他才能真正理解文本的意义。这就是应用。

这听上去似乎有点匪夷所思，因为这会使人以为，文本的意义完全取决于理解者，否则就没有意义。这当然是误解。伽达默尔的意思只是说，意义取决于应用，或者说，意义只有在应用中才能具体化。只要文本存在，意义就不可能取决于读者的主观意向，就像它同样不可能取决于作者的主观意向一样。伽达默尔用法律为例来说明这一点。法学史家与法学家对待法律的态度是不同的。法学家是从当前的案件出发，为了当前的案件理解法律的意义。而法学史家没有他以之为出发点的当前的案件，他只想建设性地理解法律的全部应用范围来确定法律的意义，所以他关心的是公正对待法律的历史变迁。但法学家不仅要知道法律的历史应用与变迁，还得使如此掌握的东西适当地用于现在。法学家固然要知道法律原本的意义，但是"法律的规范内容却必须根据应该应用它的当前的案例来定"。①

在伽达默尔看来，释义学的处境与法学家的处境是相似的，理解者并不直接面对文本的意义，而是"生活在一种直接的意义期待中。我们不可能直接接触历史对象，客观弄清它的重要意义"②。文本当然是固定不变的，但文本的意义却并非如此，因为它一直流传到现在，并且将永远流传下去，它的意义就像法律的意义一样，具体化在它与一个个的现实的关系中，或者说体现在应用中。我们当然必须根据文本所言来理解它，但文本由于与每个时代相联系而会有某种转化（Umsetzung）。文本与每个当代的联系，表现为释义学的应用。释义学的应用不是将普遍用于特殊，而是使意义在当下历史中具体化。"阐释的任务就是将法律具体化在每一个案例中，那就是应用的任务。"③

但是，应用始终要受文本意义的制约，也是毫无疑问的。法学家理解和解释的法律毕竟是一个客观存在，就像经典文本的理解者和解释者所要理解和阐释的文本是一个客观存在一样，理解和解释不是无中生有杜撰某些意义，而只是使意义在一定的历史条件下具体化："有待理解的意义只

---

① Gadamer, H. - G., *Wahrheit und Methode*, Tübingen: J. C. B. Mohr, 1986, S. 332.

② Gadamer, H. - G., *Wahrheit und Methode*, Tübingen: J. C. B. Mohr, 1986, S. 332 - 333.

③ Gadamer, H. - G., *Wahrheit und Methode*, Tübingen: J. C. B. Mohr, 1986, S. 335.

中国阐释学的兴起

有在阐释中才能具体圆满，但阐释行动完全受制于文本的意义。无论是法学家还是神学家，都不认为应用的任务有与文本相悖的自由。"① 可见，释义学的应用与实用主义的应用是不相容的，根本就不是一回事。

释义学的应用与实用主义的应用不同在于，它并不是应用者主观性的证明；相反，它是对其主观性的限制。应用要求理解者与解释者通过对文本意义的理解和阐释进入文本的意义世界，也因此丰富这个世界本身。应用其实就是一种沟通，我与你的沟通、古今的沟通、可能与现实的沟通。"绝不会有这样的读者，当他面对文本时，只是简单地读那个文本。应用发生在一切阅读中，因此，谁读文本，本身就已身处所获得的意义中。他属于他理解的文本。"② 史学家如果想要理解历史传统的话，他就要把他自己生活的时代与这个传统打通。③ 哲学家要理解哲学经典的话，也必须进入经典所属的那个传统，成为该传统的所有者，而不是陌生人。应用不是将异己的东西纳入自己的世界，而是打通自己的世界与一个可能的世界，使自己融入那个世界。

伽达默尔始终坚持文本的不可超越性，坚持要在切合文本的意义范围内理解文本，并因此对19世纪的历史主义史学家们对待历史文本的态度提出了批评。历史主义的史学家将自己置身于文本之外，把文本视为他们可以从外部加以客观审视的对象。"他根本不可能把自己理解为文本的接受者，并接受文本的要求。相反，他从文本追问文本本身不会提供的东西。"④ 史学家无视文本本身的意义，认为文本或传统完全可以用一种不是文本自身所要求的意义来解释。这至今仍是许多史学家对待文本的基本态度。他总是到文本及其表达的意思背后去追问它无意表达的现实。文本被视为与其他历史遗物一样的历史材料，不是按它们所言来理解和解释，而只是把它们理解为某个不是它们的事情的证据。史学家总是根据文本本身没有说出、文本意谓的意义方向上根本无须有的东西来解释。⑤ 以中国为

---

① Gadamer, H. - G., *Wahrheit und Methode*, Tübingen: J. C. B. Mohr, 1986, S. 338.
② Gadamer, H. - G., *Wahrheit und Methode*, Tübingen: J. C. B. Mohr, 1986, S. 345.
③ cf. Gadamer, H. - G., *Wahrheit und Methode*, Tübingen: J. C. B. Mohr, 1986, S. 346.
④ Gadamer, H. - G., *Wahrheit und Methode*, Tübingen: J. C. B. Mohr, 1986, S. 341.
⑤ cf. Gadamer, H. - G., *Wahrheit und Methode*, Tübingen: J. C. B. Mohr, 1986, S. 342.

例，同样如此。对于史学家来说，《尚书》或《春秋》只是某个时代的材料和证据，总是根据文本以外的东西来解释它们，倒是经学家始终坚持从文本自身的意义来理解文本。

尽管史学家对待文本采取的是像法官审问证人的态度，但毕竟他还得理解证据的意义。也就是说，他还是不能完全放弃理解文本的意义。理解和解释文本（证据）的意义是判案的先决条件。就此而言，史学家也不能拒绝释义学的普遍性要求。也就是说，只要事关文本，史学家终究得面临文本理解和解释的问题。不过，哲学释义学不是将文本的理解与解释视为单纯的理智活动，而是一个通过我们的生存实践完成的活动。文本的意义对我们有实践要求，它需要我们在实践中将它完成。伽达默尔以理解命令为例来说明这个观点。

命令可以被视为一个文本，所谓理解命令，就是知道它要我们干什么。我们可以通过重复命令来表示我们已然理解了该命令，但是，"其真实意义只是由'根据其意义'具体执行来规定的"。① 拒绝命令与执行命令都是对命令意义的确定，都是命令的意义在某人身上的实现。理解命令包括的不仅仅是简单的在理智上理解命令的意义，而是涉及接受命令者对具体情况的研判和他的责任。命令的意义包括所有这些实践要素，没有这些实践要素，命令的意义是不完整的。所以伽达默尔说："命令的接受者必须创造性地理解意义。"② 显然，这种对意义的理解不是理论理性，而是实践理性的。它不是一种纯粹的认识（Wissen），而是一种实践的行为（Handeln）。命令的意义是通过执行或拒绝执行命令得到理解和完成的。

问题是，我们能否将如《中庸》这样的传世文本也理解为命令？初看起来，那样理解是荒谬的，经典文本并没有命令什么，它们只是要我们理解它们的意义。但如果我们不是把它们的意义理解为不依赖读者的理解与解释而恒久固定了的，而是通过读者的理解与解释不断得到完成，并揭示了一个可能的在世存在模式的话，那么文本就在双重意义上是命令。首先，它命令它的读者创造性地理解它，因为它没有固定不变、一劳永逸完

---

① Gadamer, H. - G., *Wahrheit und Methode*, Tübingen: J. C. B. Mohr, 1986, S. 339.

② cf. Gadamer, H. - G., *Wahrheit und Methode*, Tübingen: J. C. B. Mohr, 1986, S. 339.

成了的意义。其次，更重要的是，读者必须通过自己的在世存在，即从自己的历史性出发（这是每一个文本解读者的释义学处境）来理解和解释。这种理解和解释也就是打开自己存在新的可能性。文本的意义成为我们新的存在境域、新的存在世界，我们在此新的境域，向着新的可能世界存在。只有这样，我们才真正理解了文本的意义。理解和解释首先是如此存在，文本的意义不是认知的对象，而是我们存在之趋向。在各类文本中，哲学文本尤其如此。

解释与可理解性*

——论保罗·利科对胡塞尔现象学的批判

◎ 钟汉川**

在现代欧陆哲学之中，现象学向诠释学的转变是令人瞩目的思想事件。作为胡塞尔现象学著作的研究者和译介者，法国哲学家保罗·利科其思想本身就标识了这一重要转变。本文拟通过利科对胡塞尔的批判来切入这一转变过程，以揭示现象学运动的这一思想发展：胡塞尔所构想的意识的可理解性（意义）何以在利科那里转变成了文本－生成的解释过程。具体而言，它旨在澄清，在意向性哲学的框架内意识的自主性向文本自主性转变的起始、分异以及基本成就；结语部分则是对这一过程的评论。

一 意识与可理解性

利科毫不讳言，现象学是诠释学不可逾越的前提。尽管诠释学比现象学更加古老。圣经诠释学、古典语文学以及法学诠释学等早在现象学产生之前就已源远流长。但在利科看来，只有诠释学成为一种哲学的而不是方法论的诠释学，才能超越注释学和语文学的文本局限和语言环境，成为普遍的理论，成为具有存在论根基的诠释学。现象学的"意义选择"被他看作是其诠释学建构的最主要前提。

---

* 基金项目：本文为国家社会科学基金青年项目"现象学运动中的情感与价值问题研究"（13CZX058）阶段性成果。
** 钟汉川，南开大学哲学院副教授。

| 中国阐释学的兴起 |

现象学是胡塞尔借助布伦塔诺的意向概念发展起来的一股哲学思潮。尽管它是一场庞杂的思想运动，但是意向性却可被视为这一运动最主要的特征。它最集中地被胡塞尔现象学阐发出来。胡塞尔之后的舍勒、海德格尔、萨特、梅洛－庞蒂等，尽管都在激烈地对抗胡塞尔的意识现象学，但几乎都依据某种意向性构想来阐发自身的现象学。这种阐发其实就是将意义问题主题化。

意向性被胡塞尔标识为意识的这一特征：任何意识总是对某物的意识，或者说，意识总意味着，将某物作为（as）某物来意识。这个"作为"的意识结构其实体现为从自然态度到现象学态度的转变（利科视之为一种断裂），也就是从某物的实在存在到某物在意识之中存在（显现）的回溯。① 如此，一切事物都转换到意识之中来理解。意识被认为具有意向行为和意向相关项的结构，或者说意义给予－所予的结构。无论是实在对象还是想象对象都可以在意识中被意指（意义给予），成为意向相关项（意义所予）。就此而言，可理解性作为意义，就划定了意识的边界。也就是说，认识不以实在事物为局限，而是以可理解性为边界，由此将现实世界和想象世界统一起来。这被认为是认识的奇迹："不存在的东西或超越之物能够在一个它根本不在其中的行为中被看作意向相关项。"② 因此，胡塞尔的现象学并不以现实之物为鹄，而是旨在展现事物在意识之中的可理解性。在此意义上，从康德哲学到现象学常被视为是这样的一种转变，即从经验的可能性条件到经验之意义的可能性条件，或者说从事物的主题化到事物之意义（可理解性）的主题化的转变。③ 在现象学之中，意义研究不仅在胡塞尔那里，海德格尔、萨特、梅洛－庞蒂等都有其主题化的方向。利科的诠释学显然认同这种意义的选择，尤其是海德格尔的存在意义

① 这里存在着对胡塞尔现象学的不同解释。关于这个回溯方向的不同解释，可参见拙作《胡塞尔的空间构成与先验现象学的彻底性》（《哲学研究》2017 年第 3 期）；关于这里"某物"的解释，可参见《胡塞尔现象学》（扎哈维：《胡塞尔现象学》，李忠伟译，上海译文出版社，2007）第二章第三节。但本文关注的并非这些细节问题，而仅是意义的主题化这个视角。

② 胡塞尔：《逻辑研究》，倪梁康译，上海译文出版社，1998，第 448 页。

③ J. N. Mohanty, *The Possibility of Transcendental Philosophy*, Dordrecht：Martinus Nijhoff Publishers, 1985, p. 214; Steven Crowell, *Normativity and Phenomenology in Husserl and Heidegger*, New York：Cambridge University Press, 2013, p. 10.

的选择。

现象学是诠释学的前提，在利科看来还体现在，它们在激活意义的方法上具有相似性，或者说他依赖于胡塞尔的方法。具体而言，前者的间距化方法是通过后者的现象学悬置的方法才进入意义的主题化思路的。从自然态度回溯到意识的过程，胡塞尔称为现象学悬置。但它被利科解释为意识活动的一种间距。利科认为，现象学通过悬置才中断了活生生的经验，从而走向意义的意向活动，才有意义的给予和所予。这种中断或者从活生生的经验向意向活动转变，在他看来就引发了一个虚拟事件，它使得语言符号进入意向活动，使得意义（通过想象）显示为意义，或者前述的某物作为某物来意识的过程。① 在此，利科其实把悬置看作蕴含了间距化的过程。因为，在现象学悬置过程中，活生生的经验与意向活动产生间距（断裂）。而在意指行为之中，语言符号与其所指称的某物是一种间距，因为语言符号能够指称某物，"只有它不是某物的时候"②。如此，在他看来，悬置和间距化作为一种想象（虚拟）行为就都被提升为哲学的姿态。现象学是通过悬置而进入意义的意向活动，而诠释学则通过历史传统之归属的间距（中断）才作为意义的主题化产生出来。这里需要指出的是，利科显然在语言的意向性上来评判胡塞尔的现象学的。无疑，他看到了胡塞尔对实在世界的悬置并不是要主张一个不同于实在世界的本质的意义世界，如此他才认为悬置是一个虚构，一种想象行为。但是他将悬置向意指活动的转变看作一个"无意义的空间"（empty space）通过语言符号形成意义再生（relive）的过程，这种解释明显地与胡塞尔直观的立场相悖。下文将再次触及这种根本哲学立场的对立。

当然，利科并不（如众多的分析哲学家）主张语言有自主的意义。他赞同语言意义的派生性特征。语言在陈述层面据此没有自主性。它只有在语言的经验或者话语的层面才具有意义，并回溯地指向在世存在的

---

① Paul Ricoeur, *Hermeneutics & the Human Sciences*, edited & translated by John B. Thompson, New York：Cambridge University Press, 2016, p. 76（中译文参见《诠释学与人文科学》，孔明安等译，中国人民大学出版社，2012. 本文参考了此译文，特此致谢，但为了译名和文本理解的统一，本文仅列出英译文页码）。

② Paul Ricoeur, *Hermeneutics & the Human Sciences*, edited & translated by John B. Thompson, New York：Cambridge University Press, 2016, p. 76.

生存结构。"语言学的秩序回溯到经验（经验通过陈述达及语言）结构上进行指称，在我看来这构成了诠释学最重要的现象学前提。"① 进而，前语言、前述谓、前科学的知觉经验，作为前所予的领域，对诠释学具有奠基作用。因此，胡塞尔试图从近代科学所数学化的世界中返回到生活世界的构想就构成了利科人文科学诠释学的基础，后者试图从近代的历史科学和社会学的客观化中回溯到艺术、历史和语言的活生生的经验上去。

统而言之，利科认可的诠释学的现象学前提，其实无非两点：意义的选择及其蕴含的语言经验的原初性。但是，胡塞尔的现象学却主张意识的自主性，就如莫汉蒂正确指出的，这种意识的结构是"自我－我思－所思（ego－cogito－cogitatum）"或者"自我－行为－意义"的三元构架，其自主性和自身－完整性独立于外在世界的存在或非存在。② 利科的诠释学方案其实从根本上否定了这一结构，而其前述认同只不过是走向其文本自主性的起点。

二 解释作为理解的中介

利科对胡塞尔的直接批判归纳起来指向这五点，即最终奠基的彻底性理想，直观作为意向充实的基础，主体性作为完全直观的内在性，先验主体性作为存在有效性（意义），最终自我负责的反思主体。③ 利科将哲学作为一项解释的事业。在他看来，尽管现象学存在着诠释学不可超越的前提，但它也必须在诠释学的前提下构成自身。据此他坚持二者之间的间距或者辩证关系。所以，前述的批判只不过是为了达到其诠释学建构的中介。具体而言，第一点针对胡塞尔的意向性构想提出其自身的归属概念；第二点则认为胡塞尔的直观奠基的理想预设了解释的视角；而后面三点分

① Paul Ricoeur, *Hermeneutics & the Human Sciences*, edited & translated by John B. Thompson, New York: Cambridge University Press, 2016, p. 78.

② J. N. Mohanty, *The Possibility of Transcendental Philosophy*, Dordrecht: Martinus Nijhoff Publishers, 1985, p. 233.

③ Paul Ricoeur, *Hermeneutics & the Human Sciences*, edited & translated by John B. Thompson, New York: Cambridge University Press, 2016, pp. 62 – 74.

别对应利科所要着力说明的间距化概念、文本意义的自主性以及占有概念，它们将在本文后两部分逐一阐明。

利科认为，胡塞尔现象学最受质疑的是其意向性方法。这种方法被视为一种主客关联的概念性（conceptuality），但却是在意向范围内被弱化的概念性。因为它探讨的是这样的必然性，即"去探讨将客体意义统一起来的某物并将这种统一性奠基于构成着的主体性之中"[①] 这种必然性。换言之，他质疑的是前述结构中"所思"（意义所予）通过"我思"（意识行为）来给予，并且将这种意义给予行为奠基于主体性（"自我"）的思路。针锋相对地，利科提出诠释学第一断言，即有关归属（be-longing）的存在论优先性："客体性的问题框架预设了一种在先的包含关系，它将所谓的自决的主体与相反的所谓客体含括在内。"[②] 这种含括或包含关系就是其所谓的归属，即归属于客体化的领域，而不是内化于意识领域。如此他主张语言的意向性，其在话语之中实现，并且不断意向性地外化在作品的话语、文字以及历史遗迹等之中。相比之下，胡塞尔在主体性之内的最终奠基理想就被视为过分的自负和狂妄自大，因为它将客体化的归属弱化为知识的有限性。利科如此反过来认为，胡塞尔的先验奠基事业与认识论辩护之间存在着断裂，亦即一种间距化。对利科而言，诠释学恰恰是对（胡塞尔那里）先验奠基与认识论基础的这个间距的彻底化。如此，这个归属概念意味着存在论的优先性，它产生了新的主客关联，通过间距化将胡塞尔的意识自主性转变为文本自主性。

为此，他进一步批判胡塞尔的意识结构最终依赖的直观的基础。对胡塞尔而言，一切都在意识行为之中所予的。自我和所思（意义）都是前所予的要素，需要在行为（我思）之中才具有现实性。而意识行为之中奠基性的则是知觉行为。一切事物在意识中的所予（作为意义）都需要在直观的知觉行为之中得到充实。这种直观的充实亦即前述的认识论辩护，被胡塞尔视为与意向相关项相同一。但在利科看来，意识的意义给予与所予在

[①] Paul Ricoeur, *Hermeneutics & the Human Sciences*, edited & translated by John B. Thompson, New York: Cambridge University Press, 2016, p. 65.

[②] Paul Ricoeur, *Hermeneutics & the Human Sciences*, edited & translated by John B. Thompson, New York: Cambridge University Press, 2016, p. 65.

直观之中达成一致，只不过是主体的幻觉，反过来被其间距化思路所替代，亦即意识的可理解性被转化成文本为中介的解释模式。这里，利科有两点具体的阐明。

其一，他认为胡塞尔在《逻辑研究》中关于理解（Auffassung）的阐述已经预设了解释，亦即从具体的意谓转变为观念性的意义的解释。其二，《笛卡尔式的沉思》中胡塞尔关于"他者"的论述已经预设了解释。"解释不过是揭示了意义的剩余，它通过我的经验表明了他者的位置。"①当然，利科认为，胡塞尔已经意识到直观之中蕴含了理解。因为它并不把他者看作我的意识内实存，而是具有无限开放的视域，即一种意义的潜在性。也即是说，它已经归属于意识无法还原的客体化领域。其实，胡塞尔后期思想相较于前期的一个变化就是一种发生现象学的转向，自我极和意义极都被纳入发生构成的考察之中。恰恰基于此，莫汉蒂才有理由认为，胡塞尔思想之中诠释学和现象学是共存的，因为在那里"被给予和被解释都只是从不同的话语层面对相同处境的描述"②。不过，对于利科来说，批判胡塞尔的意义是为其自身理论进行奠基。如此，胡塞尔直观奠基的理想仍被认为预设了完全视域，或者说"整体的介入"（total mediation）的假说。与之对比，解释的理论则被认为是解释者处于中间，而绝不是在起点和终点，也就是说它处在历史关联的开放进程之中。其实利科的批判根本上针对的是预设了这种直观理论的自我主体性，或者说主体作为完全直观的内在性。

三　间距化：文本意义的构成

需要补充的一点是，利科对胡塞尔的批判其实是辩证的，或者说把胡塞尔思想视为存在着间距的。他激烈地批判胡塞尔现象学的观念论，却将

---

① Paul Ricoeur, *Hermeneutics & the Human Sciences*, edited & translated by John B. Thompson, New York：Cambridge University Press, 2016, p. 87.

② J. N. Mohanty, *The Possibility of Transcendental Philosophy*, Dordrecht：Martinus Nijhoff Publishers, 1985, p. 243.

《逻辑研究》作为一种非观念论来加以亲近。① 这就在于，前者预设了意识自主性的先验结构，而后者却否认了先验主体性对意义的掌控。与前述的第三、第四点批判相对应，利科通过间距化来破除前者的自主性，并以之说明文本意义的构成，由此破除先验主体性的幻想。

胡塞尔的意识结构将意义的所予看作是意识行为给予的结果，而自我主体是意识行为的起点。这在利科看来其实就预设了意识内在超越的明见性，或者内知觉的明见性。因为这种自我的个体性"如果不是缺乏意义，至少是成问题的"②，它需要导向主体间性，不然无法自我理解。相反，利科通过间距化概念来说明个体自我的意义，同时又通过文本的构成来破除先验主体性。他认为，这种主体性将存在信念转化成意向相关项，如此将自我极和意义极作为意识结构中反思意识可达及的前所予的背景要素。其批判实质上就是将这种反思意识限定在某个视域内，或者说认定它并非完全透明的。间距化概念就是承认了这种非透明性，而且被认为在文本的框架下具有积极的生产性功能，从而确立了人文科学的客观性基础。为此他在文本构成的意义上区分了四种间距。

前面提到过，语言在利科那里并不具有独立的意义，它必须在话语之中才有意义。如此，语言就不能仅作为符号，而是必须变成句子。后者是话语的基本单元。这是文本理论的出发点，也就是说，作为句子的话语具有意义，是因为它存在着间距。利科把它看作第一种间距，即事件和意义的间距。事件是作为语言之实现的话语。较之于单纯的语言符号，它具有四个特点：时间性、主体性、世界性以及可交流性。单纯的语言符号是虚拟的，在时间之外；没有主体，不涉及说话者；只是指称语言系统的其他符号，而不涉及世界；只涉及代码的交换，而没有对话者。而事件则是在时间之中并且是现时地实现的，通过指示符（比如人称代词）指向说话者，也涉及某物并指称着世界。最后，话语作为事件涉及他人，有其对话者。如此，语言在话语中的现时化，将自身超越语言符号系统，而成为事

---

① Paul Ricoeur, *Hermeneutics & the Human Sciences*, edited & translated by John B. Thompson, New York: Cambridge University.

② Paul Ricoeur, *Hermeneutics & the Human Sciences*, edited & translated by John B. Thompson, New York: Cambridge University Press, 2016, p.70.

件，即言说（saying）或对话。但是，事件是转瞬即逝的，在言说之中所把握到的只能是所说（said），即话语的意义。利科认为，话语在超越事件的间距之中产生意义。① 这种间距被认为标识了语言的意向性。语言是一个意指，它通过超越事件指向其意义，如此将胡塞尔意识的意向行为和意向相关项的关联转移到语言之内。

利科还进一步借助奥斯丁（J. L. Austin）和塞尔（J. R. Searle）的言语行为理论来说明语言的意向相关项。这种理论区分了以言表意行为（a locutionary act）、以言行事行为（a illocutionary act）和以言取效行为（a perlocutionary act）这三种行为。它们都可以通过话语的意义，即言说的意向相关项得到理解。以言表意行为在命题句子的意义上可以识别其相关项。以言行事行为也可根据语法范式和其他程序加以外化，比如通过姿势、手势等语言特征来识别，即使是话语难以表达的韵律也可通过文字来刻写。而以言取效行为，尽管其作为口头话语是最难刻写的，却作为刺激物的话语，通过对话者情绪等，产生刻写的可能性。因此，利科认为，这三种行为都可以根据范式来编码和校准，都能被辨识和重新辨识其相同的意义。而且它们随着对话语的依赖性的降低，越来越易受到意向性外在化（intentional exteriorization）的影响。在他看来，"意义"的内涵包括了意向性外在化的各个层面，它使文字的刻写成为可能。因此，意义的构成是一个意向性外在化的过程。

比句子更长的是作为话语实现的作品。它通过创作（composition），将话语转换成诗歌、小说等文学体裁，并基于其独特的结构形式而体现出个体的风格。但对话语作品的解释不能还原成对句子的逐步理解。那话语作品的意义是怎么产生呢？这里利科引入了第二种间距，即原初说话者（speaker）与作者范畴的间距。他认为，当话语变成一个作品的时候，其作者，作为语言作品的工匠，就比原初说话者说得更多。整个作品的意义是与作者范畴同时产生的。② 作者是风格上的，风格兼具事件和意义两方

① Paul Ricoeur, *Hermeneutics & the Human Sciences*, edited & translated by John B. Thompson, New York：Cambridge University Press, 2016, p. 96.

② Paul Ricoeur, *Hermeneutics & the Human Sciences*, edited & translated by John B. Thompson, New York：Cambridge University Press, 2016, p. 100.

面的特征。也就是说，作者范畴体现了与作品的独特构型的严格相关性，即话语在作品结构中的客观化。它是作者刻写的文字表达，而不是其心理意向。话语向文字的过渡，意味着语言在意向性外在化中获得了物质属性的固定，更重要的是，文字（书写）获得了文本的自主性。文本的意义不再依赖于言说者的意图、初始听众以及相关的处境。

文本独立于语言和话语得以实现的相关处境，这使得文本从对日常语言世界的指称之中解放出来。如此形成第三种间距，即日常语言的指称与文本指称的间距。就在此意义上，利科认为，叙事、民间传说和诗歌并不是没有指称的，而是通过文本指称了一个新的在世存在的可能性。[①] 这种文本指称的间距化预设了悬置，亦即需要对日常语言的指称判断加括号才产生文本世界的指称。利科还谈及第四种间距，它是被书写的话语与原初读者之间的间距。[②] 这也是文本指称的间距。所书写的话语可以被无限开放的读者指称，但却无须悬置。在此，文字和阅读的关系超越了说和听的关系，由此打开了可能的文本世界。

关于这四种间距，前两种是文本意义的间距，它们说明了文本的意义独立于说话者的意向，而显示了文本的客观性和自主性。后两种间距是文本指称的间距，它们都产生文本的意义，但是一者（第三种）需要通过悬置进行文本意指，而且直接所予我们文本世界之意义，而另一者（第四种）则无须通过悬置来进入文本世界，读者可以选择进入各种文本世界，而且文本并非直接的所予之物，而是被意指之物。其所予的是文字打开的无限的精神世界。我们认为，利科的间距概念是胡塞尔现象学的意向性构想的变体。胡塞尔试图通过意向行为和意向相关项的关联来说明，客体性可以在意识（主体性）之中构成。但利科，如前述，则试图将这个构想倒转为客体化的归属，从而通过语言的意向性将意识的意向变成文本意指的双重间距，把意向相关项看成文本意义的双重间距。其最终目的显然就是破除胡塞尔的先验主体性构想，如此把胡塞尔那里作为可理解性之基础的

---

① Paul Ricoeur, *Hermeneutics & the Human Sciences*, edited & translated by John B. Thompson, New York: Cambridge University Press, 2016, p. 104.

② Paul Ricoeur, *Hermeneutics & the Human Sciences*, edited & translated by John B. Thompson, New York: Cambridge University Press, 2016, p. 101.

中国阐释学的兴起

意义极变成意义生成的解释过程。

四　占有：自我的构成

间距概念构成了文本的意义，而占有（appropriation）概念则重新说明了以文本为中介的自我的构成。

诠释学是一门反历史主义的科学，在利科看来其目的是"悬置"历史进程，使话语向观念性领域转换，并实现观念交流的无限扩展，以克服文化间距和历史异化。占有概念是德语"Aneignung"的翻译，它具有"归为己有"的意思。如果说利科通过间距达至的是文本的自主性，那么占有所要说明的则是解释的起点。但，占有的是什么？占有与自我是什么关系？文本解释过程中存在着主体性吗？

首先，占有的是意义。但这个意义是客观化的意义。它"可以在不同时期，有不同个体，被辨识和再辨识为一个相同对象"①。利科认为，《逻辑研究》时期胡塞尔从弗雷格那里借用了这个意义概念，却被改造为意向行为的"相关项"。所以他试图追随狄尔泰，将这种意义概念加以倒转，恢复其客观性基础，使之成为书写者和读者之间的必要中介。所以它不是主体性的产物，而是解释的起点。

占有意义就必须先不占有（disappropriate），"唯有先不占有自身，文本问题才变成我自身的问题，以便让文本问题如其所是"②。而作为读者，唯有失去自己才能发现自己，将自己引入自我想象性变异的世界。此外，占有还与显现关联，"理解一个作者甚于理解自己，就是揭示话语之中所隐含的显现力量，它超越了理解中自己生存处境的有限视域"③。如此，对于占有概念的错误观点，诠释学进行如下三方面的拒绝。第一，占有并不意味着主体间（心灵上）的直接沟通，也不是对话上的交流，而是文本的

---

① Paul Ricoeur, *Hermeneutics & the Human Sciences*, edited & translated by John B. Thompson, New York: Cambridge University Press, 2016, p. 146.

② Paul Ricoeur, *Hermeneutics & the Human Sciences*, edited & translated by John B. Thompson, New York: Cambridge University Press, 2016, p. 73.

③ Paul Ricoeur, *Hermeneutics & the Human Sciences*, edited & translated by John B. Thompson, New York: Cambridge University Press, 2016, p. 153.

相遇，或者伽达默尔所谓的"视域融合"。第二，占有意义也不使解释受制于原初听众对文本的理解。文本意义在任何时候都是向未知读者开放的，阅读的历史性才逃离意义全时性，产生理解差异。第三，文本意义的占有也不将解释归为读者现有的有限理解力。使我们成为自己的，不是某种精神，不是主体的意向，而是文本指称的世界之展现，就如海德格尔所谓的"在世存在"或维特根斯坦所谓的"生活方式"。占有不表现为某种拥有、某种（如胡塞尔那样的）把握方式，而是自我迷恋的丧失。

其次，自我理解则是文本为中介来实现的。"只有通过栖居于文化作品中的人文符号的漫长迂回，我们才能理解自己。如果爱、恨和道德感，以及一般而言，所有那些我们所谓的自我不曾被带进语言，并由文学表达出来，那我们能理解它们吗？"① 由于自我是通过文本世界展现出来的，他甚至认为，宾格的我（me）是自主的，即其自身（itself）的主人，它如此被置换成自我（the self），即文本的追随者。② 在占有意义的角度看，自我和其自身（itself）仍存在间距化，即一种彻底终极的间距化。利科此举旨在摧毁任何以主词我作为出发点来建构哲学的自我主张。所以，胡塞尔自我负责的主体性观念，在此被转换成被动性的、"对……回应"的叙事风格。

最后，利科当然承认，诠释学需要主体概念。话语不同于语言符号，作品和文学不同于语言系统，就在于其是一个言谈者，一个带有风格的原初说话者，都具有身体性、历史性和时间性。而他反对的却是主体的优先性，或者主体先于文本被建构出来。如此他才将作者的意图看作是在文本中缺席的：作品诞生就意味着作者的死亡。与之相反，读者的主体性则被视为文本所期待的承载者，因为据此读者才走进并接受文本。而且它也是阅读的成果和文本的赠予。不过，这两种主体性并不区分优先性。③ 所以，任何主体都归属于传统、历史和语言所展开的文本世界。就此而言，利科在

① Paul Ricoeur, *Hermeneutics & the Human Sciences*, edited & translated by John B. Thompson, New York：Cambridge University Press, 2016, p.105.

② Paul Ricoeur, *Hermeneutics & the Human Sciences*, edited & translated by John B. Thompson, New York：Cambridge University Press, 2016, p.73.

③ 保罗·利科：《从文本到行动》，夏小燕译，华东师范大学出版社，2015，第31页。

| 中国阐释学的兴起 |

将间距化变成一种存在论的研究的时候，或许就克服了伽达默尔那里的间距与归属的二元对立，并通过文本诠释学为人文科学奠定了客观性的基础。

胡塞尔曾指责康德的建构主义，即对象是逻辑上的建构。[1] 在此，利科则指责胡塞尔的哲学是一种"主体占中心的建构"。对他而言，主体的建构力却是被建构出来的，即"自我是由文本'内容'所建构"[2]。从康德哲学到胡塞尔现象学，再到利科诠释学的思想运动，尽管几经转折，但不可忽略的是，它们都是在反思哲学之内得到讨论的。利科并不否认其与康德和胡塞尔以来的反思传统的关联，而是将诠释学看作反思哲学的继续。不过，就如其所批判的，反思哲学的理想，即主体对其自身透明的理想，却是现代哲学最深刻地反思和批判的主题。其实，胡塞尔现象学，尤其是后期的发生现象学已经揭示出，反思并不能设想为与所反思之物完全同一的意识，意识总是某种视域下的意识。或者说，意义给予－所予的意识结构总已在前所予的背景下进行的。胡塞尔对时间性、历史性、身体性和语言这些前所予因素的分析，其实就是试图探究意向活动得以进行的自我极和意义极的经验发生问题。在此意义上，我们认同莫汉蒂所说的，胡塞尔现象学含括了现象学和诠释学两条思路。这也是利科能够在现象学之中寻找其诠释学前提的原因。不过，对胡塞尔来说，更根本的可能是，这两条思路如何可能在意识结构中发生的问题，或者说是意识自主性的先验条件这个问题。就此而论，利科诠释学批判并没有回应，而是回避了这个问题。

---

①　胡塞尔：《第一哲学》上卷，王炳文译，商务印书馆，2006，第508页。

②　Paul Ricoeur, *Hermeneutics & the Human Sciences*, edited & translated by John B. Thompson, New York：Cambridge University Press，2016，p.106.

三

学科对话与公共阐释

公共性的生成及其发展走向

◎ 张康之[*]

公共性的问题是历史性地生成的，是在公私领域、公私部门分化和分立的过程中被认识到并作为概念而提出来的。具体地说，公共性是指公共部门、政府的属性，公共部门、政府因为有了公共性而需要为社会提供具有公共性的物品。反过来，公共部门和政府也因为提供具有公共性的物品而获得和进一步增强其公共性。如果说公共性是与社会治理相联系在一起的，那么公共性的问题应当被看作在管理型社会治理模式的发展中日益显现出来的。在农业社会的统治型社会治理模式中是不存在公共性的问题的。因为，农业社会尚未实现"公"与"私"的分化。到了工业社会，随着管理型社会治理模式的出现，才开始出现公共领域与私人领域、公共部门与私人部门、公共利益与私人利益的分化和分立的情况。有了这种分化和分立，才能够对公共部门和政府做出公共性的判断和审视。也就是说，是因为农业社会中那种"公""私"不分的状态被打破了，公共性问题才成了思考和谈论的对象。

就社会治理的实践来看，尽管近代以来其一直走在民主化的道路上，但社会治理的官僚化、技术化却把社会中的绝大多数人都排斥在了自由表达和参与的门槛外。公共生活完全受到社会精英的把持和控制，并形塑出一个排他的、单一的所谓"公共领域"。这"无异于是用一个单一的、包

---

* 张康之，中国人民大学公共管理学院、南京大学政府管理学院教授，研究方向：行政伦理学、组织理论。

罗万象的透镜把各种不同修辞和风格的规范过滤掉了。而且，由于不可能存在这种文化上真正中立的透镜，它实际上是越过其他群体赋予某一文化群体的表达规范以特权，从而使话语同化成为公共领域参与的一个条件。其结果将是多元文化主义的消失（同时也可能是社会平等的消失）"①。因此，公共性成了公共领域的表现特征，也成了公共部门和公共行政的专有属性，而社会则被认为是私人性的温床。随着政治－行政二分原则的提出，公共行政走向了独立发展的历程，可以说公共行政的发展史就是一部探索改进公共性实现方式的历史，甚至公共行政这一社会治理途径的发现，就是在追求公共性的过程中完成的。公共性的问题有一个从潜在存在到显性化和从不自觉到自觉的过程。随着公共行政这一社会治理途径的出现，公共性的问题显露了出来。公共性是公共行政的根本性质，公共行政发展过程中的每一个前进的步伐，都是朝着公共性增强的目标前行的。然而，在20世纪80年代开始的行政改革中，由于社会治理主体的多元化带来的公共性扩散的结果，公共性的扩散造就了公共管理这一新型的社会治理模式。

一　公共性是一个历史范畴

哈贝马斯是一位在公共性问题研究中做出了突出贡献的学者，他在《公共领域中的结构转型》这部著作中对公共性的生成进行了耐心细致的考证。根据哈贝马斯的研究，公共性的问题并不是历来就有的，而是与近代社会一道成长起来的。早期的公共性问题，只能到咖啡馆、信息栏、俱乐部小报中去发现其雏形。至于人们对公共性问题的认识，则要晚得多。就"公共"（Public）这个词语，在英国，大致是从17世纪中叶才开始使用。虽然英国这个时候使用了"公共"这个词语，但往往是在"世界"或者"人类"这个意义上来使用的。也就是说，它尚不具有现代语汇中"公共"一词的内涵。在法语中，"公共"（Le Public）一词最早是用来指称

---

① 〔美〕南茜·弗雷泽：《正义的中断——对"后社会主义"状况的批判性反思》，于海青译，上海人民出版社，2009，第89页。

"公众"，这与现代语汇中的"公共"一词已经有了一定的相近性。考虑到"公共"一词与"公众"一词在现代社会的某种相关性，应当说，法国人是较早开始意识到公共性问题的存在。大约17世纪末，法语中的"Public-ite"被借用到英语里，变成了"Publicity"。德语直到18世纪才开始出现"公共"一词。被移植到德语中的时候，"公共"一词主要从属于批判的目的，是与"公众舆论"联系在一起的。

哈贝马斯的书是一部哲学著作，他的目的是从哲学的角度考察公共领域的生成及其转型。所以，他在这里所做出的考证是属于对公共领域中公共性生成的考古学发掘。在哲学的意义上，公共性只能是一种形态或属性，即公共领域所表现出来的特征。但是，对于一些具体的学科来说，公共性就需要在与某些实体性存在相对应的关系中来加以把握。考虑到公共行政是公共领域的一个实体性的构成部分，那么公共行政的公共性也就可以在哈贝马斯关于公共性生成的历史中来加以把握了。在这之前，虽然包含着公共性内容和有着公共性的问题，但一直处在一个不自觉的状态。这也就是弗雷德里克森所说的："简而言之，第二代行为主义者与其先驱相比，不太偏重于'一般的'，而较偏重于'公共的'；不太偏重于'描述的'，而较偏重于'顾客影响导向的'；不太偏重于'中立的'，而较偏重于'规范的'。并且按照人们的愿望，它并非是不太科学的。"① 正如哈贝马斯在考察公共领域时回溯到14、15世纪一样，对公共行政的考察也可以回溯到近代政府的出现，即回溯到根据启蒙思想家的设计原则而建立起来的政府。

应当说，"公""私"的概念很早就出现了，在农业社会，人们也经常谈论"公""私"的问题。可是，"公"与"私"这两个概念的内涵在农业社会和工业社会中却是不同的。在农业社会，由于不存在着公私领域的分离和公私部门的分立，"私"的真实内涵主要是指作为社会单元的家庭的事务，而"公"则是超出家庭范围的集合体的事务。就"公"与"私"相对应而言，其一，是指一种人群集合大与小相比较的形态，相对小的人

---

① 彭和平、竹立家等编译《国外公共行政理论精选》，中共中央党校出版社，1997，第304页。

群集合形态被视为私，而相对大的人群集合形态则被视为公；其二，是指一种心理取向，即在人群集合大与小的两种形态之间有着亲疏远近的情感或行为取向，取其小者谓私，取其大者谓公。比如，在家庭中，个人相对于家庭来说，再大的事也属于私；而家庭相对于个人来说，再小的事也属于公。逐级向外扩展，形成了私与公的层次区分，即家庭对于一个大于家的共同体而言是私，反之则为公。所以，"公""私"的概念只是人的集合状态或规模的状况，在这之外，就没有什么差别了。所以，"公""私"的边界是模糊的和无法确定的，需要更多地取决于"涉事者"个人的理解和领悟。

根据弗雷德里克森在《公共行政的精神》中的看法，"public"（公共）一词来源于希腊语的"pubes"，意为"成熟"（maturity），所表明的是一个人成熟到能够理解自我与他人之间的关系，即能够表现出关心他人利益而超越了只关心自我利益的狭隘。另一个相似的词"common"则是来源于希腊语的"kom - ois"，后来演变为"koinon"，本意是"关心"（care with）。与"公共"一词相对应的则是"私人"。根据马修斯（David Mathews，1984）的看法，希腊语中表示"私人"意涵的词，一方面是指只能理解自己观点的傻子；另一方面则是指家庭的利益。① 考虑到古希腊是把城邦利益放在首位的，希腊公民参与城邦政治活动是不可推卸的责任。在参与城邦政治活动的时候，显然需要做到理解他人，一旦一个人能够做到理解他人的时候，也就意味着他的成熟。这样一来，"私人"一词是具有贬义的，特别是操持家务等活动是属于妇女和奴隶的事情，雅典公民则是不应做这些事情的，更不应只关注作为私人的家庭利益。今天看来，"公共"与"私人"的词义都有了很大的变化，这是因为，这两个概念都是在近代以来的领域分化过程中获得了新的含义。正是社会分化为公共领域和私人领域之后，使得这两个概念有了清晰的内涵。

统治型社会治理在意识形态方面能够实现对"公"的强化，但在制度安排上却一筹莫展。在人类历史上，也有过多种多样"公"字理念下的制

---

① 参见（美）弗雷德里克森《公共行政的精神》，张成福等译，中国人民大学出版社，2003，第 18 ~ 19 页。

　　　　　　　　　| 中国阐释学的兴起 |

度安排实验，却无一例外地不是以失败而告终。历史上的一个特别有趣的现象就是，在一切统治型社会治理方式发挥作用的历史条件下，在公私边界越是不清的情况下，人们对"公"的渴望就越是强烈，就会憧憬大公无私的社会状态。到了公私领域、公私部门已经成为历史性现实的时候，人们反而更多地关注私人利益的实现、私人部门的健全和私人领域的和谐。管理型社会治理模式是在公私逐渐分化了的条件下成长起来的，这种社会治理是为了在公共领域和公共利益受到轻视和忽视的情况下通过建构公共部门来维护健康的社会生活。这一目标是正确的，但是管理型社会治理模式却无法达到这一目标。

总体看来，现代意义上的"公"，是在公共领域、私人领域与公共部门、私人部门分化中产生的，或者说，公共性是一个现代性的概念，只有在现代社会，才有公共性的问题。就公共性作为一个标准来看，也是用来衡量公共领域、公共部门的，是被作为公共领域、公共部门应有的表现特征和属性来看待的。具体地说，随着公共性概念的提出，为人们确立了一个视角，那就是可以使用"公共性"这样一个标准来评判政府等公共部门。而公共领域、私人领域以及公共部门与私人部门的分离是工业化、城市化的产物，是发生在社会治理模式从统治型向管理型转变的过程中的。在某种意义上，可以说，只有当社会治理活动成为管理活动而不是统治活动的时候，才会包含着公共性的内容。进而，只有当社会治理体系承担着管理而不是统治的职能时，才构成了公共部门。因为，统治有着征服的本性，会将一切都纳入统治体系之中，而管理则必须在主体与客体之间做出区分，即把管理者与被管理者区分开来，进而，也要把管理体系从整个社会中离析出来。所以，当社会治理体系具有了管理属性的时候，也就走上了划定边界而进行区分的道路，即区分出了公共部门、私人部门，并进一步区分出了公共利益和私人利益等，以至于我们现在所看到的这个世界处处都存在着公私的边界。而且，社会治理的基本内容也就在于在所有公私边界不明的地方进行划定边界的活动。

其实，开始于近代早期的工业化、城市化进程也是一个社会分化的过程，社会生活的一切方面都自工业化、城市化开始发生急剧的分化。在工业社会的基本框架确立之后，这种社会分化没有变得迟缓，反而进入了一个持续加速的过程之中。其中，公共领域与私人领域、公共部门与私人部门的分化和分立，就是这个社会的基本动态特征。也就是说，工业化、城市化实际上可以看作公共领域、公共部门等开始出现的起点。但是，在一个较长时期内，由于人们将关注点放在了国家与社会的关系这一表面形式上，总是静态地去把握国家与社会之间的关系，而不是去动态地把握社会治理的过程，公共领域与私人领域、公共部门与私人部门的分化并没有引起足够的重视。所以，在一个很长的时期内，并没有提出公共性的概念。

近代以前的社会治理是一种统治型的社会治理，王朝以及王朝的派出机构和人员构成了社会治理体系中的治理主体，整个社会治理是服务于统治者的利益的。就统治者作为一个阶层或阶级而言，在这个阶层或阶级中存在着需要通过社会治理去加以实现的共同体利益。也就是说，统治型的社会治理体系是通过身份标识而把整个社会组织起来的，身份即是共同利益赖以存在的前提，也是确定共同利益边界的手段。由于以身份为载体的共同利益在不同身份群体之间划定了鸿沟，并通过社会治理过程而对被统治者的利益加以排除，因而，这个社会中并无公共利益，社会治理也没有公共性。事实上，农业社会的治理体系并不把公共性作为一个目标去加以追求。但是，在历史进步中，大致从中世纪后期开始，工业化、城市化进程造就了市民社会。在一开始，市民也是以一种特有的身份出现的，但随着市民社会的成长，市民的身份色彩开始迅速褪去。

当身份标识开始淡化的时候，王朝的根基也就开始动摇了。从理论上讲，以市民社会为基础的现代性公民国家也就获得了诞生的契机。但是，欧洲的实践所选择的是另一条路径，那就是在反对神权国家的过程中生成了绝对国家。这是因为，欧洲中世纪的统治型社会治理体系是以神权国家的形式出现的，世俗的王朝为了在神权统治中获取一定的独立性，为了确立以自己为主宰的统治型社会治理体系，把新生的市民社会作为一支联盟力量而加以利用，以求壮大自己反对神权国家的势力。但是，在与市民社会的结盟中，王朝自身也国家化和绝对化了，即生成了一个绝对国家。虽然绝对国家是由王朝演进而来，却成了王朝自身的否定形态。尽管绝对国家还是建立在身份标识的基础上的，但身份标识在社会治理中的意义已经开始弱化。所以，在社会治理过程中，绝对国家往往更多地谋求市民社会的配合。在很大程度上，欧洲中世纪后期的绝对国家只不过是向现代国家前进的一种过渡形态。

城市化、工业化也是个体的人的生成过程，个体的人是特殊的存在，但个体的人则包含着普遍性。或者说，在个体的人这里，就构成了特殊性与普遍性这样一对基本矛盾。在市民社会中，我们满眼所见的都是个体的人，个体的人是差异万千的，每一个人都是特殊的，只有在进入政治生活中并以公民的身份出现的时候，个体的人之间的差异才会被抹除，才会以统一性的形式出现，而在人以市民的形式出现时，所意味着的就是特殊性。正是因为看到了这一点，黑格尔才会花费大量精力去探讨特殊性与普遍性的关系问题。在黑格尔看来，市民社会是特殊的领域，而国家则是普遍的领域。也就是说，在近代早期，人们对社会的总体认识中所看到的是国家与社会两个构成部分。其实，这种认识一直影响至今，特别是在尚未充分理解当代西方哲学的地区，学者们仍然是在国家与社会分立的视角中去认识问题以及寻求社会建构和社会治理改革方案的。事实上，在20世纪，国家与社会分离、分立的理论认识已经为公共领域与私人领域分离、分立的视角所替代。

哈贝马斯是在公共领域与私人领域的分化的前提下开展理论活动的。在哈贝马斯看来，公共领域是一个交往的领域，公共领域中的交往所讨论的话题应当是关系到公共利益、公共事务的。因而，人们在公共领域中的交往应当表现在拥有平等参与到意见形成的过程中来的机会，公众中的每一个人在形式上都是平等的。在公共领域与私人领域的互动中，所表现出来的状况是，"利益冲突无法继续在私人领域内部得以解决，于是，冲突向政治层面转移，干预主义便由此产生。长此以往，国家干预社会领域，与此相应，公共权限也向私人组织转移。公共权威覆盖到私人领域之上，与此同时，国家权力为社会权力所取代。社会的国家化与国家的社会化是同步进行的，正是这一辩证关系逐渐破坏了资产阶级公共领域的基础，亦即，国家和社会的分离。从两者之间，同时也从两者内部，产生出一个重新政治化的社会领域，这一领域摆脱了'公'和

'私'的区别"①。

可见，尽管公共领域与私人领域的分离、分立是在工业化、城市化进程中开始的，但直到 20 世纪，人们才从理论上认识到公共领域与私人领域的分离、分立。从国家与社会分离分立的角度去看问题，必然从属于普遍性与特殊性的理解，即把国家看作普遍的领域，而把社会看作特殊的领域，特别是社会中的人，都意味着特殊性的存在。然而，从公共领域与私人领域的角度去看问题，所看到的则是公共性与私人性，公共领域的一切存在和活动都应具有公共性，而私人领域则是私人性的场所，一切存在和活动都具有私人性和从属于私人性的标准。所以，"公共性"这个概念的生成应当归结为哈贝马斯对公共领域与私人领域的厘定。当然，哈贝马斯的理论也存在着某种缺陷，那就是他更多地关注话语公共领域，而忽视了对实体公共领域的认识。其实，对公共领域和私人领域概念的进一步调整，即发展出公共部门和私人部门的概念后，社会的结构也就变得清晰了。而且，关于社会治理方面的问题也就可以依据公共部门和私人部门的区分去谋划建构和调整的方案了。

从近代以来的政治演进来看，启蒙思想家们关于民主的构想是通过代议制而转化为政治实践的，代议制民主的运行就是要在个体的特殊利益之中去发现社会普遍利益，并将其实现。但是，在代议制民主的实际运行必须通过代表时，却没有想到代表会转化成社会治理的精英。事实上，在代议制实行不久后，代表精英化的趋势就显现了出来，以至于社会治理精英掌控并把持了共识形成的过程，甚至经常性地强行指认某种意见为共识，同时将许许多多不同的利益诉求都排除在了这种抽象的甚至是虚假的共识之外。这样一来，民主政治也就不能够真正地体现普遍利益，更不用说去实现普遍利益了。这个问题在 20 世纪的理论表述中也被称作为合法性危机。可以认为，正是为了维护民主，为了论证代议制的合法性，"公共性"的概念被发明了出来，并逐渐在意识形态的意义上代替了"普遍性"。在社会发展的历史上，我们认为，公共性概念的

① 〔德〕尤根·哈贝马斯：《公共领域的结构转型》，曹卫东等译，学林出版社，1999，第 171 页。

发明意味着现代民主的一次转型。我们也看到，虽然黑格尔一直是在客观主义的视角中去认识特殊性与普遍性的，但在政治实践中，特殊性是客观的，而普遍性往往是以社会共识的形式出现的，民主则无非是获得社会共识的途径。

显然，"公共性"的概念比普遍性的概念更加优越。普遍性是与特殊性相对应的，在普遍性的视角中，只有符合每个人的而且可以通约的利益才是具有普遍性的。但是，如何在差异万千的特殊利益诉求中去发现普遍利益，显然要交由代表去加以裁量。因此，代表的素质、能力以及偏好就会成为普遍利益形成中的决定性因素，而民主的选举和罢免程序却是无法保证代表具有良好的素质和能力以及公平正义观的。当观察视角从普遍性转为公共性之后，就会发现，公共性的概念是建立在公共领域与私人领域分离的基础上的。从公共性的视角出发，就会看到，社会治理是与私人领域的各种各样的行动不同的，公共事务也与私人事务不同，因而，公共事务需要交由公共部门去承担。这样一来，我们所看到的就是，公共性概念的引入，为社会治理体系的合法性的获得找到了另一条途径，即公共行政的产生。进而，社会共识也实现了转型，不再是通过民主的途径去获得社会共识，而是由公共部门、行政管理者去加以确认。特别是随着传媒的发展以及对大众舆论的操纵，也大大地方便了公共部门、行政管理者把其所确认的共识强加于整个社会。

二　从政治的普遍性到行政的公共性

在整个农业社会，政治活动都表现为统治者的特权行使，是统治和压迫被统治阶级的所谓社会治理活动。或者说，能够参与政治活动的只是那些特权等级，即使是平民，也只有通过一定的途径转变为特权等级中的构成部分，才能够被允许参与政治活动。在这种情况下，政治生活仅仅存在于特权等级之中，因而不具有普遍性。但是，当等级制度逐步瓦解，当平等成为社会正义的基本要求时，这种不具有普遍性的政治就受到了怀疑。所以，近代以来的政治是不断扩大政治活动主体的运动，是朝向普遍性日益增强的方向发展的。政治的普遍性是与政治体系的开放性联系在一起的。在等级社会中，由于政治是属于统治阶级的，表现出浓重的封闭性特征，政治生活处处受到等级身份规定。在从农业社会向工业社会转型的过程中，政治的这种封闭性被打破了。可以认为，开放与封闭的斗争是政治生活历史转型的一条主线，在整个近代，二者的交锋从未间断过。从总的趋势上看，近代以来政治生活的开放性始终是在不断扩大的。正是这种开放性，扩大了政治生活的覆盖面，使之能够吸纳更多的成分，关注更多的领域，丰富了自身的内涵，最终获得了普遍性。

封闭的政治是可以被某个特权阶层或个人所操纵的，而开放的政治则不接受任何人、任何利益集团的操纵。这是因为，开放的政治具有三个方面的特征：其一，政治主体即参与政治活动的要素的多元化，政治必须具有普遍的代表性；其二，关注的问题即政治议题的多样性，社会生活的一切方面都可能进入政治议程，杜绝把政治变成仅仅关注某一特殊问题的活动；其三，政治不是服务于某个特殊阶层或特定利益集团的，而是服务于全体公民甚至全体社会成员的。对这三个方面的理论概括就是：政治具有普遍性，是关乎每一个人的，因而，每一个人也就都有权对政治发表意见。当每一个人都可以对政治发表意见和参与到政治活动中来的时候，也就意味着哈贝马斯所说的公共领域开始生成，以至于关心政治、讨论政治和参与政治成了一种普遍的社会现象。进而，也就会要求政治必须公开。因为，因有当政治是公开的，才能够使每一个人都关心政治、讨论政治和参与政治成为可能。从逻辑上看，当政治具有普遍性的时候，也没有理由不公开。同时，政治的公开又使政治的普遍性得到进一步增强。所以，政治的公开性与普遍性又是相互促进的。

显然，近代以来的政治是一种民主政治。就民主政治的极端化理念而言，开放性、公开性和普遍性都是题中应有之义。但是，在地理和人口规模稍大的区域（国家）内建立民主政治就必须借助于代表制。因为，只有通过逐级代表地开展政治活动，才能使民主成为现实。然而，一旦通过代表而不是个人直接参与政治活动，就会使政治的开放性、公开性和普遍性受到限制。从20世纪的政治发展来看，在普遍性的获得走向了一个临界点的时候，即在还没有一种新的技术路径来开拓进一步获得普遍性的空间的时候，一方面是朝着政治精英化的方向走，而另一方面则是开辟其他路径，即通过确立政治—行政二分的原则而把政治普遍性的问题转化成行政公共性的问题。政治—行政二分原则的提出和公共行政的产生，就是这一逻辑演进的结果。正是由于政治—行政二分，话语的主题也就从政治的普遍性转移到了行政的公共性上来了。尽管哈贝马斯等人在哲学的意义上要求把公共性与公共领域联系在一起考虑，但真正能够经得起思考的公共性，是与行政联系在一起的。正是由于这一原因，属于行政学科范畴内的各项问题才被冠以"公共"的定语。如果说广义的政治包含着行政的话，那么，随着公共性概念的提出，也使政治的主题实现了从普遍性向公共性的转变。所以，此后人们也就开始更多地关注公共利益、公共服务、公共产品等问题了。

由于政治—行政二分原则的确立，政治干预基本上被完全转化为行政干预的形式。通过行政途径来对社会生活加以干预并不是对政治干预的否定，而是政治干预方式的改变，即通过行政这一专业化的机构去达成政治目的。然而，这一方式上的改变却带来了另一重结果，那就是要求行政超越于一切政治派别之上，成为"价值中立"的政治意志执行机构。关于行政的这一定位，20世纪的学者是用"公共性"一词来描述它的，即把这一行政称作为公共行政。由此可以看出，公共行政无非是政治发展的逻辑性结果。从等级化的封闭政治到拥有平等之普遍性的开放政治的发展中结出了公共行政之果。从理论上看，公共性是行政的性质，而在政治方面，相对应的性质被称作为普遍性。我们可以说公共行政，却很难说有公共政治。这是由于政治—行政二分带来了普遍性与公共性两个标准。对政治，依然需要用普遍性的标准去加以衡量，而对于行政，则需要用公共性的标准去加以判定。直到今天，政治仍然是一个普遍性的问题而不是一个公共性的问题；行政则是一个公共性的问题而不是一个普遍性的问题。但是，政治的普遍性与行政的公共性又是联系在一起的，没有政治的普遍性，也就不可能出现行政的公共性。以利益为例，政治通过自身的各种各样的设定和运行机制所要达成的是普遍利益而不是某个特定利益集团的特定利益；而行政却无法把握普遍利益，它不考虑也不准备实现什么普遍利益，它所关注的是如何维护和促进公共利益。

当然，在行政作为一个行动意义上的相对独立领域而得到承认的时候，人们必然会对行政公共性的来源进行思考，这就会使人们回过头来关注政治的普遍性问题，从而再度提出增强政治普遍性的要求。根据哈贝马斯回溯式的观察，早在18世纪初，当政府已经习惯于拿公共利益来为自己的行为开脱时，英国民众则越来越喜欢在官方选举结果和"民意"之间划清界限，借助于"民意"、"人民的普遍呼声"以及"公众精神"等口号，反对党不止一次地迫使议会多数做出妥协。[1] 随着历史向前推进，这种现象在政治生活中有增无减，尤其在政党政治发育健全的今天，彼此针锋相对的政党之间往往都以"公共利益"这同一个理由为武器来互相攻讦。尽管他们都是从行政的角度来提出问题，却又是严格的政治活动。事实上，他们都是通过"公共利益"这样一个行政学词语来谋求政治目的的。也就是说，政党在选举中所提出的公共利益、公共服务方面的问题，无非出于争取民众用选票去支持它掌握和控制政府的要求。在这个过程中，表现出了以行政公共性的承诺去赢得（尽管是形式上的）政治普遍性的结果，也说明了行政的公共性已经成了获得政治普遍性的途径。其中，开放性和公开性又是必要的支持手段。

政治通过开放而获得普遍性，但政治的开放性是不能完全等同于公开性的。只有当政治具有较高的开放性的时候，才具有公开性的特征。或者说，政治的开放性是与政治的公开性联系在一起的，政治的公开性是政治开放性的标志，即标志着政治的开放性达到了较高的水平。但是，随着政治公开性程度的提高，人们在对政治的公开性表现出更多的关注的时候，却在很大程度上忘却了政治的普遍性。行政与政治的不同在于，行政的开放性也就是它的公开性，行政的公开性却使人们更加关注其公共性。因为，行政公开性不足的情况会较多地受到公共舆论的批评。有时，公共舆论是公共利益的反映，包含着关于行政公共性的要求。当然，公共舆论更多的时候并不包含公共利益，往往只是在合法的政治表达框架下掀起的舆论热点，具有迷惑公众和煽情的作用。但是，这种公共舆论之所以存在并能够达到煽情的结果，恰恰是利用了行政的公开性不足之缺陷。如果行政具有了充分的公开性，那些不包含公共利益的所谓公共舆论就必然会失去

---

① 〔德〕哈贝马斯：《公共领域的结构转型》，学林出版社，1999，第75页。

市场。或者说，只有当行政具备了充分的公开性，它才能够及时地回应政治部门和社会公众的要求，才拥有充分的公共性，而公共舆论则失去了发生的土壤。

总的说来，行政的公共性是政治发展的理想，政治的发展在 20 世纪所推展出来的就是行政的公共性。在我们的考察中，一部政治史是由这样几个关键词书写出来的，那就是开放性、公开性、普遍性和公共性。在这几个关键词之间，又有着历史和逻辑上的联系。就行政是政治体系的一个重要组成部分而言，它的公共性是政治从开放性到普遍性再到公开性这一历史发展的结果，在逻辑上也是一条合理性的演进路线。在政治的开放性和普遍性转化为行政的公共性的同时，政治的公开性也以浓缩的形式融入行政的公开性之中。行政正是具有了公开性，才获得了公共性。行政的公开性是与公共性同质的概念。行政的公开性赋予行政自身以公共性的质，同时，公开性又为公共性提供了坚实的保障。

大致是在 20 世纪 70 年代，公共行政研究开始自觉地去发掘公共行政的"公共"性质，这与新公共行政运动的兴起有着极大的关联性。我们知道，"公共行政"一词是在市政研究运动中出现和确立起来的，但在市政研究运动中，"公共"一词意味着"政治中立"，而不是在公共与私人的区分中去赋予"公共"一词某些内涵。这一点是不难理解的，因为，关于公共领域与私人领域边界的梳理工作是由哈贝马斯做出的，在市政研究运动时期，还未形成关于公共领域与私人领域分立的理论认识。也就是说，在行政的意义上，相对于私人行政，还没有划定边界。虽然市政研究者们无处不使用公共行政的概念，但同时也把"价值无涉"作为公共行政研究的前提了，以至于无法真正把公共行政与私人行政区分开来。在"二战"后的公共行政反思运动中，通过对公共行政的"公共"内涵的发掘，确认了公共行政的政治属性，即废除了"政治中立"原则。相应地，公共行政与私人行政之间的边界则得到了堪定，那就是，与私人行政不同，公共行政是有着公共价值追求的。

斯坦因被认为是作为一门学科的行政学的开拓者，但是，在德文文献中，公共行政（Die Öffentliche Verwaltung）的概念出现是比较晚的。从文献梳理看，直到马克斯·韦伯的著作中才出现"Die Öffentliche Verwaltung" 一词。在《经济与社会》中,当韦伯论述国家机构时,他认为,现代国家的统治不在议会的演说和君主的告示里,而是在日常的行政管理(verwaltung)中。在对国家与企业的内部统治关系所具有的相似性进行证明时,韦伯提到了"公共行政(öffentlichen Verwaltung)中的行政管理物资"①。在"法律社会学"一章中,韦伯对"行政管理"和"公共行政"进行了明确的阐述:"行政管理不仅仅是一个公法的概念。有私人的行政管理,诸如自己家庭的预算或者一个赢利企业的行政管理,也有公众的(öffentliche)行政管理,也就是说,通过国家机构或者其他的、由国家给予合法化的、即他治的(他律的)公众(öffentlicher)机构进行的行政管理。"② 但是,韦伯尚未把公共行政理解为政府的行政,而是在与私人领域中的行政管理的比照意义上来定义公共行政的。这是一种较为模糊和较为宽泛的理解。

在英语世界中,19世纪就已经出现了"公共行政"这一表达式,但在威尔逊提出政治—行政的二分原则之前,人们关于公共行政中的"公共"这个定语的理解是含混的。此时,"公共"一词也许是出于一种政治区分的需要,即定义行政的政治属性,是要指出资产阶级革命后的行政是不同于此前的那种服务于君主的行政,是具有公共性质的行政,类似于黑格尔的普遍性概念。这也说明,在英语世界里,人们在19世纪还不能对公共性与普遍性的概念加以区分。此外,在把行政理解成管理的意义上,是要把政府中的这种以行政为名的管理与企业以及其他社会组织中的管理区分开来。所以,人们逐渐地习惯于使用"公共行政"一词了。可以说,在威尔逊刻意地把政治与行政区分开来之前,关于"公共行政"的理解一直是比较模糊的,是在把政治与行政混在一起而进行定义的,是在政治体系之外所进行的外缘区分。到了威尔逊的时期,在政党分肥制的条件下,由于行政受到政党活动的干扰,许多社会难以承受的问题随之出现。这样一来,

① 德语参见 Max Weber, Johannes Winckelmann, *Wirtschaft und Gesellschaft*:*Grundriß der verstehenden Soziologie*. Mohr Siebeck, 1980, p.825;汉语参见马克斯·韦伯《经济与社会》(下卷),林荣远译,商务印书馆,1997,第737页。

② 德语参见 Max Weber, Johannes Winckelmann, *Wirtschaft und Gesellschaft*:*Grundriß der verstehenden Soziologie*, Mohr Siebeck, 1980, p.389;汉语参见马克斯·韦伯《经济与社会》(下卷),林荣远译,商务印书馆,1997,第4页。

人们越来越不能满足于原先对"公共行政"的理解了，因而需要在政治与行政的区分中去重新定义"公共行政"。威尔逊所做的就是这样一项重新定义"公共行政"的工作，也许威尔逊自己并没有意识到这一点，甚至他在自己的著作中有意识地回避使用 Public Administration 一词。

到了 20 世纪 20 年代，"Public Administration"作为一个学术概念在行政学界得到广泛接受。根据 James W. Fesler 的意见，作为一种有组织的知识领域，美国的公共行政学产生于 1906 年，其标志是 the New York Bureau of Municipal Research 的建立。① 的确，1906 年成立的 the New York Bureau of Municipal Research 是第一个专门研究政府的机构，而且也确实在进步主义运动中为美国政府的改革做出了巨大贡献。1921 年，这个机构更名为 The National Institute of Public Administration。这说明到了 20 世纪的 20 年代，在知识界使用 Public Administration 变得时尚了起来。同时，怀特的《公共行政研究导论》（*Introduction to the Study of Public Administration*）也得以发表。1939 年，在怀特协助下建立了一个行政学的组织——"American Society for Public Administration"，该组织主办的"*Public Administration Review*"就是由怀特担任主编的。其实，在更早的 1923 年，伦敦的 Royal Institute of Public Administration 就已经创办了学术期刊"*Public Administration*"。沃尔多的"*The Study of Public Administration*"于 1955 年出版，在这本书中，沃尔多对"公共行政"和"行政"进行了区分和分别探讨。他认为，"公共行政（public administration）是行政（genus administration）这个属中的一类（species），而行政部门又是人类合作行动（cooperative human action）中的一个方面"。②

用"公共"一词来定义行政，很明显地表达了行政（应当）具有公共性的主张。的确，就社会治理的历史演进看，近代以来在统治职能和管理职能的此消彼长中走向管理化的方向，造就出了管理型社会治理模式，并在管理的形式化中获得了形式上的公共性。而且，在一切管理形式化比较充分的地方，其公共性程度也就越高。但是，必须指出，这种形式上的公

① James W. Fesler, *Elements of Public Administration*, New York: Prentice Hall, 1946, p. 27.
② Dwight Waldo, *The Study of Public Administration*, New York: Random House, 1955, p. 5.

共性是丧失了实质性内容的公共性，是需要加以扬弃的。尽管如此，公共性的成长对政府的行为以及产品输出产生了极大影响，特别是在政府需要考虑其合法性的情况下，就必须接受公共性标准的检验。正是这一点，政府又不得不通过提高公共产品的供给水平来提升自身的公共性程度。

三 走向公共管理的公共性扩散

政治是在人类社会有了社会治理问题时就开始出现的一种社会现象，然而，政治的历史是一个经历了多次转型而不断进行调整的社会治理发展过程。在农业社会的历史阶段中，等级化是最为基本的社会现实，所谓政治也无非等级关系的反映，是建立在等级关系基础上的社会治理活动。虽然亚里士多德说"人是政治动物"，不用说这一关于人的定义在古希腊的城邦政治中排除了广大的诸如奴隶、妇女和外邦人，即使被亚里士多德看作为人的公民，也是有着重大差别的。一方面是特权等级，他们是掌握权力的"政治动物"；另一方面则是非特权等级，他们只是服从权力的政治动物。由于人与人之间存在着性质上的差别，政治也不可能是具有普遍性的政治。近代以来，由于启蒙运动的贡献以及工业革命的成果，政治走上了一个普遍性不断增强的道路。今天我们所谈论的政治，是在政治平等和自由等基本人权得到广泛认同的条件下所建立起来的。虽然权力依然是社会治理活动中的一个重要支柱，却是在法制的框架下展开的，需要服从普遍性的规则。这样一来，从理论上说，就可以使政治的普遍性转变为作为政治构成部分的行政的公共性，并把这种公共性看作政治为行政确立的行动理念和目的性价值。事实上，也正是在政治普遍性的前提下，行政的公共性才有了保障，并朝着公共性不断增强的方向前行。

从政治发展的逻辑来看，20世纪初，政治-行政二分原则的提出在一定程度上把行政从政治中剥离了出来，从而使政治的普遍性与行政的公共性之间有了分界。尽管这在当时可能只是一种模糊的意识和朦胧的知觉，而在今天看来，它的理论内涵变得越来越清楚了：根据启蒙思想家的天赋人权理论，在社会治理的实践中需要去维护每一个人的个人追求以及每一个利益集团的特殊追求背后的普遍性的东西，但是，工业革命后的政治安排却不足以做到这一点，所以，需要把行政从政治中剥离出来，让行政去做政治无法做到的事，这就是公共行政产生的原因。所以，公共行政的产生恰是近代政治实践无法满足启蒙思想家的理论目标而必须做出的选择。也正是公共行政的产生，可以通过公共性的增强而使得政治的普遍性得以落实。如果把行政的公共性看作政治发展的必然要求的话，那么，用公共性来定义行政，实际上也就是在社会治理的前沿地带突出了公共性，即把包括政治体系及其过程在内的整个社会治理都纳入公共性的视野之中，并以公共性的实现程度来判断政权以及政府的合法性。

在20世纪，随着政治－行政二分原则的确立，政治与行政似乎都走上的独立发展的进程。基于哈贝马斯关于公共领域与私人领域的区分，人们往往把政治与行政等笼统地称作为公共部门，而把在社会特别是市场中活动的所有组织归入私人部门之中。但是，在政治与行政分化的条件下，直接提供公共产品的则是政府及其行政，主要反映在行政过程之中。在一个很长的时期内，政府在公共产品的供给上是处于垄断地位的。政府之所以能够垄断公共产品的供给，主要原因就在于公共产品的非排他性。也正是在这一点上，表明行政的公共性与政治的普遍性是相通的。但是，公共产品是一种变化着的存在物，在社会发展的历史进程中，由于社会以及公众中的公共需求的变化，会不断地促进公共产品内容的增长和范围的扩大。同时，由于社会发展特别是科学技术的进步，会促进部分公共产品在性质上发生变异，一些本来属于公共产品的东西在性质上发生了根本性的改变，成了私人物品，可以由私人部门通过市场和交易的方式来提供。更为重要的是，社会结构的变化也使公共产品发生变化，政府无力提供充分的公共产品，以至于必须求助于社会力量。事实上，20世纪80年代开始，由于国家与社会的二元结构发生了松动，非政府组织以及各种各样的社会治理力量迅速涌现，国家与社会之间嵌入了新的因素。就这些新的因素的生成、存在和发展而言，是以其提供的产品为依据的，是因为能够为社会提供公共服务等产品而具有了存在上的合理性。这样一来，政府垄断公共产品供给的局面被打破了，广泛的社会力量，甚至企业等营利机构，都加入公共产品的供给之中，其结果无疑是公共性的扩散。

公共性的扩散开始于20世纪80年代，在很大程度上是由新公共管理运动这场改革运动所引发的。这场改革运动在 20 世纪 80 年代初甫一出现时，人们是将其称为"私有化运动"的，到了 90 年代，英国学者胡德正式将其命名为"新公共管理运动"，其主要内涵就是指公共产品由私人部门供给。新公共管理运动的一项重要举措就是"民营化"，即由社会和私人企业提供公共产品。这就使政府必然会在公共产品的供给过程中与所有非政府的公共产品供给部门签订合同，从而在政府与社会之间建立起契约关系。在公共性的分析视角中，当政府与社会之间建立起了契约关系的时候，带来了公共性的扩散这样一个意想不到的收获。也就是说，新公共管理运动使得公共产品的面目变得模糊了，原先那些由公共部门垄断供给的物品，可以由私人部门来提供。同时，也正是这一点，意味着公共部门与私人部门的界限模糊化了。事实上，在新公共管理运动把公共选择理论、委托—代理理论等付诸实践的时候，为政府与社会间的具体契约关系的建立扫清了理论上的障碍。通过治理功能的外包，新公共管理运动带来了公共性扩散的结果，赋予了许多社会构成要素以公共性的内涵。也正是由于许多社会构成要素获得了公共性的内涵，从而在人类的社会治理体系演进中首次呈现出了治理主体多元化的趋势，进而使社会治理变革呈现出了走向合作治理的必然性。

在广义上，公共产品也就是政府的治理活动，甚至纯粹的公共产品输出也包含着治理的内涵。我们知道，社会契约论虽然确立了民主的原则，但它同时也通过主权唯一性的规定而赋予国家及其政府垄断社会治理的合法性。当然，在政府垄断社会治理的局面下也一直存在着局部性的治理"外包"行为，但这种治理外包行为的发生具有很大的偶然性，只是一种补充性的因素，而且是受到严格控制的，从来也没有对政府的社会治理垄断地位形成挑战。然而，新公共管理运动却赋予治理外包以普遍的合理性，不仅鼓励、倡导合同外包，而且在事实上也造成了普遍的治理外包局面。这样一来，一些原本由政府所承担的治理功能也就被转移到了社会之中。由于社会承担起了这些治理功能，不仅原先那种社会与政府分立的格局发生的变化，而且社会自身的性质也在悄悄地发生变化。其中，最为重要的就是社会因承担起了治理功能而必然获得一定的公共性。本来，社会被看作私人性存在和成长的温床，政府及其行政才具有公共性，现在，公共性却从政府扩散到了社会。

如果从政府垄断社会治理的传统来看，新公共管理运动及其民营化策略表明，它是一场使政府垄断弱化的运动。在此意义上，是可以将新公共管理运动看作社会治理上的一个积极的创新举动。显然，政府垄断社会治理在实质上也就是精英治理。虽然在政治民主的生态中精英的权力受到了来自诸多方面的约束，但掌握公共权力的人在任何一种意义上都处于主动的地位，在社会治理乃至所有公共产品的供给上一直置社会、公众于被动的地位上。当新公共管理运动通过民营化而打破了政府的社会治理垄断时，实际上改变了精英治理的局面，意味着单一治理主体垄断社会治理过程的终结。事实上，新公共管理运动也的确造就了多元治理主体，特别是当公共性扩散到了社会的时候，非政府组织以及其他治理力量在获得公共性的同时也拥有了一定的社会治理责任。可以相信，在不久的将来，社会治理主体的多元化就会完全改变社会治理结构，即建构起一种由政府与非政府组织以及其他社会治理力量合作治理的社会治理模式。如果对新公共管理运动的历史价值做出评论的话，那就是在公共产品供给的民营化过程中造就了多元社会治理主体，这将会成为新公共管理运动不可抹杀的历史功绩。

其实，新公共管理运动的民营化策略只是社会治理模式变革的初始行动，它所证明或包含着的意蕴是，许多原先仅仅属于政府的职能可以转移到社会之中去。这无疑是一场社会治理变革的运动。其中，公共性的扩散具有非常重要的意义。如上所说，在工业社会的形成和发展史上，社会治理体系的建构是基于公共领域与私人领域分离的事实。因为这种分离，使得治理者与被治理者之间的界限变得非常清晰，特别是对民主政治所做出的全部设计，都保证了社会的私人性得到尊重和制度化的保障，同时，也使政府的公共性在不断的矫正中得到增强。民主政治的深刻底蕴就在于不容许政府与社会之间的边界变得模糊，特别是"有限政府"的概念，明确地要求政府恪守其边界而不能逾越。但是，正是由于民主政治对政府及其行政所做出的这些原则性规定，政府获得了社会治理的垄断地位。就新公共管理运动的做法而言，也可以说并没有破坏民主政治的基本原则，因为它不是让政府及其行政逾越其边界而侵入社会。特别是在凯恩斯主义盛行多年后，新公共管理运动在逻辑上是反其道而行的。也就是说，新公共管理运动不是让国家及其政府走出自己的边界，而是把社会拉入自己的边界内来。尽管这种把社会拉入治理体系之中的做法主要体现在治理外包上，但其影响却打破了政府对社会治理的垄断，模糊了治理者与被治理者之间的边界，造成了社会治理主体多元化的格局。

当然，可以争议的问题是，非政府组织以及其他社会治理力量是否具有公共性？这可能是一个还需在它们参与社会治理活动的进一步发展中去加以证明的问题。就人们在非政府组织产生之初将其称为"第三部门"而言，是指它是一种既不同于公共部门也不同于私人部门的新的社会构成要素，并没有对它寄予公共性的期望。但是，在非政府组织的发展中，不断地显现出其社会治理的功能，治理者的角色扮演变得越来越娴熟。如果说它在一开始是作为公共性和私人性的混合物而出现的话，那么在今天，它的私人性色彩正在日益消退，而其公共性的色彩却迅速加深。应当看到的是，非政府组织中正在生成的公共性又是不同于政府的公共性的，所以，我们将其称作社会公共性。可见，非组织在社会治理过程中获得公共性，而其公共性的成长又会反作用于其社会治理活动，进而不断地形塑非政府组织的社会治理活动。但是，非政府组织永远也不会转化为政府，它永远都是作为政府之外的社会治理主体而存在并发挥作用的。所以，社会治理体系就会呈现出由政府与非政府组织以及其他社会治理力量等多元要素构成的系统。而且，这个系统不会复制官僚制组织的模型，而是在社会治理过程中各自扮演着独立的角色，通过合作的方式开展社会治理活动。这无疑是一种新型的社会治理模式得以产生的契机。

非政府组织等社会治理力量的出现，意味着一个非公非私的领域的出现。这个新的领域又有着强烈的开放性，不断地冲击公共领域和私人领域的边界。也正是这种开放性，决定了这些新生成的社会因素并不构成一个新的领域，而是在对公共领域和私人领域的作用过程中表现出促进领域融合的趋势。也就是说，公共领域与私人领域的边界开始变得模糊了。显然，在"公""私"相区别的情况下，话语权是由作为国家机构的政府垄断和控制的。事实上，公共领域中的表达一直都受到政府机关的审查和限制。政府机构是非常强大的，足以使政府与社会机构的功能在公共舆论中融为一体，以至于任何差异都可能成为被扼杀的对象。然而，随着公共领域与私人领域边界的消失，特别是在得到了技术网络等的支持，在自媒体迅速涌现的情况下，话语不断地被舆论覆盖，以至于对话语权的掌握和控制变得非常困难了。我们看到，网络在公共性的扩散过程中发挥着非常重要的作用，它使数百年来人们一直追求的公共舆论的公共性质第一次变得名副其实了。

新公共管理运动是以一场行政改革运动的形式出现的，但是，在人们的不知不觉中，造就了一种不同于公共行政的公共管理模式。更是出人意料地在积极学习和借鉴这场改革经验的中国，造就了一门以"公共管理学"为名的新学科。就公共管理学这门学科的出现而言，显然是适应了公共性扩散的要求，是因为公共性的扩散已经导致了社会治理模式的变革而需要一门新的学科去提供新的视角和做出新的解析。当然，新公共管理运动首先发生在西方，可是，为什么作为一门学科的公共管理学却产生在中国？其实，这一问题不难理解，因为，在西方国家，公共性已经与公共领域、公共部门和公共行政之间建立起了稳定的联系，即便非政府组织以及广泛的来自社会的治理力量参与到了社会治理过程之中，西方学者也努力将这一新的现象纳入传统的理解之中去，而不是根据公共性扩散的现实去重建解释框架。正如公共行政的概念产生于英国，却在美国形成了公共行政学一样，对于中国学者来说，由于没有传统知识以及既定解析框架的包袱，他们更能够基于公共性扩散的事实而做出新的思考和新的创建性工作。所以，中国学者能够在吸收西方国家关于公共管理研究成果的同时，建构起公共管理学这门新学科。科学的发展是现实的反映，也适应了现实的要求。因而，我们看到，首先是在行政改革中促进了公共性的扩散，并走向了公共管理这一新型社会治理模式确立的方向；然后，是因为公共性的扩散而带来的诸多新的需要管理去加以解决的问题，促使公共管理学这门新学科的诞生。

现代性研究的"语言方案"

——科塞勒克概念史方法论旨趣的政治哲学释读

◎ 张凤阳*

引　言

严肃的学术对话应该以概念的明晰为前提，这一点似乎不言而喻。但对人文社会科学研究来说，满足这个条件事实上非常困难。为了尽可能消除差异化或歧义性理解所带来的交流障碍，研究者出于逻辑自洽的需要，通常会对自己的概念使用予以界说，即要申明，我在某个意义上使用某词。在学术探讨中，只要研究者明确宣布这一约定，并在自己的述论中严格保持前后连贯，大体上就能被接受。

不过，任何约定性的概念界说都包含了主观任意的成分，或多或少。萨托利曾设想过一个极端情形：如果一个人罔顾交互性对话场景的条件约束，指"白"为"黑"，声称"黑"所描述的就是白种人的肤色，那么，他的约定性界说就不是自言自语的问题，而是混淆视听的问题了。考虑到"民主"概念在当今世界的政治话语表达中常常被用来指称不同的甚或截然相反的东西，以至于某些人所说的"民主"到另一些人嘴里却成了"独裁"，萨托利设想的上述情形便不是毫无根据的虚构。[①] 类似的例子还有"封建"概念。在跨文化语境中，人们对这个概念的理解不仅存有疑义，

---

*　张凤阳，南京大学政府管理学院教授。

①　参见萨托利《民主新论》，冯克利、阎克文译，上海人民出版社，2009，第 284～285 页。

而且衍生出了"碎片化"对"大一统"的矛盾取向。①

萨托利是一位政治哲学家。他的民主研究和政党研究，虽说涉及相关概念的词源学考释，但其优先关切，则是通过义理辨析，在现代水平上搭建一个具有基础共识的理论平台，以使学术共同体内部的思想争鸣变得严肃和有效。② 皮特金（Hanna Fenichel Pitkin）那部讨论"代表"概念的名作亦如此。③ 可是，历史学家的眼光就不同了。在时代变迁中，无论政治概念、社会概念还是文化概念，都实质性地嵌入了特定的历史语义场，因而，其差异化或歧义性的使用本身，就是一个值得探讨的独立论题。如果说以今度古会误读历史，那么，要对往昔时代给出尽可能准确的理解，在研究进路上，就应对一系列基本概念在不同语境下的特定意涵做细致的考察和审慎的甄别。大体而言，德国概念史研究即肇始于这样的问题意识。

中文学者在引介德国概念史研究的时候，差不多都会提及八卷本《历史性基本概念：德国政治 - 社会语言历史辞典》。该辞典的编纂聚集了众多学者，正式出版历时 25 载（1972～1997 年），堪称一项浩大学术工程。别的不论，仅只揣度一下组织实施这项浩大工程所必需的思想 - 智识 - 方法条件，说它确立了一个新的史学研究"范式"（paradigm）也是不过分的。因为，一个跨学科的团队要在"概念史"的旗帜下集合起来，持续性地开展研习与写作，就得接受共同的核心观点、基本假设和研究方法，进而规划一个合乎本学术传统的未来发展方向。库恩关于"范式"的经典说明大抵也是这个意思。④

德国概念史辞典的三位主编，按年龄大小排序是布鲁内尔（Otto Brunner）、孔茨（Werner Conze）和科塞勒克（Reinhart Koselleck），但学界公

---

① 德国史学家布鲁纳对封建概念在西方语境下的演化做了精到的考释（布鲁纳：《"封建主义"概念史》，《经济社会史评论》第 5 辑，黄艳译，生活·读书·新知三联书店，2010）；冯天瑜教授基于一种跨文化的比较视野，考察了封建概念在中国语境下的古典本义及其现代翻转（冯天瑜：《封建考论》，武汉大学出版社，2006）。

② 关于"民主"和"政党"的词源学考释，分别参见萨托利《民主新论》，第 2 章，"词源学的民主"；萨托利《政党与政党体制》，王进明译，商务印书馆，2006，第 1 章，"作为部分的政党"。

③ 在皮特金的论证系统中，词源学考察仅仅具有辅助性质。参见皮特金《代表的概念》，唐海华译，吉林出版集团，2014，第 11 章，"附论：代表的词源学"。

④ 参见库恩《必要的张力》，范岱年、纪树立译，北京大学出版社，2004。

认，德国概念史研究臻于成熟并达到第一个高峰，是同科塞勒克的名字紧紧联系在一起的。在布鲁内尔和孔茨相继离世之后，科塞勒克独撑概念史辞典编纂的大局，尤为重要的是，借由"时间化"、"民主化"、"政治化"和"意识形态化"的基本假设，他将布鲁内尔关于"鞍型期"的初始构想转变成了一套可操作的框架性研究纲领。① 在很大程度上，正是因为这套研究纲领，我们才可以谈论概念史的德国版本。

近年来，梳理概念史谱系的中文作品急速增生，由此引发的学术争鸣也颇具声势。② 从总体上看，国内学者的既有讨论多围绕"语言转向"之后相关史学方法的细部差异展开，但除了这类"局内"热议，一种来自政治哲学的"局外"观察和评论是否必要？鉴于科塞勒克从伽达默尔的诠释学、海德格尔的存在现象学汲取了重要思想资源，尤其受到施密特政治哲学的深刻影响，笔者以为，这样的观察和评论也许是不可或缺的。③ 本文将重点关注并探讨以下问题：（1）解析现代性的生成机理为什么要补充一个"语言方案"？（2）"鞍型期"和"四化"的基本假设是否蕴含某种超越单纯词源学疏证的宏大思想关怀？（3）政治学理论思考，特别是现代政治话语分析如何从概念史研究方法那里寻求有益的启示？

一 "鞍型期"预设及其隐含的两个研究路向

有学者曾以塞万提斯的小说创作类比德国概念史研究的问题意识。④ 故事情节是我们熟知的：蛰居在西班牙一乡村的穷绅士吉哈诺，读骑士传奇入迷，遂把曾祖留下的一套生锈的盔甲穿在身上，易名堂吉诃德，立志弘扬骑士遗风。但他不明白，构成骑士精神的那些道德符码，例如"荣

① 博尔：《德国的"概念史"研究和荷兰的"概念史"项目》，伊安·汉普歇尔－蒙克《比较视野中的概念史》，周保巍译，华东师范大学出版社，2010，第5页。
② 晚近的相关学术批评，参见方维规《臆断生造的"剑桥学派概念史"》，《读书》2018年第3期。
③ 国外学者对科塞勒克与施密特的关系颇为重视，英文研究文献参见 Timo Pankakoski, "Conflict, context, concreteness: Koselleck and Schmitt on concepts," Political theory, Vol. 38, No. 6（2010），pp. 749－779。
④ 保尔：《"概念史"和"政治思想史"》，伊安·汉普歇尔－蒙克《比较视野中的概念史》，第113~114页。

耀""行侠""历险"等，在他所处的时代已成过眼烟云了。按照当今的某种流行意见，战风车的堂吉诃德乃一荒诞形象，但是，以德国概念史家的学术口吻，这个荒诞形象所折射的则是两种"概念化实践"之间的巨大落差，而导致这个落差的社会转型过程，被称为"鞍型期"（Sattelzeit/Saddle-period）。

在德国概念史家的论述中，"鞍型期"意指连接两座山峰的低落过渡地带，表征的是一道将"旧"欧洲与"新"欧洲分割开来的鸿沟。谙熟本国学术谱系的冯凯（KaiVogelsang）教授特别指出，概念史在发生意义上是一门"德国的学科"，跟域外思想没多大关联。照他的说法，德国本土的诠释学传统历来强调"语言"之于"理解"的重要性，而伽达默尔的一个洞见则将问题直接摆在了概念史研究者面前——在过去几百年里，历史意识的呈现构成了一种深深的断裂，以致西方思想传统的延续性只是扭曲地存在。[1] 按诠释学原则，切勿用时人无法理解的方式对文本做强制解释，然而，历史变迁却又造成了今人对古人的陌生感与疏离感。此即德国概念史家自觉意识到的问题情境。

在德国概念史家那里，"鞍型期"起先仅仅是一个比喻，用当今社会科学研究的严格实证标准来衡量，无疑显得粗糙。即使科塞勒克尝试划出一个貌似精准的区间——1750年至1850年，也只能算是一家之言。譬如，若是由英国史家勘定，就至少还要再前推一个世纪。[2] 在这个意义上，争辩"鞍型期"的准确起讫年份是不得要领的，毋宁说，只要弄明白看似模糊的时间尺度指认的是一个确凿的宏大历史事实——从前现代到现代的变迁乃一总体性的结构转型，"鞍型期"的精髓也就把握住了。耐人寻味的是，德国概念史家的这一研究设定与马克思恩格斯的理论判断存在某种形式的耦合，尽管不能妄下"思想承续"之类的结论。在《共产党宣言》中，马克思恩格斯曾这样评价资产阶级的历史作用："资产阶级在它的不到一百年的阶级统治中所创造的生产力，比过去一切世代创造的生产力还

---

① 冯凯：《概念史：德国的传统》，张凤阳、孙江主编《亚洲概念史研究》第3辑，生活·读书·新知三联书店，2017，第250页。

② 别的不论，仅仅指出1649年英国爆发了共和革命，就构成一个充足的理由。

要多，还要大。"①《共产党宣言》于欧洲爆发大革命的 1848 年问世，再往前追溯近百年，差不多就是后来德国概念史家所谓的"鞍型期"。为了更好地理解这百年剧变的经济政治社会文化蕴含，不妨重温一下马克思、恩格斯的精彩论述。

> 资产阶级在它已经取得统治的地方把一切封建的、宗法的和田园诗般的关系都破坏了……资产阶级除非对生产工具，从而对生产关系，从而对全部社会关系不断地进行革命，否则就不能生存下去……生产的不断变革，一切社会状况不停的动荡，永远的不安定和变动，这就是资产阶级时代不同于过去一切时代的地方。一切固定的僵化的关系以及与之相适应的素被尊崇的观念和见解都被消除了，一切新形成的关系等不到固定下来就陈旧了。一切等级的和固定的东西都烟消云散了，一切神圣的东西都被亵渎了。②

从 19 世纪后期开始，解析现代性的生成机理渐次成为西方知识界的关注热点，并于 20 世纪上半叶达到了一个研究高潮。古典社会学大师认识到，作为整体的社会现实极其复杂，要想予以完全的理论把握几乎是不可能的。因此，为了理解从前现代到现代的转变，一条可行的进路是采用"类型学"（typology）方法，通过概念上的选择性重构，就前现代社会与现代社会的某些典型特征做比较分析。由此形成了所谓的二元对分模式。仅以德国知识界为例，这样的模式即有韦伯的"巫魅 - 理性"、滕尼斯的"共同体 - 社会"、西美尔的"自然经济 - 货币经济"、舍勒的"信任伦理 - 市民德行"等。③ 一个不可忽略的教育背景是，德国概念史研究的生力军多在二战后成长起来，从读书到执教，都深受现代性社会理论的影响。据此领会概念史的学术旨趣，是否可以将它看作考察和解析从前现代到现代结构转型的诸多进路当中的一种呢？

---

① 《马克思恩格斯文集》第 2 卷，人民出版社，2009，第 36 页。
② 《马克思恩格斯文集》第 2 卷，第 33～35 页。
③ 韦伯、滕尼斯、西美尔、舍勒的代表性著作均有中译本，二手文献的介绍和评论，参见特纳《社会学理论的结构》，吴曲辉译，浙江人民出版社，1987；刘小枫《现代性社会理论绪论》，上海三联书店，1998。

20 世纪 50 年代，孔茨牵头创立"现代社会史研究小组"，致力于探讨 18 世纪以来德国及欧洲社会的结构性变化，吸引了一批年轻学者，其中就包括科塞勒克。后来，科塞勒克撰文《"社会史"与"概念史"》，专题讨论了这两个学科领域在德国语境下的亲缘与共生关系。按他的看法，实际发生的事情与该事情的语言表述总有某些差异，可是，一旦将目光转移到职业历史学家的研究对象即"过去的历史"，语言在认识论上的首要性就凸显出来了，因为，"过去的历史"无非是"被表述的历史"，对于那些已然发生而我们却无法亲历的事情，我们只能通过存留下来的语言记录或文字书写加以认知。① 在这个意义上，社会史与概念史实乃一体之两面。但科塞勒克强调，历史上发生的个体性事件虽值得研究，却不是社会史与概念史的首要旨趣。从长时段来看，任何个体性事件都深植于特定的政治 - 社会 - 文化背景之中，因此，社会史与概念史应充分考虑那些使个体性事件成为可能的经久有效的条件和状况，即要着力探讨"结构以及结构的转型"。一个合乎逻辑的追问是，作为结构转型的"社会剧变"是否连带着一场"概念剧变"？倘说这场"概念剧变"确已发生，其行动效应及现代性后果又是什么？

时至 21 世纪，我们对这个问题或能有更深切的体悟。因为，当今世界的话语权争夺虽呈白热化之势，但论战各方借以编织其政治话语的基本概念却存在着惊人的相似性。这些概念包括："人民""民族""国家""主权"；"民主""共和""自由""平等""公正""法治"；"战争""和平""安全""秩序"；"革命""解放""进步""发展"；此外还有作为污名化符号的"专制""独裁""暴力""恐怖"，以及表达各种价值取向的"主义"；等等。② 可以毫不夸张地说，假如全盘抛开这些概念，生活于现代的政治家就不会演讲，政论家就不会写时评，政治史家就不会作记述，政治哲学家就不晓得怎样展开规范性讨论。但是，古代、中世纪和近代王朝的政治话语表达也使用这样的概念吗？即使某些概念在字面上没有变化，其含义也保持了前后的融贯一致吗？进而言之，前现代的政治话语

---

① 考斯莱克（科塞勒克）：《"社会史"和"概念史"》，伊安·汉普歇尔 - 蒙克《比较视野中的概念史》，第 29 ~ 30、35 页。

② 文中提及的这些概念，绝大多数是德国概念史辞典的条目。

系统如何实现了一场现代性的结构转型？一些看似相同的基本概念为什么能在现代政治博弈中用以表达不同的甚或对撞的价值诉求？透过以上问题，我们可以在德国概念史家的"鞍型期"预设背后发现两个有所区别的研究路向。

一个研究路向是"怎样理解过去"。在德国概念史的发展历程中，最初用"鞍形山体"比喻欧洲社会剧变与概念剧变的是布鲁纳尔。也许是因为研究中世纪史，这位立场保守的大学问家对横亘在"旧"欧洲与"新"欧洲之间的那道鸿沟有一种特别强烈的职业性敏感。照他的看法，19世纪造成的断裂不仅表现在政治 - 社会结构层面，还表现在认知方式层面，因为，伴随现代民族国家的成长及定型，"国家 - 社会""公共 - 私人""主权 - 治权""强力 - 正义"等一系列对立的概念也逐步形塑了现代学者的某种"分离性思维"。这种思维一旦定势化，就会给现代学者戴上一副有色眼镜，据此观察中世纪的政治 - 社会生活，免不了要以今度古，造成所谓的"时代错置"。此即布鲁纳尔在名作《领地与支配》中表达的核心观点。[①] 布鲁纳尔强调，要准确描述既往的时代，不好生搬硬套今天的分类范畴和评价尺度，而必须使用那个时代的语料，仔细分辨那个时代常用词汇的本然含义。如此，概念史就被定位为"历史学的一个辅助学科"。[②] 这是德国概念史的早期版本。

另一个研究路向是"怎样把握现代"。如果将"旧"欧洲和"新"欧洲比作两座山峰，那么，"鞍型期"作为连接两座山峰的低落过渡地带，便象征着一个新旧交替的转型过程。在这个过程中，一些往昔的旧词退出了历史舞台，保留下来的获得新意，与此同时，还有大量新词的发明与流行。像布鲁纳尔一样，科塞勒克也认为，任何史学研究都不能规避特定时代的语言表述，但比较起来，布鲁纳尔更擅长用概念史这一辅助工具来复原转型前的旧欧洲的政治 - 社会生活实况，而科塞勒克的研究重心则聚焦于转型过程本身，即要在概念史的视野中分析"旧秩序的瓦解和现代世界

---

① 该书的德文版名为 LandundHerrschaft，英文版译作 LandandLordship。
② 冯凯：《概念史：德国的传统》，张凤阳、孙江主编《亚洲概念史研究》第3辑，第248页。

的呈现"。[1] 正因如此，"鞍型期"之于科塞勒克也就不再是"外部性"的参照，而是一种"内在性"的装置。按学界的一般评论，科塞勒克因提出"时间化"、"民主化"、"政治化"和"意识形态化"的基本假设，而将"鞍型期"这一意象式的比喻发展成了一套系统性的分析 – 解释框架。这是德国概念史的升级版本。

德国概念史研究的一项基础工程是进行辞典编纂。但古往今来的语言变化无穷复杂，纵使最具雄心的辞典编纂计划，也不可能一网打尽。这可以部分地解释，为什么科塞勒克特别强调"概念"与"语词"之间的区隔。科塞勒克辩称，概念系于语词，又不仅仅是语词。仅当语词在使用中产生的丰富意涵浓缩进一个固定的语言符号，从而形成某种"多义性"的内在张力的时候，才可以谈论基本概念。[2] 但问题是，这样的区隔很难在语言学水平上加以证明，因此，为便于理论把握和实践操作，或可将"四化"径直视为词条遴选的复合性技术标准。分别而论，"时间化"，意味着在大浪淘沙的话语变迁过程中沉淀下来，不仅能用以描述既往的经验，还能打开一道指向未来的期待视野；"民主化"，意味着越出狭小的精英圈，被底层民众广泛接受和使用；"政治化"，意味着融入革命与战争一类的博弈场景，充当政治动员的工具；"意识形态化"，意味着抽象水平不断提升，以致浓缩为形式上高度简单却又聚合了多重含义的能指，可以在论战中给各种各样的政治诉求贴标签。[3]

显然，就像德国概念史辞典的副标题所限定的那样，"四化"标准只适用于基础性的"政治 – 社会"概念，而不能随意推及其他。[4] 如果试图去验证，类似康德"物自体"这样的纯学术概念有没有通过书斋里的知识旅行达到"四化"标准，无异于缘木求鱼。事实上，在德国概念史家眼里，

① Reinhart Koselleck " Introduction and Prefaces to the Geschichtliche Grundbegriffe," trans. By Michaela Richter, *Contributions to the History of Concepts*, Vol. 6, No. 1 (Summer, 2011), p. 8.

② 相关介绍和评论，参见鲍德克《概念·意义·话语：重新思考"概念史"》，伊安·汉普歇尔 – 蒙克《比较视野中的概念史》，第 77~78 页。

③ Reinhart Koselleck, " Introduction and Prefaces to the Geschichtliche Grundbegriffe," trans. by Michaela Richter, *Contributions to the History of Concepts*, Vol. 6, No. 1 (Summer, 2011), pp. 10 – 15.

④ 德国概念史辞典的最后一卷是文献索引，正文 7 卷共收录 115 个词条，其中大部分是政治概念。

"政治"与"社会"也是不能截然分开的，他们认同并倡导一种"政治的社会史"或"社会的政治史"。① 深受施密特政治哲学影响的科塞勒克尤其强调这一点。在回应学术界相关批评的时候，科塞勒克明确地说，他的研究兴趣，既非局限在书斋或学院的纯学术词汇，亦非流行于民间的俗语和俚语，而是在"鞍型期"由精英提出并扩散至普罗大众的那些反映并牵引政治-社会变迁的"斗争性概念""运动性概念""预期性概念""目标性概念""宗旨性概念""整合性概念"等。

> 基本概念联结各种经验和期待，从而与既定时代最迫切问题的型构密不可分。所以，基本概念是高度复杂的；它们既充满歧义，又伴有冲突。正因如此，才赋予它们历史性意义，并区别于纯粹的技术或专业术语。没有什么政治行动或社会行为，能在缺少最起码的经久有效的基本概念的情况下发生，不管它们是突然出现、消失、重现，还是骤变或渐变，我们都必须诠释这些概念，厘清它们的多重含义、内在矛盾及其在不同社会阶层的不同应用。②

二 历史时间的张力结构

科塞勒克的成名作是 1959 年在其博士论文基础上修订出版的《批判与危机》。研究者认为，这个论题的选定同科塞勒克本人的亲身经历有关。1941 年，刚满 18 岁的科塞勒克应征入伍，到苏德前线服役，后来成为苏军俘虏，在战俘营被羁押了 15 个月。1947 年夏，接受了去纳粹化教育的科塞勒克入海德堡大学读书，但二战经历所造成的幻灭感，却无法从他的精神上根除。这是其终生对"危机""冲突""战争""革命"一类的政治论题感兴趣的心理原因。

科塞勒克的博士论文指导教师是历史学家屈恩（JohannesKühn），而他

---

① 里克特：《政治和社会概念史研究》，张智译，华东师范大学出版社，2010，第 34 页。
② Reinhart Koselleck, "A Responseto comments on the Geschichtliche Grundbegriffe," in Hartmut Lehmann and Melvin Richter, eds., *The Meaning of Historical Terms and Concepts: New Studies on Begriffsgeschichte*, Washington: German Historical Institute, 1996, pp. 64 – 65.

很少谋面的精神导师则是政治哲学家施密特。① 在二战前的德国知识界，施密特以批评自由主义国家理论，提出并阐发危机和冲突情势下的"政治决断论"与"敌友划分说"而闻名。② 这样的政治哲学基调，还有施密特专题研究霍布斯政治思想的论著，对科塞勒克构思和写作《批判与危机》产生了直接影响。按照科塞勒克的分析理路，近代欧洲绝对主义国家的兴起，乃是回应宗教战争的一种政治方案。依据这种方案，国家垄断暴力的合法使用，要求臣民"外在"的服从，而作为代偿，又允许其在宗教和道德上享有"内在"的自由。但是，这样的两分也诱发了绝对主义国家的危机。因为，臣民在被逐出政治权力体系之后，他们便将自己过剩的自由导入一个正在形成的公共领域，进而站在一个新的道德制高点上对君主集权的正当性展开了舆论围剿。③ 科塞勒克特别指出，以批判专制政体为基本指向的启蒙思想家，通过建构一个自由、平等、公正的理想王国，而为现代性的政治行动下了一个"未来主义"的赌注。可以说，启蒙历史哲学的精要，不过是这个赌注的合理化罢了。④ 科塞勒克转向概念史研究之后的历史时间分析，即以此为重要切入点。

作为历史学家，科塞勒克当然晓得编年史的书写规范。但他格外属意的是，在1750年至1850年的欧洲，由于思想革命、政治革命和社会革命的发生，历史时间仿佛不再是日复一日的均匀流逝，而表现出了某种形式的间断、弯曲及骤然提速。从思维方式上看，科塞勒克之所以把"时间化"当作概念史研究的一个基本假设，是因为他认识到，一系列现代性的政治概念，例如"民主""共和""自由"，也包括"革命"在内，都隐含了某种具有乌托邦意味的"未来"指向。在政治社会生活中，基于这种指向的感知和评价，会在理想与现实之间形成张力，从而极大地提高人们情感体验的负荷及价值诉求的强度。科塞勒克将历史时间的这一特殊维度称

① Niklas Olsen, *History in the Plural*: *An Introduction to the Work of Reinhart Koselleck*, New York: Berghahn Books, 2012, p. 72, 135.
② 参见施密特《政治的概念》，刘宗坤等译，上海人民出版社，2003，第6~7、138~139页。
③ "Introduction" in Reinhart Koselleck, *Critique and Crisis*, *Enlightenment and the Pathogenesis of Modern Society*, Massachusetts: The MIT Press, 1988, pp. 5–12.
④ Reinhart Koselleck, *Critique and Crisis*, *Enlightenment and the Pathogenesis of Modern Society*, Massachusetts: The MIT Press, 1988, p. 182.

为"期待视域"（Erwartungshorizont/Horizon of Expectation）。

德语"视域"（Horizont）一词，意为"地平线"，通常用来指人的视力范围。按胡塞尔的现象学解释，即使不为外物遮挡，人的远望极致也就是天地相交的地方，因此，"视域"是有限的。但随着主体的运动，地平线可以不断延伸，且永远也无法到达，所以"视域"又是无限的。在体验结构上，"视域"的有限性与生理感知的实在性相关；"视域"的无限性与精神直观的开放性和可能性相关。① 海德格尔将作为现象学范畴的"视域"整合进一个存在论框架，认为本真的"此在"是以"领会"方式呈现的存在，在这种存在中，"此在"向着一种"能在"筹划自己，因而，阐明生存意义的那个"为了……"，意味着"先行"的"将来"实质性地构成了"此在"领悟自身的基础。② 科塞勒克在海德堡大学读书的时候，曾定期参加伽达默尔组织的研讨课，而海德格尔就是经常受邀的嘉宾。如此难得的机缘，使平素硬啃《存在与时间》的青年学子，得以向哲学大师当面请教。几可确认，科塞勒克能把"期待视域"用作一个严格的历史时间分析范畴，在很大程度上受益于海德格尔。

不过，形而上的哲学思辨与形而下的历史疏证终究分属不同的层次。"接受美学"的创立者尧斯（Hans Robert Jauss），当年也是伽达默尔研讨课上的学生，曾说德国伟大的智识传统在 20 世纪是由胡塞尔、海德格尔、伽达默尔界定的。但科塞勒克认为，海德格尔和伽达默尔对语言与存在问题的思考，只是一种高度抽象的哲学本体论，他们从未主动调整各自的理论框架，以便恰当地运用于社会史研究。③ 二战前后的德国学术发展，将概念史从哲学诠释学传统中剥离出来，而与社会史相对接的是布鲁纳尔，尤其是孔茨。科塞勒克是孔茨创立的"现代社会史研究小组"的青年骨干，孔茨去世后，又成为该小组的领导者。他明确指出，"社会史"与"概念史"联合起来加以矫正的一个偏颇，就是脱离了社会－政治语境的

---

① 参见倪梁康《胡塞尔现象学概念通释》，生活·读书·新知三联书店，1999，第 216 页。
② 参见海德格尔《存在与时间》，陈嘉映、王庆节译，生活·读书·新知三联书店，2002，第 398~402 页。
③ 参见里克特《政治和社会概念史研究》，第 46~48 页。

中国阐释学的兴起

纯而又纯的"观念史"和"精神史"。① 这意味着，概念史研究不能忽略客观历史条件，而必须联系特定的政治 – 社会结构及其转型来展开。

科塞勒克还指出，"社会史"与"概念史"联合起来加以矫正的另一个偏颇，是堕入琐碎细节而不能自拔的"事件史"。其所以如此，并不是因为偶发的个体性事件不值得研究，也不单单是因为网罗对应于每一个体性事件的语言材料会使概念史辞典的编纂变成一项永远无法结束的烂尾工程。问题的关键在于，如果不着力揭示使个体性事件的发生成为可能的经久有效的条件和状况，就会只见树木不见森林。由此凸显了长时段结构分析的重要性。科塞勒克举例说，在日常生活中，每桩婚姻都有其独特的一面，但是，若把特定时期的一桩桩婚姻联系起来，却能发现某种"预先给定"的社会性和语言性前提。主要有三个历史类型：一是基督教神学把婚姻诠释为不可分离的神圣结合，这种观点直到18世纪仍然占据主导地位。二是启蒙运动兴起之后，婚姻被赋予新的契约基础，原来为神学禁止的离婚逐步变得合法。三是浪漫主义在19世纪铸造出一种全新的婚姻概念，据此，婚姻的神学理由彻底为两情相悦的人类学理由所取代，其而没有爱情的婚姻被认为是不道德的。科塞勒克举这个例子，意在说明，每桩看似独一无二的婚姻事实上都以这样那样的方式呈现了某种"可重演的结构"。② 当这种结构在语言形式上被概念化，并作为给定前提对人们的生存感知形成框架性作用的时候，便是所谓的"经验空间"（Erfahrungsraum/Space of Experience）。

像"期待视域"一样，"经验空间"也是科塞勒克化用的一个哲学术语，其蓝本出自伽达默尔的诠释学。但研究者认为，科塞勒克对这个术语做了适合长时段社会结构分析的再造。③ 在"共时"意义上，"经验空间"是一个横向展布的语义场，置身其中的众人，熟悉一系列通行词汇的常规用法，所以，他们可以在视域融合中达成相互的理解。从"历时"的角度

---

① 考斯莱克（科塞勒克）：《"社会史"和"概念史"》，伊安·汉普歇尔 – 蒙克《比较视野中的概念史》，第23、24页。
② 考斯莱克（科塞勒克）：《"社会史"和"概念史"》，伊安·汉普歇尔 – 蒙克《比较视野中的概念史》，第40、33页。
③ Niklas Olsen, *History in the Plural: An Introduction to the Work of Reinhart Koselleck*, New York: Berghahn Books, 2012, pp. 222 – 224.

看，任何语义场都有一个型构过程，在这个过程中，丰富的历史信息一步一步地沉淀于特定概念，犹如地质的层累，又像是树木的年轮。[①] 重要的是，一旦贮存着政治史、社会史和生活经验史的基本概念在某种水平上稳固下来，就会作为前置性框架对时人的感受、认知和评价产生影响，用科塞勒克的话来说，可以通过"关闭或开放特定的选择空间"而界划人们的行动方向及范围。[②] 显然，这是一种"社会结构"优先于"个人意图"、"长时段历史"优先于"偶发性事件"的方法论假设。作为社会概念的"婚姻"是佐证这个假设的例子，比较起来，作为政治概念的"人民"（People）或许更具有典型性。

在西方政治文化史上，"人民"一词自古沿用至今，看起来是连续的。但是，考察古希腊罗马、中世纪大公教会、近代绝对主义王朝等不同类型的历史语义场，就会发现，该词的意涵及其指称对象的价值位阶，有着明显的差异。这又是间断的一面。只不过，前现代诸种历史语义场之间的非连续性，远不能跟"鞍型期"发生的结构性翻转相提并论。因为，在这一时期，"人民"不仅最终占据了原本属于君王的宝座，而且罩上了连古典共和作家也难以想象的神圣光环，一如施密特所说："在民主思想中，人民居于整个国家的政治生活之上，就像上帝居于世界之上一样，成为万物的原因和目的，万物生于兹又归于兹。"[③] 只要想一想当今世界诸多版本的政治论述都宣示"人民"的至尊地位，自不难体会，现代政治家和政论家的言说怎样对高度抽象的"人民"概念产生了仿佛是不二之选的路径依赖。缘此，正当性的话语表达空间就只向某个维度开放，而另外的维度则被遮蔽或关闭了。

按照科塞勒克的历史时间分析，"现在"是枢纽，连接"过去"与"未来"两端。如果做简要区分，大致可以说，"经验空间"意谓的是针对某一特定的"现在"所编排的"过去"；"期待视域"意谓的是指引某一

---

① Reinhart Koselleck, "Introduction and Prefaces to the Geschichtliche Grundbegriffe," trans. by Michaela Richter, *Contributions to the History of Concepts*, Vol. 6, No. 1 (Summer, 2011), p. 18.

② 考斯莱克（科塞勒克）：《"社会史"和"概念史"》，伊安·汉普歇尔 - 蒙克《比较视野中的概念史》，第40、33页。

③ 施密特：《政治的概念》，第41页。

特定的"现在"所走向的"未来"。在"经验空间"中,"过去"的事务被储存或记忆;在"期待视域"下,人们面向"未来"而抉择和行动。[1]尽管从原则上讲,每个世代都有各自的"经验空间"和"期待视域",但科塞勒克的研究重心,却在"鞍型期"的百年剧变。从启蒙运动到法国大革命再到1848年欧洲革命,基于乌托邦式的"未来"取向而创造或再造概念,成为一股愈益强劲的政治文化风潮,于是,那个昭示抉择和行动意义的"为了……",就呈现出世俗救赎主义特征,省略号喻指目标,一边联系着"人民""民族""祖国""人类"等主体,一边对应着"民主""自由""平等""公正""权利""尊严"等价值。[2] 这样,现代性的"期待视域"就跟所有前现代的"经验空间"拉开距离,或者说,两者之间发生了一场结构性断裂。接下来要探讨,除了概念的"时间化",能否及如何透过概念的"民主化""政治化"和"意识形态化",从语言视角对这场断裂做进一步解释?

三 百年概念剧变中的"语义学斗争"

概念史研究涉及多个学科,但在知识呈现上,终归属于讲求实证的史学类型。如果再考虑浩大辞典编纂工程的团队协作之需,因而,怎样收集和使用资料,便成为一个最基本的方法论问题。科塞勒克将概念史研究的资料来源分为三类:(1)经典文本,包括哲学、神学、史学以及其他人文社会学科的代表性著作;(2)通俗语料,包括官方文件、会议报告,民间的报纸、杂志、小册子以及私人性的书信、日记、回忆录等等;(3)工具书,包括各时期有较大影响的辞典、手册和百科全书等等。据说,科塞勒克对文献使用的时间精确性要求近乎苛刻:"不标年份切勿引注!"[3]

---

[1] "Space of Experience" and "Horizon of Expectation": Two Historical Categories, in Reinhart Koselleck, *Futures past: on the semantics of historical time*, Columbia University Press, 2004, pp. 257 – 258.

[2] 科塞勒克对现代性政治变革的认识,受到了洛维特"世俗化的末世论"的影响。洛维特代表作的中译本,参见《世界历史与救赎历史》,李秋零、田薇译,商务印书馆,2016。

[3] 冯凯:《概念史:德国的传统》,张凤阳、孙江主编《亚洲概念史研究》第3辑,第254页。

由于经典文本历来为思想史研究所重视，征引相对"低级"的通俗材料并考虑其与"高端"作品的平衡性，称得上是德国概念史研究的一大特色。用不着反复思考就能明白，这样的文献使用要求，与概念嬗变的"民主化"假设有着内在的逻辑联系。有评论者指出，在启蒙运动之前，一些重要的政治-社会术语已经专门化，只不过仅限于教士、贵族、法官及其他接受正规教育的精英阶层。到 18 世纪，印刷术的改进和识字率的提高，带动起一个愈益庞大的受众群体，而且，普通平民的阅读方式，也由以前那种对经典文本的反复咀嚼逐步变成了对报章、杂志及小册子等等的快速浏览。如此一来，熟悉政治-社会术语的读者规模就成倍增加了。[1] 这是一种从知识普及角度验证概念"民主化"的分析理路。

但从政治哲学的角度来看，问题可能并不这么简单。且不说直到 19 世纪中叶欧洲国家接受正规教育的人口比例依然很低，退一步，就算底层平民都读书识字，假如贵贱有别的等级制度仍旧发挥强势影响，他们也只能使用被贵族和教士定型的语言。在这个意义上，托克维尔关于"民主化"趋势的基本判断——不断走向"身份平等"的运动[2]，显然更关乎问题的根本。依据德国概念史家的考察，在旧制度的合法框架下，"荣耀""尊严"等概念曾明确地专为"贵族"集团所保留，但是，随着等级制度的瓦解，这些概念也就失去了同高贵血统相勾连的显要地位。[3] 一部法国共和革命辞典记述了发生在无套裤汉与大贵族之间的一场对话，堪为概念"民主化"的鲜活例证。有一天，一位接受了"平等"思想洗礼的无套裤汉，决定用"你"称呼一位大贵族，争论由此展开。

大贵族：你胆敢如此和我说话？无套裤汉：平等允许我这么做。

大贵族：什么平等？你应该始终尊重你所没有的，我的出身（naissance）。

无套裤汉：什么！如果我没出生（naissance），我就不会存在，也就不会和你交谈了。大贵族：你胆敢将你的出身同我的出身相比较？

---

① 里克特：《政治和社会概念史研究》，第 51 页。
② 托克维尔：《论美国的民主》下卷，董国良译，商务印书馆，1991，第 621 页。
③ "贵族"（Adel）、"荣耀"（Ehre）、"尊严"（Würde）均为德国概念史辞典的条目。

无套裤汉：它赋予你什么权利，让你认为你的出身比我的优越？

大贵族：我的家族有着高贵的出身（hautenaissance），而你的没有。

无套裤汉：你已经错到极点了。我知道你降生在平原上，而我却出生在一座高山上。

大贵族：相信我，如果你不改变你的思考方式，你将走向一条死胡同。

无套裤汉：我无法对你的预言不表示关心。我的母亲经常和我说，一位占星家看我的生辰（ma - naissance）时，说过我会有好运。但是，当我看着你，我能从你的脸上看出你将以上断头台结束你的生命。①

围绕"出生/出身"问题的这场绵里藏针的对话，反映了新旧秩序之间的尖锐冲突，而其在语言维度的表现，按科塞勒克的说法，就是"对政治立场或社会立场进行定义的语义学斗争"。② 西方政治思想史的常识告诉我们，在近代欧洲，这场斗争最初是在知识精英群体展开的，尔后才在一系列复杂因素的驱动下造成了社会各阶层的大规模卷入。于是就有两个依次递进的研究环节。一方面，一种旨在对抗或颠覆旧秩序的政治立场，在获胜之前首先要从理论予以阐明，因此，考察概念的"民主化"，必须从分析思想史上的经典作品入手；另一方面，为了使新的政治立场得到广泛理解和支持，还要对包裹在复杂理论系统中的核心观点进行直白的表达和通俗的宣传，所以，分析报纸、杂志、小册子等"低端"资料，也就成了评估概念"民主化"程度的重要步骤。

从狭义上说，概念的"政治化"指的是相互竞争的阶级、阶层和社会集团在论战中实施的语言操纵，但就行动逻辑而言，无论满天飞的"口号"还是随意扣的"帽子"，都不过是基于"敌友划分"的"语义学斗争"罢了。考虑到科塞勒克对政治的本质持有一种施密特式的理解，或可

---

① 转引自里克特《政治和社会概念史研究》，第 134 页。

② Reinhart Koselleck, *Futures past*: *on the semantics of historical time*, Columbia University Press, 2004, p. 80.

认定，"政治化"构成了其全部概念史研究假设的中枢。在讨论概念的"时间化"时，科塞勒克曾举过一个"共和"（Republic）的例子。按他的说法，长久以来，亚里士多德关于君主制、贵族制、共和制的理想型与衰变型的政体分类，一直足以处理政治经验，然而到了"鞍型期"，这种弹性的政体分类却被"要么专制要么共和"的必然选择打破了。在这样的选择格式中，"共和"意味着同过去的"专制"决裂，从而获得了与未来绑定的专一属性。① 毫无疑问，像解构等级秩序的概念的"民主化"一样，表达理想期待的概念的"时间化"，也只有透过语义学斗争的"政治化"情境才能准确把握。

依照逻辑规则，任何单一的概念都不能封闭地界定自身，否则就会陷入同义反复。所以，科塞勒克特别强调概念的"关系结构"的重要性。基于这种思路，考察某个特定概念，需要对与之关联、类同、对立的其他概念一并予以分析。② 例如，在科塞勒克的解释框架中，"革命、叛乱、暴动、内战"就构成了一个具有连带关系的概念群。按中立性的历史记述，一个政治共同体内部的暴力冲突称为"内战"，可是，如果再导入价值评判，说法就大不一样了。在传统时代，"叛乱""暴动"等术语多用来指控那些被统治者发起的破坏和平、危害君主、颠覆正统秩序的非法暴力行为；而"鞍型期"则绽出了一个全新的历史哲学视野，据此，本义为"循环"的"革命"（Revolution）一词被赋予通达未来的进步主义意涵，它所指称的政治行动，因追求"共和""民主""自由"之类的理想目标而被解释成了反抗"专制""独裁""暴政"的正义之举。③ 从这个例子引申开去，岂不可以说，基本政治概念在"关系结构"中的相互界定，就像是合法性争夺在语言维度呈现出来的合纵连横？

科塞勒克的一个核心观点是，"鞍型期"的概念剧变不仅是折射政

---

① Reinhart Koselleck, "Introduction and Prefaces to the Geschichtliche Grundbegriffe," trans. by Michaela Richter, Contributions to the History of Concepts, Vol. 6, No. 1 (Summer, 2011), pp. 11 – 12.

② 相关评论参见鲍德克《概念·意义·话语：重新思考"概念史"》，伊安·汉普歇尔－蒙克《比较视野中的概念史》，第 79 ~ 80 页。

③ "革命（Revolution）"、"叛乱（Rebellion）"、"暴动（Aufruhr）"和"内战（Bürgerkrieg）"是科塞勒克撰写的德国概念史辞典条目。

治－社会剧变的"表征"，而且是驱动政治－社会剧变的"因素"。① 在发生机制上，概念剧变之能够牵引政治－社会剧变，是因为它所表达的未来期待，可以规范人们的现实感知，强化人们特定的情感体验和价值诉求。在社会大变革时期，这种情感体验和价值诉求往往被置于一个"敌友划分"的行动框架，因此，作为思想编码的概念，也总是为了打击谁、反抗谁或者团结谁、联合谁而被定义和使用的。有学者指出："语言被重复一次，思想就复活一次。"② 在启蒙思想家那里，挑战旧秩序的语义学斗争采取了思辨的理论形式；随着法国大革命的爆发，复杂的义理之辩就在政治动员中转化为俗白的标语和口号，其仪式化和高频率的宣教、复述与呼喊，犹如集体洗脑术，将一种全新的概念图式灌输给了普罗大众。

按科塞勒克的说法，当概念的抽象程度越来越高，以致作为聚合了多重含义的价值信条而在政治论战中得到广泛使用的时候，便是所谓的"意识形态化"。在语言形式上，"意识形态化"的一个重要表征，是若干关键概念从多样性向单一性过渡，出现了"集合单数"的构词。③ 科塞勒克举的是"历史"（History）的例子，其他例子还有很多。譬如，在旧欧洲的制度框架中，"自由"一词通常被用来指称不同等级各自享有的法定特权，因而呈现为复数形式（liberties）。但是，到了"鞍型期"，复数形式的"自由"则逐步浓缩进集合单数的"自由"（liberty），其含义也在"免于无理支配"或"不受无理干涉"的抽象水平上得到理解，从而实现了对具体的日常经验的超越。以此类推，我们熟知的"共和"、"民主"、"宪制"以及"人民"、"民族"、"国家"等，也都是集合单数的政治概念。从长时段的结构视角来看，概念之为集合单数，意味着丰富而多元的意义在历史变迁中嵌入了形式上高度简单的语言符号；反过来，这类语言符号的社

---

① Reinhart Koselleck, *Futures past : on the semantics of historical time*, Columbia University Press, 2004, p. 251.

② 鲍德克：《概念·意义·话语：重新思考"概念史"》，伊安·汉普歇尔－蒙克《比较视野中的概念史》，第82页。

③ Reinhart Koselleck, "Introduction and Prefaces to the Geschichtliche Grundbegriffe," trans. by Michaela Richter, Contributions to *the History of Concepts*, Vol. 6, No. 1 (Summer, 2011), p. 13.

会化使用一旦定式，又会作为前置性条件，对人们的话语实践产生框架性作用。只要揣摩一下我们耳熟能详的一些政治修辞——"历史"和"人民"的必然选择，"民族"和"国家"的利益至高无上——就不难体会，基本概念如何在长时段的结构变迁中获得了超然的生命，借黑格尔的话来说，它们仿佛变成"自在自为"的了。

不少学者注意到，科塞勒克的一些重要论断，譬如，一个概念也许是"明晰"的，但一定充斥着"歧义性"；又譬如，"语词"的含义可以确切地"界定"，而"概念"的意义则只能被"诠释"，从纯语言学的角度来看，会让人大惑不解。[①] 但是，如果引入一个政治学视角，问题就容易澄清了。以"民主"（Democracy）概念为例。经由"鞍型期"的变革，"民主"已成为流行于当今世界的一个大词，不用说政治精英和知识精英，就是普通公众也对它十分熟悉。然而，浓缩进这个语言符号的丰富政治意涵可以通过一个完备的定义而道尽吗？谁也不敢妄言。唯一可确定的是，随着"民主正当性"完成对"王朝正当性"的终极置换，在现代政治话语中，强势的"民主"已使那些与之抵牾的政制形式变得"不合法"。[②] 由此建构了现代意义的政治正确和政治禁忌。于是，一方面，要想占据道德制高点，就必须高举"民主"旗帜；另一方面，不同的阶级、阶层和社会集团又会根据自己的立场和需要对"民主"给出差异化或歧义性的理解。在这种情势下，概念的"意识形态化"就表现为争夺"民主"的正宗定义权和代言权，进而给论战对手贴上"反民主"或"非民主"的标签。这当然也意味着，"民主"概念的诠释不仅是学理性的，而且是政治性的。科塞勒克在回应学术界相关批评的时候，曾对"概念史"与"话语史"的关系作深入反思，下面这段话颇能体现其理论认识的新高度：

> 尽管基本概念总是在话语中铺陈的，但它们是话语的核心，所有的论证都围绕它们展开。职是之故，我不相信"概念史"与"话语

---

① 参见舒尔茨《语境中的概念史：重建一门研究性学科》，鲍德克《概念·意义·话语：重新思考"概念史"》，伊安·汉普歇尔－蒙克《比较视野中的概念史》，第136～137、78～79页。

② 参见施密特《合法性与正当性》，冯克利等译，上海人民出版社，2015，第36～37页。

史"可以被看作是对立的和不相容的。"概念史"与"话语史"必定相互依赖。为了表达所谈论的东西，一种话语需要基本概念；而关于概念的一种分析，也需要语言的和非语言的背景，包括那些由话语提供的背景。只有掌握了这种背景知识，分析者才能辨识一个概念的多重意义，厘清其内容和重要地位，进而判定一个概念在多大程度上是竞争性的。[①]

结　语

（一）关于概念史进路在现代性研究中的独特地位

任何学术创新都必须建立在知识累进的基础之上，这是一个常识。撇开启蒙思想家的早期探索不谈，自 1848 年欧洲革命以后，如何解释现代性的生成机理也引起学院派知识分子的浓厚兴趣，并逐步发展为一个关涉众多学科的宏大论题。至 20 世纪上半叶，"传统－现代"或"前现代－现代"的二元对分模式已高度定型，在这类框架下，各路学者从不同的学科领域分析和研判现代性的发展趋向，得出了某些具有一般意义的结论，例如经济上的市场化、社会上的城市化、政治上的民主化、文化上的世俗化、组织上的科层化以及观念上的理性化等。但问题是，随着韦伯等古典社会学大师将现代性研究推向一个高峰，后续的学术创新何以可能？国内有学者评论说："提倡概念史的一切尝试，都旨在为失去后劲的文化研究寻找出路。"[②] 笔者深以为然。

以科塞勒克为代表的德国概念史家，从语言视角切入现代性论域，聚焦"鞍型期"的社会剧变与概念剧变，同时向前后两端延伸，通过精细的知识考古，一方面揭示前现代与现代之间的结构差异，另一方面解析从前现代到现代的结构转型，这在 20 世纪后期的西方学界，称得上是现代性研

---

① Reinhart Koselleck, "A Responseto comments on the Geschichtliche Grundbegriffe," in Hartmut Lehmann and Melvin Richter, eds., *The Meaning of Historical Terms and Concepts: New Studies on Begriffsgeschichte*, Washington: German Historical Institute, 1996, p. 65.

② 方维规：《"鞍型期"与概念史——兼论东亚转型期概念研究》，《东亚观念史集刊》2011 年第 12 期。

究的一个重大推进。在知识学意义上，概念史辞典的皇皇巨制所蕴含的语言变化信息已惊人地丰富，特别需要指出的是，科塞勒克还为跨学科的团队协作拟定了一套包括核心观点、基本假设、材料选取等在内的框架性研究纲领。以今天的眼光来看，这套纲领既对概念史本身的跨语境拓展提供了方法论指导，也对其他学科，譬如政治学学科的相关问题讨论提供了有益的参考和借鉴。

（二）关于"四化"假设的适用性边界

在德国概念史辞典的三位主编中间，科塞勒克对政治概念感兴趣，也以分析政治概念见长。严格说来，当科塞勒克将目光投向 1750 年至 1850 年这一欧洲历史上的广义"革命时代"，并借助"四化"假设去分析这个时代的概念剧变的时候，他所出具的不仅是一个现代性研究的语言方案，而且是一个政治现代性研究的语言方案。"时间化"强调未来期待对当下行动的引领作用，"民主化"突出平权时代的大众地位，"政治化"隐指话语竞争中的敌友区分，"意识形态化"喻示基于政治正确的道德制高点争夺，凡此种种，岂不就是语言之维的政治现代性特征吗？可以认为，科塞勒克不仅是一位实证功夫深厚的史学家，而且是一位擅长深度理论思考的历史哲学家和政治哲学家。

准确把握科塞勒克的思想逻辑，应对"四化"假设的适用边界作必要的限定。主要表现在两个方面。其一，在研究对象上，"四化"假设只适用于那些最基本的政治－社会概念，而不能随意推及其他。学院式的专业术语和日常性的生活术语当然值得研究，但这类研究应基于不同的假设，如果需要以假设为理论支撑的话。其二，在时空范围上，"四化"假设主要反映"鞍型期"的语义变化走势，至于在前现代和后现代能不能适用，还须做审慎考量。戈伊伦（Christian Geulen）把 20 世纪看作另一个"过渡期"，并用"科学化""大众化""地域化""流动化"来概括这个时期的语义变化特征，就反映了德国概念史研究的新进展。[①] 同样的道理，倘若

---

① 相关介绍参见方维规《概念史八论——一门显学的理论与实践及其争议与影响》，《东亚观念史集刊》2013 年第 4 期。

把概念史方法应用于中国语境，也得根据本土现代性社会变迁和概念演化的特殊情况，对科塞勒克的假设做必要的修正或补充。但无论如何，我们都不能忽略科塞勒克在概念史研究中所做的理论思考及其达到的历史哲学和政治哲学高度。

（三）关于政治现代性问题的中立解释和规范讨论

扼要而论，政治现代性有两个相反相成的取向：一是社会结构的分化，即"个人"从前现代的共同体形式和封建等级秩序的束缚下获得解放，变成自由、平等的权利持有者；二是政治秩序的整合，即"国家"从教会、封建诸侯以及自治城市等众多社会控制装置中脱颖而出，成为排他性地垄断合法暴力的主权独享者。前一个取向联系着民主共和政体的创制，后一个取向联系着统一民族国家的建构。在 20 世纪的德语学界，施密特的《宪法学说》是从这两个角度解析政治现代性生成和运作机理的一部经典作品。鉴于科塞勒克深受施密特"政治决断论"和"敌友划分说"的影响，而且，其为概念史辞典独自撰写或主持撰写的条目，也围绕民主共和政体的创制与统一民族国家的建构这两个基本面在语言之维的历史呈现而展开，他所规划的概念史研究，给人的感觉仿佛就是要将《宪法学说》置于一个更加厚实的知识学基础之上，或者说，为《宪法学说》提供一个历史语义学版本。

但是，一套经由复杂理论思考建构起来的研究纲领，很难为跨学科团队的每一个成员都深切领会和娴熟运用。有学者指出，德国概念史辞典的诸条目，篇幅长短不一，存在严重的不平衡性，而这种不平衡性所折射的深层问题，乃是一些撰稿者未能充分理解和贯彻科塞勒克为概念史研究确立的理想化标准。[①] 还有学者认为，基于字母先后顺序的概念排列方式，虽合乎辞典编纂的体例，但使概念之间的历史的和逻辑的联系被遮盖，因而，如何按相关主题对"鞍型期"的语义变化进行重构，就成为一项值得认真对待的拓展性研究工作。[②]

---

① 冯凯：《概念史：德国的传统》，张凤阳、孙江主编《亚洲概念史研究》第 3 辑，第 255 页。

② 里克特：《政治和社会概念史研究》，第 75 页。

最后需要指出的是，德国概念史研究的知识学优点，反过来看也衬托了其方法论的固有局限。它将自己的任务限定为考察过去各个时代的"自我认知"，特别是"鞍型期"的政治－社会语言变化，所以就格外推崇中立性的描述和解释，而把规范意义的"应然"问题搁置起来了。例如，概念史不问"统治"的本质是什么，只问历史上的不同群体是如何看待"统治"的。① 顺着这个理路，也可以推论说，概念史不问"民主"的本质是什么，只问历史上和现实中的不同群体是如何看待"民主"的。但是，按照萨托利式的政治哲学思考，正因为历史上和现实中的不同群体对"民主"给出了不同的甚或迥异的理解，追问理想型的"民主"究竟应该是什么才有思想和行动意义。就此而言，不管德国概念史研究具有多高的知识学价值，都不好用它来替代规范性的政治哲学讨论，何况科塞勒克受施密特的影响太深，其中立性的叙事背后还隐含着某种需要予以批判反思的保守立场。时至今日，围绕良好国家治理和全球治理的价值根基进行规范性的探讨与对话，依然十分必要，借用德国概念史的经典说法，人类总得对未来的美好生活保持一种开放性的"期待视域"。

---

① 鲍德兑：《概念·意义·话语：重新思考"概念史"》，伊安·汉普歇尔－蒙克《比较视野中的概念史》，第 93～94 页。

"坏的主观性"与历史阐释

◎ 吴晓明[*]

张江教授的论文，提出了当前关于历史哲学的一个非常重要的论题，这个论题是以历史阐释为核心的——它最关本质地牵涉到历史阐释的主观性和客观性的问题。我高度赞赏张江教授以极为明确和尖锐的方式将此一问题公开出来，并对问题的关键做出了积极的学理应答。我想就此议题谈一些自己的体会和认识，并在观点上做一些发挥，以就教于各位学者和同仁。

在我看来，所谓"人人都是自己的历史学家"，无非意味着对历史作单纯主观的阐释，并且意味着这种主观阐释的极致；它在哲学上是以"坏的主观性"为依据的。"坏的主观性"是黑格尔的一个术语，它意味着客观性或实体性的消逝隐遁，意味着主观性的无限制发展（主观性的发展成为一种"坏的无限性"），并且也意味着用主观性的集合或平均数来代替、来冒充客观性——因此，一句话，它意味着主观主义的极致。在今天，历史阐释中出现这种以"坏的主观性"来定向的历史观点，并不奇怪，因为现代性本身的发展已进入终结阶段。在这个阶段上，现代文明即资本主义文明继承和发展起来的客观的和实体性的东西正在解体，而依然还在活动和起作用的便只剩下单纯的主观性了。所以"坏的主观性"也就在各个领域中表现出来。前一时期我们在上海曾讨论过两个颇为新鲜的题目，一个叫"民粹主义"，另一个叫"后真相时代"。并不需要太聪明就能看出，所

---

 * 吴晓明，复旦大学哲学学院教授。

谓"民粹主义"或"后真相"在哲学上也无非以"坏的主观性"为依归，是这种主观性发展到极致的必然结果。因此，如果说民粹主义是"坏的主观性"在现代政治领域中的最终表现，那么，所谓"后真相"就无非是"坏的主观性"在现代认知领域中的最终表现。在这种时代状况下，出现"人人都是自己的历史学家"，亦即把历史阐释完全建立在"坏的主观性"之上，也就不足为怪了。

主观性或主观自由在西方的轴心时代便已萌芽，它尤其通过1500年的基督教教化而得到发展，并在现代得以全面确立和充分扩张。可以说，现代的主观性或主观自由不仅开辟出新的历史纪元，而且创造出极为丰硕的文明成果。然而，贯穿于现代文明之整个进程的主观性原则，并非从一开始就立足于"坏的主观性"之上；虽说古典时代的某些理论构造（例如契约论）似乎以"坏的主观性"为基础，但就哲学思想的总体（它反映社会生活的总体）而言，主观性从而主观主义尚未无限制地激进化，它依然使自身保持在与真理——客观的和实体性的东西——的张力和统一之中。我们首先可以从笛卡尔的哲学那里看到这一点。他在特定的地方终止怀疑，以便使思维——主观性或主体性——能够成为哲学之全部的出发点和立足点。但是，为了使作为实体的"思维"能够和同样作为实体的"广延"彼此沟通和协调，他设立了第三个实体，也就是上帝。就此而言，斯宾诺莎可以说是完成了的笛卡尔主义。而从莱布尼茨一直到黑格尔，哲学在总体上保持了这样的格局和情形。在这些哲学家看来，主观性的发育对现代文明来讲固然非常重要，但基督教的实体性教义则同样重要，因为主观性的集合并不就是实体性的东西，倒是真正实体性的东西即真理应当反过来规定并限制主观性。这样一种哲学的格局大体上贯穿了所谓现代文明的整个古典时代。

值得注意的是，在第一次世界大战时出现了一个决定性的历史转折。伽达默尔在讨论20世纪哲学基础的时候认为，20世纪的真正开端是1914年，也就是第一次世界大战。因为在那个时候，出现了一种真正划时代的意识。这意味着什么呢？意味着原先在整个现代文明中起支撑作用的实体性的东西，如宗教、道德和客观性规范开始全面地失效和瓦解了。我们知道，虽然这些东西在较早的时代也遭遇到批判，但是，在人们的一般意识中它们依然保持其为实体性的东西，依然具有客观的效准。然而，第一次世界大战使得理性的国家、理性的社会、永久和平的理性设计，以及种种关于"公理战胜强权"的神话全部破产了。如伽达默尔所说，在以往，"资产阶级时代把对技术进步的信仰同对有保证的自由、至善至美的文明的满怀信心的期待统一起来，但这个时代已经终结"。正是在这种情况下，"坏的主观性"才无限制地发展起来。

能够表明这个重大转折的最突出的例子就是尼采。在第一次世界大战之前，尼采几乎完全不被人们所理解，甚至很少有人知道尼采。尼采的思想理论，往往只是在大学的某个文学系来讲。大多数人认为他是疯子，按照海德格尔的说法，"他确实疯了"。第一次世界大战之后，人们突然重新发现了尼采，他先前所说的"胡言乱语"一下子被人们理解了，其中最核心的命题就是"上帝死了"。海德格尔专门写了一篇文章来讨论这个话题，内容大致包括，为什么上帝死了，什么使上帝死了，上帝死了究竟意味着什么。按照海德格尔的深刻洞见，"上帝死了"意味着西方形而上学历史的一个决定性的命运转折，亦即意味着"超感性世界"的腐烂和坍塌，意味着超感性世界不再具有约束力了——它是表示自柏拉图以来的形而上学终结了，特别是现代形而上学终结了，因而它是表示："欧洲虚无主义的降临。"如果"超感性世界"以及其中的全部普遍的东西、实体性的东西全都腐烂了、瓦解了、坍塌了，因而并不再具有约束力了，那么在这种情况下能够存留下来并且无度地发挥出来的就只能是"坏的主观性"了。

我们先前在上海讨论"民粹主义"和"后真相时代"，遇到了"坏的主观性"的历史表现；今天在张江教授《评"人人都是他自己的历史学家"——兼论相对主义的历史阐释》①的文章中，同样遇见了历史阐释中依循"坏的主观性"而来的理论表现。我完全同意张江教授的观点，"人人都是他自己的历史学家"，如果不是相对主义的极致，不是主观主义的极致，又是什么呢？当实体性、普遍性的东西全面瓦解之际，就只剩下主观性还具有实际的效准，并且演变为吞噬一切的"坏的主观性"。不仅如

---

① 张江：《评"人人都是他自己的历史学家"——兼论相对主义的历史阐释》，《历史研究》2017 年第 1 期。

此，"坏的主观性"还制造出一种意识形态幻觉，亦即用主观性的集合或平均数来取代或冒充实体性的东西或普遍的东西。但是，这样一种取代和冒充即便我们依靠常识也能识别其谬误。例如，我们有100万种主观意见，但是100万种意见的集合不会是真理。我们可以把它进一步扩大到1000万种或者1亿种主观意见，但是1亿种主观意见集合起来仍然不是真理——这是两种完全不同的东西。今天我们讨论"历史阐释的真理之源"问题，这个题目涉及真理；而真理作为实体性的东西，原先就被保持在超感性的世界中。

如果实体性的东西腐烂了、坍塌了和不再具有约束力了，那么，现代性的终结阶段就意味着进入"坏的主观性"的时代。我觉得像这样一种境况的出现并不是什么意料之外的东西，历史哲学中的相对主义、主观主义或者各式各样的主观任意解释都会在这一阶段上出现，没什么值得惊奇。但这并不意味着这样的历史阐释不应当受到批判，也不意味着我们可以通过复辟形而上学来开展出这样的批判。真正说来，就像马克思的学说可以开辟出对"坏的主观性"的理论批判一样，一种新文明类型的可能性将成为对它的实践批判。我在不久前的论文中曾提出下述观点：当代中国的快速发展已然抵达现代性的历史限度，因此，中华民族的伟大复兴不仅在于成为一个现代化的强国，而且在于同时开启一种新文明类型的可能性。

张江教授对相对主义——其实质是主观主义——的历史阐释提出了坚决的反对意见，我认为其观点是正确的，而此种观点的基础则植根于当代世界的历史性境况，可能要求着和提示着某种实体性、真理性、本质性的东西在历史叙述中再度出现。特别值得提一下，张江教授今天讲到，在相对主义的历史阐释中包含各种各样的矛盾和对立，例如，历史阐释是不是理性行为、理性和精神是什么关系，理性的目标是否真确，等等。事实上，黑格尔当年已经对这些问题有所讨论，并指出：当我们陷入"坏的主观性"之中去的时候，它一定是自相矛盾的，并且将自行解体。关于这种主观性的批判性见识，黑格尔在《法哲学原理》中有很多讨论，他主要批评的就是社会契约论。社会契约论以原子式的个人作为前提，以原子式个人之间建立契约关系来确定国家的实体性，但是，黑格尔完全正确地指出，契约关系是以主观意志及其任性为前提的，因而国家的实体性，不是根据人的主观任意来建立契约的方式所能达到的。虽说马克思以完全不同的立场和方式来批判社会契约论，但在马克思看来，社会历史中的普遍者同样是不以人的主观意志为转移的。

黑格尔在历史哲学的讨论中回忆过希腊世界的衰亡，他认为，正是"主观自由"的兴起，最终导致了古代希腊的解体。当然，那个时候的情景和今天的情景不一样。那时主观自由的兴起意味着，在希腊特别是在雅典的伦理传统中出现了矛盾，所以苏格拉底被判死刑——作为一个悲剧——是理所当然的。因为苏格拉底说出了已经在希腊伦理解体中出现的主观自由，而雅典的人民为了捍卫其传统中的伦理实体性，必须判处苏格拉底死刑。在主观性的极致上，张江教授上午讲到了种种矛盾，如理性与非理性、确定性与不确定性等，都是要害。这样的问题在主观性的极致中一定是自相矛盾的，并且将趋于自行瓦解。例如，"怀疑一切"就是一种单纯主观的方式，而"怀疑一切"的矛盾之处在于："怀疑一切"的原理本身不能被怀疑。

概括起来说，我对张江教授的基本立场，包括由之而来的许多观点，都表示赞成，可以提出的是两点补充和修改意见。

第一，张江教授特别诉诸"常识"。作为一个批判性的口号，我认为是可以的，因为它经常能够非常迅速地跟相对主义或者主观主义的历史阐述形成对抗。张江教授今天上午的报告表现了这一点。但是，我认为，仅仅诉诸"常识"是不够的，还不足以真正克服相对主义和主观主义的历史阐释。例如，张江教授提到的某些问题，包括康德主义和新康德主义的问题。对于这些问题，仅仅诉诸"常识"肯定不够，因为主观主义者同样能够举出相反的例子来和你的"常识"对抗。而且，今天构成我们知识界的"常识"东西，实际上是现代性，是现代性的意识形态，一般来讲就是如此。张江教授将"诉诸常识"作为口号，可以迅速地构成一种对立，而且能够相当机智地反驳相对主义和主观主义，我认为这是可取的。但是，如果仅仅执着于"常识"，则不一定有效，像克里姆特、克罗齐、比尔盖等人的历史哲学都有其系统，对于他们的观点并不是诉诸"常识"就能克服得了的。为了真正超越主观主义的历史阐释，不仅需要理论，而且需要具有原则高度的理论——我们在黑格尔和马克思的学说中能够体会到这样的原则高度。

　　第二，关于"历史事实"。张江教授赋予"事实"以最根本的意义并将之作为最坚实的根据，我认为这是不充分的。换句话说，我们不可能仅仅根据历史的事实来瓦解相对主义和主观主义，最多只能构成与其观点或论据的某种对立。单纯事实（即单纯实存）的观点包含着一种实证主义的趋向，其本身也是自相矛盾的。一个很明显的例证是：归纳主义以为，通过对单纯事实的归纳可以达到普遍的原理；但已经证明，无论这样的事实有多少，都不可能从中引申出并建立起普遍的和实体性的东西。这个问题可以参考科学哲学关于归纳主义的讨论，并且考虑归纳主义向证伪主义的重要转折。

　　我的立场是：不是"事实"的观点，而是"现实"的观点才是历史之客观阐释的真正立足点，因为正是"现实"构成对"事实"或者经验事实的根本规定，并使之作为本质的和必然的东西在历史阐释中被确定下来。在我们的想象当中，"事实"似乎是一个最坚实和稳固的东西，但实际上并不是这样。举个很简单的例子，伽利略为了反驳亚里士多德的自由落体理论，到比萨斜塔上扔下轻重不同的铅块。把这个事实记录下来，并且根据事实得出自由落体的新公式。但是，在记载事实的时候，人们只是记录了比萨斜塔的高度，铅块的重量以及铅块落地所需要的时间等事实，并得出自由落体的公式。但是，作为事实，人们为什么没去记录伽利略那天是否戴帽子以及穿多大尺码鞋子，天上有没有白云飘过或小鸟飞过等，这些也是事实呀。也许是因为我们觉得这些事实跟铅块自由下落无关，那么，是什么告诉你这些事实是无关的呢？是某种理论。由此可见，即使在事实的选取方面已经有理论在起作用，但事实的构成并不像我们想象的那么简单。

　　不仅如此，历史事实绝之物理事实尤为复杂。举一个有趣的例子：有一个调查组找某哲学学者调查某个事情，调查员要求学者只讲事实。那位学者便开始讲关于"事实"的多种多样的理论。调查员提醒他，别说关于事实的理论，告诉我那天的事实。那位学者反问调查员，那天的事实还在吗？调查员想想，这事情确实有点奇怪。那位学者说，事实已经过去了，不存在了，比较严格地说，"不在场"了；现在还有的东西叫"记忆"。而当调查员要求讲"记忆"时，学者回答说，非常不好意思，我记忆力不好，忘了。由此可见，历史事实绝不是那么简单的事情。事实是单纯的实存，是通过知觉直接给予我们的东西，这样的东西不足以为理论提供强大的基础，以至于能够摧毁相对主义和主观主义的历史阐述。我认为真正的基础包含在"现实"的概念中。

丰子义教授提到了黑格尔的"现实"概念。"现实"是本质和实存的统一，是展开过程中的必然性。因此，在黑格尔的《逻辑学》中，"现实"概念不是出现在"有论"中，而是出现在"本质论"中。单纯的事实并不能够形成坚实的历史阐述的基础。虽然它们可以吻合抽象经验论的说法，但是它的理论价值却极为有限。例如，一个伟大人物的传记应该怎么写？如果从"事实"的层面来衡量，知道事实最多的往往是他的仆人。那么，像恺撒、拿破仑等伟大人物的传记，能否指望他们的仆人来写呢，恐怕不行。黑格尔引用了歌德的说法，"仆人眼中无英雄"；但他又补充了一句："那不是因为英雄不是英雄，而是因为仆人毕竟是仆人。"因而，关于历史的客观性或真实性问题的根本，与其说在于"事实"，毋宁说在于：这样的事实在多大程度上能够通达"现实"。这提醒我们，有些历史叙述完全可以用全部历史细节的真实性（事实）来伪造历史。用历史细节的真实性来伪造历史，实际上就是用各种事实把本质的东西和必然的东西掩盖起来。这提示我们，单纯事实的观点还不能够真正克服今天在历史阐释中出现的主观主义和相对主义，在历史的客观阐释中，我们依然需要"现实的立场"，需要在此立场上的完备的历史理论。

量子诠释学论纲

——兼论公共阐释

◎ 吴国林　叶汉钧*

引　言

诠释学的希腊文 Hermeneutike、拉丁文 hermeneutica、德文 Hermeneu-tik、英文 hermenentics，它们来源于赫尔默斯（Hermes）。在希腊神话中，赫尔默斯是一位信使，他来往于诸神与凡人之间，给人翻译和解释诸神的消息和指示。诠释学的基本意思是：关于传达、翻译、解释和阐释的学问或技艺。hermenentics 一词有多种翻译。洪汉鼎认为，hermenentics 译为诠释学，更符合学理一些。从语言学来看，interpretation（解释）更接近 her-meneuein 的翻译。① 将 hermenentics 译为解释学也是适当的。中国港台地区用"诠释学"翻译。洪汉鼎说，按照德文学家的观点，interpretation 至少有两个涵义：用德文表示为 Erklräung 和 Auslrgung。Erklräung 侧重于从原则或整体上进行说明性、描述性的解释；Auslrgung 偏重于从事物本身出发进行阐发性、揭示性的解释，我们可译为"阐释"。② 可见，interpretation 既有从原则或整体上进行的说明性的外在的解释的涵义，又有从事物自

---

* 吴国林，华南理工大学哲学与科技高等研究所、科学技术哲学研究中心教授。
　叶汉钧，华南理工大学马克思主义学院博士生。

① 在量子力学中，interpretation 原来多译为"解释"，即量子力学解释。近年来，多译为"诠释"，即有后面将要讨论的量子力学诠释，这也是本文将 hermenentics 译为"诠释学"的一个重要理由。

② 洪汉鼎：《当代西方哲学两大思潮》下，商务印书馆，2010，第 441 页。

身内在阐发性的内在解释的涵义。简言之，既有外在解释，又有内在的、自身的解释。

从中文来看，"诠"，形声字。从言，全声。基本涵义为详细解释和阐明事理。而"全"，为完全、完备、完整、完美之意。"诠"字还有道理、事物的规律等涵义。笔者赞同将 hermenentics 译为"诠释学"，这就是说，诠释学不仅是对文本（对象）的理解和解释，还必须获得文本（对象）所揭示的道理和规律。

简言之，在笔者看来，诠释学就是对文本进行内在的、外在的说明、解释和理解的学问，还包括探索文本（对象）的内在规律。只有获得了文本（对象）的规律，我们才能更好地理解文本。

在中世纪，诠释学主要是《圣经》诠释学。近代科学革命以来，自然科学的实证性和有效性对人文学科提出了严重的挑战，人文科学是否具有自然科学那样的科学性和有效性呢？在德文中，精神科学是自然科学的对应词。为了给精神科学奠基，并与自然科学相区别，狄尔泰认为，自然科学与精神科学的方法的差别是说明（Erklärung）与理解（Verstehen）。"说明"是将观察和实验等个别事例纳入一般规律之中，采用因果解释方法。而"理解"是通过自身的内在的体验进入他人内在的生命，进入人类精神世界。即是说，精神科学是对世界的内在"理解"，不同于自然科学的因果说明。

自然科学能否用诠释学方法，是存在争论的。著名科学哲学家波普尔不同意狄尔泰把诠释学局限于人文学科领域。他认为，人对事物的认识就是一种解释或注释，也是可能出错的，而且观察渗透着理论。理解既是人文学科的目的，也是自然科学的目的。

经过海德格尔和伽达默尔的改造，诠释学不仅关注文本，更重要的是关注存在。诠释学不仅是方法论的，而且从根本上就是存在论的（ontological）。在海德格尔此在诠释学中，这里的理解不是与"说明"相并列的一种认识方式，也不是要进入他人内心的精神世界，理解本身已经成为此在"在世"的一种基本方式，从而成为狄尔泰式"理解"和"说明"之共同基础的东西。理解就是与事物打交道。理解的最本真的方式就是在事物自身的运作中让自身被揭示出来。换言之，理解事物就是理解者（此在）以自己的存在方式让事物显现出来。如对锤子的锤性的理解，就是在锤子的使用中显现出来。理解就是解释，也就是把理解中筹划的各种可能性整理出来。或者说，理解既面向过去与现在，还面向将来，显现将来事物的可能性有什么。让现在的存在拥有未来的意义，就是一种理解。海德格尔的存在论就是诠释学。在海德格尔看来，存在是一种发生、展现的状态，也就是将存在自身通报出来，将信息释放出来，只不过这里用的不是语言，这就是存在论意义上的解释。存在自身展现出来，相当于用一种"存在式的语言"把存在的情形显示出来。理解与解释活动本身就是"此在"结构的展开，即人存在的一种历史过程。人的理解与解释活动并非某种纯粹的智力活动，而是人的整个生存活动的一个部分。比如，人学习打羽毛球，就是一个从头到身体的理解，它是人的生存的一种状态。人的生存活动内在地规定着人的理解活动，而人的理解活动则是人的生存活动的历史性展开。

既然诠释是存在自身状态的显示，那么，自然科学的对象（如微观客体）的存在状态展示出来，就是一种诠释。正如从事量子力学现象学研究的美国著名学者希兰（P. A. Heelan）所言，诠释学已成为指向存在的"强诠释学（strong hermeneutics）"，而不是仅指向狭义文本的"弱诠释学（weak hermeneutics）"。后现象学创始人伊德（Don Ihde）认为："一方面，自然科学同样也与诠释学有密切关系，现在是解构'狄尔泰分界线'的时候了；另一方面，在自然科学中所发展起来的独特的诠释学技巧，对于人文和社会科学来说，也有深层含意。"[1] 一般来说，文字文本被认为是诠释学的标准文本，图像、雕塑等被视为"准文本"。但在伊德看来，由于技术的作用，自然科学中广泛应用的物质性诠释学在客观知识的制造，推动人类学、历史学、考古学等学科的发展优于文字诠释学。

目前，诠释学主要是对经典的、宏观的文本（事物）进行诠释。对于量子世界（量子文本）的诠释还不多，仅有国外几位学者在研究，而国内较少有学者进行此项研究，其中厦门大学曹志平对国外科学诠释学进行了较为全面的梳理，但对于量子世界的诠释学研究还没有展开。[2] 诠释学应

---

① 〔美〕唐·伊德：《让事物"说话"：后现象学与技术科学》，韩连庆译，北京大学出版社，2008，第97页。
② 曹志平等：《科学诠释学的现象学》，厦门大学出版社，2016。

当是具有普遍意义的方法，它既能对宏观的人文现象进行诠释，也能对自然现象（自然科学现象）进行诠释；它既要对经典现象进行诠释，也要对量子现象进行诠释，以让人们更好地理解和利用量子现象和量子世界。

事实上，量子力学是可以被诠释的（interpreted）。量子力学中有一个非常重要的量子力学诠释（interpretation）问题。量子力学的诠释，既是对量子世界的外在解释，又是对量子世界自身的内在解释，也包括因果解释。希兰认为，量子力学可以被诠释为在物理科学和社会科学之间的一座桥梁。他说，基于玻尔和海森堡精神，量子力学被诠释为物理对象。这些物理对象被揭示为定域的、社会的和历史的测量过程之内。量子力学测量的诠释学特点揭示出与诠释学的社会/历史科学的紧密的相似性。科学的诠释学分析要求从认识论态度转向本体论（ontological）态度。① 本文将在更宽的意义上对量子现象和量子世界进行诠释，这里包括对量子力学和量子信息理论的诠释，笔者称为"量子诠释学"。量子诠释的根本目的在于认识量子世界、改造量子世界，并使人与量子世界和谐共处。

张江教授面对走上一条极端相对主义和虚无主义道路的西方的哲学和本体论诠释学，提出了积极的公共阐释论。他说："公共阐释的内涵是：阐释者以普遍的历史前提为基点，以文本为意义对象，以公共理性生产有边界约束，且可公度的有效阐释。公共阐释具有以下六个特征：第一，公共阐释是理性阐释；第二，公共阐释是澄明性阐释；第三，公共阐释是公度性阐释；第四，公共阐释是建构性阐释；第五，公共阐释是超越性阐释；第六，公共阐释是反思性阐释。"② 笔者将研究量子诠释的基本特点与规律，进而审查西方的哲学与本体论的诠释学。本文的量子诠释研究将否证主流诠释学的非理性、非实证、非确定性等观点，支持公共阐释的基本观点。

一 诠释具有确定性

20 世纪中后期，随着后现代主义的兴起，一些人文理论，否定认识能

---

① P. A. Heelan, "Quantum Mechanics and the Social Sciences: After Hermeneutics," *Science and Education*, No. 4, 1995.

② 张江：《公共阐释论纲》，《学术研究》2017 年第 6 期。

够追求真理，否定对历史、文学等的确定性诠释，片面强调理解和诠释的无限开放与任意。在这些学者看来，这种观点有一个重要的自然科学依据，那就是量子力学中的海森堡不确定原理，这一原理可以为否定人类理性找到借口。美国后现代诗人奥尔森提出："作家或诗人需要采取一种创造性的立场，这就是物理学的立场，他们必须要对事物做出测量，然而他们只能获得近似值，或者测知事物的速度，或者测知事物的位置，二者不可同时兼得，这也正是海森堡的'测不准原理所阐明了的'。"①意大利符号学创始人之一安伯托·艾柯就提出："作品的开放性和能动性要求确立不确定性和非连续性这样的概念，这也正是量子物理学的一些概念，与此同时，这些现象又显出爱因斯坦物理学的某些情况所具有的启示性形象。"②

事实上，海森堡不确定原理真是这样吗？我们有必要进行一下文献考证。最早的不确定原理是由海森堡于 1927 年提出的。海森堡是用德文写出来的，他使用了 Ungenauigkeit（indeterminacy）一词，用来描述基本的理论原则，只是到了论文最后的尾注中才使用了 Unsicherheit（uncertainty）。③在海森堡 1930 年的德文著作 *Physikalische Prinzipien der Quantentheorie* 中，他使用了另外一个词 Unbestimmtheits。④ Unbestimmtheits 被英译为 uncertainty，于是，译文"uncertainty"开始被使用了，后来就变得流行起来。Unbestimmtheit 被英译为 uncertainty 是正确的，但是，中文将 Unbestimmtheit 译为"测不准"就是有问题的。海森堡的这部德文著作 *Physikalische Prinzipien der Quantentheorie*，英文译为 *The Physical Principles of the Quantum Theory*，⑤中文译为《量子论的物理原理》，⑥由王正行等翻译。

海森堡是通过经验对原有概念的改变来展开讨论的，即经验是形成概

---

① 转引自刘象愚《奥尔森的后现代主义诗论、诗作与量子力学》，《山东师范大学学报》（人文社会科学版）2002 年第 5 期。

② 〔意〕安伯托·艾柯：《开放的作品》，刘儒庭译，中信出版社，2015，第 21 页。

③ W. Heisenberg, "Über den anschaulichen Inhalt der quantentheoretischen Kinematik und Mechanik," *Zeitschrift für Physik*, 1927, Vol. 43（3 - 4）: pp. 172 - 198.

④ W. Heisenberg, *Physikalische Prinzipien der Quantentheorie*, Leipzig: Hirzel, 1930.

⑤ W. Heisenberg, *The Physical Principles of Quantum Theory*, translated into English by C. Eckart and F. C. Hoyt, Chicago: University of Chicago Press, 1930.

⑥ 〔德〕海森堡：《量子论的物理原理》，王正行等译，科学出版社，1983。

念的基础。他讨论了狭义相对论和广义相对论对时间和空间的限制。比如，他说："狭义相对论的特征就是按照实验对'标尺'和'时钟'等概念进行了批判。这个批判是从这样一点开始的，即在我们平常的概念中，始终隐含着这样一个假设：在原则上存在具有无限大传播速度的信号。但是后来经验证实，在自然界中并不存在任何比光速更快的速度，于是我们便把这个对速度的限制设想为一条自然定律。"可见，海森堡是从经验到概念的转变角度来讨论量子力学中的不确定性原理，以此表明，他提出的不确定原理是从经验到概念或理论的路向。他说："在原子物理学中却不允许我们做这种假定，因为原子过程的特征不是连续变化的，'观测者'与'客体'之间的相互作用会对被观测体系引起不可控制的大的变化。""类似地，我们可以把同时测量两个不同的物理量有一个精度下限，即所谓测不准关系（德文为 Unbestimmtheitsrelationen，英文为 uncertainty relations，下同）假设为一条自然定律，并以此作为量子论对经典概念进行批判的出发点。这个'测不准关系（德文为 Unbestimmtheitsrelationen，英文为 uncertainty relations）'告诉我们，要对原子过程作出一致描述，必须在多大程度上摆脱经典概念的限制。"① 因此，海森堡在这里已使用 Unbestimmtheits，表示不确定的、不一定的、不肯定的。英文使用"uncertainty"，而中文使用"测不准"的译法是有问题的。因为即使在仪器的测量中，两个物理量存在一个测量下限，这就一定是测量仪器的原因吗？在第二章第一节专门讨论"不确定关系"，其德文是 Unbestimmtheits relationen，英文是 uncertainty relations。在第二章的第二节、第三章的第一节，都含有德文 Unbestimmtheits relationen，英文是 uncertainty relations。可见，德文与英文都没有包含测不准的意思。

现在的问题是，不确定原理能否从更一般的原理推导出来，它的精确涵义是什么？它与测量有关吗？

20 世纪 20 年代，德国物理学家海森堡利用微观粒子的波动图像，从波包出发，根据光学规律和微观粒子所满足的基本规律，可以近似推导出不确定关系，$\Delta q \Delta p \gtrsim h$。这里 q 表示位置，p 表示动量。海森堡不直接使

① 〔德〕海森堡：《量子论的物理原理》，第 2 ~ 3 页。

用波动图像，借助于量子论的数学公式及其物理解释，推导出了更严格的不确定关系，$\overline{\Delta p^2 \Delta q^2} \geqslant \left(\dfrac{h}{4\pi}\right)^2$。[①]

通常的得到普遍证明的不确定关系，是 1929 年罗伯逊（Robertson）获得的不确定关系（下称罗伯逊不确定关系）：[②] $\Delta A \Delta B \geqslant \dfrac{1}{2} |<[A,B]>|$。换言之，任意态下的力学量 A 与 B 的均方差都满足这一不等式。在文中，罗伯逊将定义为 A 的"不确定"（uncertainty）。将上式应用于坐标 x 与动量 p_x，而 $[x, p_x] = i\eta$，[③] 就一定可以得到常见的坐标与动量之间具有的不确定关系：$\Delta x \Delta p_x \geqslant \eta/2$。[④] 通常的涵义是：坐标与位置的不确定的积不小于 $\eta/2$。或者说，不论微观粒子处在何种状态，它的坐标与动量不能同时具有确定值，它不能超过普朗克常数的限制。这里的坐标与动量的确定的数值的大小，与测量没有任何关系，而是量子世界的本性使然。

不确定关系有许多方法进行推导。1929 年的罗伯逊方法，已为大家所公认，并且为各种教科书所引用。对于不确定关系，为什么在数学的推导上没有"同时"的涵义，而在物理的表述上加上了"同时"的限制呢？算符 A 与 B 之间的罗伯逊不确定关系，仅仅是数学上的一个结论吗？从量子力学来看，能够表示一个物理观测量的算子，在数学上必须满足的条件是：线性，自伴性，在态矢量空间内作用，本征态组有完备性。从数学上看，确定一个算子的关键是确定它与其他算子的乘法对易规则。[⑤] 可见，坐标算子与动量算子满足海森堡对易关系。真正的物理学的新内容是海森堡对易关系 $[x, p_x] = i\eta$，为什么有这样的关系呢？

罗伯逊不确定关系给我们一个启示：如果 $[A，B] = 0$，[⑥] 即 A、B 是对易的，那么，A 与 B 就可以同时确定，就如同在经典物理中，坐标与动

---

① 〔德〕海森堡：《量子论的物理原理》，第 12、15 页。.

② H. P. Robertson, "The Uncertainty Principle", *Phys. Rev.*, Vol. 34, 1929, pp. 163 – 164.

③ 这里的普朗克常数 $n = h/2\pi$，h 也是另一个普朗克常数。

④ 这里 $\Delta \chi$ 表示 $\sqrt{<(\Delta \chi)^2>}$，Δp_χ 表示 $\sqrt{<(\Delta p_\chi)^2>}$。

⑤ 王正行：《为什么不确定原理是量子力学的基本原理》，《大学物理》1996 年第 1 期。

⑥ $[A, B] = AB - BA$ 在经典世界中，$3 \times 2 - 2 \times 3 = 0$，这表明经典世界是对易的世界。而在量子世界中，$[\chi, p_\chi] = \chi p_\chi - p_\chi \chi = i\eta \neq 0$，就是坐标与动量是不对易的，因而导致坐标与动量之间有不确定关系。

量是可以同时确定的。然而，因为 $[A,B] \neq 0$ ，A 、B 是不对易的，那么，A 与 B 就不可能同时确定。只要不同时，A 与 B 就都可以得到准确的确定或测定。正如海森堡明确指出：不确定关系"所讨论的，是在量子理论中同时测量几个不同量的精确度问题，这一关系对单独测量位置或速度的精确性并无限制"[①]。除了空间位置与其动量之间有不确定关系，能量 E 与其时间 t 之间也有这样的不确定关系，于是，不确定关系就上升为不确定原理，这是量子世界的一个基本原理，具有奠基性的重要意义。

现在的问题是，不确定原理是否意味着，知识具有不确定性？对知识的诠释是不确定的？笔者前述已经阐明，不确定原理对于大量微观粒子或单个粒子都是适用的。这就是说，我们获得了它的确定的位置，都不能同时获得其确定的动量，反之亦然。这是否意味着不能获得位置与动量的确定性知识呢？

下面我们需要考察一下不确定性原理的前提是什么？中国科技大学张永德教授指出："在这个广义不确定关系（包括 Heisenberg 不确定关系）的推导中，只用到了前三个公设，并未用到 Schrödinger（薛定谔）方程公设。"[②] 不确定原理所用的量子力学的前三个公设是：量子力学的第一公设——波函数公设，第二公设——算符公设，以及第三公设——测量公设，还没有用第四公设——微观体系动力学演化公设（或薛定谔方程公设）。

第一公设认为，量子力学中一个微观粒子的状态可以用一个波函数 $\psi(r,t)$ 来完全描述。该公设表明，微观粒子的状态是由波函数来表示的，而且它完全描述了微观粒子的状态。波函数是粒子坐标和时间的复函数，它的绝对值的平方表示微观粒子出现在时空中的概率密度。当我们说同时测量不对易的两个力学量（如坐标与动量）时，我们不能同时确定它们。但是，这并不是说，我们不能获得不对易的两个力学量（如坐标与动量）的确定的知识。事实上，我们可以通过波函数来完全描述微观粒子的状态。波函数本身也表明了一种关于微观粒子的知识的确定性，因为微观粒子的状态可以用波函数严格地表达出来，而且量子力学以来的实验都支持

---

① 〔德〕海森堡：《量子论的物理原理》，第 16 页。
② 张永德：《量子力学》，科学出版社，2002，第 30 页。

了波函数公设。在笔者看来，波函数不仅是描述微观粒子的复值函数，而且它本身具有物理的实在性。[①]

第四公设给出了微观粒子满足的根本方程，即波函数满足的薛定谔方程。在薛定谔方程中，描述微观粒子的波函数，粒子要么是在坐标空间中的分布函数，要么是在动量空间中的分布函数，而不可能坐标与动量同时出现在波函数的公布函数中。但是，波函数的坐标分布函数与动量分布函数是等价的，更严格来说，这两种表象是等价的。这就是说，人们既可以通过测量坐标来确定微观粒子所处的状态，也可以通过测量动量来确定微观粒子所处的状态。但是不能同时对坐标和动量这两个物理量进行测量。

退一步讲，不确定关系本身也给出了坐标与动量之间的关系，这样的知识又是确定的。下面笔者将要谈到新的海森堡不确定关系，通过利用量子纠缠，直接使两个不对易的力学量同时准确确定，而且还可以调整它们之间的确定程度。

事实上，爱因斯坦、波多尔斯基和罗森早在1935年的EPR论文中就提出：如果A、B两个微观粒子是纠缠的，可以同时准确测量粒子A的位置和粒子B的动量（这并不违反不确定原理），然而根据两个动量之间的量子纠缠，从粒子B的动量又可以推出粒子A的动量，于是，等价地讲，可以同时确定A粒子的位置和动量。爱因斯坦等人由此质疑量子力学的完备性。[②]

新近由贝塔（M. Berta）等人对不确定原理做出了开拓性研究，给出了定量描述，[③] 在观测者拥有被测粒子"量子信息"的情况下，被测粒子测量结果的不确定度，依赖于被测粒子与观测者所拥有的另一个粒子（存储有量子信息）的纠缠度的大小。原来经典的海森堡不确定原理将不再成立，当两个粒子处于最大纠缠态时，两个不对易的力学量可以同时被准确确定，由此得到基于熵的不确定原理，此理论被称为新的海森

---

① 吴国林：《波函数的实在性分析》，《哲学研究》2012年第7期。

② A. Einstein, B. Podolsky and N. Rosen, "Can Quantum – Mechanical Description of Physical Reality Be Considered Complete?" *Phys. Rev.*, Vol. 47, 1935, pp. 777 – 780.

③ M. Berta, M. Christandl, R. Colbeck, et al., "The Uncertainty Principle in the Presence of Quantum Memory," *Nat. Phys.*, Vol. 6, 2010, pp. 659 – 662.

堡不确定原理。[1] 熵的不确定原理最近首次在光学系统中验证。[2] 可见，原有的不确定原理与量子信息没有联系，而量子信息的引入，特别是量子纠缠的引入，就可以同时确定一个粒子的位置和动量。当两个粒子处于最大纠缠态时，被测粒子的两个力学量可以同时被准确确定。

　　旧的不确定原理告诉我们，量子世界是不确定的，不可对易的力学量不可能同时具有确定值。但是基于熵的不确定原理则表明，利用量子纠缠（技术）可以将不可对易的力学量同时准确确定。由于量子纠缠的纠缠度可以通过量子技术进行调节，即通过控制纠缠度的大小，人们还可以控制不可对易的力学量被确定的准确度。这说明，量子世界的不确定是相对的，而不是绝对的。[3]

　　对于微观粒子来说，当人们没有测量它，它以其自在方式运动着，完全可以用波函数来进行描述。而在经典物理学中，要完全确定经典物体的状态，需要坐标与动量（或广义坐标和广义动量）的同时描述，这是经典物理学所形成的观念。但到了量子世界，只需要用波函数就能够完全描述微观粒子的状态，不需要从坐标与动量同时对微观粒子进行描述。采用坐标与动量的描述方式是经典物理学的方法，在量子世界并不具有必然性。事实上，当我们用微观粒子来指称微观世界的个体（如光子、原子、中子等），实际上它并不是经典物理学意义上的粒子或波，因此不能够用经典的粒子或波概念去审视微观粒子。"微观粒子"就是一个习惯指称。在量子测量之前，我们只知道微观粒子能够用一个复数的波函数进行完全的描述，其他的信息我们并不知道。微观粒子经过测量仪器作用之后才变为经典的粒子或经典的波。

　　用波函数描述的量子世界是确定的，还是不确定的？由于波函数完全

---

[1]　具体表达式为：$H(R/B) + H(S/B) \geqslant log_2 \frac{1}{c} + H(A/B)$，其中 $H(R/B)$ 和 $H(S/B)$ 是条件冯·诺依曼熵，表示在 B 所存储的信息辅助下，分别测量两个力学量 R 和 S 所得到的结果的不确定度。$H(A/B)$ 是 A 与 B 之间的条件冯·诺依曼熵，c 是 R 和 S 的本征态的重叠量。显见，新的不确定关系比旧的不确定关系要复杂得多。

[2]　Li C. F., Xu J. S., Xu X. Y. et al., "Experimental Investigation of the Entanglement Assisted Entropic Uncertainty Principle," *Nat. Phys.*, Vol. 7, 2011, pp. 752 – 756.

[3]　吴国林：《量子技术哲学》，华南理工大学出版社，2016，第286页。

描述了量子世界的微观粒子，而且波函数的演化遵从薛定谔方程，它在微观世界的演化就是一个因果的决定论的演化，微观粒子的一切性质都可以通过波函数的演化来概率预见。因此，从波函数这一意义来讲，微观粒子是确定的，关于微观粒子或量子世界的知识也是确定的，而不是不确定的。

二 量子力学的诠释问题

科学理论并不能孤立存在，它必须植根在一个更广大的知识和信念体系中才能获得较为充分的支持和说明，从而变得更具有可理解性。因此，任何理论都需要补充性的说明，以使得理论本身变得更加可靠和可理解。在物理学中，只是到了量子力学这里，对理论本身的诠释问题才变得更为迫切。量子世界并不是人们所直接感知的世界，对它的理解只能借助于量子理论和量子实验的检验，即使这样，人们对量子世界的理解仍然存在着重大的差别，这就是量子力学的诠释问题。

量子力学诠释就是关于量子力学理论的一种说法或一种理论，或者说关于微观世界是怎么样的描述。量子力学诠释（interpretation）可被定义为：当量子力学为真，世界会是什么样的描述。[①] 量子力学诠释，不仅是对量子世界是什么样的理解，而且把量子世界的本来面貌展示出来了。由于量子世界的非直观感知性，人们认识量子世界并不能一次完成，因此，历史上出现了多种著名的量子力学诠释。比如，哥本哈根诠释、玻姆量子势诠释、退相干诠释、模态诠释、多世界诠释等，[②] 这些诠释仍然活跃在量子力学中，它们与不同学者的量子力学的研究相联系。目前有关量子力学的诠释还在增加，其中，笔者与合作者共同提出了双四维复时空的量子力学曲率诠释。[③]

量子力学的诠释，就是对量子世界的一种理解。各种不同的量子力学

---

① R. A. Healey, *The Philosophy of Quantum Mechanics*: *Interactive Interpretation*, Cambridge: Cambridge University Press, 1989, p. 5.

② 这五种量子力学诠释的基本内容，参见吴国林《量子技术哲学》，第 197~203 页。

③ 赵国求、李康、吴国林：《量子力学曲率诠释论纲》，《武汉理工大学学报》（社会科学版）2013 年第 1 期。该模型也受到美国波士顿大学哲学系曹天予教授的积极评价。

诠释是否具有同等重要性？理解有没有优劣之分？伽达默尔的诠释说认为："理解并不是更好理解……我们只消说，如果我们一般有所理解，那么我们总是以不同的方式在理解，这就够了。"① 这就是说，理解没有优越与不优越之分，我们所看到的只是不同的理解。伽达默尔的这一理解观是否适合于量子力学的诠释呢？我们知道，量子力学的诠释，也就是量子科学家对量子力学如何进行理解。事实上，量子科学家都在寻找一种更好的诠释，能克服原有诠释的不足，以增进对量子世界的理解。上述的哥本哈根诠释、玻姆量子势诠释、退相干诠释、模态诠释、多世界诠释等，都有不同的解释力。比如，多世界诠释虽然在人们的现实理解中有许多"奇异"之处，如多世界诠释认为，每一次量子测量，整个宇宙分裂为两个或更多个彼此独立的世界，但是，它的逻辑性却非常好。

面对这么多的量子力学诠释，能否原则上提出一些条件来选择一个更好的诠释。一个好的量子力学诠释应该是怎样的或满足什么条件？这类问题并未得到过专门或广泛的讨论。因为一个科学理论必须接受逻辑检验和经验检验这两个基本条件，已经成为物理学家和物理哲学家的研究共识。逻辑一致和符合经验作为量子力学诠释的基本条件和限制，的确让我们找到了具有一定诠释力的诠释版本。但是，对于量子力学诠释而言，仅逻辑和经验两个条件还不具有足够的辨识力。

"对选择问题而言，一个恰当的解决将有赖于这样一组条件，按照它们就可以从众多的诠释中选出来一个或两个站得住脚的版本，并且在可接受的意义上，这组条件对于各种不同版本的拥护者来说是元诠释的。"可见，量子力学诠释条件涉及的是元诠释问题（meta – interpretational question）。维马斯（Vermaas）认为，量子力学诠释的问题不仅是一个探究而且还是选择性的问题。② 也就是说，量子力学诠释包括寻找诠释和探究选择诠释的条件两个部分。

为此，我们应当把元诠释的研究视域适当扩大。事实上，技术对于微观世界的认识具有重要作用。微观系统（被测量的微观系统）与测量仪器

---

① 〔德〕伽达默尔：《真理与方法》（修订译本），洪汉鼎译，商务印书馆，2007，第403页。

② P. E. Vermaas, "Technology and the Conditions on Interpretation of Quantum Mechanics," *The British Journal for the Philosophy of Science*, Vol. 56, No. 4, 2005, p. 636.

发生相互作用，这时仪器是对微观系统某一性质或某一侧面的展现，仪器所展现出来的现象是经典现象。这些经典现象并不与原来的微观系统的性质一一对应，而是微观系统借着测量仪器被诠释出来，被显现出来的可视化的现象并不是微观系统本身的状态。按照后现象学家伊德（Ihde）所说，诠释学关系不是扩展或模仿感觉和身体能力，而是语言及诠释能力。诠释学关系用意向性关系表述为：人类→（技术—世界）。这里的圆括号表示为一个统一体（unity），即技术与世界成为一个整体，世界并不是原初的世界，世界一定与技术结合在一起。在诠释学关系中，工具是现象的建构者，工具与世界之间不存在明显的一致性，技术显现的是世界的一种现象。人类直接感知到的是工具的可视化形式，而不是世界本身的自在状态。诠释学关系要求使用者具有一种诠释学的能力。

考虑到人们并不能直接把握量子技术，需要借助经典技术来转换。量子技术的意向性公式可以改写为：人类→（经典技术—量子技术—微观世界）。这就是说，经典技术与量子技术一起成为人与微观世界的中介。比如，原子究竟如何？它是通过经典技术与量子技术一起来转换的。人们认识到的原子已经是在经典技术与量子技术作用之下显示出来的原子，它并不是那个没有经过量子技术作用之前的原子了；经典技术与量子技术在某种意义上成为原子显示的条件。这就是说，原子经过经典技术与量子技术的诠释，才能得到认识主体的理解。

在诠释学关系中，技术一方面对世界进行解蔽，另一方面，技术本身又对世界进行遮蔽，使世界本身不能全面地展现出来。人们看到的世界是在技术语境下的世界，技术的解蔽与遮蔽总是与世界纠缠在一起。微观世界并不能如其所是地显现出来，微观世界总是在技术的解蔽与遮蔽之中。

既然技术在量子世界和认识主体有一个诠释关系，那么，技术条件就应当成为量子力学诠释的条件之一。荷兰学者维马斯（Vermaas）最早考虑了量子力学诠释选择的技术条件。考虑到现代量子技术及其未来发展，维马斯从技术领域对量子力学诠释提出了两个作为逻辑条件和经验条件的补充条件：技术功能条件（Technical functions condition）和工程图纸条件（Engineering sketches condition）。技术功能条件是量子力学的诠释应当通过量子力学满足：将技术功能 Φ 归因到技术人工物 x。技术功能条件意味着，量子力学理论不仅要检验理论本身的逻辑性、经验检验性，还必须检验量子力学理论如何从量子技术客体推演出技术功能，即量子力学能预见技术客体的功能，显然这是更高阶的要求。除了技术功能条件之外，维马斯提出了工程图纸条件。工程图纸条件来自工程实践中的图纸设计活动。工程图纸条件是指在设计量子力学所描述的技术客体时，量子力学诠释应当满足工程师的作图实践，并且再现这些图纸归因到人工物的性质。[①] 维马斯认为技术功能条件是主要的，工程图纸条件则带有一定的保留态度（with some reservation）。在笔者看来，工程图纸条件作为量子力学诠释的选择条件，要求过于狭窄，这一要求有些过分。事实上，量子科学实验的有关实验图，并不一定表示真实的微观粒子的运动轨道。因此，这一条件并不能用来选择好的量子力学诠释。而技术功能条件是一个更严格的条件，这一条件可以用来选择更好的量子力学诠释。各种量子力学的诠释，并不是一个相互竞争的理论，而是以不同方式对量子世界进行解蔽，使量子世界显现出来，让量子世界被理解。技术功能条件开创了人们比较研究量子力学诠释的新思路，这是非常有意义的。技术功能条件实质上反映了科学与技术之间的紧密关系，即科学理论能够说明技术客体的功能。虽然量子力学不能对量子人工物的设计提出具体的操作方式，但是，量子力学能够预见科学事实，都必须要有（或创造）量子技术设置去实施，以检验量子力学的诠释是否更好。宽泛地讲，技术功能条件可以放松为技术条件，即量子力学诠释还需要有技术条件作为标准。

笔者曾给量子技术给出了一个界定，量子技术是建立在量子力学和量子信息理论基础之上的新型技术。[②] 这实际上是说，量子力学和量子信息理论是量子技术的理论基础，因此，用量子技术的规范去要求量子力学诠释，以便选择一个更好的量子力学理论，这是有积极意义的。量子力学诠释的技术功能条件是对量子力学诠释的高阶检验。

既然量子力学与量子信息理论是量子技术的基础，那么，我们自然想到一个问题，量子力学诠释的选择是否需要有一个信息条件呢？

---

① P. E. Vermaas, "Technology and the Conditions on Interpretation of Quantum Mechanics," *The British Journal for the Philosophy of Science*, Vol. 56, No. 4, 2005, p. 653.

② 吴国林：《量子技术的哲学意蕴》，《哲学动态》2013 年第 8 期。

从量子信息来考察，有的量子力学诠释不能说明量子信息的本体地位，而仅把量子态看作一种数学的东西。1926 年，玻恩在《论碰撞过程的量子力学》中首先提出波函数的几率波诠释：波并不像经典波那样代表什么实在的物理量的波动，它只不过是关于粒子的各种物理量的几率分布的数学描述而已，[①] 而不是实在的东西。在笔者看来，波函数作为存在，它是实在与信息的统一，从这一角度来看，信息显现了实在某一方面的性质。在玻姆的量子势诠释中，玻姆于 20 世纪 80 年代末提出了"主动信息"（active information）概念用于他的量子理论的本体论诠释中。由于量子势的形式控制量子的行为，这意味着，在量子势中包含的"信息"决定了量子过程的结果，玻姆把这种"信息"称为"主动信息"。而在最新的量子信息技术中，如量子隐形传态过程中也涉及量子信息的传递问题，涉及量子信息与经典信息的关系。随着量子信息理论的兴起，也有学者提出，用量子信息重构量子力学。著名物理学家惠勒也提出，万物来自比特。凡此种种，都隐喻着量子信息条件应当在量子力学诠释中起到某种作用。为此，我们认为，量子力学诠释的选择条件，除了技术条件之外，还应当增加一个信息条件，量子力学诠释要说明量子系统演化中的信息过程。比如，信息如何产生、处理与传播等。简言之，量子力学诠释的信息条件是：量子力学诠释应当通过量子力学说明量子信息的传递和经典转变过程（即如何从量子信息转变为经典信息）。增加信息条件实质上反映了科学理论与信息理论之间的关系，反映了实在与信息之间具有关联性。

可见，量子力学诠释不同于伽达默尔的理解观，量子力学诠释在于追求更好的量子科学理论，而不仅仅是多一种说法而已。或者说，更好的量子力学诠释要更加接近量子世界的真相或本来面目。

三　量子诠释意义上的理解

理解总是主体的理解，总是表现为主体如何认识世界，更好地与世界打交道，并且在理解的基础上，主体更好地进行预见和实践，让人在世上

---

① M. Born, "Zur Quantenmechanik der Stossvorgänge," *Z. Physik*, Vol. 37, 1926, pp. 863 – 867.

活得幸福。人类的发展史表明，仅有人文社会科学，而没有自然科学的发展，人类是不可能长久幸福的。比如，没有现代医学，人类的平均寿命会很短；没有空调机，在炎热的夏日难以获得冰凉的舒适感。

对文学作品来说，有没有主客区分问题，文本对象是否具有意义？如普鲁斯特所言："事实上，读书时每个读者都在读自己。作品不过是作家提供给读者的一个类似于光学仪器的工具，它能让读者见到自己心中那些无此书他便很难见到的东西。"英伽登发挥为："文本与读者融为一体，主客之分失去作用，于是意义不再是一个需要定义的对象，而是需要体验的效应。"[①] 保罗·德曼认为："如果我们不再认为一篇文学文本可以理所当然地被认为具有一个明确的意义或一整套含义，而是将阅读行为看作是一个真理与谬误无法摆脱的纠缠在一起的无止境过程，那么，在文学史上经常运用的一些流行的方法就不再适合了。"[②] 这意味着文学文本不是具有确定意义的独立客体，不会有确定不变的意义。

如果说在人文学科的诠释学范围内有否定文本原意的主张，那么，在当代自然科学中，也有这样的看法。近年来，网络上有 3 篇署名"中国科学院院士朱清时"的文章——《物理学步入禅境：缘起性空》、《再谈物理学步入禅境》和《量子意识：现代科学与佛学的汇合处？》，因为朱清时是中国科学院院士，又做过中国科技大学的校长，其论文影响颇大。超弦理论认为，组成物质世界的基本客体是弦。组成物质世界的基本单元是宇宙弦的各种可能的振动态，朱清时将弦的振动态看作不是客观实在的，由此宣称"物质不是客观实在"。实际上，弦或量子场都是物质世界的基本单元，都是物质的客观存在形式，也没有到达"缘起性空"。他甚至还得出这样的结论："意识是物质世界的基础。""意识不能被排除在客观世界之外。""物质世界是无中生有产生的。"显然，朱清时对超弦理论、量子力学的诠释是错误的，微观物质有其本然的存在，它不能无中生有。

为此，我们必须考察量子文本。科学工作者所理解的量子文本，是由四个层次的量子文本组成：第一，量子文本是由量子概念、量子规律、量

---

① 〔法〕安托万-孔帕尼翁：《理论的幽灵——文学与常识》，吴泓缈等译，南京大学出版社，2011，第136、141~142页。

② Paul de Man, *Blandness and Insight*, University of Minnesota Press, 1983, p. vii.

子定理和量子理论组成的量子科学知识体系，它是由理论观点、专门术语和数学推导等组成的文字或符号系统，这就是"量子理论文本"。第二，科学仪器（含量子测量仪器）与科学实验构成的"量子经验文本"。由科学仪器所构成的各种科学实验活动，既包括实验的过程，也包括实验的结果。科学仪器总是可读的。第三，自然界包括量子世界，量子世界本身就是一本需要打开的书，需要人类去阅读和理解，这是"原初量子文本"。量子世界构成一个客观的世界。人类需要认识量子世界，改造和利用量子自然，并与量子世界和谐相处。这也是量子诠释的根本目的。第四，由人的意向、量子文本与量子世界共同创造的量子技术，形成量子技术文本。

　　量子文本的意义主要有这几方面。（1）基本含义。量子文本的基本含义。其意义只存在于量子作品的科学文字和语言结构自身之中。（2）指称意义。理解是为了把握量子文本的含义、作品的原意（original meaning），即通过文本语言符号所表达的思想。（3）语境意义。理解是"让"文本意义显现、展示和出场。量子文本的语境意义是指称文本在与理解者或世界的相遇中所呈现出来的意义，这种意义也是理解者所领会到的意义。它是在不同的时代、不同的理解条件下所呈现出来的不同的意义，甚至还包括价值意义和时代意义等。量子文本的基本含义，就是其通过符号或文字所表达出来的意义。比如，位置与动量不确定关系 $\Delta x \Delta p_x \geqslant \eta/2$ 表示：对于一个微观粒子来说，如果它的坐标（位置）是准确的或确定的，即 $\Delta x = 0$，那么，同时它的动量就无法确定，即 $\Delta p_x \to \infty$；反之，如果它的动量是准确的或确定的，即 $\Delta p_x = 0$，那么，同时间它的位置就无法确定，即 $\Delta x \to \infty$。量子文本的指称意义，是指量子文本的真理或真相。具体来说，对于量子世界本身，我们要获得其本质认识；对于量子概念、量子规律和量子理论，我们要获得其真理性认识。坐标与动量的不确定关系说明了，微观粒子的坐标与动量不可能被准确测量，这与测量仪器的准确程度没有关系。量子文本的语境意义，是指量子文本在不同的语境中显示出来的意义。坐标与动量的不确定关系可阐释线性谐振子的基态零点能、氢原子的基态能。能量与时间的不确定关系可阐释大爆炸宇宙学的宇宙创生的能量。不确定原理用于人文文本意味着，文本既有原本意义，也有个体意义、历史意义和当代意义等。

对于量子文本，能否任意解释呢？显然不能。量子文本的正确理解，只能是对量子文本的真理性的揭示。在认识量子文本的过程中，它的真理性是渐次得到显示的。理解量子文本，就是要获得其原本、自在的意义。对于量子世界来说，不论有多种性质的量子现象，关键在于获得对量子世界的真理性认识，即获得量子世界的自身显示、它自身显现出来意义，这是原初的意义，其他的意义都是次生的。正如张江从文论角度认为，文本有自在意义。他说："公共阐释将公众难以理解和接受的晦暗文本，尤其是区别于文学的历史文本，加以观照、解释、说明，使文本向公众敞开，渐次释放文本的自在性，即作者形诸文本、使文本得以存在的基本意图及其可能的意义。"①

可见，判断理解量子文本是否正确，只能看主体的理解是不是量子文本的真理性显示。不论是原初量子文本（量子世界）还是实验量子文本和理论量子文本，其根本任务是发现量子科学理论，并使量子科学理论（理论量子文本）接受量子实验（量子实践）的检验，还要预见或创造新的量子现象或量子技术人工物。即是说，真理性是检验理解量子文本的唯一标准。这里的真理既包括符合论意义的认识真理观，还包括存在论意义的解蔽（揭示）真理观，即量子事物如其所示的显现出来，就是真理。量子文本的真理，并不是发现者主体的意图，也不是早已在那里等候，而是需要我们去发现，需要我们去发明。

理解者之所以能够理解量子文本，其根源在于：（1）具有理解能力和学习能力的理解者；（2）理解者具有量子文本的前见，如经典科学的基本知识和实践；（3）间距，即理解者与量子文本之间的间距，这个间距包括宏观的主体与微观的量子世界之间的距离；（4）以数学为标志的科学语言。

间距需要有量子技术如量子测量仪器等去架设沟通理解的桥梁，让微观粒子显现出来，让宏观的主体能间接认知它。量子技术不仅起一个桥梁的作用，它还在量子世界与主体之间发挥诠释作用。当然，上述理解会构成多种循环，并且在量子文本的理论与实践层次上，理解、解释与应用三

① 张江：《公共阐释论纲》，《学术研究》2017年第6期。

者达到统一。量子诠释在于对量子文本进行理解、解释和应用，并获得量子文本的意义。理解、解释和应用同是理解过程中的组成部分，三者之间是相互作用的。

理解在于达到认识和揭示真理，这对于人文文本也是如此。一个好的人文文本的理解，应当更接近文本的本意，这就是说，人文学科的解释，也必须追求真。为了让他者理解，而曲解原意，即使是为达到善或美，那样的善是伪善，那样的美是赝美。在此基础上，理解的标准是达到真、善与美的统一。

就量子文本的理解来说，最基本的标准是真。但是，这还不够，这在于真也是社会历史的过程，真也有一个不断展现的过程，因此才有不同的量子力学诠释。由于量子文本还能够直接或间接用于改造世界和人自身，因此，对量子文本的理解更全面的标准，也是真、善与美的统一，而不能仅是真，而忽视了善与美对真的制约和指引。

阐释的公共性及其探讨方式

——哲学、政治学、公共管理学科对话

◎ 李潇潇*

引　言

"阐释的公共性"这一议题，使得关于"阐释"的讨论进一步突破哲学领域、史学领域，甚至思维领域，延展并深入实践领域与现实生活层面。阐释的公共性的提出与凸显，为构建中国阐释学开辟了更为广阔的探索空间。而与此同时，在相关议题的展开过程中，我们也发现了问题探讨方式的更新与连接，这或许可以看成方法论层面的一个成果。不得不说，现代阐释学发端于西方，不仅在西方哲学语言学转向中改变了现代哲学的气质，而且通过后现代主义将阐释学的基本理论扩散到几乎所有的社会科学学科，使得现代社会科学或多或少呈现出一定的阐释性特征。但是这种阐释性受一定潜在立场的主导，往往带有鲜明的阐释取向，由此改变了阐释的原初意义，使其走向封闭，在学术图谱中似乎只能"蜷缩"为一种方法。鉴于此种情形，反思与重构，成为中国阐释学的任务。中国社会科学院张江教授通过《公共阐释论纲》《"阐""诠"辨——阐释的公共性讨论之一》等一系列研究打开了关于阐释公共性的讨论空间，为阐释理论本身的完善与拓宽提供了思路。因为，阐释需要公共性支持，才能使得它从认

---

*　李潇潇，中国社会科学杂志社副研究员。

识实践进入到社会实践，使得阐释学有了更具体的表达。这种尝试，或可改变阐释的模式，或可改变公共性的理解，进而改变现代西方思维对实践领域的影响，改变从私人性到公共性的思维模式，使问题及讨论更具有非凡的现实意义。

有鉴于讨论的必要性，2018 年 3 月 28 日，中国社会科学杂志社以"阐释的公共性"为主题在南京大学召开了学术研讨会，会议邀请了中国社会科学院张江教授、复旦大学吴晓明教授、中国人民大学张康之教授、南京大学张凤阳教授、中山大学谭安奎教授、中国人民大学张文喜教授、华东师范大学陈立新教授、南京大学胡大平教授、中国行政学会高小平教授、复旦大学孙国东教授、南京大学孔繁斌教授参与讨论。十多位学者来自哲学、政治学、公共管理三个学科领域，在社会实践中寻找支持公共理性的公共体系，跨学科讨论形成了非常积极的互动。在互动过程中，讨论问题的方式也成为一个意外的亮点，不同学术层面的表达，绝不是分割的，而是互构的、交织的、彼此可能的。

一　宏观、中观、微观统一于问题

哲学是探究普遍规律的元理论，具有极端的宏观视野；广义政治学则研究政治相关领域的活动运行规律，它的探索层面集中于一个具体领域，与哲学相比具有中观视角；公共管理，是管理理念和管理模式的提升与抽象，具有鲜明的应用性和对策性，与前两个学科相比更体现微观视角。这三类研究，尤其是哲学与公共管理，似乎在原理、范式、方法和对象上都截然不同，但在关于阐释公共性的讨论中，我们却发现三层视角实则交叉和互构。关于同一个理论问题的讨论，若能真正在三个层面上展开，则可能实现最为彻底的思考和建构。不妨重现这样一个讨论过程。

哲学教授吴晓明在讨论的一开始就将张江教授"公共阐释"中的"公共"一词上升到两个高度理解：一个是阐释学的普遍性问题，另一个是阐释学的客观性问题。在哲学的发展过程中，特别是当代哲学的发展过程中，客观性问题、阐释学的客观性实际上有非常重要的一些转折点，人们对客观性的理解也在不断地发生变化。

吴晓明教授首先从三个层级对客观性做了区分。他说，一般采用黑格尔的方式，大体上可以区分思想对客观性的三种态度。第一种就是类似日常语言，区别于包括梦想在内的主观性的东西，这是一种直观的、粗陋的客观性。他认为，张江教授特别讲到的"强制阐释"都属于这种，即完全将自己的主观想法放到了阐释的过程中。客观性的第二种含义就是康德赋予的意义，即知识中的普遍性和必然性是客观的。这是康德在纯粹理性批判中提出的，知识以及知识构成既有内容、感性杂多的方面，同时也有普遍必然性的方面。纯知性的形式对感性杂多加以规定，使知识获得了普遍必然性。虽然这个含义也是一种客观性，但是在黑格尔看来，康德的这种客观性依然是主观的，它只是通俗知性的客观性，为什么呢？因为它达不到事物自身，达不到真理，达不到实在。按照康德的观点，我们能够得到的知识只是现象的知识，不可能达到事物自身的知识。黑格尔对此进行了尖锐的批评，批判哲学把对上帝和实在的无知当成了良知，这样一种知识居然也自诩为哲学。他认为，康德讲的知识的客观性就是知识当中的普遍必然性，其主要来自于自我意识，但是这种知识达不到事物自身，也达不到真理和实在性，它依然是主观的。第三种客观性，就是黑格尔提出的，思想不只是我们的思想，更是事物的思想。在这样的阶段，客观性实际上超出了一般所谓天真的客观性。因为康德已经把客观的方面和主观的活动联系在一起了，也就是说这个客观并不仅仅是单纯外在客观的东西，它和主观活动有关。因为经验对象并不是外部直接给予我们的，而是由我们的自我意识活动所构造的东西。因此，黑格尔把客观性的理解提高了一步。黑格尔提出了更高的要求，即思想不只是我们的思想，而且是事物的思想。在这样的层次高度，对客观性，包括思想的客观性、知识的客观性、解释学的客观性，提出了更高的要求，这与一般用外在的客观性反对单纯的主观性不同。伽达默尔在他的著作当中多次讲到这种天真的客观性，这是当代解释学已经超越的东西。他说有效应的历史意识力图弄明白自己的前判断并控制自己的前理解，因此就抛弃了天真的客观主义，这种客观主义不仅歪曲了实证主义的科学理论，而且歪曲了对社会学提供现象学或语言分析基础的一切情况。后面还讲到了教条的客观主义，而且他引用了德国医生的观点，这位德国医生在方法论的天真当中看穿了历史学家的阉人般的客观性，就是太监的客观性。为什么太监很客观？因为他是中性的，没有性别，既不属于男性，也不属于女性，可以为男性和女性做判断，且这个判断是客观的。所以在这个地方，从康德和黑格尔以后，我们对客观性的理解是上升了，并不是一般地反对意味的、梦想的或外部的客观性，而是还要求在先验方法和辩证法方法当中去理解、把握那种客观性。这也就是说，在主观性那种非常错综的领域当中去领会、辨别真正的客观性。以上对客观性理解演变史的叙述，有助于我们了解解释学当代发展的思想路径和基础问题。吴晓明教授指出，20世纪下半叶，伽达默尔认为现在对解释学的客观性理解依然是和黑格尔有关的，所以他在解释学著作当中专门讲到了哲学的客观性告诫，而且认为黑格尔是这种客观性的魁首。在《20世纪哲学的基础》中，他提出，20世纪的哲学情境，特别是这样一个问题，没有人比德国唯心主义更清楚地知道"意识"和它的对象并不是两个完全分离的世界，德国唯心主义甚至杜撰出"同一哲学"这个术语来说明这种情况。事实上，意识和客观只是同一个事物的两个方面，任何把他们区分成纯主体和纯客体的做法都是一种独断论。所以他认为，当代解释学的客观性基础依然是和黑格尔有关的，但是德国唯心主义还保留了三重天真：概念的天真、逻辑的天真和反思的天真。简单来说，原先的思辨唯心论的客观性是建立在所谓范畴论基础上的，而当代的解释学要求超出这种范畴论，而达到所谓生存的领域，也就是前概念、前逻辑、前反思的，即生活世界的领域。在这样一种思想史的发展语境中，公共阐释学发展的进程，或者称阐释学的中国学派的发展进程，其最基本尺度就是客观性的尺度。因而，究竟在哪样一种程度上达到了客观性，这是非常重要的，如果我们能达到黑格尔以及当代的尺度，那么我们在客观性的理解方面就需要不断深化。

　　另外一个非常重要的方面就是，哲学阐释学的普遍性具有方法论的意义。整个社会科学如何消化和吸收解释学，特别是解释学对客观性的理解，这影响到当代中国哲学社会科学的建设和未来的发展方向。所以，张江教授提出的问题，特别是对主观解释、强制解释批判性的理解，不是一个局限在解释学范围当中的问题，而是一个影响当代中国哲学社会科学发展以及它的自我理解的问题。从这个意义上讲，它对于整个哲学社会科学

　　　　　　　　　　　　| 中国阐释学的兴起 |

未来的发展具有非常重大的意义。因此，公共阐释学或者当代中国阐释学，是一个普遍的学科或者普遍的方法。应该看到，公共阐释学敞开了研究区域和学术路线。这个理解主要来自张江教授的《"阐""诠"辨》。在这篇文章当中，特别是摘要当中的最后一些话，具有非常重要的意义。有些被我们原先忽视的方面，在这篇文章当中体现出来了。关于公共阐释学展开的研究区域和学术路线是极为宽广的。一个是解释学，这个解释学是普遍性的，在伽达默尔的哲学解释学里面有好几篇文章，第一篇就是解释学问题的普遍性；另一个就是解释学反思的范围和作用，此后有论自我理解问题、事物的本质和事物的语言等，还有语义学和解释学等。

在这里要提到伽达默尔和哈贝马斯的争论。哈贝马斯把解释学当作一种工具，他认为解释学可以用到社会科学的各个方面。但是，他认为伽达默尔有一个问题，即语言学的唯心主义。伽达默尔与他争论的时候，实际上把语言学和解释学的领域想象得太窄了。解释学关于客观性的理解方面的发展，以及一般普遍性对整个哲学社会科学，包括思维方式，会产生非常重要的影响。解释学的普遍性和语言的理解有关，解释学普遍性和语言学转向的巧合，保证了解释学的普遍性在社会科学领域极为广泛地展开。在这个方面，如果要进入张江教授所谈论的阐释学建构中，还缺少一个重要的环节——语言学，而且主要是语义学和语用学。这个问题伽达默尔在哲学解释学中已经体会到了，虽说原先语言分析哲学属于逻辑实证主义，而现象学的解释学完全属于另外一个学派，即从胡塞尔到海德格尔的学派，但是，在维特根斯坦晚期，他们发生了重要的交集。而且事实上，伽达默尔后来在利用维特根斯坦的时候，甚至比利用海德格尔还要多。所以这个地方大概还需要去补充一个现代知识当中重要的环节——语言学——主要是语义学和语用学分析。维特根斯坦早期和晚期有一个重要区别。早期，他试图用人工语言对语言做最紧密的逻辑分析；而到了晚期，他把语义完全归结为语用，"意义"完全在于它的使用。这一点跟我们对于海德格尔和伽达默尔解释学的发展，是有密切联系的。在这个方面，现象学的解释学发展到了特定的阶段，同维特根斯坦晚期的语言哲学发生了重要交错，而这个交错有非常重要的成果。如果要进入到张江教授已经展开的领域当中，从学科本身来讲，需要经过语言学那个环节。虽然不必说，要对语言学做精深的研究要非常清楚地知道人工语言和日常语言，即原先立足于人工语言的那种分析和日常语言的语言游戏之间的那样一种关联。

吴晓明教授提出，我们经过了解释学，又通过语言学的环节，实际上要接续并且重新开启汉学的传统，否则中国的解释学不可能发扬光大，不可能真正地建立起来。如果说汉学，就从西汉开始讲，实际上这个传统更加久远。一般不认为"明"（"因明学"）是逻辑学，梁启超先生、胡适先生觉得当时中国科学不发展，是因为缺少逻辑学，明学就是解释学。

钱穆先生讲过，把明学单独列出来是不对的，因为像儒、道、墨都有明学，实际上并不是现在理解的西方逻辑学，其实更多的是解释学。从这个方面来讲，重新接续并开启汉学，意义非常深远。当然这个事情可能工作量很大，因为我们遗忘那个传统已经比较久远了。这个传统如果从顾炎武开始算，能够跟近代比较接轨的是章太炎和刘师培。后来也有人用了，比如说像郭沫若和胡适，然而，人们现在对那一套东西都已经生疏了。所以在这个方面，可以做一个比较，第一个就是海德格尔，他的解释学在西方文明进入到中间阶段的时候，试图重新解释古代希腊。所以，海德格尔晚期的著作几乎完全是重新解释希腊。今天的情况是怎么样呢，中华民族的伟大复兴如何去接续并且重建传统，必须要有基本的工具，不能仅仅是一种望文生义，或者根据现代的东西随便去做解释。章太炎和刘师培当年做的工作值得我们借鉴，比如章太炎特别讲到六书，刘师培专门讲到两点，一个是以形为纲，一个是以身为纲。吴晓明教授认为，在张江教授这里看到的，主要是以形为纲。章太炎和刘师培的重要性在哪里呢？第一，已经接触到现代知识。第二，当时讲到了社会学。社会学不是当代社会学的意思，而是通过这样的解释能够去了解中国社会，特别是中国传统社会的变化。这对今天中国哲学社会科学来讲意义非常重大。第三，已经做出了一些贡献，特别是他们对于"格物"的解释。刘师培专门写了一篇文章就叫《格物解》。格是来，这个事情现在听起来很奇怪，格物怎么叫物来呢？超出现代形而上学理解的格物，在海德格尔的很多阐释中可以看到，即事物能够被呼唤着前来同我们照面，因此需要有一个区域，这个区域是敞开，是我们面对事物自身。事物并不仅仅是一个图像或者表象，海德格尔观点的重要性在于构成物自身的基本经验，只要从我思出发，就是从我出发，这种经验再也不能够构成了。什么叫开也，就是出现一个敞开状态，在这个敞开状态当中，事物自身前来同我们照面，要求做的是符合敞开的区域。如果这样一种解释学能够成为一种基本方法的话，对于我们的经典，对于我们过去传统许许多多的解释，都会变得非常严谨并可以成为理论工具来使用。

政治学教授张凤阳与吴晓明的表达非常不同，但互相证成。他认为，哲学家关心的是如何阐释，如何达成公共性。可能对政治学和行政学来说，则关心公共性的目标、公共性如何阐释、如何达成。这两者是互补的。张凤阳教授谈到了跟现代性研究有关的语言方案问题。这套语言方案范围很广，最早转向语言研究，后来辐射到了很多的学科，包括历史学、文学、政治学、行政学、传播学等。以他的观察，后来聚焦在跨学科的问题上，就是所谓现代性的研究。这样一个现代性的拓展，出现了新的套路、新的办法，使得我们的认识能够增添新的知识。这样一个语言的转向，逐渐聚合在一起，在德国形成了一个所谓概念式的研究学派。而这个学派的问题意识就跟解释学有关。在过去几百年里，历史意识的呈现构成了一种深深的断裂，从前现代到现代这样一个巨大的转型、断裂，从语言学的角度来看，是我们说话的方式、用的词、赋予的含义跟前人不一样，具有了现代话语的编织方式。在这个过程中，一些大家熟知的概念脱颖而出，比如说国家、领土、主权、世界；民族、人民、阶级、政党、代表；民主、共和、自由、平等；战争、和平；革命、解放、进步；自由主义、共产主义、帝国主义。这些概念，占据了现代政治话语的主流。但是需要追问的是，这样一个话语的编织方式、表达方式，如何实现、如何源起？德国的概念史研究者，他们提出了一个解释——鞍形期。观察近代欧洲政治社会语言的变化，呈现出马鞍形状。在这个演变过程中，一个语词只有在达到或者接近所谓"四化标准"的时候才能被定义为基本概念。

第一是时间化。如果一个语词在大浪淘沙的过程中，人们不仅用这个词来描述既往的经验，还可能打通未来的期待事业，那就可能经受时间化的挑选。据现在了解，时间化的想法可能与海德格尔关于时间性的分析有非常密切的关联。

第二是民主化。我们要关心的是走出了知识狭小的围墙，被广泛关注的概念，比如民主、国家、主权、民族、自由，不仅学生、政治家用，小报记者也用，这就是所谓的民主化。

第三是政治化。关切这样一个大的话语变迁、关切概念的形成，不能仅仅局限于书斋。有这样一些概念，可能在某种非常状态的情况下，融入了社会政治动员，变成政治动员的一个符号或者工具，成为主流政治话语，具有了代表特征。

第四是意识形态化。在话语变迁的过程中，某一些概念最后凝练成一个高度抽象的观念和现象，比方说民主或者人民。正因为如此，它们可以在合法性的过程当中，被用来表达不同的诉求。各种各样的诉求必须要有概念，反过来说，在用这些概念的时候，又可以传达很不相同的、迥然有别的诉求。

用这个"四化标准"，可以筛选110多个词，大致是按照一个标准筛选出来的，试图通过那样一些词，帮助我们从一个语言学的角度，来解释这样一个现代性的生成性。基本的政策概念到底经过了哪些重要环节，才一步一步达到了"四化标准"，嵌入了认知结构，进而影响了现代性的话语编制共同判断的行为学，这是我们共同关心的问题。这跟解释学有关，基本概念区别于纯粹的技术。没有一个政治行动，也没有一个社会惯性，能够在缺乏最基本概念支持下突然生发、消失、重现。任何重大社会成果的取得，都不可能离开一些基本概念的支持。我们必须诠释一些概念，内在矛盾及其在不同阶层中的不同运动。这就是概念史。凝练为一个基本概念，语言行为上就有一种呈现方式，可以称之为复合单数或者集合单数，比如说人民、民族，这是非常典型的复合单数。其实国家、历史甚至现代化等这些词，最后都是一个复合单数。这样一些基本概念，是不好下定义的，因为里面的语义太丰富了，只能阐释。

公共管理学教授张康之则进入了问题的细部。他提出，突破认识论框架，发现现实问题。在这个基础上，他探讨了公共性的生成及走向问题。公共性是一个认识视角，也是判断公共领域、公共部门的标准。在近代早期的工业化、城市化中就开始了公共领域生成的过程，但是，早期的人们是从国家与社会分离的视角中去解析社会治理的。到了20世纪，由于哈贝马斯等人的贡献，认识到了公共领域、公共部门与私人领域、私人部门的分离和分立，提供了理解社会治理的一个新视角。所以，公共性是一个历史性的概念，是公共领域、公共部门所应有的属性。在工业社会的演进中，公共性有着不断增强的趋势，而且人们对公共性的理解也经历了几次转变。特别是在公共行政得以生成后，人们更多的是将公共性的概念与公共行政联系在一起加以认识，通过公共性的概念判断公共行政在公共产品供给、公共服务和维护公共利益上的表现。在 20 世纪 80 年代开始的行政改革中，由于公共产品的外包服务，造就了社会治理主体多元化的局面，也引发了公共性的扩散以及社会公共性的出现。在科学上，公共性的扩散直接导致了公共管理学科的生成。

二 存在：公共理性何以证成

一种多维度的观察视角为问题的探讨提供了立体结构，在讨论过程中，核心逐渐集中在了公共理性的根基问题上，并自然地指向了公共理性的证成基础——存在。

谭安奎教授在讨论中对阐释是一种公共理性行为的命题做了分析。他认为，如果要从理性的公共性过渡到公共理性这一概念，就必须解决一个问题——怎么理解公共理性。实际上，张江教授的文本里面已经多次提到了这个概念。但很多时候，所用的公共理性的概念，似乎只是在强调理性本身是公共的，理性是有公共性的。如果只强调这一点，回到启蒙理性的概念就可以了。因为严格来讲，并不存在私人理性的说法，理性就是有公共性的，有一些逻辑的规范和认知的规则等，作为一种理性能力，这个理性概念就已经具备这种公共性了，并没有所谓的私人理性的存在。所以，如果只是强调理性的公共性，是不够的。为什么有那么多批评虚无主义、相对主义的东西出现呢？其中有一个很重要的原因就是，即便有理性的公共性，也很难保证人们在很多领域达成共识，更不用说形成对真理的确定的认识。所以才存在理性的分歧，我们都是理性的，都拥有理性能力，可是好像还是达不成一致，单纯的理性的公共性，似乎并不能保证我们得到真理、达成共识。

按照谭安奎教授的理解，必须在当代提出公共理性的概念。这意味着我们对于理性的重新理解，是理性的一种新的形式或者形态，这是要挖掘的东西，否则此前的公共性恐怕是不足以保障公共阐释理论想要达到的结果。

在讲公共理性概念的时候，好像又有悖论，因为说到底，理性都是个体，但是为什么叫公共理性？就是作为人的一种理性能力，我们运用这种公共理性能力去做公共推理。我们用它做推理，是希望找到公共的理由，找到大家可以共享的理由，即公共理性能力或者公共推理能力，这是公共理性这个概念要解决的问题，这个认知维度特别重要。

认知维度非常重要，伦理维度也非常重要。没有伦理维度重新塑造这个推理规范，就无法达成共识，这是面对理性分歧挑战的根基。我们必须重新更加严肃地对待公共理性的概念。重新理解公共理性之后，就是从理性的公共性过渡到公共理性，而不是只强调理性的公共性特征。怎么样理解公共理性塑造的推理过程，这是一个专门的领域，包括在解释文本、历史政治文本的时候怎么去推理，推理过程要讲相互性。所谓相互性，就是能够提出来其他人也能够接受的理由，所以我们讲公共理由、相互性。此外，还需要在认知层面进行努力。有认知要素、认知维度的时候，讲确定性、客观性，就涉及充满争议的一个真理观的问题，很多人回避讨论这个问题，真理观是一个特别麻烦的事，充满很多挑战，而且在认识论上还有一个麻烦，公共阐释是要针对强制阐释，怎么样防止别人指责我们说你所谓的公共阐释，不过是以真理自居，你批评我强制阐释，而最终你是专断的阐释。这是我们需要去面对的问题。怎么样在公共阐释理论当中，有一种自己的真理观，怎样找到跟公共阐释相融的真理观，这是认识论层面需要做的工作。表面上看，公共阐释理论背后有认识论、伦理学的问题；伦理学背后就是存在论的问题。人与人的关系、社会关系、政治关系，不断地进行再生产，所以我们才觉得这个共同体，虽然几十年过去了，几代人过去了，还是这个共同体。为什么？有一种东西没有变，那就是我们对人与人关系的设想没有变。这就是公共理性背后，自我认同、存在论层次的问题。

张文喜教授将阐释的公共性置于与人民性的联系中。他认为，从知识论或者范畴论来看，公共的阐释就是公众的看法；而阐释的公共性是关乎存在或求道的，是与人民性密切相关的。

阐释学不仅仅是人为主观加在其上的某种文本考据，它还为人们提供了关于真理的一种新的观念，要将真理标准和阐释标准联系在一起。人们今天理解的真理概念，有很多是来自阐释方面的；而谈论阐释的客观性，也需要回到真理标准上。真理标准和阐释标准的变化会使理论的研究主题发生转化，即从主客体转为对话，从独断论转为主体间平等交流，从以文本为中心的方法和方法论的阐释学转为阐释生活。这种转化能够在一定程度上推动中国人民的精神解放。

重建中国精神是研究阐释的公共性的目的，也是真理标准大讨论的重要意义。真理标准大讨论以后，中国人在精神上重新获得了真理与自由的高度统一。而这种精神变化的重要性，只有在与传统真理概念的比较中才能凸显出来。传统哲学将求真理解为求知，这样，真理就变成了"自我认知"。生活在现实世界中的哲学家们，思考的则是另外一个世界的问题，此种方式无法找寻真理普遍有效的标准，反而成为真理标准产生危机的根源。对于人民来说，传统的有关真理的观念并不存在，因为当它穿上哲学的外衣时，它的公共性是先验的。而真理标准大讨论给我们的启示是，第一，真理感受到了强烈的人民精神，人民精神是以人民为主体的理性，任何一种思想，如果要阐释客观性，就一定要阐释为人民的意志和呼声。第二，真理需要达到一种人民能理解的状态。人民能理解的状态是，阐释的目标设定或者真理的目标设定、真理的传播是公开性的。启蒙思想家也特别强调公开性，其实无论是公开性还是公正性，都需要结合阐释的公共性与人民性这两者思考，这样才可能得到更好的表达。

从主观层面上来讲，阐释学就是真理与阐释公共性之间的沟通。阐释的公共性乃是把真理置于公众的交流之中，来辨别什么是真理，或者辨别什么是阐释的客观性。因而，需要重新定位哲学家的位置，他们并不是公共性的布道者，也不是阐释标准的制定者，需要将其置于人民的行列。正如马克思所说，他们是自己的时代、自己的人民的产物，人民的最美好、最珍贵、最隐蔽的精髓都汇集在哲学思想里。从客观层面上来讲，真理与阐释的公共性之间的沟通打破了真理背后的权力意志，打破了那种阐释标准强加于或者推销为普遍强制的阐释。无论是客观理解还是主观理解都决定了马克思的立场，即将真理与人民性联系在一起，或者说将阐释与人民性联系在一起。真理标准的确定和人民性的确定是一致的，因为真理的标准就是真理阐释的公共性，它不能靠行政命令确立起来，只有人民自己才能担负起精神上的指导责任。

结　语

以阐释的公共性为主题的讨论释放了一个非常强烈的信号，这个信号就是时代呼唤哲学原创。整个哲学社会科学，正开始处在学术原创的敞开过程。中国正在经历巨大的社会转型，丰富而复杂的社会实践，国家对理论的迫切需要，无论是出场还是在场，都呼唤着哲学的原创。那么提出反映时代精神的标识性的概念，实现哲学范式的革命，形成中国走向世界的话语方式，实现中国对人类文明进展的贡献——正是在这样的理论动机的驱动下，在哲学基础理论层面、在创立中国学派的感召下，来展开阐释的公共性这一核心概念的讨论，包括张江教授从强制阐释的批判性话语，向公共阐释的建构性话语的转换，或者说飞跃，正是拯救现代性与哲学危机的一种重要方式。

此外，公共阐释以普遍的历史前提为基点，在当前的社会历史进程中，集中表现为人类已进入构建人类命运共同体的历史新阶段，可以说，新时代中国特色社会主义发展为公共阐释的发展和完善提供了难得的机遇和条件。这样一种世界历史走向的新变化，必将改变文明的自我理解和社会发展的阐释模式，必将改变公共性的本质语意，阐释要在新的时代高度理解公共性，要改变现代西方思想的思维惯性，跨越私人领域，从人民性中去发展和挖掘公共性新的历史内涵，实现以人民为中心的社会实践与公共阐释的有机统一，使人类命运共同体的构建本身就是公共阐释。

四

中国阐释学建构：
路径与方法

论解释学的主旨与思想任务[*]

◎ 吴晓明^{**}

　　20 世纪末，汤一介先生倡言创建"中国的解释学"，随即引起了国内学界的关注与讨论。近年来，由于张江先生的一力主张和推动，阐释问题以及由之而来的构建中国解释学的探讨再度活跃起来。然而，时下关于解释学的各种议论还是颇为纷乱的，缺乏一个汇聚问题所在的稳定枢轴。解释学的性质若何并且为什么须诉诸解释学？解释学究竟是一种专门而独特的学术（类似于训诂学、文献学或语文学等），还是一种具有普遍意义的哲学方法（例如哲学—社会科学方法论）？很明显，对此类问题的澄清与判断是非常重要的，因为它规定了探讨问题的基本取向以及构建"中国解释学"的基本架构；同样明显的是，为了对此类问题做出真正的估量，我们根本不可能局限于对"解释"或"解释学"仅仅开展出某种望文生义或细枝末节的表面发挥，而必须首先把握当代解释学的主旨以及其所面临的思想任务。唯在解释学的主旨与思想任务被明确起来的地方，解释学的必要性以及各种阐释问题的解释学应答才可能具有实际的效准，"中国解释学"的建构才可能获得其基本的目标和意义规定，从而解释学的积极介入才可能对我们的整个哲学—社会科学产生深刻而持久的积极推动。

---

* 本文为国家社会科学基金重大项目（12&ZD106）阶段性成果。
** 吴晓明，复旦大学哲学学院教授。

解释学（Hermeneutik）的近代起源即表明它具有某种普遍的意义或方法论的意义。这种普遍意义对施莱尔马赫来说，体现为"理解的艺术"或"避免误解的艺术"，它作为形式上的方法乃是"一般解释学"（allgemeine Hermeneutik），亦即理解任何陌生话语的理论和艺术论，因而它也主要地并且特殊地包括神学解释学和语文解释学。① 狄尔泰大体接受了施莱尔马赫的解释学概念，将其规定为"理解的规则"或"书写文献的解释艺术"；由于他特别地考察"理解"本身并使之贯彻在"精神科学"的整体研究中，因而解释学的普遍性乃表现为精神科学（一般所谓人文学术和社会科学，新康德主义称之为"历史科学"，英国人则称之为"道德科学"）的方法论。狄尔泰"始终只是将解释学作为这样一个主题来加以探讨，即总表现为他自认为是对其本质把握的——解释性的精神科学的方法论"②。由此可见，近代以来的解释学首先是具有普遍性质的：它不是某种独特且专门的学术，而是作为一般解释学、作为形式方法——关于解释的条件、对象、方法和传达等——来得到理解和运用的。

这样的理解和运用毫无疑问是与近代哲学以及由之而来的主导的知识定向相一致、相吻合的。因此在这个意义上，我们也就理所当然地把解释学一般地把握为哲学—社会科学方法论，并在这种方法论的意义上来领会其普遍意义。然而，正是在对施莱尔马赫和狄尔泰解释学立场的考究中，海德格尔表现出高度的不满并提出了尖锐的批评；而这种不满和批评恰恰意味着解释学在当代的一个决定性的转折。这个转折是如此之大，以至于海德格尔声言自己所谈论的解释学"不是在现代意义上被使用的，而且它也决不是迄今为止一般使用的解释学说的含义"③。姑且撇开具体内容不谈，这一声言至少立即就表明：由海德格尔重新启用并制订的"解释学"，根本不是什么一般而言的方法论，它的普遍意义也根本不可能通过所谓

---

① 参见海德格尔《存在论（实际性的解释学）》，何卫平译，商务印书馆，2016，第18页。
② 海德格尔：《存在论（实际性的解释学）》，何卫平译，商务印书馆，2016，第19页。
③ 海德格尔：《存在论（实际性的解释学）》，何卫平译，商务印书馆，2016，第19页。

"方法论"——无论是一般哲学方法论还是精神科学方法论——而得到恰当的把握。

尽管这样的解释学概念及其普遍性会使人们或多或少感到困惑，但伽达默尔的《真理与方法》却再度坚拒将解释学当作形式方法或一般方法论来理解的各种企图。在同贝蒂（E. Betti）的争论中，伽达默尔声称，哲学解释学理论根本不是一种"方法学理论"，不管这种方法论是正确的还是错误的（甚或是"危险的"）；如果仅仅把解释学问题当作一种方法问题来思考，便意味着"深深地陷于本该克服掉的主观主义之中①。因此，"从根本说来我并未提出任何方法，相反，我只是描述了实际情形……正是在这个意义上我才试图超越现代科学的方法概念（它自有其有限的权利）进行思考，并在根本的一般性中考虑一直发生的事情"②。同样，在与阿佩尔、哈贝马斯等人的论战中，伽达默尔批评他们是深陷于仅注意规则及规则之运用的"方法论主义"之中了；他们没有意识到：对实践的反思不是技术，而方法论主义实际上是用规则形式的技术概念取代了实践概念。③毫无疑问，这里的问题绝不是术语学上的争论，而是最关本质地牵扯到哲学上的基本主张和基本立场。且让我们最为简要地先行给出一个概括：对于海德格尔和伽达默尔来说，解释学之所以不是形式方法或一般方法论性质的，乃因为它——大略说之——是"基础存在论"性质的。

为了使围绕当代解释学性质和主旨的疑难得以清除，我们可以来思考一下此间与一般方法或方法论相对待的东西。这东西涉及的是什么呢？一种颇为流行的见解认为，后狄尔泰的解释学是从方法论转入到本体论（ontology，即存在论）上去了，或者，是从精神科学的方法论转变为一种哲学了。这种见解固然"不错"，却太过表面、太疏阔于根本了。如果事情仅仅是这样的话，那么，问题看来只是关乎不同的"学科领域"罢了。且不说一般的方法论早已被列入"哲学"的名下，举凡普遍的方法，总也是或

① 参见汉斯－格奥尔格·加达默尔《真理与方法——哲学诠释学的基本特征》下卷，洪汉鼎译，上海译文出版社，1999，第679页。
② 汉斯－格奥尔格·加达默尔：《真理与方法——哲学诠释学的基本特征》下卷，洪汉鼎译，上海译文出版社，1999，第678页。
③ 参见汉斯－格奥尔格·加达默尔《真理与方法——哲学诠释学的基本特征》下卷，洪汉鼎译，上海译文出版社，1999，第738～739页。

者自觉或者不自觉地具有其特定的"本体论"基础的。这将使我们意识到：此间与一般方法或方法论形成对待的东西，是某种更为根本且尤须得到澄清和把握的东西。事实上，伽达默尔大作的书名《真理与方法》已经十分明确地指证了那种东西，它被唤作"真理"。如果说"方法"已经不再致力于真理并且总是试图规避真理，那么，解释学的主旨恰恰是真理，并且正是为了维护"真理"的缘故而使自身批判地脱离一般所谓的"方法"。所以伽达默尔说："真理和方法之间对立的尖锐化在我的研究中具有一种论战的意义。"① 尽管这一说法目前看来还比较抽象，但当代解释学的性质却借此被清晰地表达出来了：它的主旨不是成为方法，而是探入真理。

由此需要透彻反思的是：我们是将解释学仅仅当作一般方法或方法论来理解，还是首先将其当作对真理的维护和通达来把握的？如果说，"真理"一词对于我们来说已经变得如此陌生，以至于今天根本不再需要为真理操心，或径直就将它溶解在"方法"的程序或技术中，那么，这只不过表明，解释学的主旨及性质是遭到了多么大的误解和歪曲，而这样的误解和歪曲又在多大的程度上陷入"方法论主义"的窠臼之中。众所周知，在海德格尔重新制订解释学规划之际，是新康德主义、实证主义等盛行和统治的时代，如果说这个时代主导的哲学气质——事实上这种气质一直延续到今天——乃是遗忘真理或对真理问题的不知所措，因而蜷缩在方法论主义的天真性之中，那么，伽达默尔 1972 年的说法就是有效的，并且直到今天依然有效："以此为根据，真理和方法之间的对峙就具有一种不可清除的现实性。"②

为此我们必须首先弄清楚真理问题，弄清楚真理和方法之间对峙的本质来历。这一来历从大要来说是与近代哲学的开端特别相关的：它的开端是"我思"、自我意识，是主体之主体性（因而近代哲学也被称为我思哲学或主体性哲学）。这一哲学引领并伴随着一个新的时代，开展并道

---

① 汉斯－格奥尔格·加达默尔：《真理与方法——哲学诠释学的基本特征》下卷，洪汉鼎译，上海译文出版社，1999，第 738 页。
② 汉斯－格奥尔格·加达默尔：《真理与方法——哲学诠释学的基本特征》下卷，洪汉鼎译，上海译文出版社，1999，第 734 页。

说出一个与以往不同的哲学境域，也使我们深深陷入——如伽达默尔所说——"主观主义的困境"之中。这种主观主义的困境是怎样的呢？我们在近代哲学的开端处就能见到这种困境：当笛卡尔把思维（我思）规定为一种实体，而把广延规定为另外一种全然不同的实体时，思维之通达于广延，主体之通达于对象——认识的真理唯依赖此种通达——就面临着最严峻的问题："这个正在进行认识的主体怎么从他的内在'范围'出来并进入'一个不同的外在的'范围，认识究竟怎么能有一个对象，必须怎样来设想这个对象才能使主体认识这个对象而且不必冒跃入另一个范围之险？"① 这个问题虽然十分严峻，但对于独断论形而上学来说还是可以姑息性地得到解决的。笛卡尔在"思维"和"广延"这两种实体之外或之上，设定了第三种实体，即神或上帝。这一本体论上的设定重建起思维实体与广延实体的协调，主体与对象的一致。这也意味着：认识的真理通过"神助说"而获得了基本的保障。

由于康德的伟大批判一劳永逸地摧毁了自然神论的上帝，并使独断论形而上学不再能够真正持立，哲学在收获了先验方法之积极成果的同时，也使近代以来的主观主义困境进一步尖锐化起来。康德只是似乎摆脱了笛卡尔式的孤立主体（在《纯粹理性批判》中，"我思"并不意味着一个实体之我在思，而是意味着"纯思"，我＝思），但是在本体论上，"笛卡尔的立场依然保留如故"②。正是由于这一立场，并且这一立场不再可能在理论理性中获得"上帝"的外部支撑，自在之物就成为自我意识不可通达的东西了。这无非表示"我思"与"物自身"的分离隔绝，而此种分离隔绝在把认识的本质性全部导回到自我意识中去的时候，也使物自身被彻底地屏障在这种本质性之外。因此，我们认识的对象乃是单纯的现象，而物自身则是我们的认识永远无法真正抵达的"彼岸"。这样的哲学架构当然意味着一般而言的"主观主义"（认识的本质性全体归属于自我），意味着这种主观主义总是瓦解一般而言的"真理"（通达并符合于物自身）。由此得以显现的关键之点正在于"真理"，在于这个哲学向来所属的目标开始极

---

① 海德格尔：《存在与时间》，陈嘉映、王庆节译，商务印书馆，1987，第75页。
② 海德格尔：《存在与时间》，陈嘉映、王庆节译，商务印书馆，1987，第247页。

大地动荡起来。

如果说我们在笛卡尔哲学中曾经见到这种"主观主义困境"，那么我们在康德哲学中则可以见到这种困境之进一步的形式，而所有此类困境都是就"真理"而言并且由之而来的。事实上，在黑格尔时代，哲学上的主观主义是如此盛行，以至于就所谓"效果历史"的意义来说，康德—费希特哲学的余脉——真正说来乃是这种哲学的末流——已经全然将"真理"一事置之度外了。所以黑格尔在1818年的柏林大学开讲辞中说：放弃对真理的知识看来一时风行，并被推崇为我们时代精神上的凯旋；"最后所谓批判哲学曾经把这种对永恒和神圣对象的无知当成了良知，因为它确信曾经证明了我们对永恒、神圣、真理什么也不知道。这种臆想的知识甚至也自诩为哲学"①。确实，在黑格尔看来，哲学乃以真理为目标；如果不诉诸真理并要求把握真理，哲学便不存在也没有理由存在。因此，为了从主观主义的上述困境中摆脱出来从而捍卫"真理"，黑格尔以其全部哲学开展出对主观主义之持续不断的——有时甚至是苛刻的——批判。

这一批判立足于绝对者（上帝）。由于绝对者乃是思维—存在，主体—客体，所以它不仅是作为全体的真理，而且从根本上保障了认识之成为真理的根据，即主体与客体的一致，自我与物自身的通达。如果在此我们想起了笛卡尔的第三个实体，那么更加准确地说来，这个绝对者乃是斯宾诺莎主义的：只有一个唯一的绝对者实体，它可以被称为"上帝"、"自然"、"大全"或"自因"等。在这个意义上，黑格尔一般地属于古典形而上学并以此来设定和把握真理。也是在这个意义上，伽达默尔说："据我看来，古典形而上学的优势在于如下事实，即从一开始就超越了以主观性和意志为一方，以客体和自在之物为另一方的二元论，因为它认为它们相互之间有一种预定的和谐。显然，古典形而上学的真理概念——知识和客体的一致——以一种神学的一致为基础。"② 然而，对于黑格尔来说事情还不止如此。由于康德摧毁了自然神论的上帝并使独断论形而上学成为时

---

① 黑格尔：《小逻辑》，贺麟译，商务印书馆，1980，第34页。
② 汉斯－格奥尔格·加达默尔：《哲学解释学》，夏镇平、宋建平译，上海译文出版社，1994，第75页。

代错误，所以除非绝对者乃是自我活动的并依赖这种自我活动而得以自我证明，否则的话，绝对者就不能继续在哲学上真正持立。黑格尔正是就此开展其卓绝工作的，他的出发点是"绝对①即主体的概念"。按照这个概念，"一切问题的关键在于：不仅把真实的东西或真理理解和表述为实体，而且同样理解和表述为主体"②。这不仅意味着绝对者（上帝）作为"无限的基质"也就是"无限的机能"，而且意味着绝对者在它的自我活动中也就是它的自我证明。在这里，就像真理的本体论基础被把握在主客一体的绝对者之中一样，一切认识的真理性皆植根于绝对者之展开过程的全体中。这样一来，真理的立场乃通过绝对唯心论被恢复和重建起来，而绝对唯心论同时也就是思辨的唯心论。黑格尔正是在这个意义上极大地推进并完成了古典形而上学。

我们由此可以看到，真理问题如何在近代哲学的"主观主义困境"中突出地表现出来；而当代解释学的真理议题又恰恰与黑格尔哲学——它的成就以及它的瓦解——有着最为切近和最关本质的联系。

二

如果说，哲学上的主观主义困境可以极大地动摇甚至拒斥真理的立场，那么，对于当代解释学来说，伽达默尔所谓"真理和方法之间的对峙"又意味着什么呢？它意味着——一言以蔽之——真理立场和主观主义的对峙，因为"方法论主义"——同样一言以蔽之——是完全被锁闭在主观主义之中，锁闭在各种遗忘真理的晦暗之中。

"方法论主义"诉诸方法，更加确切些说，诉诸形式方法（即黑格尔所说的"外在方法"）。形式方法之所以具有确凿无疑的主观主义性质，是因为它或者从未真正思及它的哲学预设，或者天真地以为形式程序及其技术最为可靠地保障着知识的"客观性"，以及由这种"客观性"而来的名为"真理"的东西。但是，至少自黑格尔以来，这种看法已经是巨大的时

---

① 实体。
② 黑格尔：《精神现象学》上卷，贺麟、王玖兴译，商务印书馆，1979，第10页。

代错误了。真理毫无疑问是客观的，而哲学特有态度的起源就是"客观性（Sachlichkeit）告诫"。① 因此这里关乎真理的问题从根本上来说首先牵涉到"思想对客观性的态度"②。区别于通常的、非哲学的含义，康德将客观性把握为我们知识中的普遍必然性（即符合思想规律的东西）。黑格尔指出，在标识出"感官所知觉的事物是主观的"那种意义上，康德的见解是完全正确的；但康德所谓思想的客观性，真正说来却仍然只是主观的。"因为，按照康德的说法，思想虽说有普遍性和必然性的范畴，但只是我们的思想，而与物自体间却有一个无法逾越的鸿沟隔开着。与此相反，思想的真正客观性应该是：思想不仅是我们的思想，同时又是事物的自身（an sich），或对象性的东西的本质……"③ 换言之，对于黑格尔来说，真正的客观性是指思想所把握的"事物自身"，以示有别于所有与"事物自身"④ 相分离的主观思想。不难看出，黑格尔所云之客观性，是与其关于真理的绝对立场本质相关的——除非思想被最终把握为绝对，否则思想的客观性就不可能是"事物自身"。同样不难看出，一般所谓方法，即形式方法，就像思想具有"普遍性和必然性的范畴"（知性范畴）一样，虽然看起来似乎在知性科学的活动领域中成为普遍的和必然的，但真正说来，亦与"事物自身"了无关碍——因而形式方法同样仅仅从属于"我们的思想"，并因而在这样的意义上完全是主观的。

最能说明这种情形的，是黑格尔对"反思哲学"（Reflexions Philosophie）所做的批判。这一批判是要表明：外部反思（或知性反思）乃是仅仅局限于主观思想的主观主义。简要地说来，外部反思是作为一种忽此忽彼

① 参见汉斯－格奥尔格·加达默尔《哲学解释学》，夏镇平、宋建平译，上海译文出版社，1994，第71页。
② 参见黑格尔《小逻辑》，贺麟译，商务印书馆，1980，第94页。
③ 黑格尔：《小逻辑》，贺麟译，商务印书馆，1980，第120页；并参见黑格尔《小逻辑》，贺麟译，商务印书馆，1980，第119页。
④ 根据我们所讨论的主题，本文对"物自身"和"事物自身"不做严格的分别，不仅因为德国古典哲学家经常交替地使用这两个术语，而且因为"物"（Ding）和"事物"（Sache）在一般地表示客观性的那种含义上是高度一致的。所以伽达默尔说："甚至在这些表述中的两个基本术语，Sache和Ding，看起来都是讲的同一回事，这两种表述都表示无须更精确定义的东西。"（汉斯－格奥尔格·加达默尔：《哲学解释学》，夏镇平、宋建平译，上海译文出版社，1994，第70页。）

　　　　　　　　　　　　| 中国阐释学的兴起 |

的推理能力来活动的，它从来不深入事物的实体性内容之中；但它知道一般原则，并且仅仅把一般原则抽象地运用到任何内容之上。我们由此很容易识别的是：外部反思也就是通常被我们称为教条主义（哲学上更多地叫作形式主义）的东西，因为教条主义正就是疏离隔绝于作为事物自身的实体性内容，而仅仅把抽象原则——无论它是知性范畴、知性规律，还是公式或教条——先验地强加给任何内容。不仅如此，我们同样也非常熟知：教条主义或形式主义，无论其一般原则或原理看起来具有多么强大的普遍性的外观，却总已经是彻头彻尾的主观主义了——其外部反思的实质使之最可靠地跌落到主观思想中。① 方法论主义难道不是在外部反思的区域中活动吗？如果离开了外部反思的机制，形式方法难道还能够生存吗？尽管形式方法在其特定的有限活动空间中是合理的和起作用的，就像知性范畴和知性规律一样（黑格尔从未否认过这一点），但只要问题涉及哲学上的根本立场，只要方法论主义有意无意地规避根本哲学立场的澄清，当代解释学就不能不在时代的思想处境中突出地揭示"真理与方法的对峙"，并且特别地从真理一边来强调解释学的主旨。因此，就像海德格尔把先前解释学的方法论主义指证为形式主义② 一样，伽达默尔不仅专门就解释学主题考察了"反思哲学的界限"，而且明确指出："现代方法论概念的不足之处就是我们的出发点……黑格尔曾经以'外在反思'（Usseren Reflexion）这一概念批判了那种把自己作为某种同事物相异的行动而进行的方法概念。真正的方法乃是事物本身的行动。"③

如此看来，黑格尔也主张某种方法——"真正的方法"，看来辩证法就是这种方法。但这种方法恰恰是表示"事物自身"的活动，因而此间尤须明辨的要点是：辩证法不是任何一种意义上的形式方法，它也根

① 正是在这个意义上，黑格尔说："一个所谓哲学原理或原则，即使是真的，只要它仅仅是个原理或原则，它就已经也是假的了；要反驳它因此也就很容易。"黑格尔：《精神现象学》上卷，贺麟、王玖兴译，商务印书馆，1979，第 14 页。
② 参见海德格尔《存在论（实际性的解释学）》，何卫平译，商务印书馆，2016，第 52 ~ 53 页。
③ 汉斯－格奥尔格·加达默尔：《真理与方法——哲学诠释学的基本特征》下卷，洪汉鼎译，上海译文出版社，1999，第 592 页；并参见汉斯－格奥尔格·加达默尔《真理与方法——哲学诠释学的基本特征》上卷，洪汉鼎译，上海译文出版社，1999，第 438 页。

本不可能以一种知性的方式按外部反思的机制来起作用；毋宁说，任何一种试图把辩证法当作形式方法来使用的企图都是反辩证法的（尽管这种辩证法的形式主义运用在黑格尔死后就极大地兴盛起来并且不绝如缕），因为辩证法恰恰意味着克服知性的有限性，意味着扬弃外部反思而开展出思辨的反思，意味着超出空疏的理智而深入到事物的实体性内容之中①，一句话，意味着摆脱主观主义的桎梏而使思想通达于"事物自身"。唯在"事物自身"得以被通达的地方，才有思想的真正客观性；唯在思想的真正客观性得以被把握住的地方，才谈得上名副其实的真理。所以，海德格尔很正确地指出，黑格尔只是把思辨辩证法径直称为"方法"罢了，但这里的方法并不是指某种表象工具或哲学探讨的特殊方式，而是意味着"实体—主体"的自我活动及其展开过程。② 同样，伽达默尔指认黑格尔的方法概念是在其希腊源头上获得意义的，而自希腊人以来，辩证法就意味着描述事物自身的活动，或者，使对事物的正确观照显露出来。③

　　因此，最简要地说，当代解释学的主旨乃在于"真理"（诉诸真理并且保卫真理），而真理议题的核心则在于能否通达"事物自身"（能否祛除"现象"与"物自身"的分离隔绝）。如果方法论主义根本未能或无能触到这样的真理议题，如果形式方法只是依循外部反思的方式活动并因而纯全滞留于主观思想的内部，那么，当代解释学就必然由其主旨而意识到真理与方法的对峙。正是在关乎"事物自身"这一根本点上，当代解释学是与黑格尔高度一致的。所以伽达默尔在《事物的本质和事物的语言》一文

① 参见海德格尔对黑格尔的引述，黑格尔的说法是："哲学乃是与抽象最为对立的东西；它就是反对抽象的斗争，是与知性反思的持久战。"海德格尔：《路标》，孙周兴译，商务印书馆，2000，第519页。
② 参见海德格尔《路标》，孙周兴译，商务印书馆，2000，第511页。海德格尔的说法是："黑格尔也把'思辨辩证法'径直称为'方法'。用'方法'这个名称，他既不是指一个表象工具，也不仅仅是哲学探讨的一个特殊方式。'方法'乃是主体性的最内在的运动，是'存在之灵魂'，是绝对者之现实性整体的组织由以发挥作用的生产过程。"此外，可参考下述说法："这里所关系到的既不是对认识能力的批判，也不是对认识方式的偶然描述，而是绝对本身在其由此才首次展开的显现要素中的自行展现。"海德格尔：《黑格尔》，英格丽特·舒斯勒编，赵卫国译，南京大学出版社，2018，第72页。
③ 参见汉斯-格奥尔格·加达默尔《真理与方法——哲学诠释学的基本特征》下卷，洪汉鼎译，上海译文出版社，1999，第592～593页。

中，推崇黑格尔为道说思想之客观性的"魁首"，因为"他精确地讨论了物的活动，并且用以下事实体现了真正的哲学思考，即物在自身中活动，它并非仅仅是人自己的概念的自由游戏。这就是说，我们对于物所做的反思过程的自由游戏在真正的哲学思考中并不起作用。21世纪初代表了一种哲学新方向的著名现象学口号'回到事物本身去'指的也是同样的意思。"① 照此看来，海德格尔的现象学出身将有利于他以自身的方式参与到真理的议题中去，并使这一议题与"事物本身"形成独特的勾连。所以就像他在《存在论（实际性的解释学）》中谈论现象学对于存在论来说的基础性意义②一样，《存在与时间》专门写了"探索工作的现象学方法"一节，并且在提及"走向事情本身"这一现象学原理的同时，指证这一方法的定向将如何更原始地植根于"对事情本身的分析"之中，如何更加远离"我们称之为技术手法的东西"。③ 正像此间肯定的说法诉诸"事情本身"一样，否定的说法要求弃绝方法论的形式主义。

尽管伽达默尔非常明确地指出，黑格尔关于思想之客观性的立场是与当代现象学的口号高度一致的，但某些似乎是维护现象学纯洁性的意见却坚拒这种一致性，更何况海德格尔本人还曾尖锐地驳斥辩证法并声言现象学与辩证法的"水火不容"④。然而我们在这里谈论的是海德格尔本人，因此必须弄清楚他是在怎样的意义上发言的。海德格尔确实异常尖锐地抨击辩证法，但他所抨击的恰恰是已经蜕化为形式方法并且仅仅作为无思想的方法论主义来活动的辩证法。"辩证法必须生存并且在这里发展出一种令人留下深刻印象的技能……只要学一年，一个人就能谈论一切，好像真是那么回事似的……人们应该审视一下今天所刻意追求的诡辩的模式，如形式—内容、理性—非理性、有限—无限、中介—非中介、主体—客体。"⑤

---

① 汉斯－格奥尔格·加达默尔：《哲学解释学》，夏镇平、宋建平译，上海译文出版社，1994，第71页。并可参见《真理与方法》的下述说法："同样，在诠释学经验中也会发现类似辩证法的东西，即一种事物自身的行动，这种行动同现代科学的方法论相反，乃是一种遭受（Erleiden），一种作为事件的理解。"汉斯－格奥尔格·加达默尔：《真理与方法——哲学诠释学的基本特征》，洪汉鼎译，上海译文出版社，1999，第594页。
② 参见海德格尔《存在论（实际性的解释学）》，何卫平译，商务印书馆，2016，第2~3页。
③ 参见海德格尔《存在与时间》，陈嘉映、王庆节译，商务印书馆，1987，第34~35页。
④ 参见海德格尔《存在论（实际性的解释学）》，何卫平译，商务印书馆，2016，第54页。
⑤ 海德格尔：《存在论（实际性的解释学）》，何卫平译，商务印书馆，2016，第59页。

这里所说的"技能"、"诡辩的模式"或"成对的充满灾难的概念",如果不是抽象的形式方法及其外部反思的运用,又是什么呢?这些东西当然是现象学从根本上——由其出发点而来——要加以反对的,但它们难道不也是黑格尔的辩证法从根本上——由其"绝对"的立场而来——要加以克服的吗?在这个意义上可以说,就维护"事情本身"和拒绝形式方法(其实质是主观思想及其外部反思)的坚决性而言,海德格尔乃是黑格尔的一脉嫡传。能够说明此点的一个有效事例是:当现象学方法也开始表现出形式主义的趋向,并落入到对于"事情本身"之无思想的技能轨道上去时,现象学家海德格尔就同样坚决地反对现象学方法。在谈到1913年胡塞尔的学生们用整整一个学期来争论一个邮箱如何显现时,海德格尔说:"如果这就是哲学,那么我完全赞成辩证法。"① 对于海德格尔来说,一个极为重要的步骤是从现象学进入解释学,或更确切些说,是进入解释学的现象学中;因此,如果解释学的主旨关乎"存在"解释的真理性,那么,他就无法满足于"前解释学的'现象学'"②。

但是,当代解释学的主旨并不能仅仅通过它与思辨辩证法的一致——指向"事物自身"或"事情本身"——来得到完整的理解。问题的一个同样关键的地方在于海德格尔同黑格尔的"争辩",就像我们非常熟悉的马克思同黑格尔的争辩一样。在《资本论》第二版的跋中,马克思一方面承认他是黑格尔这位大思想家的学生,另一方面又声言自己的辩证法与黑格尔的辩证法不仅不同,而且"截然相反"。③ 海德格尔同黑格尔的"争辩"与之类似:一方面,黑格尔的立足点和原则被看成"非同寻常之丰硕",另一方面却同时是"彻头彻尾的枯燥乏味"。在海德格尔看来,黑格尔正确地把"存在者"和直接表象阐明为抽象的、片面的和不真实的东西;"但他的全面的、被提供出来的、真实的东西,却(显然)仍然只是对抽象之物——最抽象的东西——的无条件辩护,因为存在之真理压根是没有

---

① 海德格尔:《存在论(实际性的解释学)》,何卫平译,商务印书馆,2016,第128页。并参见海德格尔《存在论(实际性的解释学)》,何卫平译,商务印书馆,2016,第89~90页。
② 海德格尔:《哲学论稿(从本有而来)》,孙周兴译,商务印书馆,2012,第196页。
③ 参见《马克思恩格斯选集》第2卷,人民出版社,1995,第111~112页。

被追问或不可追问的东西"①。很显然，这里的争辩最关根本地牵扯到"真理"问题：尽管黑格尔把真理规定为哲学的"目标"，但思辨辩证法却根本未曾追问"存在之真理"，相反，却使之成为不可追问的。如果说在黑格尔那里，作为"实体—主体"的绝对者既是最高的真理或真理本身，又是认识之真理的最终保障或哲学证明，那么，在真理议题上与黑格尔的争辩就不能不被归结到真理之为绝对者上帝（绝对精神）这个根本点上。对于马克思来说是如此（黑格尔虽然理解普遍者的决定性意义，但却在哲学上把普遍者神秘化了②），对于海德格尔来说也是如此："与黑格尔进行争辩，就是与他一起，讨论关于存在者本身和存在者之整体交织着的哲学的引导性问题，因此就是与特定的基督教意义上逻辑的，同时也是神—逻辑的 ὄν（存在者）问题进行争辩。"③

<h2 style="text-align:center">三</h2>

如果说，当代解释学的主旨乃是"真理"，而真理直接意味着通达于"物自身"，那么，对于解释学来说，为了维护真理对于物自身的一向承诺，就必须弃绝形式方法及其外部反思的运用——在这一点上解释学与黑格尔是一致的。然而，为了保证"我们的思想"能够真正通达"事物自身"，黑格尔以及整个现代形而上学都诉诸——依其基本建制不能不诉诸——神、上帝、绝对者，并使之成为意识—对象、思维—存在、主体—客体的通达本身。当这个具有决定性意义的支点开始动摇起来时，情形复又如何呢？事实上，在黑格尔去世后不久，绝对者在根基上的动摇就已经使之进入到临终状态了。我们不仅看到如马克思所描绘的那个"绝对精神的瓦解过程"，④ 而且不久之后又听到了尼采的尖锐呼声："上帝死了"——

---

① 海德格尔：《黑格尔》，英格丽特·舒斯勒编，赵卫国译，南京大学出版社，2018，第49页。
② 参见洛维特《从黑格尔到尼采》，李秋零译，生活·读书·新知三联书店，2006，第127页注释①。
③ 海德格尔：《黑格尔的精神现象学》，英格丽特·舒斯勒编，赵卫国译，南京大学出版社，2017，第123页。
④ 参见《马克思恩格斯选集》第1卷，人民出版社，1995，第63页。

这一呼声被很正确地把握为"超感性世界"腐烂了、坍塌了，不再具有约束力了。① 在这样的时代状况下，既然绝对者上帝不再能够真正持立，那么由绝对者来庇护的"事物自身"也就成为无本之木了。于是对哲学来说，只还存在着两种可能性：（1）在绝对者失效的地方遗忘真理并放弃通达于物自身的诉求，也就是说，无意识地滞留在现代形而上学的建制中，并从而在实质上规定自身为主观主义—形式主义的。（2）批判地超越一般形而上学特别是现代形而上学的基本建制，在绝对者失效的地方重建真理的立场，并从而在全然不同的本体论基地上（如果还可以这么说的话）通达于物自身。如果说前者乃是现代性意识形态支配下主导的知识样式之通常的情形，并在流俗的学术中到处表现出来，那么正是在后者的那种意义上，当代解释学开始承担起并拓展出它的思想任务。唯通过这样的思想任务，解释学才显示其根本的重要性并对我们的整个哲学社会科学具有独特的启发和推动意义。

我们之所以把当代解释学由其主旨而来的任务叫作思想任务，是因为它真正说来并不提供抽象的原则或形式的方法，以供一般的知识构造来进行外部反思的运用（马克思的学说同样如此）。毋宁说，解释学的实行是"非体系的"，并且决不依赖于抽象的、形而上学的"普遍者"，② 从而表现出海德格尔所谓从知识的态度转向思想的态度。不消说，这样的思想任务是非常艰难的，因为汪洋大海般的现代性知识构造——它全然从属于现代形而上学的建制——已然阻止了思想的通道并怡然自得地沉溺于"不思"；同样不消说，解释学思想任务的艰难性首先就在于：当绝对者丧失约束力时，真理及其与物自身的本质勾连如何才成为可能？海德格尔在其晚期讨论班中将决定性的困难简要地表述为："只要人们从 Ego cogito（我思）出发，便根本无法再来贯穿对象领域；因为根据我思的基本建制（正如根据莱布尼茨的单子基本建制），它根本没有某物得以进出的窗户。就此而言，我思是一个封闭的区域。'从'该封闭的区域'出来'这一想法是自相矛盾的。"③ 换句话说，在绝对者失效的地方，只要人们依然滞留

---

① 参见孙周兴选编《海德格尔选集》下卷，上海三联书店，1996，第 771、775 页。
② 参见海德格尔《哲学论稿（从本有而来）》，孙周兴译，商务印书馆，2012，第 69～73 页。
③ F. 费迪耶等辑录《晚期海德格尔的三天讨论班纪要》，丁耘摘译，《哲学译丛》2001 年第 3 期。

于现代形而上学的基本建制（"我思"之建制）中，对象领域就是根本无法贯穿的，"物自身"就是根本不可通达的，"真理"因此也是完全不可能的。

但是，如果说解释学的主旨乃是"真理"，从而其思想任务乃是在绝对者消逝的情形下使"物自身"继续成为可通达的，那么，唯一的办法就是通过一场真正的哲学革命（或可称为本体论革命）来废止现代形而上学的出发点（意识或我思）及其基本建制。在这一革命发生的地方，虽说哲学的整个结构和术语性质将发生根本的转移，但"真理"和"物自身"却在变革了的意义领域中被拯救出来（这里我们会回忆起黑格尔的说法——哲学的目标即是真理）。无论是对于马克思来说还是对于海德格尔来说，情况都是如此。与"遗忘真理"的无头脑全然不同，与"把对真理的无知当成良知"的自鸣得意尤为不同，马克思在《关于费尔巴哈的提纲》中就以"实践"为基础谈到了人的思维的"真理性"和"此岸性"① ——毋庸置疑的是：唯在"物自身"能够被真正通达的地方，才谈得上人的思维的"真理性"，才尤其谈得上它的"此岸性"（这当然只有通过一场哲学上的根本改制才可能做到，只是我们在此无法展开深论了）。同样，对于海德格尔来说，哲学上的根本改制首先就决定性地关乎"物自身"，关乎在绝对者失范的情况下物自身能够被通达："重要的是做出关于物自身的基本经验。如果从意识出发，那就根本无法做出这种经验。这种经验的进行需要一个与意识②领域不同的领域。这另一个领域也就是被称为此—在③的领域。"④ 在海德格尔使物自身得以通达且具有原则高度上的重要性时，真理——尽管以完全改铸了的样式出现——才得以重新持立。这样一来，我们也就能够理解1930年《论真理的本质》这个著名讲座的要义，并且不必惊讶于海德格尔和伽达默尔在其著述中为什么要对真理议题做出如此众多的发挥了。

---

① 参见《马克思恩格斯选集》第 1 卷，人民出版社，1995，第 55 页。

② Bewusst – sein.

③ Da – sein.

④ F. 费迪耶等辑录《晚期海德格尔的三天讨论班纪要》，丁耘摘译，《哲学译丛》2001 年第 3 期。

对于遗忘真理的学者来说，"事物自身"是根本不值得关注的，他们唯一所做而且能做的就是把抽象的原则（无论它们来自何方，也无论它们是知性的范畴或规律，还是公式、图式、单纯的"应当"或形式方法）运用到——先验地强加到——任何内容之上，并且据说如此这般的构造就是"纯良的"学术。不管这样的学术打着什么样的幌子，也不管它们属于何学何派，总而言之在其实质上是与当代解释学的主旨背道而驰的。因为这一主旨关乎真理，并且是唯一地根据通达于"事物自身"来为其思想任务制订方向的。只有在这一主旨及其思想任务被充分揭示出来并且被牢牢把握住的地方，才可能正确地理解和规定解释学的各种"原理"及"概念"，如"解释""理解""视域融合""效果历史"等，才可能在其真实的意义定向中来谈论构建"中国解释学"的必要性，并从根本上明确此种构建的主导性意图。

虽说我们在这里不可能开展出更加精详的讨论，但对于"真理"之最为切近的"事物自身"，还需有几句简要的补充。如果说"批判哲学"在思想—理论领域中彻底排除了通达物自身的可能性，并因而使其末流兴高采烈地把对真理的无知当成了良知，那么，黑格尔在同康德的争辩中正是试图在挽救"物自身"的同时复归"真理"。"康德所持的看法是：如果或由于我们所经验的东西是现象，所以我们的认识的对象就是单纯的现象。黑格尔反过来说：如果对我们来说首先可通达的东西就是现象的话，我们的真实对象恰恰就必然是超感性的东西。如果意识之对象性的现象特性被设定了，那么物自身或超感性世界的可认识性，恰恰在原则上得到了证实。"① 然而黑格尔是怎样做到这一点的呢？是通过"绝对化"。所以海德格尔在讲解《精神现象学》时要求特别关注"超离"（Absolvenz）一词，我们一眼就能看出该词与"绝对"（Absolute）同源。"绝对"就是无休止的"超离"，而这种无休止的超离就是辩证法。《精神现象学》所展开的全部运动，无论是从感性确定性到知觉，从知觉到知性，还是从意识到自我意识，从自我意识到理性，都表现为扬弃、提升、跃迁至绝对知识中

---

① 海德格尔：《黑格尔的精神现象学》，英格丽特·舒斯勒编，赵卫国译，南京大学出版社，2017，第134页。

去的全面的——一以贯之的——绝对化，即全面地超出现象的知识而达于物自身的知识（绝对知识），并在这个意义上揭示精神现象学的真理从而为绝对唯心论奠基。但是，在绝对者不再能够持立，因而这种绝对化的施行失去最终效准的地方，虽说精神现象学的真理性会以别样的方式保留下来，但在黑格尔那里的物自身——超感性的东西——又将如何呢？毫无疑问，物自身不再能是超感性世界的东西，更加准确地说来，它不能是感性和超感性之分割对立（一般形而上学建基于这种分割对立）中属于任何一边的东西。如果是这样的话，那是否意味着我们只能滞留于现代形而上学之知性反思的活动范围内，并且明智地不再置喙于事物自身了？不，至少当代解释学绝不作如是之想——因为它的主旨仍然是真理，而真理的意义仍然建基于"事物自身"。我们有必要去深思海德格尔关于事物自身的一个颇有趣味的妙谈："当我回想起在布斯克拉兹（Les Busclats）小屋中的勒内·沙尔，在那里向我给出的是谁或者是什么呢？是勒内·沙尔自身！而不是天晓得的什么（我以之为中介与沙尔相关的）'图像'（Bild）。"①这个拟喻无非是说：在现代形而上学的基本建制中，如果绝对者不再具有约束力，那么根本就不可能有勒内·沙尔自身，有的只是——而且只可能是——关于沙尔的某种"图像"（"我思"之表象）。但对于海德格尔来说，我与之打交道的东西是什么呢？是事物自身！"这是如此的简单，以至如何在哲学上使它变得可以理解，反而成了最困难的事情。海德格尔补充说，它在根本上仍未得到理解。"② 这里的说法当然不是就常识而言，而是就哲学思想的根本而言：既然现代形而上学建制中的知性反思不可能超出现象，并且止步于形式主义地描画（哲学上的说法是"构造"）"图像"，那就根本不可能"遇到"勒内·沙尔自身；也就是说，"在根本上仍未得到理解"的正是事物自身。如果说当代解释学的真理要求首先是能够面向并且把握事物自身，那么，随之而来的思想任务也就从根本之点上被确定下来了。

---

① F. 费迪耶等辑录《晚期海德格尔的三天讨论班纪要》，丁耘摘译，《哲学译丛》2001 年第 3 期。

② F. 费迪耶等辑录《晚期海德格尔的三天讨论班纪要》，丁耘摘译，《哲学译丛》2001 年第 3 期。

尽管此间的问题领域非常广大且哲学上的深究尤属紧要，但初步明确解释学的主旨和思想任务，将会极大地有助于廓清构建"中国解释学"的理论基地。我们在前面的讨论中已经表明：当代解释学就其实质而言不是什么形式方法（亦即由于其脱离一切内容而可以被运用于一切内容之上的方法），也不是什么单纯的技能或技艺，尤其不是什么隐幽而秘传的方术。如果说我们的解释学努力是在这样的方向上施展身手，那么它从一开始就已经误入歧途了。尽管施莱尔马赫和狄尔泰的解释学还在很大程度上囿于形式方法和专门技能，但自海德格尔以来，解释学已经在完全不同的哲学基础上来制订方向了。循此方向开展出来的解释学当然是普遍的，只是其普遍性决不意味着形式方法的普遍性（亦即抽象原则在外部反思中活动的普遍性），而是在存在论上重建通达事物自身之真理所要求并开展出来的普遍性。所以海德格尔1923年夏季讲座的标题就叫作《存在论（实际性的解释学）》，而伽达默尔亦是在同样的意义上讨论解释学问题之普遍性的。"我在此描述的是整个人类经验世界的模式。我把这种经验称为解释学的，因为我们正在描述的过程不断重复地贯穿于我们熟悉的经验中。"[①]不消说，解释学的经验就是我们在前面已经提到过的"关于物自身的基本经验"；同样不消说，正是解释学经验的普遍性首先对于我们的整个哲学社会科学来说具有重要意义，并为构建"中国解释学"提示出基本立足点上的初始指引。

　　如果我们根本无须这样的初始指引，那么我们就可以来谈论任何一些其他什么东西，而不必执意来讲求解释学了；如果我们深感解释学的必要性而又全然不顾其真正的哲学根基，那么，所有名为解释学的诸多皮毛就变得疏阔散宕起来，甚至根本不再是也不必是解释学的了。因此，尽管我们的讨论尚未涉及具体细节，但解释学主旨与思想任务的揭示已然表明：对于当今中国哲学社会科学的整体来说，解释学的积极介入将会是意义深远的；如果这种积极介入契合着中国哲学社会科学本身所面临的历史性转折（脱离其长期以来的"学徒状态"并获得它的"自我主张"），那么其

---

① 汉斯－格奥尔格·加达默尔：《哲学解释学》，夏镇平、宋建平译，上海译文出版社，1994，第15页。

意义将尤为深远。

这样的意义首先在于：从否定的方面来说，我们的学术必须从抽象原则及其外部反思的运用中摆脱出来，从先验的公式、教条、形式方法的活动方式中摆脱出来，一句话，从任何一种形式主义学术（其实质是主观主义）的桎梏中摆脱出来；① 而从肯定的方面来说，中国的哲学社会科学要能够开始深入事物的实体性内容之中，要能够去揭示和把握"既定社会"（马克思称之为"实在主体"）之自我活动的现实——尤其是当今中国的社会现实，一句话，要能够真正进入"事物自身"在其中活动和起作用的那个领域之中。如果说解释学的思想任务首先在于通达事物自身以维护真理，那么，它就在上述两个方面对中国学术的整体具有普遍意义，而"中国解释学"的建构正需通过这种普遍意义来为自己筹划和制订基本方向。

我们的意思绝不是说，解释学之进一步具体的原理、概念或方法可以是无关紧要的，也不是说，它在诸学科中的分化方式和独特运用是可以被排除的。我们的意思只是说，所有这一切，只有在解释学的主旨和思想任务被明确地把握住时，才可能运行在与其主旨和任务相契合的轨道上并具有实际效准。因此，举例来说，伽达默尔曾指证解释学起源于我们遭遇到的"陌生者"——与我们有"间距"的陌生者，如此这般的陌生者或者是传统，或者是外来物。这样的遭遇对于我们来说毫无疑问是高度现实的：由于中国自近代以来持续进行着的巨大转型，由于这种转型既要占有现代文明的积极成果又必然在其悠久的传统（不是"过去"，而是"曾在"）中生根，所以在黑格尔所谓"文化结合的艰苦锻炼"中，我们就不能不遭遇到作为陌生者的传统和外来物，所以我们就不能不长久地通过古今之争和中西之争来开展出思想理论的种种探索。如果说解释学在如此广阔的领域中可以大有作为，那么从根本上来说，真正的问题就不可能通过由形式方法而来的外在"比较"而得到呈现，也不可能通过名为"解释"的任意武断或琐屑诡计来得到应答（在这样的场合，陌生者与我们的间距根本不可能缩减）。与此相反，唯当解释学依其主旨和思想任务而诉诸事物自身

---

① 参见吴晓明《论黑格尔对形式主义学术的批判》，《学术月刊》2019 年第 2 期。

这一根本之点构成"理解"的批判性基础时，解释学已经产生出来的各种成果才会在我们面对的议题上积极地汇集，而它的动力意义才会在我们的学术活动中整全地显示出来——对于一般的哲学社会科学来说是如此，对于各门学科的解释学借鉴来说同样如此。

中国世界史阐释学的构建：路径与方法

◎ 朱孝远[*]

如何把中国的阐释学运用到世界史研究领域，对从事世界史研究的同仁来说，这是一件非常重要的事情。我们研究世界史，是我们中国人的世界史。它的根基、它的依靠，其实还是中国的历史学。中国的历史学在世界上是最完备、最好、也最有传统的，这里面有理论、有方法、有资源，是一座发掘不尽的世界宝库。

一　中国历史学的方法和功能

中国的历史学是求真的历史学，追求实证，有错必纠。中国的历史学也是考证的历史学，它敢于求善，敢于修正一切谬误。中国的历史学更是创新的历史学，它通古今之变，根据不同的场景随时调整史学研究的对象。中国的历史学是重视垂训的历史学，它搞资治通鉴，总结历史之得失，有效参与到中国的政治和社会生活之中。中国的历史学是有体系的历史学，小学功底姑且不论，但重史料、重实证、重理论是有目共睹的。最后，中国的历史学是高情感、高境界的历史学，之所以要"究天人之际，通古今之变，成一家之言"，目的是要实现世界大同。这样，中国的历史学具有能够帮助我们构建中国世界史阐释学的一些功能，如纠错、修正、

＊　朱孝远，北京大学历史学系教授。

促进和谐、根据需要随时调整研究对象、重实用、重垂训、重参政等。用通俗的话来讲，就是真、善、美、用、通五个中国字。这些都可以运用到世界史的研究中去。

纠错功能可以帮助我们纠正世界史上的一些错误，破除西方史学中的某些强制阐释。例如："近代早期世界文明"这个概念，就是西方学者根据欧洲的经验制造出来的一种强制阐释。"近代早期"，最早出现于西方历史学家的著作之中，被用来描述 1400 至 1800 年间或 1500 至 1750 年间的欧洲历史。这样阐释欧洲文明是没有问题的：文艺复兴、宗教改革、启蒙运动，连同地理大发现和民族国家兴起，奠定了欧洲向近代过渡的方向。

20 世纪中期，这一概念被西方学者引入世界史的研究之中，出现了麻烦，因为原生于欧洲的这个历史分期并不适用于分析整个世界。西方学者讲近代早期，无非是在讲欧洲的经验。但西方人写世界史，却想把欧洲的经验推向一般，具体的做法就是把与此同期的中华文明、日本文明、印度文明、非洲文明、伊斯兰文明都算作近代早期文明。更成问题的是，在他们笔下，欧洲是一枝独秀，是西方文明在影响世界。与西方相比，其他的文明，不是落后，就是都衰落了。

但在中国人看来，这种观点当然是名不副实的。一是各国的近代性是多元的；二是各国的近代性主要还是靠其内部的驱动力来触动的，尽管横向联系在增强，但在当时，诸多的变革主要依靠的还是内部的驱动力，而不完全是来自外部的横向压力；三是涉及历史分期的重新认定。例如：明清之际中国的国力很强，是否应当有中国自己的近代早期，是一个非常值得研究的问题。所以，打破西方的强制阐释，会涉及对这段世界史的改写，这会引发出一系列非常重要的研究课题。

另一种强制阐释是宣扬宗教改革失败论。20 世纪七八十年代，美国印第安纳大学杰拉德·斯特劳斯（Gerald Strauss）教授提出了宗教改革失败论。斯特劳斯认为，新教的传播基本上是失败的，因为"新教徒传递的信息主要是针对城里的富裕市民说的……然而，对大多数的男女来说，却在新教的教义中找不到任何什么有利于生存的价值，因为新教教义并未尝试将其训诫与普通人的实际需要和意愿结合起来。"① 斯特劳斯认为：路德宣扬的理念是迎合城市贵族而不是针对平民的，因此平民对新教思想普遍冷淡。此论一出，就有人宣称意大利的宗教改革也是失败的，加尔文的改革在法国也是失败的。这种解释完全不符合事实。因为路德的阐释对象是民众，结果是形成了社会共识和新教共同体。

中国的史学除了有错必纠之外，还具有修正的功能，这能够帮助我们修正世界史上一些概念。例如：西方人谈"近代民族国家"，主要是从国家结构的变化来论述的。欧洲中世纪政治分裂、地方割据、政权掌握在私人手里，军队的大部分也通过契约被掌握在私人手里。15、16世纪，欧洲出现了近代国家：国家统一了，主权完整了，还建立了常备军、官僚政治和统一的司法，被认为是与中世纪很不相同的近代民族国家。这种观念，用我们中国人的眼光来看，是需要修正的。

主权国家和完备的政府机构在中国出现得很早，秦皇汉武时代大致就已经具备了。我认为：要阐释清楚近代民族国家的性质，仅从国家结构变化来分析是不够的。这里至少要有五条线索。一是如上所述的结构变化。二是"民"这条线，如民生、民意、民愿、民权、民主，乃至于林肯所说的民治、民有、民享（"by the people，of the people，for the people"）。三是民族的发展，需要有大的民族文化认同，如产生出中华民族、德意志民族这样的大民族概念。四是民族文化的发展，就是与民族国家兴起相配套的民族文化兴起，具有人民的需要、知识精英的创作和国家政府的扶植三个要素。以英国为例，莎士比亚的戏剧反映出人民的需要和知识精英的创作，而英国政府对莎士比亚的戏剧也加以扶植，在剧场兴建、审查制度方面给予了大力协助。五是"近代"的含义，这要看政府是否大力推动近代工商业的发展，人民的意愿能否通过议会得到认可。这样，近代民族国家的概念才能算是比较完整的了。

中国史学强调通古今之变，要根据时局的发展随时调整历史研究的对象和方法。我们世界史的研究对象，也应当根据我们国家的发展和需要随

---

① Gerald Strauss, *Luther's House of Learning：Indoctrination of the Young in the German Reformation*, Baltimore：The John Hopkins University Press，1978，p. 307.

时进行调整。中华人民共和国成立以来，我国的世界史发展经历了规律探寻、知识型世界史、研究型世界史三个阶段，现在进入第四个阶段，就是中国的世界史阐释学。第一个阶段，在中国建立了马克思主义世界史体系；第二个阶段，改革开放要求对每个国家都要有所了解，出现了填补空白的知识型世界史；第三个阶段，是研究型的世界史出现，特点是学术性增强、有了"命题意识"、根据需要开辟世界史研究新领域、注重发现，旨在把中国的世界史研究推向世界；第四个阶段，就是今天在这里讨论的中国世界史阐释学，特点是要成一家之言，要从中国人的角度来谈对世界的认识，最后形成中国的世界史研究学派。上述进步，体现出了我国世界史研究的与时俱进。

中国史学分析国家的兴衰存亡，最终目的却是要实现世界大同。从这个角度去看，当今的世界，其实也是在朝着世界和谐这个目标发展。何谓现代国家？我认为，就是实现了6种和谐的国家，即国家与社会的和谐、国家与民族的和谐、国家与自然生态的和谐、国内与国际的和谐、政治精英与专业精英的和谐，以及最后，中央与地方的和谐。这种现代国家的理念，是从中国史学的历史经验中发展出来的，对现代世界的发展却有借鉴意义。

二 基础研究与决策研究相结合

我国的社会科学，可以分为基础研究和决策研究两种。由于分工的原因，基础研究在大学里进行，决策研究在政府部门进行。但是，基础研究如果不与决策研究结合，就会脱离现实；而决策研究如果不与基础研究相结合，其研究的深度也将受到制约。目前，这两部分并没有很好地结合起来。从政府的角度来看，有必要建立直属于政府的、对基础研究进行再研究的机构，这有利于基础研究与决策研究、理论研究与实践活动、文化研究与应用研究的紧密结合。例如：第二次世界大战结束后，美国不知道怎么对付日本人，于是就请人类学家露丝·本尼迪克特（Ruth Benedict）写个报告，告诉美国政府怎么对付战败的日本人。露丝·本尼迪克特写了一本《菊与刀》，却是专门研究日本民族性的专著。美国政府很高兴，把这本书送到一个再研究机构去,再研究机构得出一个实际的决策,说天皇制度不能废除,还应该按照日本的国民性与日本沟通,这是再研究机构给出的研究结论。可见有必要建立起对基础研究进行再研究的机构或机制。这样基础研究将变得非常有用,决策研究也将变得非常深刻。

撰写建立在基础研究上的决策研究的世界史著作是当务之急。基础研究与决策研究相结合,就能够写出冲击力很大的、建立在基础研究上的决策研究著作。[①] 我国世界史工作者厚积薄发,已经具备了撰写这种类型著作的能力。如果能够根据中国的需要,对世界上各个大国和中国的周边国家撰写这样的基础研究与决策研究兼顾的作品,那么我国的世界史研究必定会上一个台阶。以目前中国世界史研究者的能力,这项工作是完全可以胜任的。我们国家非常需要这样的著作,这是摆在每个世界史工作者面前的光荣使命。

中国的世界史研究,也要重视史学的垂训功能。中国古代的史官,要么本人就是皇帝的近臣,如司马迁;或者本人就是国家高官,如司马光。史官的参政功能是很强的。古代的史官,应该是国家的高级智库。从这个角度去思考,会产生一系列世界史研究的重要课题,例如:各个国家的接受模式、反应模式、行为模式。建议出版一批建立在基础研究上的决策研究的书,对世界大国和中国周边国家进行一番研究,不仅要谈各国的特点和要素,还要分析各国的国民性、思维方式、文化表象、价值观念、社会伦理、反应模式、思考模式、行动模式、自我修补能力等。这样的世界史著作,是非常有用的。

提出命题和解释命题,是世界史学术含金量的一种公认的标志,也是中国世界史阐释学的必要构成。所谓命题,实际上就是对某种关系的认识,或是对某种性质的确认。在世界史研究领域,这样的命题并不稀少,如:"没有穆罕默德就没有查理曼";"拉伯雷不可能不信教";"意大利是近代欧洲社会的第一个产儿";"封建主义是政府的一种类型";"马基雅维里开创了近代政治学"。遗憾的是,这样的命题大多是外国学者提出来的,

---

① 参见奥斯瓦尔德·斯宾格勒(1880~1936)的《西方的没落》;塞缪尔·亨廷顿的《文明的冲突与世界秩序的重建》,不管其观点正确与否,都属于这种类型的著作。

由我国学者提出来的命题却不多。中国的世界史阐释学要发展，一定要有提出命题的意识。中国学者是有这个能力的。近年来，在中国的世界史研究领域出现的一些新的阐释就很值得注意。例如："在封建主义薄弱、人民力量强大的地方，有可能直接建立共和国，如瑞士、荷兰模式"；"德国农民战争的革命性不仅在于反封建，更在于创建新体制，即自下而上地建立人民共和国"；"宗教改革的革命性，在于建立近代的制度"；"民族国家的建立由国家结构、民意、大的民族文化认同、民族文化、发展近代工商业五个元素互动产生"；"现代国家的要素在于实现六个和谐，即国家与民族、社会与国际、中央与地方、专业精英与政治精英、国家与生态之间的和谐"；"西方文明底座不稳，却高精尖。它的制度变化是替代性的，每一次变革，都对旧有制度摧毁得很彻底，当然付出的代价很大"；"西方文明的运动方式是稳定阶段、焦虑阶段、争论和批判阶段、做实验阶段、革命阶段、整合阶段、制度建设阶段"；等等。

建立中国世界史阐释学的目的之一，是增进世界史研究的学术性、有用性、前沿性和中国特色。我们怎么能够走向前沿？一是不在国际学术分工链的中低端做学问；二是需要提出原创性的重大理论，解决瓶颈问题；三是建立世界领先的新学科，扬长避短，调动资源，出其不意，做我们擅长的学问。当然，最重要的是坚持中国特色。如何在世界上具有发言权，最重要的是要拥有具有鲜明中国特色的科研成果。在科技方面，"青蒿素"的发现、"超级水稻"的培育，都是极具中国特色、令世界瞩目的伟大成就。在世界史研究方面，我们也要做出世界公认的学术成果。只有这样，我们才能够与其他国家一起制订学术规则。我们要有让世界学习的中国成果，特别是在学科、方法论、理论建设方面的成果。过去我们倡导与世界接轨，现在我们还要积极参与国际学术规则的制定。中国的世界史研究做好了，其他国家就会向中国学习。这样，中国与世界之间的互动、双赢、多赢局面也就容易形成了。

三　区域文明、欧洲研究和学术话语权

重视世界史研究中的文化要素，就是寻找当下中国世界史研究新的突

破点。一个需要重点加强的领域是区域史（区域文明）研究。当前的世界，是在民族国家、区域文明和全球化三级单位中运行的。以中国学者的研究而论，国别史研究得较好，全球史的研究方兴未艾，但对区域文明研究显得很不够。此外，我们对世界各国发展内部驱动力的研究也有待加强，对国与国之间的横向联系研究得也不够。这些都需要调整。

让我们以研究欧洲区域文明为例：第一步，可以考虑选择五个具有代表性的欧洲国家，每个国家分撰一卷，成书五卷，专门探讨该国的要素、特点、反应机制、自我修补能力等。第二步，选择欧洲的几大板块，每个板块撰写一卷，共成书四卷：第一卷，原属罗马帝国的板块，包括英国、法国、西班牙、意大利等国家。第二卷，非原罗马帝国属地的板块，主要是德国和奥地利。第三卷，俄罗斯和东欧的板块。第四卷，土耳其及其他国家的板块。这四卷书研究的重点是各个板块的特点、板块之间的关系及碰撞。第三步，撰书一卷，论述欧洲整体文明的特点、要素、强势所在、弱点所在、行事模式、反应模式、自我调节能力等。第四步，撰书一卷，论述欧洲文明与其他文明的关系（主要是与中华文明、亚洲文明、美洲文明、非洲文明的关系，以及与全球化的关系）。第五步，在上述研究的基础上，成书一卷，专门论述研究区域文明的解释体系、方法论、规律，及关于区域文明的理论。这项研究的最后的成果，是一套十二卷的研究欧洲区域文明的丛书。

世界史阐释学为我们提出了新的要求，迫切需要我们回答下面的十四个问题。第一，什么是我们最大的特点？第二，什么是我们的不可取代性？第三，什么是我们的弱势和我们的瓶颈？第四，什么是我们最大的优势？第五，当前最前沿的科学技术在哪里？最优秀的管理模式、教育模式在哪里？第六，什么是国家、社会、部门、读者、学生的需要？什么是他们最需要的产品？第七，什么是我们的资源所在，包括潜在的资源和潜在的能力？第八，什么是我们发现问题、解决问题的能力？第九，什么是我们的交流能力？第十，什么是我们对于学科发展、社会发展的整体的认识？第十一，什么是新的增长点？第十二，什么是我们的综合实力（综合国力），包括政治、经济、文化、态度和决断能力？第十三，什么是我们的发展战略？第十四，什么是我们的快速反应机制？这些问题非常重要，其实质，也就是文化的问题。

剖析西方文明的特性、成败和兴衰，对崛起中的中国来说，具有现实意义。希腊、罗马、文艺复兴、启蒙运动等传承下来的西方文明，是一个与东方文明相对应的强势文明。近现代，又融入了英国、法国、德国、意大利、西班牙、美国等元素，发展成为在当今世界具有巨大影响力的区域文明。西方文明的兴起和发展，为人类做出许多贡献，但也走过弯路，存在不少失误和教训。就西方文明的研究而言，国内外都出版过许多世界史、欧洲史、专题史、国别史的专著，但唯独缺少全面剖析其特性、得失、成败、兴衰、经验、教训的专门性著作。

这种研究难度很大，但我们愿意知难而进，以历史为依据，以现实需要为动力，以专题分析为手段，开拓出这一个研究领域。首先，要对西方文明形成、要素和特色进行研究，包括西方文明形成的基础、西方文明形成的过程、西方文明的要素和特性、西方文明的运动方式、近现代元素的加入、西方主要国家在文化上、制度上的差异性等。其次，要对西方文明影响力进行研究，包括对西方文明的结构、张力、造就西方强势文明的原因、西方的理性化、科学化、工业化进程、政府和政治制度的影响力、经济的影响力、文化的影响力、军事的影响力、科学技术的影响力、资源配备和应用等。还要对西方文明的要素、动力、整合能力、自我修补能力、克服危机能力进行研究，只有从静态结构和动态演变多个层面上进行立体分析，才能对西方文明的整体实力进行估算和分析。最后，要对西方文明兴衰、得失、经验、教训、后果进行分析，探讨西方文明发展过程中的成功之处和失败之处，从经验、教训、启示三个方面对西方文明进行辨析，尤其要阐明在哪些方面西方是在世界上领先的，在哪些方面西方是停滞的、落后的甚至是造成恶果的。我相信，这样的研究对我们国家是有用的，是具有现实意义的。从战略高度看，总结西方文明的经验教训，并且总结中国国家发展的要素，将有助于加速我们国家高速发展，能够为增强中华文明的综合国力提供理论、实践和历史依据。

我们可以从欧洲治乱兴衰中总结出一些具有价值的东西。例如：文化是怎么让希腊统一的？中世纪的日耳曼王国是如何消亡的？英国是如何治理雾霾的？英国的政治是如何获得平衡的？西方国家是如何通过开放获得资源的？果断的决策为何能够为一些国家赢得先机？家族统治如何让位于国家统治？现代国家如何获得六个和谐要素？文艺复兴运动爆发的文化原因是什么？政治和道德为什么都是政治学的要素？如何认识大国重心转移的原因？"知识就是力量"如何改变欧洲命运？中央和地方之间应当如何获得和谐？国内与国际之间如何相处？国家与社会之间如何共赢？为什么"民族"一词也能够叫"国家"？国家与自然生态之间如何和谐？传统精英与专业精英之间应当如何协调？如何理解政府功能的扩大？德国历史发展的要素是什么？法国、英国、德国等不同的国家在民族性上有何不同，有何各自的思维定式？国家的创新能力指的是什么？为什么文艺复兴时期的艺术是"两面神"（批判与创新兼具）？亚历山大的远征为什么无法成功？为什么要突出文化的引领性？社会发展有何顺序？"先文化、再政治、再经济"的发展顺序是否合理？什么是欧洲文明的运动方式？为什么说最好的投资是对人的投资？为什么德国的自然科学力求各个方面同步发展，没有"攻关工程"那样的作为？哪些欧洲国家是后发制人，其迅速崛起的原因是什么？具有深厚文化传统的国家应当如何发展？这些问题非常重要，只是限于篇幅，这里只能择要论之。

人文学者的研究至关重要，他们揭示出"文化兴，则国家强"的规律。人类通过"文字、城市、国家"告别了蛮荒，今天的人们通过"文化、科学、创新"建造现代世界。一部世界史就是文化的克敌制胜之道。数千年来强国必然都是文化大国，都是文化、政治、经济、军事综合国力的综合发展。文化是灵魂，是治乱兴衰、富民强国的根本。没有文化，哪有思想；没有思想，哪有创建；没有创建，哪有强邦富民之策。当今世界谁在文化上领先，谁就引领世界制高点，人文研究推动国脉昌盛，这是人文学者的责任。

文化是国家发展的大战略，把中国文化置于世界大文化的格局中看，能够知道为中国找到一个世界发展中的有利位置是何等重要。在世界大文化格局下，国家是按照规则逐步发展起来的，正如一个齿轮咬住另一个齿轮，却又在运动之中有规则地行进。从这种意义上看，文化代表了一种高层次的和谐、相容和包容。当今世界，谁具有文化上的引领性，谁就拥有建设现代国家的制高点。研究文化关乎国富民强并且触及国脉，对此又有谁能够不参与、不投入呢？

以中国史学为基础、为依靠而发展出来的中国世界史阐释学必定会走向世界。所谓的世界史学术话语权问题，就是要在国际社会中建立学术、道德声望和诉求产生的全球号召力。为此，有必要在建立起全球视野的同时发展我们高水平的世界史研究体系。但是，在世界史某些研究领域里，仍然存在着模仿跟踪多，创新突破少，关键领域创新能力明显不足，已成为制约我国世界史研究发展的突出矛盾，这不仅意味着我国在现代化的进程中，将付出过高的经济成本（如内容重复的作品大量问世），更严重的是迫使我国的世界史研究在结构调整和研究升级中受制于人，甚至可能长期被锁定在国际研究分工链的末端。一方面，要克服模仿跟踪多、创新突破少，关键领域原始创新能力不足的弱点；另一方面，要提升自主创新能力，进入创新型国家行列，使我们国家不仅在经济上、也在学术上担当起一个负责任的发展中大国的责任。因此，阐释型世界史的发展，不在于它的范围之广，而是要在名副其实的情况下体现它的学术前沿性。我国当前世界史研究最为紧迫的任务，是发挥我们的优势，创作出一批优秀的、在世界上领先的成果。这样，如何建立起一套适合中国国情的世界史评估体系，如何确保我国的世界史研究在最前沿、最高端的平台上进行，如何解决基础研究与决策研究的接轨问题，成为现阶段提升我国世界史研究能力的三大要素。

现在，让我们回到阐释学这个名称上来。阐释学的"学"，不仅是指一门学问，还是指一个学科、一个学派、一种科学。可以说，当代中国的世界史，将会随着阐释型史学的兴起而发展。无论如何，建立世界领先的新学科，大力发扬世界史的创新意识，向世界学习，同时又以鲜明中国特色回馈世界，这正是当代中国世界史研究学者应当做的事情。今天，我们之所以担忧，是因为我们尚未把我国研究型世界史的全部潜能充分发挥出来；所以有望，是因为我们已经把一个日趋完美并已高度发展的现代中华文明奉献给了世界。作为世界史工作者，我们所能创造的，是一个具有鲜明中国特色的研究型世界史体系：它历经考验，方兴未艾，接受挑战。当然，今天我们所面临的，并不是中国是否已经拥有了高水平研究型世界史的问题，而仅仅是如何使之臻于完满。

中国阐释学传统及转向

◎ 干春松[*]

一 中国学术中的阐释学传统

在中国古代思想的形成时期，就开始了以阐释（又称"解释"）为特征的思想展开方式，比如，孔子说自己是"述而不作，信而好古"（《论语·述而》），就是把自己放在古代圣王的政治理想和价值观念的"记述"与"阐释"者的身份上。这样的传统也被后来的儒家学者所继承。在汉武帝接受董仲舒的建议，设立"五经博士"来传承不同的儒家经典注释体系之后，中国古代的思想学术逐渐确立起以"经学"以及"经典注释"为基本形态的传统。经学作为一种极具"实践性"的解释传统，为传统中国的政治和社会生活提供了价值基础，甚至是实践指南。我们在《孟子》中可以读到这样的句子："王者之迹熄而诗亡，诗亡然后春秋作。"（《孟子·离娄下》）由此可见，不同的经典所提供的是不同的政治理想。虽然在不同的儒家学者那里，不同经典对社会功能的解释各有不同，但经典解释并非知识的一种简单活动，而是借由经典解释来确立制度和观念的过程。在不同时代，经典的解释方式有很大差异，比如，在汉代主要是今文经学和古文经学之间的争论，而魏晋时期的经典解释吸收了道家思想的因素，因此带有传统经典解释中最为充分的"哲学"意蕴。到宋代，程朱

---

* 干春松，北京大学哲学系教授。

和陆王之间，存在着为学功夫的差异，但他们的解释方式一般都被归入"宋学"，而与注重文字考订的"汉学"相异。

与此同时，佛教的传入也给我们积累了许多不同文化之间的经典如何通过翻译而建立起阐述原则的经验，比如"格义"作为一种理解方式很早就得到陈寅恪和汤用彤先生的关注。在魏晋南北朝的佛教文献中，"格义"是指讲经活动中对佛教经论里出现的术语加以解说。其中很多新的概念因为没有合适的对应词汇加以匹配，就需要"格义"。从某种意义上说，格义就是一种对于阐述方式的"方法论"反思，而并不单纯是一种阐述活动。

鉴于中国思想传统有如此多的阐释活动，所以在20世纪90年代，汤一介先生就提出了建立"中国解释学"的期望。为此，他专门撰写了四篇论文，讨论建立"中国解释学"的可能性的问题，他把中国古代的解释传统归纳为三种。① 一是"历史事件的解释"，以《左传》对《春秋》的注解为代表，在对"事件的历史"进行诠释的过程中，形成一"叙述的历史"。二是"整体性的哲学解释"，以《系辞》对《易经》的发挥为代表。解释者的头脑中已经有了先入为主的架构模式，然后用这个总体性的模式来调度材料，展开诠解。三是"社会政治运作型的解释"，以《韩非子》对《老子》的论说为代表。《解老》篇大多以法家的社会政治观点来解释《老子》，很少涉及形而上的层面；《喻老》篇则更甚，干脆直接用历史故事来说明君主成败、国家兴衰之故，完全是政治功利性的。除了这三种解释模式（历史的、哲学的、政治的）之外，先秦典籍中还可以找出一些其他的有关解释问题的方法，但就解释的系统性和对后世的巨大影响而言，显然上述的三种解释模式是最为重要的。

不过，汤一介先生认为真正的"中国解释学理论"应在充分了解西方解释学，并运用西方解释学理论与方法对中国历史上注释经典的问题做系统的研究，又对中国注释经典的历史（丰富的注释经典的资源）进行系统梳理之后，发现与西方解释学理论与方法有重大的甚至是根本性的不同，也许才有可能成为一门有中国特点的解释学理论（即与西方解释学有相当

---

① 参见汤一介《论创建中国解释学问题》，《学术界》2001 年第 4 期。

大的不同的以研究中国对经典问题解释的理论体系），他提出，我们是否能建立起一种与西方解释学有相当大的不同的"中国解释学"，或者说有无必要建立一种与西方有相当大不同的"中国解释学"理论与方法，都要经过对上述问题认真研究之后才可以得出合理的结论。因此汤一介先生晚年设立北京大学儒学研究院，设计的课题中最为重视的就是"中国解释学史"，并申请到了国家社科基金的重大项目"中国解释学史"，由王博教授牵头。的确，因为对中国解释学认识的不同，课题设计做了很大的修改，最后确定的是根据儒释道不同的思想传统来分别撰写。与此相关的还有一个北大自己支持的项目："中国经学思想史"，虽然侧重于从思想史的角度来概括，但与中国解释学史也有很大的关联。①

对建立中国阐释学传统进行过努力的不仅仅是汤一介先生，美籍华裔学者傅伟勋、成中英和台湾学者黄俊杰都提出过不同思路理解中国阐释传统的方案，也初步提出了一些方法论的思考。山东大学和岳麓书院也有专门的解释学研究机构。从这个意义上看，中国阐释学应该并不算冷门学科。甚至可以这么认为，随着中国哲学的研究逐渐注重经学研究，中国阐释学的研究甚至学科化的建制正日益成为可能。

二　中国近代以来阐释模式转变中的"强制阐释"

张江教授针对西方文艺批评理论中出现的"强制解释"现象的判断和批评，有很强的针对性。但在我看来，这个问题如果放在历史或我个人从事的儒学史研究领域，则可以展开出更多的角度。就拿张江教授所提出的"强制阐释"的第二点"主观预设"来说，张江教授认为"主观预设是强制阐释的核心因素和方法。它是指批评者的主观意向在前，预定明确立场，强制裁定文本的意义和价值"，从而出现前置立场、前置模式和前置结论的几大误区。② 这些分析对于剖析西方文艺理论中的一些问题，堪称一针见血。不过，如果回溯人类的阐释历史，我们也可以认为，人类的阐

---

① 参见干春松《汤一介与北京大学儒学研究院》，《博览群书》2014 年第 11 期。
② 参见张江《强制阐释论》，《文学评论》2014 年第 6 期。

释活动，也正是建立一个又一个"强制阐释"，然后再不断突破的过程。固然"公共解释"是一种理想的形态，但在现实中却是难以做到的。

这一点《元史学》的作者海登·怀特的态度值得肯定，他在对欧洲19世纪的历史写作进行总结的时候，"心平气和"地总结出当时历史写作中对三种历史事件的解释方式：（1）情节化解释；（2）论证式解释；（3）意识形态化解释。这就说明，人们的历史写作会不自觉地采用某种模式，这些模式一定会受到一些主观态度的影响。① 如果以海登·怀特的方式来反思张江教授的阐释模式，那么我们可以看到，张江教授对于强制阐释的批评十分准确，却是用"理想"来批评"现实"，而不是将"理想""照进""现实"。

汤一介先生在倡导建立中国解释学的时候，主要考虑到了中国古代的解释实践，然而问题的尖锐性则体现在中国近代思想的变迁中。中国古代儒家价值具有独尊的地位，但这种独尊地位的确立并没有剥夺其他思想的生存和发展，所以儒释道三教各擅胜场，发展出不同的解释范型，从而形成中国思想的丰富性和复杂性。反观近代，西学的进入、外来宗教的传播具有不平等条约的支持。更为关键的是因为西方的经济和军事强势，完全摧毁了中国人的文化自信，儒家的价值被否定，以富强和保国为目标的自强运动，实质上使西方的价值观具有一种"意识形态"的地位。由此造成了启蒙话语的立场前置和结论前置。所以，晚清时期的许多思想争论其实是争夺价值观制高点的思想运动。在张之洞等人的中体西用论看来，无论社会如何变迁，无论引入西方多少技术和设备，儒家价值的绝对性是不能被怀疑的。换句话说，就是保教构成对于保国和保种的优先性。

而在严复看来，中体西用恰如牛体马用，是一种"反逻辑"的推论，要学习西方，就不能只引进技术，而不吸收他们的价值观和思维方式。在这个争论中，我们可以看到的是两种价值观的争论。如果站在阐释学的立场来看这个问题，我们可以看到张之洞是站在儒家立场的"强制阐释"，而严复则可以算是启蒙价值观先行的"强制阐释"。

在张之洞和严复争论后的20年，中国历史发生了巨大的变化，新的国

---

① 参见海登·怀特《元史学——19世纪欧洲的历史想象》，陈新译，译林出版社，2009。

家建立起来，新的学堂也取代了古代的私塾和书院，西学的传播获得了新式学堂这样的制度性支持，但是政治制度的反复，让新式知识群体将社会问题的症结归结为儒家传统的作用，在这样的意识指导下的新文化运动，高举民主与科学的大旗。从一方面来看，主张民主和科学对于中华民国成立之后的政治动荡和军阀混战的复杂形势下，启发民众的政治参与热情和参与能力是必要的；但另一方面，这样的启蒙是建立在一种价值先行的基础上的，所以许多文章对儒家的否定构成了另一种"强制阐释"，是用一种新的强制阐释来否定前一种强制阐释。之所以做这样的分析，并不是说不需要反思"强制阐释"的问题，而是试图说明，人类社会的认识发展是建立在一个又一个认知模式基础上。这样的模式的建立不仅会得到政治或宗教权力的支持，在某种程度上也是人类认识能力的一种体现，因此，我们要警惕强制阐释，但不可能避免这种现象的存在并在人们的认识实践中发挥作用。

三　中国近代以来阐释模式转变背后的价值因素

这次在三亚的活动中，听到了许多有启发性的报告。文艺理论方面的论题离我的知识积累比较远，我主要对吴晓明和傅永军两位教授的发言提出一点看法。

我特别同意吴晓明教授所提出的建立中国的阐释学要吸收中国传统和西方解释学资源的设想，这一点与汤一介、傅伟勋等先生的设想一致。中国阐释学的发展必须吸收发生与壮大于19、20世纪欧洲的西方解释学的理论成果，将阐释学从具体的阐释实践中提炼出来，形成一种系统的方法论。也正是如此，汤一介先生才认为同样富有阐释（解释）实践资源的中国也应发展出自己的阐释理论。

中国近代新的知识体系的形成，其实就包含着对于中国阐释模式的反思。比如王国维，在他早期热衷于哲学的阶段，他认为哲学应该追求永恒的真理，而非一时一地的是非曲直（这有点类似张江教授提出的"公共阐释"），[①] 因

---

① 参见张江《公共阐释论纲》，《学术研究》2017年第6期。

此，他有意识地对中国古代哲学的几个核心概念进行"重新阐释"，他选择的是"论性""释理""原命"等。在《论性》中，他提出中国古代的人性论，一直在人性善恶上下功夫，从而发展出修养论和功夫论。王国维认为一旦从善恶论"性"，则已经落入经验性的现象，而不能如康德哲学那样讨论先天的形式，所以中国思想史的人性论都只能算是"无益的议论"。① 类似的讨论也发生在严复那里，严复认为中国古代逻辑只注重演绎，少关注归纳，因此，新的知识很难产生。而许多内在的提悟性的思考，因为缺乏逻辑的支持，并没有理论价值，对此，他特别批评王阳明的心学。② 由此可见，站在西方哲学的立场上，中国哲学或被看作缺乏逻辑支持的道德教条，或被看作无益的议论。

在这样的观念影响下，中国传统的经学要么被认为是缺乏"科学"依据的，要么被归入"史学"。前一种情况主要体现在对待"公羊学"的态度上。公羊学作为一种经学传统在汉代达到其高峰，出现了董仲舒、何休等奠基性思想家，他们创立了公羊学的一些基本理念和阐释方法。公羊学强调"口说"和"微言大义"，因此在"科学"的眼光中，其学术价值存疑。晚清公羊学复兴，康有为和廖平将之作为主张社会变革的理论基础，这就造成了双重的质疑：一是经学内部中的古文经学家（章太炎等）对之的批评，二是政治上的保守派借由批评公羊学而反对改革。在这双重压力下，加上康有为在政治上的保皇特性，导致儒家内部对康有为的拒绝，我们从熊十力和梁漱溟等早期新儒家的著作中都可以看到，他们将康有为视为儒学的"负资产"。

这里需要提一下的是吴晓明教授所强调的章太炎和傅斯年。看上去章太炎和傅斯年之间存在着一定程度的一致性，即作为古文经学家的章太炎反对康有为的孔教论而强调语言、典章和制度作为文明的承载者的重要意义。这一点使得顾颉刚、傅斯年等早期北大学生视章太炎为"同调"，但很快他们发现了章太炎本质上还是一个"经师"，因为傅斯年他们所要剥离的是在历史上"层累"（顾颉刚词）的价值和意义。从这个角度看傅斯

---

① 参见谢维扬、房鑫亮主编《王国维全集》第 1 卷，浙江教育出版社，2009。
② 参见王拭主编《严复集》，商务印书馆，1986。

年的《性命古训辨证》，他通过对"性"与"生"关系的辨析，实质是要剥离缠绕在人性论讨论背后的儒家修养理论，这背后体现的是现代学术体系传入中国之后，传统的价值观无处存身的状况。①

有人说近代中国的阐释模式的转变背后是一个"真理"取代"天理"的过程。马克斯·韦伯就提出了现代性所带来的工具理性对于价值理性的"覆盖"，现代史学对于历史文本的解读，就是一个以"工具理性"取代"价值理性"的过程。孔子删定春秋，主要是要确定"褒贬"的标准，司马迁编撰《史记》目的是要"究天人之际，通古今之变"，不仅仅是呈现"事实"，更是要凸显价值。而现代史学所强调的"客观"和"真实"根本上颠覆了历史的价值功能。问题在于，当我们用"真理"去取代"天理"的时候，这是不是另外一种伪装成"真理"的"天理"。

回到张江教授的主题，当我们在辨析"强制阐释"问题的时候，该如何看待这样的价值转型的问题。同样，我也看到张江教授所撰写的对于"阐"和"释"的意义清理，这当然是建立中国阐释学的基础性问题，但如何达成"公共阐释"则应该是更为关键的问题。

对于傅永军教授所提出的中国有解释实践没有解释理论这个问题，我觉得也值得商榷。在经学的阐释实践中，不断总结出其背后的理论体系，这方面尤其以公羊学的理论自觉最为突出。熟悉公羊学的人都知道，公羊学的发展其实就是对公羊传所包含的阐释理论的归纳与总结，比如"属辞比事""隐恶扬善""文与实不与""夷夏"，还有"三统""三世"等，②这些体例的总结，本身就是对公羊阐释理论的总结。其他如魏晋玄学中的"言意象"关系的讨论，也是阐释理论的一种总结。只是以前人们并没有从"阐释理论形态"上去看待这些问题而已。

对此，中西不同学科背景的人需要互相学习，我们这些以中国哲学为专业的人要下功夫去了解西方的解释学理论和实践，而西学背景的人也要更为深入地了解中国经学的各个层次的问题，互相借鉴才可能真正发展出中国的阐释学理论。

---

① 参见傅斯年《性命古训辨证》，上海古籍出版社，2012。
② 参见《春秋公羊传》，黄铭、曾亦译注，商务印书馆，2016。

四　阐释者的立场对阐释活动的决定性作用

阐释活动是阐释者对于文本所包含的写作策略和价值指向的一种阐明，目的是展现作品所包含的丰富内涵。如果我们接受这样的说法，作品的完成意味着作者的死亡，这就意味着阐释者对于作品理解的决定性意义，这客观上也为"强制解释"提供了可能。然而，对于经典而言，问题要更为复杂一些，首先经典的地位决定了经典的存在甚至本身成为解释的前提，尤其是信仰性文本。西方解释学最初起源于对于《圣经》这样的文本的编纂和流传的考察，但所有的努力都是为了确立经典的绝对性。

反观儒家经典的状况就比较复杂一些。儒家并没有发展成为一神教，因此儒家经典的绝对性并没有得到神学性的规定，而只是世俗权力体系的肯定，这就意味着经典一直存在着可讨论的空间。比如朱熹就一直在考虑《大学》的定本问题。我听杜维明先生讲过一个故事，他与史华慈先生在哈佛大学讨论儒家经典的时候，发现儒家学者经常会说经典的某一部分可能会出现传抄错误之类的话题，就觉得不能理解，但事实上"疑经"本身就是经学传统中十分重要的部分。但是对于经典的"怀疑"并不是要怀疑经典所要传达的价值，而是认为不同的编排可以更为准确地体现儒家的价值观。所以在儒家的阐释传统中，阐释者的主体性一直得到某种程度的肯定。如果我们以此来考察现代儒家学者的身份意识，对于理解现实中存在的种种阐释策略就很有帮助。当经学瓦解之后，儒家只成为一部分人的价值依归，因此当阐释者以信仰者的身份对儒家经典进行解释的时候，他们的目的就是要重新确立儒家价值的现代意义。

但在蔡元培废除经学科之后，儒家文本已经是中国学术体系中文史哲不同学科的重要内容，由此，这些经典也成为学术研究的对象。如果阐释者宣称自己的学者身份，那么他就会强调客观和科学的态度来对待文本，有意识地剔除"情感"和"敬意"这样的价值投射。儒家作为一种价值观，深入百姓的日常生活，因此，亦有一批以民族文化的弘扬者的身份自居的文本阐释者，我们在各种国学班和商业培训机构中可以看到他们的身影。当然，我们还可以总结出别的身份状态，分析阐释者的立场对于我们了解不同的阐释态度是十分有价值的。

综上所述，无论是阐释学体系的建构、如何对待中国古代的阐释传统、如何看待近代中国学术转型所带来的阐释体系的转变，以及对于阐释主体的角色分析，对于我们分析中国阐释学的可能发展方向都具有十分重要的意义。就我了解的情况而言，目前中国有许多不同学科背景的人，都在思考与阐释学有关的问题，因此，中国阐释学并不是冷门学问，而是一个充满活力的学科。

阐释的知识图谱重建

◎ 张政文 *

当代历史书写中的虚无主义有其文化情境、政治动机、社会诉求，但更深层的原因在于阐释观的迷失。消除当代历史书写中的虚无主义，要清除其文化情境，消解其政治动机，解构其社会诉求，同时也要深入当代历史书写中的虚无主义内部，从历史的阐释立场、阐释目的、阐释路径、阐释方法入手，反思当代历史书写中虚无主义的阐释观迷失之根本，在当代历史书写中重建阐释的知识图谱，为实现当代历史书写的史实真实性、思想真理性、知识公共性提供确当而合理的阐释观。

一 当代历史书写中的三种虚无主义阐释典型及其根源

当代历史书写中的虚无主义以"粘贴式阐释"、"病历式阐释"和"戏说式阐释"为典型，导致历史书写真实性歪曲、真理性遮蔽、知识性丧失。究其失误之根源，在于历史书写中理论转场失败，进而导致强制阐释。历史书写的宗旨在于对纷繁杂多的生活现象和社会状态进行理性的逻辑整合与普遍性的理论建构，实现历史的知识阐释。通常，借用具体阐释文本之外的其他理论立场、观念、方法来阐释历史文本，是历史书写的重要路径与方法。"如经典马克思主义美学的基本原理、方法，来源于辩证唯物主义、历史唯物主义和政治经济学；中国古代美学的主要观念，来源

---

* 张政文，中国社会科学院大学教授。

| 中国阐释学的兴起 |

于中国古代哲学、伦理学；西方美学的概念范畴大多源于西方哲学、社会学、政治学。"① 这就是我们所说的理论转场。合理的理论转场是中外历史书写不断复制、进化、发展的关键方法，也是历史阐释持续拓展、深化、超越的重要路径。

当代历史书写中的虚无主义也采用了理论转场的路径与方法。不过，由于其历史书写的阐释观迷失，历史虚无主义却不能正确合理地实现理论转场，从而产生了严重的历史阐释错误和书写谬论，集中体现为"粘贴式阐释"、"病历式阐释"和"戏说式阐释"三种典型。"粘贴式阐释"误用历史就是思想史的理论，以某些既定的理论、观念粘贴丰富的生活现实与社会现场，用独断的主观逻辑剪裁客观的历史发展。如用韦伯的市民社会理论和新教伦理观念重新书写中国近现代史，将中国近代半殖民地半封建社会性质剥离出中国近代历史现场，导致中国近代史的书写严重失真。再如错用康德审美非功利观念，用所谓"审美标准"为中国现代作家重排文学史座次，使鲁迅、郭沫若、茅盾、巴金、老舍、曹禺等名家作品失去文学史经典地位，从而背离了中国现代文学史的知识性等。这种"粘贴式阐释"使当代历史书写被虚无为观念的剪裁史、理论的粘贴史，正像当年马克思批评黑格尔辩证法时说的那样，观念主宰现实、逻辑强暴历史，"辩证法在黑格尔手中神秘化了……在他那里，辩证法是倒立着的"。② "病历式阐释"滥用"人人都是自己的历史学家"的理论，将完全个体私域的日常生活混同为社会现实的客观历程，个人的性格特征甚至心理缺陷被阐释为历史的根源，书写成历史的本体，消解了历史的社会性和真理性。如通过阐释个人的婚姻生活，质疑郭沫若对新文化运动的历史贡献。再如，将近现代历史人物的个人生活失误、个别行为失当书写为整个中国近现代文化的疯癫与乖张，很像当年马克思和恩格斯批评的法国作家左拉那样。《现代汉语词典》把"戏说"界定为"附会历史题材，虚构一些有趣或引人发笑的情节进行创作或讲述。"③ "戏说式阐释"为吸引眼球，用隐私叙

---

① 张政文：《理论转场与转场的本土化、当下化——构建当代美学理论话语体系的基本路径》，《天津社会科学》2016 年第 4 期。
② 《马克思恩格斯文集》第 5 卷，人民出版社，2009，第 22 页。
③ 《现代汉语词典》（第 7 版），商务印书馆，2016，第 1407 页。

述历史，用戏说判断是非，用饶舌书写真实。如某伟人偷窥、某名人好色等。且不论这种"戏说式阐释"的文化动机和社会责任何在，凡此种种皆无可靠证据，有悖史学之伦理和学者之品格，更辱没了历史书写的真实性、思想性、知识性，属最恶劣的一种历史虚无主义，为学术所鄙夷。

以"粘贴式阐释"、"病历式阐释"和"戏说式阐释"为典型的当代历史书写中的虚无主义，虽形态各异、手法众多、病源种种，一旦置于阐释的知识图谱中，其共同的错误在于：在其阐释中，在进行理论转场时，出现场外征用，导致强制阐释的书写结果。所谓场外征用，"一是话语置换。这是指为贯彻场外理论的主旨诉求，将批评对象的原生话语转换为场外理论指定的话语"。"二是硬性镶嵌。这是指搬用场外理论的既定方法，将批评对象的原生结构和因子打碎分割，改变其性质，强硬镶嵌到场外理论所规定的模式和程序之中，以证明场外理论的前在判断和认识"。"三是词语贴附。这是指将场外理论既有的概念、范畴、术语直接贯注于批评对象，无论其原本概念的内涵和外延如何，都要贴附上去，以创造一个场外语境，做出文本以外的专业评述。"① 场外征用的错误，使当代历史书写的虚无主义丢弃了历史的史实真实，擦删了历史的真理价值，错乱了历史的知识内容。当然，当代历史书写中故意替换历史的经典语义，新构历史的文化图景，重写历史的社会属性，再生一个别样的历史状况，就成为"背离文本话语"，"以前在立场和模式"，"对文本作符合论者主观意图和结论的阐释"即强制阐释了。② 当阐释失去真实性、思想性、知识性，历史书写注定不能成为当代社会共同的公共文化成果。

二 传世的历史书写为正确历史观提供了理解参照和知识维度

当代历史书写中缺失真实性、放弃思想性、逃避知识性，导致其虚无主义在场不散。因而，在阐释的知识图谱中构建确当合理的当代历史书写，就须以科学的态度、方法和标准，重返阐释的正确历史观。而在阐释

---

① 张江：《强制阐释论》，《文学评论》2014 年第 6 期。
② 张江：《强制阐释论》，《文学评论》2014 年第 6 期。

的知识图谱中，传世的中国古代对历史的理解与言说，西方关于历史的思考与阐发，皆为重返阐释的正确历史观提供了历史的理解参照和知识维度。阐释的知识图谱指阐释的知识图景和知识谱系。阐释的知识图谱源于阐释的历史客观性和知识公共性。现实个体的理解或当下群体的言说，关乎个体或群体由当下日常生活统摄的现实语境。现实个体的理解或当下群体的言说在社会实践中获得了历史真实性、思想真理性、知识公共性，才成为具有历史客观性的知识图谱。

阐释是一种多层级言说与书写的社会行为。阐释的原初层圈由个体的理解构成。社会中的每一位个体皆有表达其对个人生活和社会现实感受、领悟、理解的本能和权利。在这个层圈中，"审美无争辩""人人都是自己的历史学家"诸如此类的说法有一定的合理性。但是，必须明确地指出，个体理解无论多么自由、随意、个性，都逃不脱历史影响、社会规则、生活内容、语言方式等诸种客观力量的牵引与规约，完全自由自在的理解甚至阐释是不存在的。也正是由于这一特性，个体的理解始有可能生长为社会观念、公众意识。阐释的第二层圈是阐释中形成的社会群体意识与观念。它是诸多个体的理解在历史影响、社会规则、生活内容、语言方式等诸种客观力量的作用下逐渐汇成的公众意识、公众话语，成为社会的意识形态、公众舆论、主流文化等，进而直接影响社会生活，最终成为客观社会生活的一部分。而阐释的最高层圈，则是在社会意识与观念之上，由人们对社会与自然的一般观念高度普遍性、概念化、工具化而形成的关于认识世界、改造世界的公共知识。阐释的知识图谱正居于这个阐释层圈中。当然，阐释活动的三个基本层圈是循环的，它们不断交互、异质同化、同构异形、再生共建。这既是自然界热力学法则的客观体现，又是历史唯物主义社会生产与再生产原理的现实写照。

在阐释的知识图谱中考察当代历史书写，可以更清楚地昭明历史虚无主义阐释观的错误。马克思恩格斯曾在《德意志意识形态》中断言："我们仅仅知道一门唯一的科学，即历史科学。"[1] 恩格斯在致梅林的信中说："历史在这里应当是政治、法律、哲学、神学，总之，一切属于社会而不

---

[1]《马克思恩格斯选集》第 1 卷，人民出版社，2012，第 146 页注①。

是单纯属于自然界的领域的简单概括。"① 阐释是对自然、社会、生活的公共理解、社会言说、文化书写,是对历史的呈现与表达,也是历史存在的自我方式。历史书写就是一门历史科学。当代历史书写中的虚无主义在真实性、真理性、知识性上的缺位,本质上是历史性的迷失。纠正当代历史书写中的虚无主义错误,就必须返回阐释的历史本位,在阐释的知识图谱中恢复并重建"历史"一词的核心意涵。历史既是阐释的对象,也是阐释自身的起点与终点。作为科学概念的历史,其内涵与外延建构着"阐释"一词的基本知识构造,可在知识图谱中予以科学的阐明。在知识谱系中,历史的内涵在人类阐释历史的过程中历史性地形成着。中国最早的文字甲骨文中已有"历"字,书写为。中为山林。中意为止或行。甲骨文中"历"字造字本义是翻山越岭、穿林过丛。司马迁说:"深践戎马之地,足历王庭,垂饵虎口。"② 金文中,"历"书写为"曆"。"曆"中"厂",指由人耕种的广阔田地。"厂"中双"禾",为丰茂的庄稼。"禾"下之"日",则指控伺庄稼的时令节气。"历"字之本义为时光流逝。《三国志》云:"已历三世。"③ 在中国文化谱系中,"历"字含义又逐步拓扩,用于指称星辰运行、时令交替、朝代变化、生活作息。

《后汉书》说:"尤致思于天文、阴阳、历算。"④ 历是客观世界依其天道在时间中的运动。历是自在的、客观的,不受意识操控。相反,意识只有遵从于历的客观规律,方能自然而然,游于自由。在甲骨文中,史被书写为。字中指仲,又通中,意为仲裁决断。中为手,意为持笔记述。甲骨文中,史字造字本义是书写观星测象、卜凶筮吉等国家大事和生活要事,得出结论,记录在册。《礼记》曰"史载笔"。⑤《仪礼》云"辞多则史"。⑥《说文》曰:"史,记事者也。从又持中,中,正也。"⑦ 古代中国,早在商周时代就将从事此类工作的国家行政官吏称为"史",也

---

① 《马克思恩格斯选集》第 4 卷,人民出版社,2012,第 642~643 页。
② 《汉书》卷 62《司马迁传》,商务印书馆,1962,第 2729 页。
③ 《三国志·蜀书》卷 35《诸葛亮传》,商务印书馆,1959,第 912 页。
④ 《后汉书》卷 59《张衡传》,商务印书馆,1965,第 1879 页。
⑤ 李学勤主编《礼记正义》卷 3《曲礼上》,北京大学出版社,1999,第 81 页。
⑥ 李学勤主编《仪礼注疏》卷 24《聘礼》,北京大学出版社,1999,第 455 页。
⑦ 许慎撰,段玉裁注《说文解字注》,上海古籍出版社,1981,第 116 页。

就是史官。在中国文化语境积淀与建构的漫长历程中，"历史"这一概念逐渐形成了较稳定的内涵与外延。一是史实。指社会生活中曾经发生的客观自然事件、社会事件、生活事件和日常文化事件。如汉成帝年间，柏江地震山崩，皆壅江水。如公元前138年，张骞第一次出使西域。如公元745年前后，韩愈、柳宗元发起了唐代古文运动。又如公元1295年，黄道婆从海南崖州返回家乡江南松江乌泥泾镇，教人制棉，错纱配色，推广捍弹纺织之具，衣被天下。二是史识。指对史实的记述、辨识、阐发。《战国策》是以国家为单位记叙历史的国别体史识。《史记》是以人物传记方式记叙历史的纪传体史识。《汉书》是记录某一时期或某一朝代历史的断代体史识。《资治通鉴》则是以时间为顺序编撰和记述历史的编年体史识。中国还有记载历代典章制度的政书体史识，即以事件为中心，每事各详记起止，自为标题，每篇各编年月，自为首尾，前后连贯，又不重复的纪事体史识。此外，还有不间断地记叙自古及今历史事件的通史体史识等。史识是中国古代史学的主体。三是史论。在思想理性的统摄中，对史识进行分析、综合、反思即史论。如唐代刘知几的《史通》，清代章学诚的《文史通义》等。四是史观。史观为中国古代对社会历史的根本看法。中国古代最有影响力的史观有儒家史观、道家史观、法家史观、释家史观等。在中国的阐释知识图谱中，史实与史识是历史最基本、最本质的规定性。

在西方的知识体系中，"历史"一词出现得比较晚。《荷马史诗》最早表达了西方人对历史的原初意识。《荷马史诗》中，诗人荷马将探访、询问、了解目击者，阐明目击者的证词，揭示事实真相视为历史。可以说，西方语境中的"历史"一词之本源不在于事而在于相。公元前430年前后，古希腊学人希罗多德写就一部9卷本的巨著。该书前5卷记述西亚、希腊、北非诸地区的地理、历史、风土、民俗。从第5卷第29章起，专题记述了公元前478年波斯人与希腊人的数十年战争。希罗多德为该书取名为Ιστορ αι，后人将这本书释为《历史》，希罗多德也被后世称为"历史之父"。而在古希腊语中，Ιστορ αι一词本意为探索或探究，有印欧语系词根wid中观看或明白所见之含义。在古希腊语中，还有一词叫historia，本义为研究知识或通过研究获取知识。古罗马时代，古希腊语融入拉丁语汇中，Ιστορ αι和historia都为古罗马人所用。公元109年，古罗马史学家塔西佗写就古罗马帝国从公元 69 年至公元 96 年的编年史著作，取名为 Historia。此后，historia 取代 Ιστορ αι，成为西语中"历史"一词的标准书写。在"历史"一词的西语词根谱系中可发现，历史是一种与现场直接关联的调查、研究、获取知识的活动。它的本体是认识与表达而不是史实。它的根本目的是获取知识而非确认事实。在西语中，理解与知识是历史概念的本质属性。在中世纪，这种古老的历史意识被基督教转化为历史由上帝设计安排的宗教历史观：历史是人由原罪到获救的历程；历史的目的在于最终实现永恒之善的上帝意图。在中世纪神学中，"历史"之义进一步趋向主观化。从启蒙运动至德国古典哲学的时代，无论是伏尔泰、孟德斯鸠、卢梭的正义、自由、平等，还是康德的自觉自律、黑格尔的绝对理念，历史的内核更加主体意识化、理性精神化。直到马克思主义历史观出现后，这种情况才有了深刻的改变。

在 20 世纪的文化场域中，西方"历史"一词的阐释知识图景和演化谱系日益个体化、观念化。20 世纪 20 年代，新黑格尔派代表人物克罗齐提出"一切历史都是当代史"的理论。克罗齐认为史实是沉默的，史实成为知识须由史学家言说。史学家活在当代，史实对他而言是当代之事。史学家的思想是当代的，他的史学水平也是当代的，他对历史的解释与言说也只属于他所在的当代。历史的阐释以当代的现实为参照，否则历史不可理解。没有解释历史的当代人，也就没有所谓的历史了。克罗齐突显历史言说与书写的当下特征，不能说毫无合理性，但他轻视史实之在这一历史之根本，为历史虚无主义"病历式阐释"的滋长植埋了土壤。20 世纪 40 年代，英国思想家柯林伍德提出"一切历史都是思想史"的表现主义历史观。他声称历史的书写是反思的，历史不是在说明史实是什么，而是在阐明思想与史实的关系。历史研究关乎史实，更与史学家的思想直接相关。历史虽不是史学家杜撰出来的，但史学家有怎样的思想就会书写出怎样的历史。柯林伍德意图强调历史言说与书写的思想性，却使历史研究中的历史史实客观性为阐释历史的史学家思想性所取代，为当代历史虚无主义"粘贴式阐释"准备了理论工具。20 世纪 30 年代，美国历史学家贝克尔提出"人人都是自己的历史学家"的史学观念。贝克尔相信历史是无数事实与事件的总和，没有人能完整全面地表述这无数事实与事件总和的历史。

事实上，历史只能是在记忆中被记住的史实。不同的人记忆的史实是不同的，况且在言说与书写这些记忆的史实时还不可避免地渗入了记忆者的想象。所以，不同的人就有不同的历史，人人也就成为自己的历史学家了。的确，阐释历史与阐释者的记忆与想象有关，《史记》写作可以说明这种现象。但是，记忆与想象不是历史的根本规定性。决定历史的不是记忆与想象，而是史实与公共知识。贝克尔"人人都是自己的历史学家"的史学观念为当代历史虚无主义"戏说式阐释"提供了口实，使当代历史书写的阐释知识图谱遭到了某种污染。

三 当代历史书写应坚守历史唯物主义基本原理

当代历史书写应坚守历史唯物主义基本原理，在阐释的知识图谱中秉持历史书写的真实性、真理性和知识性。在阐释的知识图谱中，书写的基本方式与路径就是对史实进行还原性阐释。在还原性阐释中复原所书写的历史生活场域、文化语境、思想逻辑，构建关于历史的知识体系。

《不列颠百科全书》认为历史是研究系年大事的文字记载的学科，所谓大事则多为影响一个国家或民族的重要史实。不过，历史学科要对史料进行批判式检查，并提出对事件诸原因的解释。[1] 据此，我们可以认为，"历史"一词其实具有双重语义：一为史实，二为对史实的检查、还原与解释。面对"历史"一词的双重语义，尤其是当代历史书写中历史的语用文化多元性和语境具体性，对每一次的历史书写进行语义规范与语境限定既不可能做到，也不符合历史书写科学、民主、公正的阐释价值。根本的有效方法，就是在历史书写的世界观、方法论本位中，坚持历史唯物主义原理，在阐释的知识图谱中将还原真相、追求真理、构建知识确立为历史书写的最高尺度。物质是世界的本源，客观存在则是物质的根本规定性。物质可为主体的人所感，是主体的感性世界。物质也可不为主体的人所感，但却为主体的人所知。主体的人不能直观微观量子世界，但主体的人可通过技术实验、科学计算或逻辑推演而有所知。还有的物质既不可感又

① 《不列颠百科全书（国际中文版）》第 8 卷，中国大百科全书出版社，1999 年，第 94 页。

不可知，却被主体的人所思。暗能量、暗物质、物自体就是这类客观存在。物质存在与运动具有无限复杂的多样性，处于永恒变化、发展之中。在人类可感可知可思的限度中，时间与空间是物质存在、运动的基本方式。在时空中，一切具体的物质相互作用、普遍联系，形成物质运动的动能。人也是一种物质存在，本源于生命肉身。人与其他物质的不同在于有感知、理解、阐释、言说物质的能力，即意识与语言。在发生论意义上，意识与语言是物质高度发展的产物，是高度组织起来的人脑神经与口腔肌肉的物质客观特性。肉身感知、意识自觉、语言运用是物质自然世界、客观社会生活长期进化的结果所以，从存在论上讲，对意识与语言起终极决定作用的还是物质。所以，马克思说："全部人类历史的第一个前提无疑是有生命的个人的存在。因此，第一个需要确认的事实就是这些个人的肉体组织以及由此产生的个人对其他自然的关系。当然，我们在这里既不能深入研究人们自身的生理特性，也不能深入研究人们所处的各种自然条件——地质条件、山岳水文地理条件、气候条件以及其他条件。任何历史记载都应当从这些自然基础以及它们在历史进程中由于人们的活动而发生的变更出发。"① 人的生存，人的生活，人的运动，人的发展，一句话，人的全部历史在本源上都是客观的、物质的。人类对自身历史的这种根本看法就是历史唯物主义的世界观、方法论，正像马克思和恩格斯于 1845 年所著《神圣家族》中所说的那样："18 世纪的法国启蒙运动，特别是法国唯物主义，不仅是反对现存政治制度的斗争，同时是反对现存宗教和神学的斗争，而且还是反对 17 世纪的形而上学和反对一切形而上学……的公开的、旗帜鲜明的斗争……这种形而上学将永远屈服于现在为思辨本身的活动所完善化并和人道主义相吻合的唯物主义。费尔巴哈在理论领域体现了和人道主义相吻合的唯物主义，而法国和英国的社会主义和共产主义则在实践领域体现了这种和人道主义相吻合的唯物主义。"② 历史是人类实践的客观过程与客观结果。实践的客观物质规定性决定了历史的生成、发展，虽有意识参与，但根本上不由意识所决定。在存在论层面上，决定历史走

---

① 《马克思恩格斯选集》第 1 卷，第 146～147 页。
② 《马克思恩格斯文集》第 1 卷，人民出版社，2009，第 327 页。

| 中国阐释学的兴起 |

向与结果的是人类实践活动的客观性。个人主观意愿、主观选择只有转变为公社会行动，转化为客观实践活动，才能对历史产生影响。人类社会活动的实践本质是改造客观世界的物质活动，是实践主体的物化行为。正如马克思断言："从前的一切唯物主义（包括费尔巴哈的唯物主义）的主要缺点是：对对象、现实、感性，只是从客体的或者直观的形式去理解，而不是把它们当做感性的人的活动，当做实践去理解，不是从主体方面去理解。"①

　　基于对人类历史的唯物主义发生学、存在论的根本理解，在阐释的知识图谱中书写当代历史时，应将书写的对象与书写的期待首先定位为客观历史。在这里，思想之真应生长与呈现为历史之曾在，而不是书写者的现在生活或当下的观念与思想。曾在的思想是曾在的客观历史的非物质存在方式，也是客观的，是在客观的时空中发生、发展、承传下来的。牛顿曾说："绝对的、真实的和数学的时间，它自身以及它自己的本性与任何外在的东西无关，它均一地流动。"② 时间是客观的，均匀分布而非因人因事的。爱因斯坦认为时间和空间是统一的，除去空间谈时间没有意义，反之亦然。在运动速度低于每秒 30 万公里的三维大尺度空间中，时间单向度面向未来而不可逆。曾在永远是过去而不可能成为现在或未来，除非空间和速度发生了变化。因此，在时间中，曾在的史实已属时间的过去。正因为史实这种不可逆的客观存在属性，使得历史书写成为一种阐释。书写者通过阐释，重现不可能完全原生态出现的史实，建立关于具体史实的理解，进而形成具体史实的知识，再将具体史实的知识编织成关于历史的知识体系。甚至在历史知识体系的生成、构建中，还能产生当代的思想成果，侯外庐先生所书写的《中国古代思想学说史》《中国近世思想学说史》《中国思想通史》便是典范。可以说，实现当代历史书写的真实性、真理性、知识性的基础，就是对史实进行还原性阐释。在还原性阐释中复原所书写的历史生活场域、文化语境、思想逻辑，形成历史的知识。只有在当代历史书写的还原性阐释基础之上，才有可能使观念性阐释、价值性阐释具有思想的真理性、公共的知识性。缘于历史即为史实与史识的传统，中国历

---

① 《马克思恩格斯选集》第 1 卷，第 133 页。
② 牛顿：《自然哲学的数学原理》，赵振江译，商务印书馆，2009，第 7 页。

史书写自古就以还原性阐释为基础。可以说，中国历史书写谱系几乎就是一部还原古人生活原貌的知识考古学。先秦两汉、唐宋明清，凡主流历史书写无不以历史的史实、思迹、事迹的还原性阐释

为书写重点，在大量的案牍、典籍、年谱、行迹、文物中，专注于史实的考证、稽核与疏辨，成为中国思想史书写中最见学术功力、最受尊重、最被推崇的学问，也成为中国建构历史知识的主要方式与路径。

四　当代历史书写应成为人类公共知识的言说活动

在阐释的知识图景中，当代历史书写应成为展示历史真实，呈现发展规律，澄明演进谱系，增长人类公共知识的言说活动。

历史唯物主义指导下知识图景中的当代历史书写，要突出社会发展的历史规律之阐释。在历史发生、发展并对社会产生影响的过程中，存在着社会生活之间的内在必然的联系。这类内在必然的联系决定着历史发生、发展的本质特征与演进的总体趋向，并对生活产生存在性影响。这即是历史规律。历史之规律在大尺度生活空间、长纵深文化时间的宏观社会存在与社会发展互动的历史中才能呈现。与不经人类而为，以机械决定论或统计学规则的自然法则为内在本质的自然规律不同，历史规律在人类历史活动和社会实践中生成，受人类社会的发展逻辑与运动因果制约。社会生活的客观性、总体性、辩证性、主体性等基本特性都复制在历史规律中，成为历史规律基因，控制着历史规律。这也决定了历史规律本质上不是个人的主观意识。恩格斯就曾说："历史是这样创造的：最终的结果总是从许多单个的意志的相互冲突中产生出来的，而其中每一个意志，又是由于许多特殊的生活条件，才成为它所成为的那样。"[①] 历史规律有一般社会规律和特殊社会规律之分。一般社会规律存在于人类一切历史阶段并始终起着决定性作用，如生产力最终决定生产关系的规律。再如，思想的规律则体现着思维活动中正确反映客观现实所必须遵循的思维同一律、排他律、矛盾律和充足理由律，以及它们之间的普遍关系，等等。特殊社会规律指存

---

① 《马克思恩格斯选集》第 4 卷，第 605 页。

在于特定历史阶段或特殊领域的规律，如商品经济规律。又如历史的目的性规律，马克思说："历史不过是追求着自己目的的人的活动而已。"① 在阐释的知识图景中书写当代历史，首要任务就是通过还原性阐释，在大尺度生活空间、长纵深文化时间的宏观社会存在与社会发展互动的历史中，还原社会生活的内在关系与变化发展的趋向，揭示各种各样的历史规律。在阐释的知识图景中通过还原性阐释揭示历史规律，必须将历史书写的史实转场为书写者的认识、言说的逻辑。"逻辑"（logos）一词在古希腊语中本义为词语或语言。当代语义中的"逻辑"指用概念、判断、推理、论证进行理解、言说的思维与表达方式。黑格尔说："历史上的那些哲学系统的次序，与理念里的那些概念规定的逻辑推演的次序是相同的。"② 在知识的图景中，逻辑可以在大尺度生活空间、长纵深文化时间的历史中，发现、昭明决定着历史发生、发展之内在、必然的本质联系与演进的总体趋势。在知识的图景中以还原性阐释书写史实、表达史识、昭示规律、构建逻辑，这是形成关于历史的知识基础。马克思《1844年经济学哲学手稿》在阐发共产主义原理时，将异化劳动作为逻辑起点，发现在现代资本主义社会中存在着"工人生产的财富越多，他的生产的影响和规模越大，他就越贫穷。工人创造的商品越多，他就越变成廉价的商品。物的世界的增值同人的世界的贬值成正比"③ 这样一种自我否定的社会逻辑本质。劳动产品的异化又必然造成劳动过程的异化，"劳动对工人来说是外在的东西，也就是说，不属于他的本质；因此，他在自己的劳动中不是肯定自己，而是否定自己，不是感到幸福，而是感到不幸，不是自由地发挥自己的体力和智力，而是使自己的肉体受折磨、精神遭摧残。因此，工人只有在劳动之外才感到自在，而在劳动中则感到不自在，他在不劳动时觉得舒畅，而在劳动时就觉得不舒畅。因此，他的劳动不是自愿的劳动，而是被迫的强制劳动……只要肉体的强制或其他强制一停止，人们就会像逃避瘟疫那样逃避劳动"。④ 而劳动过程的异化又进一步引发劳动本质的异化。人是劳动

---

①　《马克思恩格斯文集》第1卷，第295页。

②　黑格尔：《哲学史讲演录》第1卷，贺麟、王太庆译，商务印书馆，1959，第34页。

③　《马克思恩格斯选集》第1卷，第51页。

④　《马克思恩格斯选集》第1卷，第53~54页。

的动物，劳动使人成为人，劳动使人成为自由的存在，劳动是人的根本规定性即类的本质。但是，"异化劳动从人那里夺去了他的生产的对象，也就从人那里夺去了他的类生活"，① 劳动成为维持人的肉体生存的手段，成为对人的存在与人的自由的否定。劳动本质的异化从根本上造成了人的异化，"人同自己的劳动产品、自己的生命活动、自己的类本质相异化的直接结果就是人同人相异化"，② "人同自身以及同自然界的任何自我异化，都表现在他使自身、使自然界跟另一些与他不同的人所发生的关系上"。③ 正是在现代资本主义社会这样大尺度生活空间、长纵深文化时间中，马克思从劳动异化这一逻辑起点出发，还原了现代资本主义社会的异化史实，阐发了全面异化的现代资本主义社会必然为人类所否定、扬弃的趋势，揭示了现代资本主义社会的异化本质必然使其灭亡的规律，书写了共产主义社会一定能够实现的历史真理。

在阐释的知识图谱中，历史书写要在大尺度生活空间、长纵深文化时间中阐明历史发展的内在因果，释清历史事实的普遍关联，呈现历史演进的内在规律。同时，也要在史实的生活现场和阐释者的现实语境中说明每一个历史真实，阐发每一个历史真实与另一个历史真实的谱系关联。当代历史书写更多时候是对一个又一个具体史实、史识进行谱系还原，建构关于历史的具体知识。"谱系"（genealogia）的拉丁文本义为家族世系、血统关系。在现代语义中，谱系有三个基本含义：一是记述宗族世系或同类事物历代系统的书。二是家谱的系统。三是物种变化的系统。在阐释的知识图谱中，谱系更典型地表现为来自同一源宗，相同却又相异的抗原特异性过程与形态。在医学中，免疫是人体的一种生理功能。依靠这种功能，人体可识别自己与非己的成分，破坏和排斥进入人体的抗原物质（如病菌、损伤细胞和肿瘤细胞等），维持人体的健康，是专门针对某个病原体的免疫。抗原性指抗原与其所诱导产生的抗体或致敏淋巴细胞特异性结合的能力。特异性、抗原性在主体生命内部发展起来，它的强弱与抗原分子的大小、化学成分、抗原决定簇的结构、抗原与被免疫动物亲缘关系的远

---

① 《马克思恩格斯选集》第 1 卷，第 57 页。
② 《马克思恩格斯选集》第 1 卷，第 58 页。
③ 《马克思恩格斯选集》第 1 卷，第 59 页。

近等有密切关系。在阐释的知识图谱中，历史的事件、过程、形态都是相互联系着的独立"这一个"。众多独立的"这一个"史实相互联系并在社会实践活动的作用下，形成复杂的生成、发展特殊因果，而复杂的生成、发展特殊因果关联又产生"这一个"史实的现状、结果。与揭示历史逻辑中共同本质的规律不同，思想史谱系的阐释，立足点不在于社会历史中的同一性而在于史实之间相似性中由其内在抗原性、特异性造成的特殊性。历史的谱系书写要从具体思想的社会历史特殊事件、过程、形态的还原性阐释出发，言明社会历史具体过程、事件、形态的内在现实性因果联系，说清社会历史具体事件、过程、形态各种相交的特殊社会关系。谱系的还原性阐释尤其重视史实具体境遇的特殊来源和发展过程，而非过分强调单一起源与同一性原发过程。在谱系的还原性阐释中，具体事件、过程、形态不是一次性形成的，而是相互交集的社会力量多方面、多量度、多次数的作用结果。例如，古希腊民主制度是如何没落的？如果在还原性阐释中建立起古希腊民主制度与古希腊地缘政治的谱系关系，便可发现古希腊民主制度的没落与古希腊地缘争霸的伯罗奔尼撒战争之间的本质联系。雅典人与斯巴达人之间27年的伯罗奔尼撒战争毁灭了古希腊文化，也沉沦了雅典的民主政治制度。雅典人以商业为主要生活生产方式，以民主为基本政治制度，以艺术与教育为文化标志。斯巴达人则以农业为主要生活生产方式，以集权为基本政治制度，以军事与体育为文化特色。显然，就社会历史进步的共同本质与发展规律来看，雅典人的胜利似乎更符合一般的历史逻辑，但客观事实是斯巴达人取得了战争的最终胜利。在还原性阐释中，追索古希腊伯罗奔尼撒战争，透视古希腊伯罗奔尼撒战争历史过程中一系列客观性事件的内在具体因果，可以发现雅典人失败的四个特殊谱系节点：一是雅典的强盛主要依靠盘剥古希腊其他城邦。雅典同盟的其他城邦都想利用雅典的失利来摆脱自己的被奴役地位。所以每到关键时刻，雅典就遭到盟友的背叛。西西里战役中许多城市的脱盟就是例子。这在一定程度上导致雅典的失败。二是雅典的社会存在依托于贸易、商业这种经济形式。长期的战争最先摧毁的就是这种贸易、商业经济形式。失去贸易、商业，雅典就失去了社会赖以生存的生活生产前提，也失去了战胜敌人的物质基础。这也许是雅典人最终失败的深层原因。三是雅典的民主社会政治体制可能是和平时代最好的政治制度，然而战争需要高度集权。长期的战争使雅典的民主政治制度不断受到破坏，同时雅典人也没有高度统一集中的政治习惯和政治经验。雅典人的历史和现实根本无法产生独掌乾坤的专权领导者。所以，雅典在战争中出现的政治混乱也是导致其最终失败的重要原因。四是雅典人的敌人斯巴达人从拥有雄厚财力和兵力的波斯人那里得到了巨大物质援助，这也是雅典人失败的原因。人们在谱系的还原阐释中发现，雅典人在经济、政治和文化方面的一般优势，却在伯罗奔尼撒战争中变成了具体劣势，在伯罗奔尼撒战争的谱系中，雅典人的失败、古希腊民主政治制度的衰落被真实地显现出来。可见，当代思想史书写中的谱系还原性阐释更专注在不同的社会时空、偶发突变的因素散布、孤岛式的结构状态中不连续的史实的特殊、具体、真实的内在关系。当代历史书写中的谱系还原性阐释是在阐释的知识图景中构造历史具体知识的重要方式，同时也是在当代历史书写的学术过程中消除历史虚无主义迷误的关键一招。

五　当代历史书写只有推进人类进步、向善才能成为历史

当代历史书写不可避免地要面对思想产生、演进与变化中的文化多样性和阐释者个人思想动机问题。作为文化多样性的客观事实只有转入思想之场，成为思想的结构内容，才能在历史中被书写。而阐释者个人思想动机虽无处不在，但只有汇入大尺度生活空间、长纵深文化时间的阐释知识图谱之中，成为推进人类进步、向善的历史价值，其才能真正作为历史而被当代人书写。思想是现实之在、社会实有。在黑格尔哲学的理性高度中，现实客观存在的事物和能被主观意识到的现实客观事物是同一件事。存在与意识是同一的。多样性是客观事物与主观意识的现实特征。广义的多样性是指世界上所有存在所各自携带的独特性总和。多样性是事物存在、演进、变化的基础，多样性越丰富，事物的现实性就越强。社会历史的多样性是指社会历史在特定时空中所有社会历史的事件、过程、形态多样化的发展演化、能量流动、信息传递、环境系统等的复杂性总称。社会历史各方面、各层次的多样性使社会历史的事件、过程、形态拥有了动态

平衡和变异发展的现状。2005 年联合国《保护和促进文化表现形式多样性公约》将文化的多样性定义为各群体和社会的语言文字、宗教活动、思想理论、道德伦理、文艺娱乐、风俗习惯的差异性。生活与文化的多样性包括了思想的事件、过程、形态产生原因的多样性,具体思想状况的多样性,不同思想相互关联的多样性以及思想的历史景观与现实境遇的多样性,等等。多样性的丰富度是当代历史书写历史事件、过程、形态的关键之一。在历史阐释中,书写社会历史事件、过程、形态等多样性的丰富度就在于发现特定史实不同的形成原因、存在状况、表现形式和发展机制的特殊性、差异性。如古希腊早期生活的形成和特点,与其早期文明诞生的地理环境、生活生产基本方式有特殊性、差异性关系。就古希腊早期文明的核心地带克里特岛、希腊半岛而言,它面对惊涛骇浪的大海,背依险峻贫瘠的高山,岭多地少,终年少雨干旱,无法农耕,无法游牧。古希腊人只能借助航海,通过海上战争、海上贸易、海上殖民来维系自己的生存、发展。这种以海上活动为主要生活生产方式的实践,一开始就使古希腊人必须认识大海,征服大海。古希腊文化以人为中心,物我分离,重视对自然的认识,形成对人、社会、自然、宇宙的二元思维方式的传统,不能不说根源于古希腊人与大海共存共助的海上生活生产方式。古希腊第一位哲学家泰勒斯所表达的第一句哲学话语——水是好的,也就具有了理性依据。而诞生于黄河中下游盆地的中华早期文明的农耕性质也与地理环境具有特殊性、差异性关系。中国黄河中下游盆地的东面是黄海,西面是青藏高原,北面是荒砾大漠,南面是森林水泽,相对封闭安全。5000 年前,黄河中下游盆地尚为亚热带,水源丰富,平均年降水量 1200 毫米以上。黄河每年泛滥一次,从上游带来土壤,土地肥沃。这一切造就了中华早期文明的农耕性质与形态。中华早期先民在此耕种,世代相传,血缘与土地交融不分,天地人神乃为一体,使中华思想天人合一,形成仁礼为魂魄、伦理为血脉、家国为身躯的文化特征。正是中华文化与这种特定地理环境下生成的农耕生活生产方式有着如此内在的结构谱系关系,才有了不同于古希腊的中国古代思想体系。由此,思想的特殊性、差异性可见一斑。

在知识图谱中书写当代历史,不可避免地要在历史中与偶然性相遇。《现代汉语词典》这样界定偶然性:"事物发展、变化中可能出现也可能不出现，可以这样发生也可以那样发生的情况。"① 偶然性是指事物发展的不确定性。硬币长期抛扔，面朝上下的概率各占 50%。但就每一次的情况而言，哪面朝上是不确定的，是偶然的。一次扔下去的结果不会改变长期抛扔的结果，却决定了这一次的结果。从某种意义上讲，偶然性是现实性的重要存在方式。对于每一个具体的事件、过程、形态而言，偶然性处于客观存在的联系之中，处于因果的关系之中。偶然性有时成为历史的契机，特别是在历史转折时刻，偶然性往往表现得更为明显和突出，常常成为历史中介和节点。譬如 1505 年 7 月 2 日，马丁·路德在去爱尔福特的途中，经过施托特恩海姆村，突遭雷袭。濒死之际，他向圣安娜求救，如不死，愿当一名修士，终身侍奉上帝，以获灵魂拯救。而这件事使马丁·路德自觉到，拯救人生，只在上帝；教会无用，唯有信仰。后来这一思想成为德意志各阶层的共识，引发了宗教改革思想文化运动。其实，在观察社会历史时，大尺度空间、长纵深时间的历史场面体现着共同本质、显现着普遍规律，但历史的每一个具体事物、过程、形态却常常复杂多样，无序难解。共同本质、普遍规律无法直接阐明每一个史实的特殊性、个体性。在社会发展进程中事先未预想到的情况，甚至偶尔的疏忽、错误，都可能产生惊人的历史结果。如伦琴研究阴极射线时，偶然发现仪器外有一个涂有荧光的板子发亮，他开始以为由阳光引起。但是，在晚上没有阳光时，那块板子仍然发亮。在这一偶然中，伦琴发现了 X 射线，最终创立了放射化学。美国作家贾雷德·戴蒙德在《枪炮、病菌与钢铁——人类社会的命运》中曾说："历史系统的性质使预测的企图变得复杂了。……人类社会和恐龙都是极其复杂的，它们的特点是具有大量的互相反馈的独立变数。结果，较低组织层次上的小小变化可能会引起较高层次上的突变。"② 这便是"蝴蝶效应"。

面对历史事件、过程、形态同共性、多样性、差异性、偶然性、必然性的相互渗透、相互转化、相互作用的社会现实，马克思历史唯物主义方法论更重视多样性中的共同性、偶然性中的必然性。同时，马克思也严肃

---

① 《现代汉语词典》（第 7 版），第 968 页。
② 戴蒙德：《枪炮、病菌与钢铁——人类社会的命运》，谢延光译，上海译文出版社，2000，第 478 页。

地面对偶然性："如果'偶然性'不起任何作用的话，那么世界历史就会带有非常神秘的性质。这些偶然性本身自然纳入总的发展过程中，并且为其他偶然性所补偿。但是，发展的加速和延缓在很大程度上是取决于这些'偶然性'的，其中也包括一开始就站在运动最前面的那些人物的性格这样一种'偶然情况'。"① 正像马克思所说的那样，当代英国史学大师汤因比承认偶然性在历史文明形态演化中的真实作用。他将包括历史人物、历史事件、历史思想的各种偶然情况放入文明的"挑战与应战"中，在文明的"挑战与应战"中去理解、阐释各种文明形态的兴衰。汤因比相信各种文明之间有着历史的共同性，但它们自身所面临的"挑战与应战"的多样性、特殊性、偶发性是其文明兴衰的根本。一个文明能够成功应对挑战，这个文明就会诞生、成长起来。反之，便走向衰落和解体。遭遇怎样的挑战，如何应战，应战是否成功，这些是无法事先预测的，更不一定必然如此。所以汤因比才说"创造是一种遭遇的结果"，"起源则是一种交互作用的产物"。

结语　消除当代历史虚无主义，昭示人类进步之必然

消除当代历史书写中的虚无主义，重建阐释的知识图谱，在还原性阐释中重建历史的真实性、真理性、知识性，其终极价值诉求在于通过生活的至真达成文化的至善。在阐释的知识图谱中还原过去、镜鉴现在、指明未来之根本，在于通过当代历史的书写，昭示人类进步之必然。

如前所述，历史处处体现着人的目的，人们书写历史必有自己的阐释目的和价值诉求，古今中外概莫能外。左丘明记"社稷无常奉，君臣无常位"之实，为的是展示"天德合一"之识。司马迁"究天人之际"撰《史记》，冀后来者在"通古今之变"中感悟人生。班固以"天人感应"述《汉书》，意图在"颂述功德"中呈现"中正一统"的国家观。西方历学之父希罗多德记录史实，为的是证明人的本位作用。修昔底德笔叙战争，意图说明历史的本质在于既不同于自然又不同于道德的人性。塔西佗

---

① 《马克思恩格斯文集》第10卷，人民出版社，2009，第354页。

录写只要有人就有罪恶的编年史，根本动机却是告诉读者罪恶不会永久，美好终会到来。当代历史书写中的虚无主义也有其文化情愫、政治动机、社会诉求，只是羞于明示或蓄意遮盖而已。重建阐释的知识图谱，在还原性阐释中重建历史的真实性、真理性、知识性，需要有正确的书写价值观，这就是在历史唯物主义立场中将推动历史发展、引领人类进步确立为真实性、真理性、知识性的阐释之灵魂。阐释一旦成为思想的历史，便不仅具有思想的主观意义，而且具有社会的客观价值。康德说："如果一个理性存在者应当将他的准则思想为普遍的实践法则，那么他只能把这些准则思想为这样一种原则，它们不是依照质料（感性欲望及其对象——笔者注）而是依照形式（本体的自由性——笔者注）包含着意志的决定根据。"① 在康德看来，真正的历史应是抗拒机械作用的自由过程，也是对这一过程的思想，是"人（以及每一个理性存在者）就是目的本身"。② 马克思将历史定位为全部人类的最终解放，而"唯一实际可能的解放是以宣布人是人的最高本质这个理论为立足点的解放"。③ 一句话，重建阐释的知识图谱，在当代历史书写中还原过去、镜鉴现在、指明未来，昭示人类进步之必然，通过真实性、真理性、知识性阐释，以生活的至真达成文化的至善，乃是当代历史书写的根本价值追求。

---

① 康德：《实践理性批判》，韩水法译，商务印书馆，2000，第 26 页。
② 康德：《实践理性批判》，第 144 页。
③ 《马克思恩格斯选集》第 1 卷，第 16 页。

概念创造与历史阐释的公共性塑造

◎ 孟钟捷[*]

　　这个题目是在总主题"中国阐释学"下做的两个方向的延伸。第一个延伸是从"阐释学"到"历史阐释",即关注阐释学理论在具体学科的适用性问题,特别是历史学。而"历史阐释"也是我一直比较关心的话题。第二个延伸是从"体系"到"概念"。张江教授提到,中国阐释学的发展路径"由概念起,而范畴、而命题、而图式,以至体系,最终实现传统阐释学观点、学说之现代转义,建立彰显中国概念、中国思维、中国理论的当代中国阐释学"。[①] 因此,阐释的"概念"自然是一个极为重要的讨论基础,它是未来构建"中国阐释学"的理论起点。

一　历史阐释真的实现了公共性吗

　　中国社会科学院俞金尧教授曾提到,历史研究本来就是一种阐释行为,而且正是一种公共阐释。它实际上是面向当下和未来而对过去所进行的一种公共性阐释,目的是让阅读我们历史论文的人能够接受这种阐释。当然,这种阐释必定是带着因果链的,回答"为什么如此"或者"何以如此"的问题,由此来创建一种共识,既让自己与历史中的人与事产生共鸣,也使自己的观点得以被当代人所接受。

---

　　* 　孟钟捷,华东师范大学历史学系教授。
　　① 　张江:《"阐"、"诠"辨——阐释的公共性讨论之一》,《哲学研究》2017 年第 12 期。

尽管如此，我们今天仍然要问：历史阐释真的实现了公共性吗？这一问题来源于以下三种观察。

　　第一，从学术而言，后现代历史学的理论与实践已经对我们的传统历史书写观造成了非常大的冲击。"人人都是他自己的历史学家"揭示了个人进行阐释的权利，各种社会文化史的个案研究也为我们提供了少数群体（族裔、性别、阶层等）曾经被隐匿的历史。然而，这些五彩斑斓的故事通常仅仅让读者关注自己的独特性，却让此前历史学家颇为自得的"大势"意识渐行渐远。宏大叙事不再受到关注，历史书写中的碎片化现象日趋严重。更为糟糕的是，不少历史共识也在慢慢消退中，去结构化或解构化的趋向非常明显。

　　第二，从现实政治来看，全球性的权力结构变迁已影响到历史书写中的身份意识。此前山东大学傅永军教授提到"近代早期"这一时间意识很明显来自于欧洲历史的认识——即便每个国家和民族都会拥有"近代早期"，但其具体的时间分割大多不会与欧洲历史同步。伴随全球化进程的深入，当中国崛起、阿拉伯与非洲等地区迎接新挑战、拉美迎来新发展机遇时，围绕在"近代早期"这一表述上的欧洲中心主义史观显然会受到质疑、批判和抵制。在全球范围内进行一次综合体现民族性和世界性的历史叙事，已成为当下历史研究者必须面对的艰巨使命。

　　第三，也是最重要的原因，即公共性的塑造还源于一种社会变迁。这种社会变迁，可被总结为由技术革命所带来的历史知识的生产和传播体制的根本性变化。在此之前，如北京大学朱孝远教授所言，传统的历史知识一般通过官方历史书写，自上而下地进行灌输；或者通过职业历史书写，从象牙塔内向象牙塔外辐射。然而现在，虽然上述两种传统方式仍然存在，如国家统编中学历史教科书，职业历史学家可以通过一些比较好的平台（如"百家讲坛"）来进行知识传授；但实际上，全球化趋势，特别是技术性的难题突破（互联网），使得自下而上、自业余而专业的各种可能性大量出现。普通人可以通过简单的数据挖掘方式，获取比老一代历史学家穷毕生之力都无法实现的大量一手史料或外国档案材料。"远在江湖"之人，同样可以借助互联网平台，来关注"庙堂之史"，甚至拥有比专业历史学家更多的"粉丝"。各种"揭秘""戏说"充斥着通俗读物市场。

在微信上，此类所谓"历史知识"比比皆是。那些题目大多耸人听闻，但它却抓住了人们的内心需求，比如："你所不知道的……""教科书不会赞同的……"或者"跟教科书完全相反的……"它们与官方或专业的历史书写构成了竞争姿态，但大多数内容并没有经过严格的考证，或者道听途说，或者胡编乱造，却由于"标题党"所产生的心理效应，获得了更多人的阅读和追捧。与此相反，历史学的专业知识和学术阐释却在此类传播中，要么缺乏声音，要么被有意曲解了。

以上三点，正是我们现在所面临的公共历史文化的当代特征。我们可以看到，不仅在中国，而且在世界各国，公共历史文化其实都存在着分散性和混乱性的问题。宏大叙事被搁置，各种集体记忆相互竞争，理性的历史逻辑让位于各种形式的感性表述。不仅如此，从全球范围而言，世界性的公共历史文化也没有形成。常见的欧洲中心观遭到批判，但马克思所言的"世界历史"却并没有伴随世界历史的新一轮发展而成为人们回眸过去时的共识，各种民族主义或极端民族主义的历史书写继续拥有市场。相反，全球化的技术交流，却为历史认知形成与传播的"去门槛化"提供了帮助。这一点虽然在一定程度上推动着公共历史文化形成多元性特质，但从目前状态而言，它也是公共历史文化呈现混乱的根源之一。更值得一提的是，大家也没有想清楚，当人类社会面向未来，或者面向当代的全球性问题时，应该对过去做出怎样的解释？

二　历史阐释的概念史

我在之前的一些文章里[①]提出了公共历史文化需要制度化，而且这种制度化需要国家、专业学者、个体民众、传播机构的共同参与，在多层次配合机制中，构建拥有公共性、理性化和普遍性的阐释效应。我想在此基础上是不是能够再进一步地探讨下列问题：即塑造这种公共历史文化机制的路径到底有哪些？换言之，我们可以通过哪些方法来推进历史

---

① 参见孟钟捷《公共阐释理论视域下的公共历史文化机制建设》，《历史研究》2018 年第 1 期。

阐释的公共性？

当历史学要进行讨论时，我们总是会追溯一些经验性的东西，亦即从此前人类社会所经历过的一些路径出发，来思考当下面临的挑战。由此出发，科泽勒克的概念史研究就相对重要些。莱茵哈特·科泽勒克（Reinhart Koselleck）被视作当代德国最重要的概念史学家。他最重要的著作就是九卷本的历史基本概念辞典（全称是《历史基本概念：德国政治社会语言历史辞典》，*Geschichtliche Grundbegriffe. Historisches Lexikon zur politisch - sozialen Sprache in Deutschland*）。在这部皇皇巨著中，他要解决的是 1750 年到 1850 年——科泽勒克把它取名为"鞍型期"（Sattelzeit）——的特殊空间（德语空间），是否出现以及如何出现概念变化这一问题。对于科泽勒克来说，概念是社会演进和结构变迁的指示器。他所研究的启蒙时代尤为如此。在此期间，德语世界出现了很多新词汇，同时也出现了对老词的新利用，即所谓"老词新义"的现象。在九卷本的历史概念辞典的导言中，他说了这样一段话："在编撰辞典的工作中，这种诠释学上的先导概念出于以下推测，即认为，从 18 世纪中叶开始，一些古典概念的含义已经出现了深刻的变化，老词赢得了新的意义内涵。这些新的意义内涵由于接近我们当下对它们的解读而不再需要译介。这种诠释学上的先导概念引出了所谓'鞍型期'的概念。在这一'鞍型期'中，对某一概念的源生解释开始转变为我们今天的解释。……这种诠释学上的先导概念因而引出了一个重点，即一切概念史都证明了一种新的事实，与自然和历史、世界以及时间的关系发生了转变。简言之，这是'新时代'（即现代——引者注）的开端。"①

他说这个变化过程是很漫长的。其间，人们可以看到各种各样的使用现象。有些人仍然在 1750 年之前的老用法中使用一些词，有些人却已经接受了同一词语的新用法或者干脆转向新词。简言之，他说，这种"阐释学上的先导概念"让人们发现了一个"新时代"的开端。德语中，"新时代"（Neue Zeit）的两个词，合在一起，就是"近代"或"现代"（Neuzeit）——在这里，科泽勒克似乎玩了一个语言游戏，其实不然。科

---

① Reinhart Koselleck, *Geschichtliche Grundbegriffe. Historisches Lexikon zur politisch - sozialen Sprache in Deutschland*, Stuttgart：Klett - Cotta, 1972, Bd. 1, S. XV.

泽勒克是从概念变迁的角度，发现了社会转变的影子。若回到历史现场，人们同样会看到，不同立场的知识分子们如何小心谨慎地选择看似相同实则已出现转义的概念。从中我们也可以理解"鞍型期"内的普通人面对这一系列新概念时的那种"新奇"感。当这些"新奇"感越来越多，告别过去的时间也便来到了，这就是"新时代"。在历史长河中，它便成为欧洲人（特别是德国人）历史意识中的"近代/现代"。

当科泽勒克谈论"鞍型期"这一概念时，有几个特征非常值得我们研究。我们知道，1750~1850年是世界历史发展中一个非常重要的转折期——当然我在这一点上非常赞成朱孝远教授的理解，即这种转折最大意义上是西方社会的转折，对于中国社会来说，那段时间并没有发生很大的转折——但这段转折当中所产生的一些概念，如"民主"、"革命"、"自由"和"权利"等，其实都影响了我们今天中国社会的很多认知。科泽勒克所言的转折期有四点特征。

第一，他认为他所观察到的一共有100多个概念——当然这些概念并不是当时出现的全部概念，而是所谓"阐释学上的先导概念"——它们既是社会发展的结果，也是引导社会发展的指示器。因此大家可以看到一些概念，如"自由""平等""民主"，都是以前就存在的词，但在此过程中其内涵发生了一些变化。

第二，这种概念的变化不是一步到位的。在此他提到了一个很重要的概念，即社会存在着"多层性的时间结构"，亦即个人在使用相同概念时并不基于相同时代的理解。德国学者称之为"不同时代的同时代性"。大约到"鞍型期"结束时，人们对于某些概念的理解才大致统一，并且与当代人的理解处于相同水平。在这一意义上，他们和我们都是属于"现代"的。

第三，在概念变化中，最值得关注的是刚才提到的那些"先导性概念"出现了集体单数化的情况。比如说，自由（Freiheit）这个词，此前多为复数化形式，意思是特权（Freiheiten），而现在则出现了单数化形式，拥有了我们今天的理解。另一个重要例证是"历史"（Geschichte）这个词。它此前多为复数化形式，意思是"故事"（Geschichten），各种有关"过去"的故事，为今天的人们处理难题提供了各种经验。所以西塞罗说

"历史是生活的导师"。但科泽勒克发现，到"鞍型期"，很多哲学家、思想家笔下的"历史"已经出现了单数化的现象。他认为，这种转变是同步出现的政治与经济变迁所带来的结果。所谓"双元革命"（政治上的法国大革命和美国独立战争，经济上的工业革命）为欧洲世界带来了一连串根本性变革，如政治上的君主立宪制或共和制，经济上的工业社会。由此，传统意义上的"过去"之经验，已经无法为当时的人们所借鉴。人们需要在立足当下和面向未来的基石上，重新解释过往的历史，为这段或那段历史给出符合现实需求的"公共阐释"。于是我们赋予了"历史"以新的内涵。它拥有了形而上学的意义。中国社会科学院于沛老师提到的马克思所说的"世界历史"，在某种程度上也正是在此背景下出现的。所以"历史"这一概念的集体单数化，反映了历史学学科自我认知的一种根本性变化。由此，历史学就从原来修辞学的材料提供者，转化为今天公共阐释的一种基础。第四，尽管科泽勒克仍然是欧美中心论者，因为他没有研究过其他地区，但他有一点还是值得我们赞赏的，即他超越了传统的现代化理论。传统现代化理论的鼓吹者们经常强调的是传统和现代的二分化。在此关照下，从传统到现代的转变通常都被描绘为瞬间完成的过程。但科泽勒克的"鞍型期"理论则让我们看到了渐变的特征。在此期间，各种概念理解并存，相互竞争，最终通过将近一个世纪的时间，才完成了更新换代。这表明，传统与现代之间的界限并不那么明显，两者之间的转换也非朝夕完成。

三 建构历史阐释的公共性路径

在上述经验性研究的基础上，我的思考是：如何从科泽勒克的"鞍型期"理论中，找到有助于建构历史阐释的公共性路径？对此，我有三点不成熟的想法，请教于各位同仁。

第一点，我既对自己，也对国内的学术共同体提出"创造新概念"的……事实上，张江教授已经提出了"公共阐释学"这样一个非常重要的……是否以及如何紧随其后，能够如当年"鞍型期"那样，创造一……释性价值的先导性概念"呢？对于这样一种极具挑战性的任务，首先需要两个基本判断：一是当下的时代特征是否类似于"鞍型期"？二是哪些概念属于"具有公共阐释性价值的先导性概念"？

关于第一个判断：我认为，当代已经进入了如1750~1850年间德国乃至欧洲世界所经历的那种"鞍型期"。一方面，政治上，超越"民族国家"（这恰恰是"鞍型期"的成果之一）的意识越来越强烈，实践领域内的各种"跨国""跨地区"的合作也越来越多——即便近年来出现了一些"逆全球化"现象，但世界的整体化步伐并没有停滞。各种国际组织的影响力不断增强，国际合作的案例比比皆是，各国携手共进的机会也呈上升趋势。当然，从负面角度来看，全球性问题的出现（如环境、贩毒、疾病等），也迫使各国无法固守有形边界而对"墙"外事物视而不见。另一方面，经济上，信息革命已被视作继工业革命之后的第三次产业革命。它以信息技术创新为核心，"信息"取代了农业革命中的"物质"和工业革命中的"能源"，成为当代最重要的资源。各种信息超越了个体、地区、民族、国家，而是以信息流、信息链、信息网的形式，实现了以全球整体为平台的生产、传播和接受。当然，以上两种变化还没有从根本上颠覆科泽勒克笔下的"鞍型期"所确立的文化形态，以欧美为中心的世界体系继续存在，相应的文化霸权也未曾消失，但一系列的结构性变动已经出现，特别是中国在近十年来的快速崛起。如果我们能够接受"鞍型期"是一个漫长的时段，那么当下或许正是新的"鞍型期"启动之际。

关于第二个判断："具有公共阐释性价值的先导性概念"一定是那些面向政治和社会现象的具有公共性、理性化和普遍化特点的概念。在科泽勒克观察的"鞍型期"，我们看到了如"进步""历史""发展"这样的概念，它被用来向公众阐释过往、当下与未来的关系。随后，这些概念通过欧美世界体系建立起的网络而传播到各地。于是，如朱孝远教授此前所言，从一个客观事实的角度看，现代世界是西方文化首先建构起来。它导致了以下两种情况：一是不少概念源于西方文化认知的轨道，如"文明"和"野蛮"这样一对词语，虽然我们中国传统文化也有，但我们今天谈论所谓"文明"和"野蛮"，却基本上延循着西方文化的基本判断。所谓"进步"，也是如此。二是不少概念在翻译过程中交杂着传统资源和西方观念，如"理性"一词，或昨天大家讨论较多的"阐释"，都能够在传统中国哲学的表述中找到对应词汇，但其意义却有所不同。由此，当我们发现自己已经处在类似于德意志"鞍型期"意义上的"新时代"时，在多大程度上能够重新梳理这些被视作现代表达的"先导性概念"？哪些词汇可以继续予以保留，哪些词汇可以增添中国元素？

至今为止，中国的历史学界，并没有非常主动地去应对现实变化。我们已经对来自于西方的各种概念习以为常，缺少了创新意识。例如，我们习惯性地用"文明"的眼光来衡量非洲的现代化进程，却不自觉地忽略了它在西方人殖民之前几千年内所养成的"文明观"。同样，当我们用"进步"来评价历史上各种革新或革命之意义时，也会自动地将之与19－20世纪欧美政治体制的"经典"变化做比较。基于"近代早期"的时间认识，日本学者提出了"唐宋变革说"，而这一概念曾长期占据着中国学者的头脑。

与此相反，中国社会的现实发展事实上已经为世界增添过许多词汇：据称，随着中国航空事业的发展，"太空人"（Taikonaut）已成为世界三大指称"宇航员"的概念；"人类命运共同体"则是2018年最为引人关注的中国概念。相应地，历史阐释领域中是否也有可能出现类似的现象？或者是否有可能根据中国现实来进行本地化改造？如"和而不同"这一概念，是否可被用来描述19世纪以来世界整体化和多样性的发展特征？

当学界内部思考上述问题时，我们还面临着另一个重大任务，即学界和社会之间如何来共享一批"先导性概念"？概念是最容易传播的，但若它缺少精确性和批判性，就容易造成公共历史文化的混乱局面。在当下中国社会，我们看到过一些新概念，如"民国范儿"。这是公共历史文化传播中比较典型的一种历史现象。在历史学家看来，这不过是一种"迷思"而已，通常只是一种单向度的历史认识。[1] 然而这种概念却传播极广，还在公众中引发了一段时间的"热炒"如果历史学界无法提供另一种概念来纠正公众的民国想象，那么也就无法形成有效的公共历史阐释。

相较于历史学界，其他学科对于概念创造的敏锐性和主动意识却要强

峻《"民国范儿"的迷思——论清末民国教科书之"另一面"》，《学术月刊》2014

得多。一位语言学家已经关注过所谓"被自杀"这种奇怪表述背后蕴含的社会管理问题。① 传播学界率先讨论了"后真相"的来龙去脉及其对社会文化产生的负面影响。② 历史学若要承担起公共阐释的责任,新概念的创造无疑是首当其冲的考验。

第二点,如何再次实现历史的"集体单数化"?如前面所言,科泽勒克的重大贡献在于,他从词源学角度发现了"历史"这一概念本身在启蒙运动过程中的变化,即从复数名词变成集体单数形式,而这一点恰恰对历史学本身的自我认知起到了很大的推动作用。

然而,我们可以看到,从 19 世纪中叶到现在,"历史"一词虽然单数化,但并没有保持原初"集体单数化"的哲学意义。换言之,"历史"并没有成为面向人类社会的一种学科。一方面,欧美中心主义代替了启蒙史学的"天下观",欧美国家的"历史"被塑造为其他国家的模仿对象(这是所谓"现代化理论"的初衷),而印度一类的古老国家被视作"无历史"的社会;另一方面,后现代史学撕裂了历史认知的统一基础,带来了各种形式的"小历史"。在此情况下,宏大历史叙事的缺位问题变得越来越明显。

我们今天已经创造出一个新概念,"人类命运共同体"。这种概念其实在呼唤一种更为统一化的大趋势。它是历史重新实现集体单数化的契机。面向人类命运共同体的历史,我们应该关注的是全球问题的产生及其解决路径。例如,我们可以把生存权及其漫长的生存史作为人类命运共同体发展的重要命题之一,加以深入研究。在这一方面,关于衣食住行这些老问题可以得到重新讨论。马克思恩格斯曾在《德意志意识形态》中写道:"我们首先应当确定一切人类生存的第一个前提,也就是一切历史的第一个前提,这个前提就是:人们为了能够'创造历史',必须能够生活。但是为了生活,首先就需要吃喝住穿以及其他一些东西。因此第一个历史活动就是生产满足这些需要的资料,即生产物质生活本身,而且,这是人们从几千年前直到今天单是为了维持生活就必须每日每时从事的历史活动,

① 参见李明洁《"被自杀"与社会记忆的语言化——语言变异与文化记忆的关系例析》,《贵州社会科学》2018 年第 3 期。
② 参见《探索与争鸣》2017 年第 4 期一组文章。

是一切历史的基本条件。"①

在此基础上，我们还可以继续探讨哪些情感（如中国传统文化强调的"老吾老以及人之老"）可以成为人类共有情感史的元素？在当前世界历史研究中，"共有史"渐渐成为一种全球史写作的趋向。伽达默尔说："把当前的视界和历史视界相融合就是历史精神科学的工作。"② 正因如此，即便情感的共有史书写或许存在一定难度，但其方向应是确凿无疑的。

最后一点，如何理解并且容忍概念在使用上的多层历史时间结构？科泽勒克的研究告诉我们，在"鞍型期"的 100 年间，相同概念实际上面临着各种使用方法。保守派继续按照他在 1789 年法国大革命之前的理解来使用"革命"，由此拿破仑战争后的波旁王室复辟便证明了"革命"的"循环"之意。与此相反，革命派则遵从大革命精神，从此开启了任何革命的"创新标准"。他们使用了相同词汇，却立足于完全相反的意义。这表明，新概念或概念的新意义，从其出现到接受，通常都不会是一个很短的时间。因此，在概念的使用中，一定会出现"同时代的不同时代性"问题，即同一概念的不同使用会同时出现。这自然会引发一段时间的争论甚至冲突。那么，哪一种概念认知最终会脱颖而出？从历史经验来看，这既同革命派的坚持有关，又与时间流逝的自然动力不可分割。

当下的技术发展迅速，时间节奏感加快，或许概念的更新换代并不需要 100 年之久，但它毕竟仍然需要时间来消化。各位学者争论的"诠释"、"阐释"和"解释"这些概念，或许也会面临相同的命运。在我看来，"阐释"或许经过时间的洗礼，会成为一种共识概念。同样，目前我们仍在使用的那些与西方价值密切相关的概念，如"共和""民族主义"等，也不会轻而易举地退出研究领域或常见话语。在这一点上，我的观点是：与其说为创造新概念而创造，倒不如在深入理解老概念的基础上，能够出现一些主动转换的尝试，以老词新意的方式，推进中国阐释学话语体系的建设，或许更有收获。

　思恩格斯选集》第 1 卷，人民出版社，2012，第 158 页。
　：《诠释学 Ⅱ：真理与方法》，洪汉鼎译，商务印书馆，2007，第 65 页。

中国阐释学的兴起

图书在版编目（CIP）数据

　　中国阐释学的兴起／孙麾，陈开举主编． -- 北京：
社会科学文献出版社，2021.12
　　ISBN 978 - 7 - 5201 - 9251 - 4

　　Ⅰ.①中… 　Ⅱ.①孙… ②陈… 　Ⅲ.①阐释学 - 中国
- 文集 　Ⅳ.①B089.2 - 53

　　中国版本图书馆 CIP 数据核字（2021）第 213868 号

中国阐释学的兴起

主　　编／孙　麾　陈开举

出 版 人／王利民
责任编辑／卫　羚
责任印制／王京美

出　　版／社会科学文献出版社·人文分社（010）59367215
　　　　　　地址：北京市北三环中路甲 29 号院华龙大厦　邮编：100029
　　　　　　网址：www.ssap.com.cn
发　　行／市场营销中心（010）59367081　59367083
印　　装／三河市尚艺印装有限公司

规　　格／开　本：787mm×1092mm　1/16
　　　　　　印　张：25.75　字　数：400 千字
版　　次／2021 年 12 月第 1 版　2021 年 12 月第 1 次印刷
书　　号／ISBN 978 - 7 - 5201 - 9251 - 4
定　　价／138.00 元

泽勒克是从概念变迁的角度，发现了社会转变的影子。若回到历史现场，人们同样会看到，不同立场的知识分子们如何小心谨慎地选择看似相同实则已出现转义的概念。从中我们也可以理解"鞍型期"内的普通人面对这一系列新概念时的那种"新奇"感。当这些"新奇"感越来越多，告别过去的时间也便来到了，这就是"新时代"。在历史长河中，它便成为欧洲人（特别是德国人）历史意识中的"近代/现代"。

当科泽勒克谈论"鞍型期"这一概念时，有几个特征非常值得我们研究。我们知道，1750～1850年是世界历史发展中一个非常重要的转折期——当然我在这一点上非常赞成朱孝远教授的理解，即这种转折最大意义上是西方社会的转折，对于中国社会来说，那段时间并没有发生很大的转折——但这段转折当中所产生的一些概念，如"民主"、"革命"、"自由"和"权利"等，其实都影响了我们今天中国社会的很多认知。科泽勒克所言的转折期有四点特征。

第一，他认为他所观察到的一共有100多个概念——当然这些概念并不是当时出现的全部概念，而是所谓"阐释学上的先导概念"——它们既是社会发展的结果，也是引导社会发展的指示器。因此大家可以看到一些概念，如"自由""平等""民主"，都是以前就存在的词，但在此过程中其内涵发生了一些变化。

第二，这种概念的变化不是一步到位的。在此他提到了一个很重要的概念，即社会存在着"多层性的时间结构"，亦即个人在使用相同概念时并不基于相同时代的理解。德国学者称之为"不同时代的同时代性"。大约到"鞍型期"结束时，人们对于某些概念的理解才大致统一，并且与当代人的理解处于相同水平。在这一意义上，他们和我们都是属于"现代"的。

第三，在概念变化中，最值得关注的是刚才提到的那些"先导性概念"出现了集体单数化的情况。比如说，自由（Freiheit）这个词，此前多为复数化形式，意思是特权（Freiheiten），而现在则出现了单数化形式，拥有了我们今天的理解。另一个重要例证是"历史"（Geschichte）这个词。它此前多为复数化形式，意思是"故事"（Geschichten），各种有关"过去"的故事，为今天的人们处理难题提供了各种经验。所以西塞罗说

"历史是生活的导师"。但科泽勒克发现，到"鞍型期"，很多哲学家、思想家笔下的"历史"已经出现了单数化的现象。他认为，这种转变是同步出现的政治与经济变迁所带来的结果。所谓"双元革命"（政治上的法国大革命和美国独立战争，经济上的工业革命）为欧洲世界带来了一连串根本性变革，如政治上的君主立宪制或共和制，经济上的工业社会。由此，传统意义上的"过去"之经验，已经无法为当时的人们所借鉴。人们需要在立足当下和面向未来的基石上，重新解释过往的历史，为这段或那段历史给出符合现实需求的"公共阐释"。于是我们赋予了"历史"以新的内涵。它拥有了形而上学的意义。中国社会科学院于沛老师提到的马克思所说的"世界历史"，在某种程度上也正是在此背景下出现的。所以"历史"这一概念的集体单数化，反映了历史学学科自我认知的一种根本性变化。由此，历史学就从原来修辞学的材料提供者，转化为今天公共阐释的一种基础。第四，尽管科泽勒克仍然是欧美中心论者，因为他没有研究过其他地区，但他有一点还是值得我们赞赏的，即他超越了传统的现代化理论。传统现代化理论的鼓吹者们经常强调的是传统和现代的二分化。在此关照下，从传统到现代的转变通常都被描绘为瞬间完成的过程。但科泽勒克的"鞍型期"理论则让我们看到了渐变的特征。在此期间，各种概念理解并存，相互竞争，最终通过将近一个世纪的时间，才完成了更新换代。这表明，传统与现代之间的界限并不那么明显，两者之间的转换也非朝夕完成。

三 建构历史阐释的公共性路径

在上述经验性研究的基础上，我的思考是：如何从科泽勒克的"鞍型期"理论中，找到有助于建构历史阐释的公共性路径？对此，我有三点不成熟的想法，请教于各位同仁。

第一点，我既对自己，也对国内的学术共同体提出"创造新概念"的呼吁。事实上，张江教授已经提出了"公共阐释学"这样一个非常重要的概念。我们是否以及如何紧随其后，能够如当年"鞍型期"那样，创造一些"具有公共阐释性价值的先导性概念"呢？对于这样一种极具挑战性的任务，首先需要两个基本判断：一是当下的时代特征是否类似于"鞍型期"？二是哪些概念属于"具有公共阐释性价值的先导性概念"？

关于第一个判断：我认为，当代已经进入了如1750~1850年间德国乃至欧洲世界所经历的那种"鞍型期"。一方面，政治上，超越"民族国家"（这恰恰是"鞍型期"的成果之一）的意识越来越强烈，实践领域内的各种"跨国""跨地区"的合作也越来越多——即便近年来出现了一些"逆全球化"现象，但世界的整体化步伐并没有停滞。各种国际组织的影响力不断增强，国际合作的案例比比皆是，各国携手共进的机会也呈上升趋势。当然，从负面角度来看，全球性问题的出现（如环境、贩毒、疾病等），也迫使各国无法固守有形边界而对"墙"外事物视而不见。另一方面，经济上，信息革命已被视作继工业革命之后的第三次产业革命。它以信息技术创新为核心，"信息"取代了农业革命中的"物质"和工业革命中的"能源"，成为当代最重要的资源。各种信息超越了个体、地区、民族、国家，而是以信息流、信息链、信息网的形式，实现了以全球整体为平台的生产、传播和接受。当然，以上两种变化还没有从根本上颠覆科泽勒克笔下的"鞍型期"所确立的文化形态，以欧美为中心的世界体系继续存在，相应的文化霸权也未曾消失，但一系列的结构性变动已经出现，特别是中国在近十年来的快速崛起。如果我们能够接受"鞍型期"是一个漫长的时段，那么当下或许正是新的"鞍型期"启动之际。

关于第二个判断："具有公共阐释性价值的先导性概念"一定是那些面向政治和社会现象的具有公共性、理性化和普遍化特点的概念。在科泽勒克观察的"鞍型期"，我们看到了如"进步""历史""发展"这样的概念，它被用来向公众阐释过往、当下与未来的关系。随后，这些概念通过欧美世界体系建立起的网络而传播到各地。于是，如朱孝远教授此前所言，从一个客观事实的角度看，现代世界是西方文化首先建构起来。它导致了以下两种情况：一是不少概念源于西方文化认知的轨道，如"文明"和"野蛮"这样一对词语，虽然我们中国传统文化也有，但我们今天谈论所谓"文明"和"野蛮"，却基本上延循着西方文化的基本判断。所谓"进步"，也是如此。二是不少概念在翻译过程中交杂着传统资源和西方观念，如"理性"一词，或昨天大家讨论较多的"阐释"，都能够在传统中国哲学的表述中找到对应词汇，但其意义却有所不同。由此，当我们发现自己已经处在类似于德意志"鞍型期"意义上的"新时代"时，在多大程度上能够重新梳理这些被视作现代表达的"先导性概念"？哪些词汇可以继续予以保留，哪些词汇可以增添中国元素？

至今为止，中国的历史学界，并没有非常主动地去应对现实变化。我们已经对来自于西方的各种概念习以为常，缺少了创新意识。例如，我们习惯性地用"文明"的眼光来衡量非洲的现代化进程，却不自觉地忽略了它在西方人殖民之前几千年内所养成的"文明观"。同样，当我们用"进步"来评价历史上各种革新或革命之意义时，也会自动地将之与19-20世纪欧美政治体制的"经典"变化做比较。基于"近代早期"的时间认识，日本学者提出了"唐宋变革说"，而这一概念曾长期占据着中国学者的头脑。

与此相反，中国社会的现实发展事实上已经为世界增添过许多词汇：据称，随着中国航空事业的发展，"太空人"（Taikonaut）已成为世界三大指称"宇航员"的概念；"人类命运共同体"则是2018年最为引人关注的中国概念。相应地，历史阐释领域中是否也有可能出现类似的现象？或者是否有可能根据中国现实来进行本地化改造？如"和而不同"这一概念，是否可被用来描述19世纪以来世界整体化和多样性的发展特征？

当学界内部思考上述问题时，我们还面临着另一个重大任务，即学界和社会之间如何来共享一批"先导性概念"？概念是最容易传播的，但若它缺少精确性和批判性，就容易造成公共历史文化的混乱局面。在当下中国社会，我们看到过一些新概念，如"民国范儿"。这是公共历史文化传播中比较典型的一种历史现象。在历史学家看来，这不过是一种"迷思"而已，通常只是一种单向度的历史认识。[①] 然而这种概念却传播极广，还在公众中引发了一段时间的"热炒"如果历史学界无法提供另一种概念来纠正公众的民国想象，那么也就无法形成有效的公共历史阐释。

相较于历史学界，其他学科对于概念创造的敏锐性和主动意识却要强

---

① 参见瞿骏《"民国范儿"的迷思——论清末民国教科书之"另一面"》，《学术月刊》2014年第9期。

得多。一位语言学家已经关注过所谓"被自杀"这种奇怪表述背后蕴含的社会管理问题。[①] 传播学界率先讨论了"后真相"的来龙去脉及其对社会文化产生的负面影响。[②] 历史学若要承担起公共阐释的责任,新概念的创造无疑是首当其冲的考验。

第二点,如何再次实现历史的"集体单数化"?如前面所言,科泽勒克的重大贡献在于,他从词源学角度发现了"历史"这一概念本身在启蒙运动过程中的变化,即从复数名词变成集体单数形式,而这一点恰恰对历史学本身的自我认知起到了很大的推动作用。

然而,我们可以看到,从19世纪中叶到现在,"历史"一词虽然单数化,但并没有保持原初"集体单数化"的哲学意义。换言之,"历史"并没有成为面向人类社会的一种学科。一方面,欧美中心主义代替了启蒙史学的"天下观",欧美国家的"历史"被塑造为其他国家的模仿对象(这是所谓"现代化理论"的初衷),而印度一类的古老国家被视作"无历史"的社会;另一方面,后现代史学撕裂了历史认知的统一基础,带来了各种形式的"小历史"。在此情况下,宏大历史叙事的缺位问题变得越来越明显。

我们今天已经创造出一个新概念,"人类命运共同体"。这种概念其实在呼唤一种更为统一化的大趋势。它是历史重新实现集体单数化的契机。面向人类命运共同体的历史,我们应该关注的是全球问题的产生及其解决路径。例如,我们可以把生存权及其漫长的生存史作为人类命运共同体发展的重要命题之一,加以深入研究。在这一方面,关于衣食住行这些老问题可以得到重新讨论。马克思恩格斯曾在《德意志意识形态》中写道:"我们首先应当确定一切人类生存的第一个前提,也就是一切历史的第一个前提,这个前提就是:人们为了能够'创造历史',必须能够生活。但是为了生活,首先就需要吃喝住穿以及其他一些东西。因此第一个历史活动就是生产满足这些需要的资料,即生产物质生活本身,而且,这是人们从几千年前直到今天单是为了维持生活就必须每日每时从事的历史活动,

---

① 参见李明洁《"被自杀"与社会记忆的语言化——语言变异与文化记忆的关系例析》,《贵州社会科学》2018 年第 3 期。

② 参见《探索与争鸣》2017 年第 4 期一组文章。

是一切历史的基本条件。"①

在此基础上，我们还可以继续探讨哪些情感（如中国传统文化强调的"老吾老以及人之老"）可以成为人类共有情感史的元素？在当前世界历史研究中，"共有史"渐渐成为一种全球史写作的趋向。伽达默尔说："把当前的视界和历史视界相融合就是历史精神科学的工作。"② 正因如此，即便情感的共有史书写或许存在一定难度，但其方向应是确凿无疑的。

最后一点，如何理解并且容忍概念在使用上的多层历史时间结构？科泽勒克的研究告诉我们，在"鞍型期"的 100 年间，相同概念实际上面临着各种使用方法。保守派继续按照他在 1789 年法国大革命之前的理解来使用"革命"，由此拿破仑战争后的波旁王室复辟便证明了"革命"的"循环"之意。与此相反，革命派则遵从大革命精神，从此开启了任何革命的"创新标准"。他们使用了相同词汇，却立足于完全相反的意义。这表明，新概念或概念的新意义，从其出现到接受，通常都不会是一个很短的时间。因此，在概念的使用中，一定会出现"同时代的不同时代性"问题，即同一概念的不同使用会同时出现。这自然会引发一段时间的争论甚至冲突。那么，哪一种概念认知最终会脱颖而出？从历史经验来看，这既同革命派的坚持有关，又与时间流逝的自然动力不可分割。

当下的技术发展迅速，时间节奏感加快，或许概念的更新换代并不需要 100 年之久，但它毕竟仍然需要时间来消化。各位学者争论的"诠释"、"阐释"和"解释"这些概念，或许也会面临相同的命运。在我看来，"阐释"或许经过时间的洗礼，会成为一种共识概念。同样，目前我们仍在使用的那些与西方价值密切相关的概念，如"共和""民族主义"等，也不会轻而易举地退出研究领域或常见话语。在这一点上，我的观点是：与其说为创造新概念而创造，倒不如在深入理解老概念的基础上，能够出现一些主动转换的尝试，以老词新意的方式，推进中国阐释学话语体系的建设，或许更有收获。

---

① 《马克思恩格斯选集》第 1 卷，人民出版社，2012，第 158 页。
② 伽达默尔：《诠释学 II：真理与方法》，洪汉鼎译，商务印书馆，2007，第 65 页。

| 中国阐释学的兴起 |

图书在版编目（CIP）数据

　中国阐释学的兴起 / 孙麾，陈开举主编 . -- 北京：
社会科学文献出版社，2021.12
　ISBN 978 - 7 - 5201 - 9251 - 4

　Ⅰ. ①中… 　Ⅱ. ①孙… ②陈… 　Ⅲ. ①阐释学 - 中国
- 文集 　Ⅳ. ①B089.2 - 53

　中国版本图书馆 CIP 数据核字（2021）第 213868 号

中国阐释学的兴起

主　　　编 / 孙　麾　陈开举

出 版 人 / 王利民
责任编辑 / 卫　羚
责任印制 / 王京美

出　　　版 / 社会科学文献出版社·人文分社（010）59367215
　　　　　　地址：北京市北三环中路甲 29 号院华龙大厦　邮编：100029
　　　　　　网址：www.ssap.com.cn
发　　　行 / 市场营销中心（010）59367081　59367083
印　　　装 / 三河市尚艺印装有限公司

规　　　格 / 开　本：787mm × 1092mm　1/16
　　　　　　印　张：25.75　字　数：400 千字
版　　　次 / 2021 年 12 月第 1 版　2021 年 12 月第 1 次印刷
书　　　号 / ISBN 978 - 7 - 5201 - 9251 - 4
定　　　价 / 138.00 元